Hermann Rollett

Beiträge zur Chronik der Stadt Baden bei Wien

Hermann Rollett

Beiträge zur Chronik der Stadt Baden bei Wien

ISBN/EAN: 9783743320024

Hergestellt in Europa, USA, Kanada, Australien, Japan

Cover: Foto ©ninafisch / pixelio.de

Manufactured and distributed by brebook publishing software
(www.brebook.com)

Hermann Rollett

Beiträge zur Chronik der Stadt Baden bei Wien

Beiträge

zur

Chronik der Stadt Baden

bei Wien.

Von

Dr. Hermann Rollett,

Stadtarchivar.

— •—

Mit einem Titelkupfer und acht Abbildungen im Text.

Baden bei Wien.

Verlag von Ferdinand Schütze.

1880.

Inhalt.

Zur Badener Häuser-Chronik.

Zur Badener Familien-Chronik.

Chronik der Gegenwart.

Abbildungen.

Einbegleitung.

Das Erscheinen dieser zwanglosen Blätter für Geschichte und Entwicklung unserer niederösterreichischen Heilquellenstadt Baden sei nur mit wenigen Worten begleitet. Eine gute Sache bedarf nicht einer weitläufigen Empfehlung. Und gut ist es wohl, daß endlich — im Jubiläumsjahr der Stadt Baden — eine Stimme sich erhebt und eine Feder sich findet, welche, wenn auch nur in unbestimmten Zwischenräumen, sich im öffentlichen Interesse und vollständig unabhängig, die fördersame Darlegung und Betrachtung der gemeinblichen Verhältnisse und Zustände der Vergangenheit und Gegenwart in allen Beziehungen zur ausschließlichen Aufgabe macht.

Es sei dieß, wie schon aus der Art des Erscheinens hervorgeht, ohne alle Konkurrenz mit dem hier bestehenden Lokal-Organ unternommen, welches in seiner hauptsächlich unterhaltenden und für's Gemüth berechneten Weise immer seinen Platz ausfüllen und seinen Leserkreis erhalten mag.

Die Aufgabe der hiemit in's Leben tretenden „Beiträge zur Chronik der Stadt Baden bei Wien" ist und wird sein: Vergangenheit und Gegenwart unseres weltbekannten Quellenortes zu lebendiger Darstellung zu bringen und zugleich eine nothwendige Grundlage für dessen Geschichte zu bilden, die erst nach Herbeischaffung des möglichst vollständigen Materials, in gründlicher Weise und in richtigem Sinne geschrieben werden kann. Dieß Ziel soll einerseits durch kürzere oder eingehendere historische Nachweisungen und Schilderungen und durch authentische urkundliche Mittheilungen, und andererseits auch besonders durch unbefangene Besprechungen der auf der Tagesordnung stehenden Fragen des Gemeindelebens und durch unparteiische Erörterungen derselben offen und ehrlich angestrebt werden. Ohne Zweifel ist es zweckmäßiger und fruchtbringender, öffentliche Angelegenheiten nach allen Seiten in ernster Absicht zur Sprache zu bringen, — wodurch sich von selbst das wahre Urtheil herausbilden und wodurch alles Verfehlte nach Möglichkeit vermieden werden kann —, als aus irgend einer Rücksicht die Dinge einseitig zu betrachten, oder gar ganz darüber zu schweigen.

Die lokalen Tagesereignisse sollen in chronikalischen Notizen verzeichnet werden, wozu naturgemäß, nebst einer fortlaufenden, die Aufführungen kurz registrierenden Theater-Chronik, auch die bisher gänzlich in der Oeffentlichkeit vermißte Verzeichnung der Familien-Nachrichten (die in einer Ortschronik nicht fehlen dürfen), namentlich die Anführung der Geburten, Vermählungen und Todesfälle innerhalb der Stadtgemeinde, als nicht unbeachtet zu lassender Theil, gehört. Auch eine Häuser- und eine in die Vergangenheit blickende Familien-Chronik und alles weitere zur Stadtgeschichte Gehörige ist in's Auge gefaßt.

Ob die Kraft zur vollkommenen Bewältigung der oben angedeuteten Aufgaben dem thatsächlich vorhandenen guten Willen, der nur die Sache in Betracht zu ziehen bestrebt sein wird, einigermaßen entspricht, wird sich zeigen; jedenfalls sind die bei der Ausführung in Frage kommenden Schwierigkeiten nicht zu verkennen. Das Unternehmen, für welches die Theilnahme und Unterstützung aller Intelligenten, deren Interesse in irgend einer Weise mit dem zukunftvollen Kurort verknüpft ist, beansprucht wird, ist aber gewiß unter allen Umständen des Versuches werth.

Möge die Absicht nach Wunsch erreicht werden, die stets gehegte Absicht: dem Gemeinwesen zu nützen und der künftigen Gesammt-Darstellung der Ortsgeschichte eine festere und umfassendere Grundlage zu schaffen, als sie bis jetzt vorhanden gewesen ist.

Baden bei Wien, im Januar 1880.

Dr. Hermann Rollett.

Chronik der Vergangenheit.

Chronologische Nachweisungen zur Geschichte Baden's. [1])

Ueber die v o r der christlichen Zeitrechnung in unserer Gegend herrschenden Zustände und über die keltische Urbevölkerung daselbst, sind keine näheren Nachweisungen vorhanden. Erst durch die R ö m e r, die im Jahrhundert v o r und im Jahrhundert n a c h „Christi Geburt" unsere zu O b e r = P a n n o n i e n gehörige Gegend besetzten, erhalten wir über dieselbe die erste genauere Kunde.

II. Jahrhundert der christlichen Zeitrechnung.

Anfangs des 2. Jahrhunderts, als der römische Kaiser T r a j a n u s an der unteren Donau eine größere Armee gegen die Dacier bildete, und zu dieser die XIII. Legion aus Vindobona (Wien) heranzog, wurden die beiden Standlager im Wiener = Becken (Vindobona und Carnuntum) neu besetzt, um die Germanen im Marchfeld zu verhindern, zu Gunsten der mit ihnen verbündeten Dacier einen Einfall in der Flanke der römischen Armee zu machen. Es berief der Kaiser aus Germanien die X. Legion nach Vindobona und die durch ihren kriegerischen Ruf berühmte XIV. Legion nach Carnunt. [2]) — Nach mehrfachen, hier in Baden am Fuß des Kalvarienberges, hauptsächlich in der Nähe der jetzigen Ursprungsbäder, in den Jahren 1767, 1796 und auch später gemachten Funden von römischen Ziegeln mit Legionsstempeln, u. s. w., hatten hier — nach Besetzung dieses Theiles Pannoniens — Abtheilungen der X. und XIV. Legion ein Badegebäude errichtet. [3]) — Das um 300 der christl. Zeitrechnung

---

[1]) Diese geschichtlichen Nachweisungen werden in allen Lieferungen fortgesetzt.

[2]) Vgl.: F r i e d r i c h K e n n e r, „Die Römerorte in Niederösterreich", im „Jahrbuch für Landeskunde von N. = Oe.", II. Jahrg. 1869, S. 157—162.

[3]) Vgl.: „M i s c e l l e n ü b e r d e n K u r o r t B a d e n i n N. = O e.", von M. J. M a y e r, Bürgermeister dieser landesfürstlichen Stadt.*) 1. Bdchn., Baden 1819. Mit drey Kupfern. S. 95—125.

*) Bezüglich dieser letzteren, in früherer Zeit mit aller Berechtigung gebrauchten Bezeichnung sei bei dieser Gelegenheit zur Klarmachung bemerkt, daß das, jedoch nicht für Baden besonders gegebene Prädikat „landesfürstlich" bei Orten Niederöster= reichs gegenwärtig nur mehr einen historischen Sinn und Werth hat. Es rührt dasselbe erweisbar daher, daß seit dem Ende des 17. Jahrhunderts (vor welcher Zeit, hinsichtlich der Bezeichnung Baden's, immer nur von „gemainer Statt Baaden" die Nachweisung

abgeschlossene wichtige r ö m i s ch e Reisebuch: „Itinerarium Antonini
Augusti" (Editio Amstelodam., curante Pet. Wesselingio, Anno
MDCCXXXV, p. 261,) führt auch genau die Straße von Vindobona
nach Scarabantia (Oedenburg) über „Aquis" (Wässer oder Bäder)
an, unter welchem — auch Aquae pannonicae (Pannonische Wässer) und
Thermae Cetiae (Cetische Bäder) genannten Orte, wie der berühmte
Geograph C l u v e r in seiner „Germania antiqua" nachweist [1]), u n s e r
B a d e n verstanden ist [2]), welcher reich gesegnete Heil = Quellenort gewiß
auch schon vor der christlichen Zeitrechnung, unter den keltischen Tauriskern,
Markomanen und Quaden, als B a d bestanden haben mag, woher derselbe
auch den Namen hat. [3])

180, 17. März, starb der gelehrte und thatkräftige römische Kaiser M a r c u s
A u r e l i u s A n t o n i n u s, nach der allgemeinen Annahme, zu Vindobona;
nach der Meinung Einiger jedoch zu „Aquis" (unserem B a d e n), wenn
auch dann die Verbrennung seiner Leiche zu Vindobona erfolgte.

    V g l.: „Geschichte der Wiener Stadt und Vorstädte (von M o r i t z B e r m a n n,
Wien 1863), S. 4—6. Mit bezüglichen Abbildungen.

III. Jahrhundert.

278—282 ließ der römische Kaiser P r o b u s, ein geborener Pannonier, die
Pflanzung der Weinreben = Gelände an den sonnigen Hügeln der Aus =
läufer des cetischen Gebirges (Wienerwaldes) — also auch um B a d e n
— vornehmen, wodurch die noch heute blühende Wein = Erzeugung
hier begründet worden ist.

    V g l.: A u r e l i u s V i c t o r, Editio Lugd., Anno MDLI: „In Probo." —
D e s g l.: F u h r m a n n, „Alt= und Neu=Oesterreich" IV. (Wien 1737), S. 271. —
D e s g l.: M o r i t z B e r m a n n, a. a. O., S. 7, Abbildg. S. 5.

---

zu finden ist), — in den bedrängnißvollen Kriegszeiten — auch die kleineren Städte und
größeren Märkte Niederösterreichs unter diesem Titel zu den landständischen Zusammen=
tretungen nach W i e n einberufen wurden, aber nicht etwa, um mitzuberathen, sondern
nur, um die von diesen „landesfürstlichen" Orten geforderten K r i e g s b e i t r ä g e zu
v o t i e r e n, daher dieselben auch sehr bezeichnend die „m i t l e i b e n d e n" Städte und
Märkte hießen, als welche sie auch den „Huldigungen" bei einem stattgefundenen Regenten=
wechsel beigezogen wurden. — In neuerer Zeit, — besonders seit dem folgenreichen, in der
politischen Organisation gänzlich umgestaltenden Jahre 1848 — ist die Anwendung der
Bezeichnung „L a n d e s f ü r s t l i ch" für diese Orte jedenfalls ganz a n a ch r o n i s t i s ch.

[1]) Phil. C l u v e r i „Germania antiqua" (de Vindelicia et Norico). Lugd.
Batav. 1616, pag. 26: „Antoninus inter Vindobonam et Scarabantiam habet
A q u a s. Hae haud dubie nunc sunt in Austria, XVIII circiter millibus (passuum)
a V i n d o b o n a in meridiem versus dissitae, vulgari aquarum calidarum vocabulo
B a d e n."

[2]) Vgl. auch: „Historische und topographische Darstellung der Pfarren, Stifte,
Klöster ꝛc. im Erzherzogthume Oesterreich." („Kirchliche Topographie") W i e n, 1825.
Vierter Band, S. 52—53.

[3]) Urkundlich kommen folgende verschiedene Schreibweisen unserer altberühmten
Thermen=Stätte vor: P a b u n (9. Jahrh.), P a d a u, P a d e n e (12. Jahrh.), P a d e n,
P a d n i, B a d e m, B a a d e n, B a d e n.

Die Urkunden des Badener Stadtarchivs.

(In dieser Abtheilung werden diejenigen, theilweise noch gar nicht publicierten, Baden betreffenden Urkunden mitgetheilt, die sich — als werthvoller, aus den Bränden und Zerstörungen trauriger Zeiten geretteter Rest — entweder im Original, oder in alten vidimierten Kopien, oder in sonstigen älteren Abschriften im Badener Stadtarchiv befinden.[1]) — Es sei hier mit einer der ältesten der direkt auf Baden bezüglichen Urkunden — vom Jahre 1459 — begonnen, die, in mehrfacher Beziehung interessant, aus der Zeit herrührt, in welcher Baden noch nicht zur Stadt erhoben war, und welche die besonderen, von Kaiser Friedrich III. zu Wiener-Neustadt für Baden bezüglich der Aus- und Einfuhr und des Verkaufs des Weines gegebenen Freiheiten betrifft. — Es ist dieß eine officiell vidimierte Abschrift vom Jahre 1686, deren Ausfertigung ohne Zweifel von der Gemeinde veranlaßt wurde, nachdem das Original — mit so vielen anderen — bei der Verwüstung des Rathhauses im Jahre 1683 durch die Türken zu Grunde gegangen war.)

I. Der Burger zu Baaden Freyheit, so Ihnen von Neuen seint geben.

(1459).

Wür Fridrich von Gottes Gnaden 2c. Bekennen für unß und Unsere Erben, und thuen Kundt offentlich mit disem Brieff, daß für[2]) Unß Kommen sein, Unsere getreue 2c. die Burger und Leüth gemainclich zu Baaden, und gaben Unß zuerkennen, wie Sye von Außwendigen Leüthen die nicht mit aigem Rueckh[3]) bey Ihnen heüßlich seßen, noch mit Ihnen mitlitten,[4]) mit Überlegung der Wein und in ander Mänig weeg fast getrungen und beschwert wurden,[5]) daraus bißher Ihr merckhlich verderben gangen wäre, und haben Unß demietiglich[6]) angeruesst und gebetten, Ihnen darin wendung zuthuen, und Sye darwid gnädiglich fürzusehen, haben Wür angesehen solch der obgenanten Burger und Leüth daselbst zu Baaden demietiges und fleißiges Bitten, und haben Ihnen, Ihren Erben und Nachkommen dardurch, und sonder durch Ihr und desselben Marckhts, Nuzens frommens und aufnembens willen, alß Herr und Landtsfürst in Österreich, die sonder gnad gethan, und thuen auch wißentlich mit dem Brieff, daß nun Hinfür Niemandt, Er sey Edl oder Unedl, Geistlich oder Weltlich Underthannen Wein daselbst zu Baaden, nicht verkauffen, verschenckhen, noch verthuen soll, Er sey dan daselbst heüßlich wohnhafft, und mit aigem Rueckh geseßen, und Leyd[7]) mit Ihnen, alles daß ander Burger daselbst thun, und von alter Herkhommen ist, daß auch Niemandt, Er sey Edl oder Unedl, Geistlicher oder Weltlicher so da-

---

[1]) Die im Stadtarchiv befindlichen zahlreichen Urkunden des ehemaligen Badener Augustiner-Klosters — vom XIII. bis zum XVIII. Jahrhundert reichend — werden in einer besonderen, dieses Kloster behandelnden Abtheilung mitgetheilt. — [2]) vor. [3]) Grundstück. [4]) Schuldigkeiten leisten 2c.[5]) mit Niederlage (Einfuhr) von Wein und in mannigfacher anderer Weise bedrängt 2c. [6]) demüthig. [7]) leistet.

selbst zu Baaden mit aigem Ruckh ist gesessen, Keinen frembten Wein,
der in seinen aigenen Stockhen und im Landt Österreich nicht gewachsen
ist, oder den Er von einem Kauff het, der mit Ihnen nicht mitleydet, [1]
daselbst hin geen Baaden führen, bringen, da verschenckhen, verkhauffen,
noch in ainicherlei weeg vertreiben noch verthuen soll, daß auch ein Jeder
gesetzener, oder Inwohner, daselbst zu Baaden, einer von dem andern
Möst, od. Wein im Jahr zu welcher Zeit Ihm daß füeget und sein notturfft erfordert Kauffen mag, und all Gest die Weingartpau, daß zu Baaden
haben, sollen nun hinfür, all Ihr Möst, so Ihnen in denselben Ihren
Weingärtten wachsen, eines ieden Jahrs vor St. Märten Tag [2] von dannen
führen und darüber nicht lenger da ligen laßen, wo aber solch Wein
darüber hinnach gehalten, und der obgenant Articl einer oder Männiger
von Jemandten überfahren, [3] und besonder solch frembt Wein, alß oben
gemelt ist, begriffen [4] und finden wurden, die sollen und mögen die ob-
bemelten Burger nehmen, und sich der unterwindten [5] zu Unsern Handten,
und Wir wolten dannoch darzue solch ungehorsamb schaffen, zustraffen, [6]
davon gebietten Wür 2c. daß Sye die obgenannten Burger und Leüth
daselbst zu Baaden und Ihre Erben und Nachkommen bey disen Unsern
gnaden und freyheiten gänzlich bleiben und Sye in obberichter maßen [7]
beruehiglich gebrauchen, nuzen und niessen laßen, und Ihnen daran Kein
Irrung noch Hindernuß nicht thuen, noch des Jemandts andern zuthuen
gestatten in Khein weiß, [8] daß mainen Wür Ernstlich, Mit Urkhundt diß
Brieffs, Geben zu der Neüstatt am Mittwochen vor St. Andreastag.
Anno Domini 1459.

Ist gegen dem bey der N. Ö. Cammer Registratur vorhandenen Gwaltenbuech
und register eingeschriebener Collationirt, und allerdings [9] gleichlautend gefunden worden. Actum Wien, den 26. May 1686.

W. Jord. Schmerling, registrator alda. m. p.

(Ein Bogen II. Folio Schreibpapier mit Wasserzeichen, auf drei
Seiten beschrieben. Außen die Aufschrift: „Wein" und „Der Burger zu Baaden
Freyheit, so Ihnen von Neüen seint gegeben worden" — Vor dem Namen des
Registrators befindet sich dessen sehr gut erhaltenes, äußerst nett gearbeitetes
Siegel [Abdruck von einem Ring=Stein], in rothem Siegelwachs.)

Zur Literatur über Baden.

Das Badener Stadtarchiv hat in seiner wichtigen Abtheilung
der Literatur über Baden bei Gelegenheit der gegen Ende des vorigen
Jahres zu Wien stattgehabten Auktion der Austriaca aus des verstorbenen
Gelehrten Theodor v. Karajan reicher Bibliothek eine hocherfreuliche Kom-

---

[1] mitleistet. [2] St. Martinstag. [3] übersehen, übertreten oder unterlassen. [4] in
Kenntniß gebracht. oder angegriffen. [5] sich dieselben zueignen. [6] zu strafen den Befehl
geben. [7] in oben berührter Weise. [8] in keiner Weise. [9] durchaus.

pletierung durch das zu mäßigen Preisen erwirkte Erstehen der nachfolgend chronologisch verzeichneten, theilweise sehr seltenen älteren Schriften erhalten:

1. **Baadner-Bad in Oesterreich. Wie man dises zu gebrauchen,** und was darbei zu beobachten. (Herausgegeben von Karl Joachim Festa, der löblichen medicinischen Facultet in Wienn einverleibtes Mitglied, und N. O. Landschafft-Doctor zu Baaden.) Ohne Jahr. Baaden, zu finden bey Franz Arnold. 67 S. fl. 12°.

(Dieses in mehreren Auflagen verbreitet gewesene Schriftchen erschien beiläufig um 1720 und zeigt den Verlagsort Baden, während die anderen Auflagen nicht in Baden erschienen. Die erste Auflage trägt die Jahreszahl 1710 und befindet sich — eine Holzschnittvignette mit zwei Badenden in einer Wanne auf dem Titelblatt weisend — ebenfalls im Badener Stadtarchiv.)

2. **Dietmann, Joannes Maximilianus,** Examen Thermarum Austriaco — Badensium, earum usus et abusus. Das ist: Untersuchung deß Nieder-Oesterreichischen Badner-Bads, dessen Gebrauch und Mißbrauch. — 1732. Viennae typis Mariae Theresiae Voigtin Viduae. Universit. Tipogr. — 32 S., 4°.

3. **Joh. Maximilian Dietmann's,** Med. und Phil. Doctoris, gründliche Untersuchung des Nieder-Oesterreichischen Badner-Bades, dessen Gebrauch und Mißbrauch. Anfänglich in Latein. Sprache herausgegeben, nunmehro aber wegen ihrer sonderbaren Nutzbarkeit zu besto gemeinerem Unterricht in's Teutsche übersetzt und mit einer Vorrede Dr. Joh. Nic. Weissen's Anat. & Chirurg. P. P. zu Altdorff, vermehret. — Wien, zu finden bey Joh. Adam Schmidt, Buchhändlern von Nürnberg, unter der Vesten wohnend. 1734. XXIV und 96 S., 8°.

4. **Eigentliche Beschreibung** deren berühmten dreyen Gesundheits-Bädern in dem Ertz-Herzogthum Oesterreich unter der Enns, als **Baaden, Teutsch-Altenburg** und **Pyrenwarth,** ohnlängst in Lateinischer Sprach mit allen gemachten Proben herausgegeben, nunmehro aber auf Anhalten verschiedener Stands-Personen in die Teutsche Mutter-Sprach übersetzt von J. A. v. S. — Nürnberg und Wien, Verlegts Johann Paul Krauß, Buchhändler. An: 1734. (Mit einem Kupferstich nach Vischer's „Topographie" 1672: „Das Herzog Bad zu Baaden".) — XVI und 187 S., 8°.

5. **Amussemeus des eaux de Bade en Autriche,** das ist: Angenehmer Zeitvertreib und Ergötzlichkeiten in dem Nieder-Oesterreichischen Baadner-Bad, nebst Herrn D. Dietmann's Untersuchung von dessen Gebrauch und Mißbrauch. Alles mit artigen Geschichten und andern Neuigkeiten sowohl nützlich als anmuthig verfasset und mit Kupfern gezieret von Jasander. — Nürnberg bey Joh. Adam Schmidt, 1747. — 15 Bl. und 196 S., 8°. (Mit der Ansicht des Innern des „Frauenbades", nach Merian's „Topographia" 1649.)

6. **Meine Launen zu Baden.** — Wien, bey Josef Edlen von Kurzbek, 1781. — 60 S., fl. 8°.

7. **Beschreibung der Stadt Baaden in Niederösterreich** und der daselbst befindlichen Gesundheitsbäder. Den hohen Badegästen gewidmet. — Wien und Prag, in der von Schönfeldischen Handlung. 1794. — 47 S., fl. 8°.

8. Gesang am Tage der Jahresfeier der Gründung des Gesellschafts-Vereines in Baden von August Eckschlager. — Baden, 1813, gedruckt bei Ferdinand Ullrich. — 4 S., kl. 8".

9. **Verſuch einer Darſtellung der Heilkräfte der warmen Schwefelquellen zu Baaden in Niederöſterreich.** Nebſt einer Anleitung zu ihrem zweckmäßigen Gebrauche und einer Angabe und Beſchreibung derjenigen Krankheiten, in welchen ſie vorzüglich wirkſam ſind. Von Chriſoſtomus Schratt, k. k. Kreiswundarzt in Baden. Wien, 1821. Bey Joh. Georg Binz. (Mit einem Kupferſtich „Das vereinigte Karolinen- und Frauenbad".) 128 S., kl. 8°.

10. **Geſchichte der Veſte und Ruine Rauchenſtein nächſt Baaden.** Herausgegeben von Johann Berger, em. Pfarrer und Welt-prieſter, derzeit Beneficiat im Schloſſe bei St. Anna zu Gutenbrunn nächſt Baden. — Wien 1836. Gedruckt bei Leopold Grund. (Mit einem Titel-Kupferſtich: „Veſte und Ruine Rauchenſtein" [von der Seite des Haupt-Thores]). — 8 S., kl. 8".

Durch die günſtige Gelegenheit dieſer Auktion — wie ſich eine ſolche ſelten ereignen wird — beſitzt nun unſer Stadtarchiv bereits die ſehr beträchtliche Anzahl von 47 Stücken aus der Reihe der 63 vom Stadtarchivar bis jetzt nachgewieſenen Special-Schriften über Baden, deren vollſtändiges Verzeichniß nächſtens in dieſen Blättern gebracht werden ſoll. [1]

---

[1] Hier ſei zugleich erwähnt, daß die zwei im letzten Jahre erſchienenen Hefte der hochverdienſtlichen, mit ungemeiner Umſicht begonnenen „Topographie von Nieder-öſterreich, Schilderung von Land, Bewohnern und Orten, herausgegeben vom Verein für Landeskunde von N.-Oe.", II. Bd, Wien 1879: Alphabetiſche Reihenfolge der Ortſchaften, bearbeitet von M. A. Becker, — S. 118—122 — den Artikel „Baden" bringen, der auch im mit Verſtändniß redigirten „Amtsblatt der k. k. Bezirks-hauptmannſchaft Baden", 1879, von Nr. 35 an, zum Abbruck gekommen iſt. — Der Artikel enthält auch — nebſt einigen freundlichen Worten über den Verfaſſer der hier vorliegenden Blätter in ſeiner Eigenſchaft als Stadtarchivar und als Vorarbeiter für eine Chronik Baden's — am Schluß (S. 122) die folgende beherzigenswerthe Stelle bezüglich Baden's:

„ . . . Die wechſelvollen Schickſale des Ortes, ſeine Bedeutung als Heilbad und als einer der Glanzpunkte der ſchönen Umgebung der Reichshauptſtadt und die Erinnerung an ſo viele merkwürdige und intereſſante Perſönlichkeiten, die dort gelebt, gewirkt und an der Entwicklung des Ortes thätigen Antheil genommen haben, legen den Wunſch nahe, alles das in einer „Chronik von Baden" zu Nutz und Frommen Einheimiſcher wie Fremder zuſammengeſtellt zu ſehen. Die Stadtgemeinde würde ſich durch die Be-günſtigung eines ſolchen Werkes ein namhaftes Verdienſt er-werben."

Da nun aber vorläufig keine Ausſicht vorhanden iſt, daß die Gemeinde in dieſer wichtigen Angelegenheit etwas Entſprechendes thun wird, ſo iſt in den hier gebotenen Blättern für jetzt aus eigener Initiative des Verfaſſers der Verſuch gemacht, wenigſtens das Material zu einer umfaſſenden Stadtchronik einſtweilen zu ſammeln.

Chronik der Gegenwart.

Baden bei Wien in den letzten zwölf Jahren.
(1867—1879.)

Der neuerliche Aufschwung, den unsere vielbesuchte, am Fuß der Ausläufer des Wiener Waldes reizend gelegene Thermenstadt Baden, sowohl als Gemeinwesen wie als Kurort in bedeutender Weise nach jeder Richtung hin thatsächlich genommen hat, bietet unzweifelhaft auch ein allgemeineres und weitere Kreise in Anspruch nehmendes Interesse. Ist ja doch Baden als Kurort nicht bloß für Niederösterreich, sondern für ganz Oesterreich — und darüber hinaus — von nicht geringer Bedeutung und Wichtigkeit. Es dürfte daher angezeigt erscheinen, mit unbefangenem Auge einen übersichtlichen Rückblick auf diese Entwicklungs-Periode der alten Thermae Cetiae zu werfen und zwar in ausschließlicher Betrachtung der Sache.

Diese Periode des neuen Aufschwunges wurde, sozusagen, durch die Einführung der lichtbringenden Gasbeleuchtung im Jahre 1866 eingeleitet, auf welche erfreuliche Einrichtung 1867 als Gegenstück, gleichsam zur (freilich selten angewendeten) Beleuchtung der Zustände in der Gemeinde, die Gründung eines Lokal-Blattes in einer neu etablirten Badener Druckerei folgte, was schon längst ein wirkliches Bedürfniß war.

Mit dem im Jahre 1868 für den lebendig aufstrebenden, die Ortsgemeinden Baden (mit Gutenbrunn und Leesdorf) und Weilersdorf umfassenden „Kurort Baden" gegebenen Kurstatut wurde die naturgemäße Vereinigung dieser, den Kurrayon bildenden Ortsgemeinden in kurörtlicher Beziehung ausgesprochen, wenn auch die zur vollkommensten Erreichung der gemeinschaftlichen Zwecke höchst wünschenswerthe Vereinigung der beiden selbstständigen Gemeinden zu e i n e r Ortsgemeinde, in Folge unverständlichen Widerstrebens Weilersdorfs, vorläufig nicht erfolgen konnte, was aber jedenfalls nur Frage der Zeit ist.

Durch jenes, den Verhältnissen entsprechende, die Verordnung über die Kurtaxordnung und über die Kurkommission in sich schließende Kurstatut war ein wesentlicher Faktor zu Baden's neuem Aufschwung geschaffen, dessen hervorragende Momente hier kategorienweise kurz angeführt seien.

Zu dem Bedeutendsten, was in den letzten zwölf Jahren zur Hebung Baden's geschah, gehört die Stadterweiterung, wodurch, nach i. J. 1869 erfolgtem Ankauf der betreffenden Grundstücke von Seite der Gemeinde, die schattige, am vielverschönerten Stadtpark vorüberführende „Franzensstraße" nach Osten zu ganz beträchtlich verlängert wurde, und wodurch auch von da die Verbindung nach dem Bahnhof, mittelst der bereits ebenfalls mit stattlichen Häusern besetzten „Wilhelmsstraße" erwünschterweise hergestellt worden ist.

Es schloß sich daran die Pflanzung von Ailanthus- und Kastanien-Alleen nicht nur in diesen neuangelegten Straßen, sondern

*

auch weiters über den Josephsplatz, sowie längs des „Sauerhofes" und in der Leesdorfer Hauptstraße. Desgleichen wurde aus den Zinsen des Kapitals von über 200.000 fl., welches der hochherzige Freund Baden's Anton Ritter von Stražern im Jahre 1869 der Stadt testirte, die Neupflasterung der Haupt-Gassen und Straßen mit Granitwürfeln und mit einem Kostenaufwand von mehr als 100.000 fl. ausgeführt, desgleichen ferner die Anlegung von neuen, das bestehende Kanalnetz ergänzenden Kanälen in der Pálffy-Gasse und zuletzt auf dem Theaterplatz, sowie schon früher in der Wassergasse die theilweise Ueberdeckung des Mühlbachs vorgenommen worden ist.

Nebst den oben erwähnten Grundstück-Ankäufen wurde aber auch noch ein größerer, an die städtischen Schottergruben angrenzender Grundkomplex in der zur Herrschaft Weilersdorf gehörigen Katastralgemeinde Rohr am Schwechat-Ufer erworben, welcher seinerzeit zur Errichtung eines Schlachthauses sehr dienlich sein dürfte; ebenso weiters zwei an den oberen Theil des Stadtparks grenzende Parzellen zur Herstellung des „Kinderparks"; ferner gieng der Komplex der „Alexandrowicz-Anlagen" am Mitterberg in das Eigenthum der Gemeinde über und aus dem Besitz des Gamingervereins-Gutes wurde ein über die Stationen des „Kalvarienbergs" hinausreichender großer Komplex von Grundstücken angekauft, auf welchen letzteren von Seite des „Verschönerungs-Vereines" des Kurorts die Herstellung von Wegen und die Anpflanzung von vielen tausend Bäumen und Gesträuchen im Anschluß an die „Lang'schen Anlagen" ausgeführt wurde, sowie durch denselben auch ein Aussichts-Pavillon und einige hübsch gelegene Ruhesitze daselbst errichtet worden sind.

Auch der Ankauf und die Herstellung von Realitäten wurde in diesem Zeitraum bewerkstelligt; so wurde das in der Rathhausgasse gelegene, an das Rathhaus anstoßende kleine Haus gekauft und als separates Gefängnißhaus auch für die Häftlinge des im Rathhaus eingemietheten Bezirksgerichtes adaptirt; ebenso wurde das „Hatterhaus" in der „Putschauerlucke" von der Stadtgemeinde angekauft, sowie auch neben der Gasfabrik in der Waltersdorfer-Straße aus dem Materiale des im Wege gestandenen demolirten Parkhäuschens ein Rothspital, ferner auch im städt. Friedhof eine provisorische Todtenkammer aus Bretterwerk aufgeführt wurde.

Hochbedeutend war der erst in den letzten Jahren erfolgte gänzliche Umbau im Innern und die Neuherstellung des Aeußeren des „Frauen- und Karolinenbades", welcher beiden Thermen Badehallen — auf allerdings in keiner Hinsicht zu rechtfertigende luxuriöse Weise — mit grauem Marmor verkleidet und welche Bäder zugleich in allen Theilen lebenswerth auf das Eleganteste und Zweckmäßigste hergerichtet wurden. Auch die meisten anderen Bäder wurden neu hergestellt, namentlich die Ursprungsbäder, neben welchen schon 1867 eine „Inhalationshalle" neu errichtet werden war.

Bezüglich der städtischen Bäder fand überhaupt die höchst zweckmäßige Aenderung statt, daß dieselben — nachdem das Pachtverhältniß mit der 1873 gegründeten und durch die allgemeine finanzielle Krisis reducirten „Hôtel- und Bäder-Gesellschaft" mit beträchtlichem Vortheil für die Gemeinde gelöst worden war — wieder (wie ehemals), mit erfreulichstem Resultat, in die eigene Verwaltung der Gemeinde übergiengen.

Trotz der Hemmung, die das unheilvolle Jahr 1873 auch bezüglich der in größter Aufnahme befindlichen Bauthätigkeit hervorbrachte, (und welches Unglücksjahr auch den Bestand der hoffnungsvoll aufgetretenen „Baden-Vöslauer Baubank" untergrub), entstand doch eine nicht unbedeutende Anzahl, theilweise sehr schöner Villen und sonstiger Privatbauten, und auch die Neu-Numerierung der Häuser mit Anbringung neuer Hausnummer- und Straßenbezeichnungs-Tafeln wurde durchgeführt.

Auch die Erweiterung und Renovierung der beiden Schwimm-Anstalten, — im Mineralbad und im „Doblhoff-Garten" — erfolgte.

Renovierungen und Herstellungen wurden mehrfach vorgenommen, im Stadt-Theater und in der Arena, und der städtische Redoutensaal wurde, mit Benützung der alten vorzüglichen Architektur-Malerei, neu ausgemalt und dient sammt den Neben-Lokalitäten, in welchen der „Casino-Verein" neu eingerichtet wurde, für jetzt einigermaßen als Ersatz eines Konversations-Hauses, zu welchem früher bereits Pläne angefertigt worden waren.

Durch alle diese Herstellungen, durch Einführung des Wintertheaters, durch komfortabelste Einrichtung des umfänglichen, zwei Bäder in sich schließenden städtischen „Herzogshof" u. s. w., wurde auch mehr und mehr eine größere Anzahl von Fremden herbeigezogen, die Baden zum bleibenden Aufenthalt wählten, und es wurden auch die Bedingungen zu einer sich nach und nach einlebenden Wintersaison geschaffen.

Ein großer Neubau wurde mit dem erst 1878 eröffneten Gebäude der Volks- und Bürgerschule auf dem Pfarrplatz aufgeführt; doch ist es fraglich, ob der wichtige Zweck auf einem anderen Platze nicht besser und ob er nicht billiger zu erreichen gewesen wäre, indem der noch nicht einmal abgeschlossene Bau die horrende Summe von nahezu 150.000 fl. verschlungen hat, für welche Summe mindestens der ganze Bau vollständig hätte ausgeführt werden müssen.

(Schluß folgt.)

Die Gemeindeausschuß-Sitzungen.

Bekanntlich heißt es im §. 47 der Gemeindeordnung: „Die Ausschußsitzungen sind öffentlich." Es ist dieß eine dem freiheitlichen Geiste entsprechende Bestimmung, welche, wenn benützt, in ihren Konsequenzen sowohl auf die Vertreter des Gemeindewesens, als auf die Bevölkerung entschieden einen lebendig machenden Einfluß ausübt, und die, wenn man die Sache nach Gebühr ernst auffaßt und alle kleinliche Klatsch- und Rumorsucht nothwendig bei Seite läßt, auch gewiß nur befruchtend wirkt.

Diese Bestimmung ist aber für Baden wie gar nicht vorhanden. Mit ein paar Ausnahmsfällen, die bloß die allergewöhnlichste Neugierde zum Motiv hatten, z. B. zur Zeit der stupiden Krawall-Affaire von 1871, (deren kleine

Geschichte mit den großen Unglaublichkeiten erst geschrieben werden muß und über die nicht ewig, mit der bequemen Ausrede: Wir wollen derlei Dinge nicht wieder aufrühren, geschwiegen werden soll), ist es nicht erlebt worden, daß sich Jemand aus dem Publikum in theilnehmendem Interesse bei den Ausschußsitzungen eingefunden hat.

Es ist aber auch in der That so eingerichtet, daß es fast den Anschein hat, als wollte man den Besuch wenigstens nicht entgegenkommend befördern. Von einer dazu bestimmten Aufstellung von Stühlen im Rathhaussaale ist keine Rede; es müßten solche erst im Bedarfsfalle umständlich herbeigeschafft werden. Noch ärger ist es, daß der Tag der Sitzungen und die Tagesordnung derselben seit Langem gar nicht mehr, wie es doch in früheren Jahren der Fall war, im Lokal-Blatt zur rechten Zeit angezeigt werden. Alles das erregt unleugbar den von Manchen gehegten Verdacht, daß man absichtlich das Nöthige zur Anregung oder wenigstens zur leichten und ungenierten Ausführbarkeit des Besuches der Sitzungen unterläßt, in welchen es allerdings öfter — wie verlautet — etwas bunt durcheinander gehen soll.

Und wie nothwendig der Besuch der Gemeindeausschuß-Sitzungen von Seite des für die gemeindlichen Angelegenheiten interessierten Theiles der Bevölkerung wäre, welcher über die Vorgänge innerhalb der Gemeinde-Vertretung informiert sein will, geht einfach aus dem Umstand hervor, daß man durch die im Lokal-Blatt officiell mitgetheilten Protokolls-Auszüge der Sitzungen meist nur von einer Anzahl von Verhandlungs-Gegenständen, und oft in ganz mangelhafter Weise, und über Manches gar nichts erfährt.

Es ließen sich in diesem Punkte gewiß nicht wenige Belege geben.

Das Einfachste zur richtigen und vollständigen Informierung des Publikums in dieser Hinsicht wäre freilich, einen Berichterstatter in die Sitzungen zu schicken; aber der Berichterstatter, wenn er sich nicht freiwillig findet, kostet Geld, und überdieß würde er in seiner Einsamkeit im Hintergrund des Sitzungssaales in gar trauriger Situation erscheinen.

Vorläufig bleibt nichts anderes übrig, als nachdrücklich den Wunsch auszusprechen: es mögen, nebst der Voranzeige der Sitzungen im Lokal-Blatt, die jeweiligen, wie man voraussetzen muß, korrekt und lückenlos verfaßten Protokolle so vollständig, als zulässig und in klarmachender Weise der Bevölkerung zur Mittheilung gebracht werden, welche ohne Frage ein volles Recht darauf hat und es auch verlangt.

So mißlich und unangenehm es ist, und so übel es von mancher Seite genommen werden wird, diese Angelegenheit freimüthig zur Sprache gebracht zu haben, so war es doch nothwendig, dies vor Allem hier ungescheut zu thun. Und alle Unbefangenen werden lebhaft beistimmen in jedem Sinn. Und Jedem, dem es wirklich um das Fördern der gemeindlichen Interessen und des warmen Eintretens dafür zu thun ist, dem wird es gewiß erwünscht und willkommen sein, daß ein längst wohl Vielen auf der Zunge liegendes Wort, in bester Absicht, offen hier ausgesprochen erscheint.

Badener Tages-Chronik.

Januar 1880.

3. Januar. Hauptversammlung der Badener freiwilligen Feuerwehr und Neuwahl der Feuerwehrleitung. Wiederwahl des Herrn Franz Brzezowski zum Hauptmann.

6. Januar. Begräbniß des gewesenen Färbermeisters und Hausbesitzers Hrn. Karl Schiestl, welcher geachtete Mitbürger einer der älteren Badener Familien angehörte. (Sein geschätzter Bruder, der fürsterzbisch. geistl. Rath und Kurat-Beneficiat bei St. Peter in Wien, der hochwürdige Hr. Anton Schiestl, war durch den verhängnißvollen Unfall, daß er ein paar Tage vorher — am Graben zu Wien — überfahren und nicht unbedeutend verletzt wurde, verhindert, die Leiche einzusegnen.)

6. Januar. Sechste Generalversammlung des Badener Militär-Beteranen-Vereines. Wiederwahl des Hrn. Oberlieutenants a. D., Otto Ritter v. Höffern zum ersten, und des Hrn. Karl Wutzel zum zweiten Vorstand.

9. Januar. Neuwahl des Bezirksschulrathes Baden, im städt. Redouten-Saale.

10. Januar. Zweite Generalversammlung des Zweigvereines Baden vom „Patriotischen Frauenhilfsverein für Niederösterreich", im Rathhaussaale. Rechnungslegung und Beschluß, mit dem Central-Verein in Wien dem Verbande der „Gesellschaft vom rothen Kreuze" beizutreten, wodurch nach den neuen Statuten die Verpflichtung eintritt, die Hälfte der Geldeinnahmen an den Stammverein abzuliefern.

10. Januar. Hauptversammlung des Badener Turnvereines. Wiederwahl des Realgymnasiums-Direktors Hrn. Emil Haueis zum Sprecher und des Oberlehrers und Leiters der Volksschule, Hrn. Emanuel Fitzga, zum Sprecher-Stellvertreter.

15. Januar. Konstituirende Sitzung des für drei Jahre neugewählten Bezirksschulrathes Baden, im Rathhaussaale.

18. Januar. Generalversammlung des „Gartenbau-Vereines in Baden."

19. Januar. „Erster Dilettanten-Abend", im Saale des „Sauerhofes".

(Alle thaten — bei überfüllten Lokalitäten — das Möglichste. Ganz vortrefflich war aber der musikalische Theil. Die Ausführung des Septetts, des wunderbaren op. 20 von Beethoven, war förmlich überraschend. Es spielte aber auch der altbewährte Franz Höffer die Violine und der tüchtige Paul Axmann das Cello. Herr Czischek behandelte die Klarinette mit großer Delikatesse, sowie Herr Höfer sen. das Corno. Auch das Orchester bewährte sich auf's beste.) [1]

---

[1] Vielleicht ließe sich, auf Grund dieser nun erwiesen hier vorhandenen musikalischen Kräfte und auf Grund eines vergessenen, vor Jahrzehnten zu musikalischen Zwecken hier gesammelten (im Gemeinde-Amte erliegenden) Fordes von einigen hundert Gulden, an die Bildung einer Badener Musik-Gesellschaft denken, die — wenn richtig geleitet — bei manchen Gelegenheiten in sehr erwünschter Weise sich geltend machen dürfte. (In einer späteren Lieferung dieser Blätter wird das Musik-Leben Baden's seit dem Ende des vorigen Jahrhunderts zur kurzen Darstellung kommen.)

21. Jänner. 18. Hauptversammlung des Männergesang-vereines Baden. Wiederwahl des Hrn. Prof. Mich. Nagler zum Vorstand und des Mädchenbürgerschul-Direktors Hrn. Joh. Walter und des Lehrers, Hrn. Sylverius Kneifel, zu Chormeistern.

24. Jänner. Geschlossener Maskenball der Sektion Baden des „Oesterreichischen Touristen-Clubs," im Hôtel „Stadt Wien." (Das Reinerträgniß für den Fond zur Erbauung eines Schutzhauses auf dem „Eisernen Thor" bei Baden.)

25. Jänner. Hauptversammlung des Vergnügungs-Vereines. Ausgewiesener Baarfond: 3169 fl. 12 kr. — Neuwahl des Komité's auf drei Jahre.

25. Jänner. Hauptversammlung des „Casino-Vereines" in Baden. Rechnungsabschluß des Jahres 1879: Einnahmen 2677 fl. 80 kr. (darunter 560 fl. außerordentliche Einnahmen durch 56 Antheilscheine à 10 fl. ö. W.); Ausgaben 2626 fl. 63 kr. (darunter 1068 fl. 21 kr. außerordentliche Ausgaben für Herstellungen der Lokalitäten und für Anschaffungen); Kassarest 51 fl. 17 kr. ö. W.[1]

25. Jänner. Kostüme-Schlittenfahrt vom Badener Bahnhof nach Heiligenkreuz, mit gelungener Ausstattung und unter sehr lebhafter Betheiligung.

26. Jänner. Gemeindeausschuß-Sitzung. Hauptgegenstände der Tages-ordnung: Wahl des Ortsschulrathes für die nächsten drei Jahre. — Beschluß wegen Adaptierung und Verpachtung der Redouten-Restauration. — Beschluß wegen Neu-Anstellung eines städtischen Ingenieurs. — Beschluß bezüglich der Herstellungen bei der bevorstehenden Einführung der Hochquellen-Wasserleitung in Baden, deren Kosten auf ca. 24.000 fl. ö. W. veranschlagt sind.

28. Jänner. Brand eines Heuschobers von beiläufig 400 Zentnern, in der Nähe der hiesigen Tramway-Gebäude.

31. Jänner. Sitzung der Badener Sektion des „Vereines der Ärzte Niederösterreichs". Vortrag von Bezirksarzt Dr. Barth: „Die Milch in markt-polizeilicher Beziehung", und von Dr. Josef Schwarz: „Das Chloralhydrat in der Diphtherie."

(Die Albrechts-Brücke), welche in der Nähe des Rauhensteiner Bräuhauses am Eingange des Helenenthals auf das rechte Schwechatufer führt und für deren Neuherstellung durch die Erzh. Albrecht'sche Fabrik in der Kur-kommissions-Sitzung vom 5. November v. J. der Betrag von 3000 fl. votiert

---

[1] Es ist dies für das erste Jahr des aus dem 11 Jahre bestandenen „Leseverein" und aus dem vor wenigen Jahren gegründeten „Badener Club" hervorgegangenen „Casino-Vereines" ein verhältnißmäßig sehr günstiges Resultat, welches — bei den nicht unbedeutenden Herstellungskosten nur durch die, in richtiger Erkenntniß von Seite der Stadtgemeinde erfolgte Ueberlassung des Lokales im Redoutengebäude erzielt werden konnte. Der langersehnte, für Baden als Kurort so wichtige Mittelpunkt der Geselligkeit ist nun (wie auch einige gesellige Abende bewiesen) lebensfähig geschaffen. Es liegt jetzt an der Theilnahme der Bewohner und Besucher Baden's, die weitere Entwicklung des Vereines zu ermöglichen.

worden ist, wurde — noch im Monat December, während der strengsten Winter-
kälte — bereits aufgestellt. Das Werk (an und für sich sehr schön und mit
seinem stark geschwungenen Bogen geeignet, den Reiz des herrlichen Landschafts-
bildes noch zu erhöhen) erscheint aber dennoch — wie auch schon mehrfach ver-
lautete — eben dadurch gänzlich mißlungen, da der Bogen, in Betracht der oft
mühsam gehenden und in Rollwägen fahrenden Kurgäste, eine viel zu hohe
Steigung hat. Zur Entschuldigung dieser höchst mißlichen Sache wird, wie man
vernimmt, von hier aus vorgebracht, man hätte in der Planvorlage diesen Mißstand nicht so beurtheilen können. Das ist aber bei Fachleuten durchaus kein
stichhältiger Entschuldigungsgrund, und es dürfte das Ganze nicht gut zu verant-
worten sein.

(Eine Relief-Karte von Baden und Umgebung), ebenso
interessant als verdienstlich, wurde von den Herren Johann Walter, Emanuel
Fitzga und J. Brosch, hauptsächlich zu Schulzwecken, sehr geschickt ausgeführt
und im Rathhaussaale bereits mit großem Beifall besichtigt. (Eine nähere Mittheilung darüber folgt in der nächsten Lieferung.)

(Der Jahresbericht [1879] des Badener Spitals für arme
strophulöse Kinder,) welches Radislowitsch-Braun'sche Stiftungs-
haus seit 1857 als selbständige Humanitäts-Anstalt besteht, weist die Verpflegung
von 45 Kindern im abgelaufenen Jahre aus. Zum erstenmale erstattete auch der
im März 1879 von der Stadtgemeinde zum dirigirenden Arzt dieses Spitales
ernannte, strebsam thätige Dr. Josef Schwarz in wissenschaftlicher Weise Bericht
über die beobachteten Krankheitsformen und über die Behandlungs-
Resultate — in der Art, wie es die verdienstvollen älteren Ärzte Baden's:
Dr. Scheu, Anton Rollett, Obersteiner, zum Nutzen der Wissenschaft
und des Kurortes in ihren Schriften thaten, was aber bedauerlicherweise ganz aufgehört hatte in neuerer Zeit.

(Stadtjubiläums-Feier.) Ueber die Vorbereitungen zur vierhundertjährigen Feier der Erhebung Baden's zur Stadt, am 6. Juli d. J., wird in
der nächsten Lieferung Näheres berichtet werden können.

(Friedrich Wüste's renommierte Fabrik von Buch- und
Steindruck-Farben bei Pfaffstätten nächst Baden) hat unlängst
einen sehr geschmackvoll ausgestatteten großen Karton mit zahlreichen, vortrefflich
ausgeführten Druckproben sammt Preistarif ausgegeben. Der in Anerkennung
seiner gewerblichen Thätigkeit im vorigen Jahre mit einer Auszeichnung bedachte
Besitzer dieses dem Lande und speciell unserer Gegend zur Ehre gereichenden
bedeutenden Etablissements, unser geschätzter Mitbürger, hat ein Exemplar davon
(welches auf dem Titelblatt auch das Fabriksgebäude und Baden im
Hintergrund zeigt) dem Badener Stadtarchiv einverleibt, wo es als
Zeichen verdienstvollster heimischer Industrie für alle Zeit aufbewahrt wird.

(Die vielbekannte Schriftstellerin Ida Gräfin Hahn-Hahn),
deren Tod am 12. Januar d. J. zu Mainz im Alter von 75 Jahren erfolgte,
ist insofern für Baden von speciellem Interesse, als dieselbe in den 30er Jahren
— zu welcher Zeit die im Kloster gestorbene noch im freien Sinne schrieb und

noch ein „sündhaftes Weltkind" war — längere Zeit in unserm Kurort weilte, und daselbst besonders bei der im Rollett'schen Hause in der Bergstraße viele Jahre während des Sommers wohnenden Familie Ephraim fast täglich zum Besuch gewesen ist, wo auch Felix Mendelssohn, Thalberg, Karoline Bauer, Barnhagen von Ense und viele andere Berühmtheiten in anregender Berührung verkehrten.

Badener Theater-Chronik.[1])

Repertoir vom Januar 1880.

Donnerstag den 1. Fribolin, oder: Der Gang nach dem Eisenhammer. Burleske Operette in zwei Bildern (nach Schiller's Ballade) von C. F. Stix. Musik von J. B. Klerr. — Doktor und Friseur oder: Die Sucht nach Abenteuern. Original-Posse in zwei Akten von Friedrich Kaiser.

Freitag den 2. Boccaccio. Komische Operette in drei Akten von F. Zell und Richard Genée. Musik von Franz von Suppé. — (Frln. Anna Jäger vom Viktoria-Theater in Frankfurt a. M., als Gast: Giovanni Boccaccio.)

　　Die durch kristallklare, wenn auch nicht große Stimme und durch treffliche Schule ausgezeichnete, von ihrer vorjährigen längeren Anwesenheit in Baden her sehr beliebte Sängerin wurde lebhaftest empfangen und ihre Leistung erhielt reichen Beifall.

Sonntag den 4. Der Alpenkönig und der Menschenfeind. Romantisch-komisches Volksmärchen mit Gesang in drei Aufzügen von Ferdinand Raimund. Musik von Wenzel Müller.[2])

　　Direktor Schreiber sehr lobenswerth als „Rappellkopf", welchen freilich nur Franz Wallner ganz im Geist und Ton des genialen Raimund spielte.

Dienstag den 6. Schönröschen. (La jolie parfumeuse.) Komische Operette in drei Akten von H. Cremieux und C. Blum. Für die deutsche Bühne bearbeitet von C. Treumann. Musik von J. Offenbach. — (Frln. Fanny Weiser vom städt. Friedrich Wilhelm-Theater in Berlin, als Gast: Rosa Michou.)

　　Die warme Begrüßung und der laute Beifall, der die Darstellung begleitete, bewiesen der anmuthigen Zurückgekehrten, daß sie durch ihre lieblich-nette Stimme und durch ihr treffliches Spiel von ihrem früheren hiesigen Engagement her in bestem Andenken steht.

Donnerstag den 8. Zum ersten Male: 2 × 2 = 4. Original-Lustspiel in vier Akten von Hugo Merlin Mandlick.

　　Der Verfasser zeigt, trotz vieler Mängel dieser seiner Arbeit, entschiedenes Talent.

---

　　[1]) In der nächsten Lieferung erscheint — nebst der Fortsetzung des Repertoirs — ein Aufsatz: „Zur Geschichte des Badener Theaters."

　　[2]) Der um die volksthümliche Musik hochverdiente Wenzel Müller starb bekanntlich am 3. August 1835 hier in Baden (Johannesgasse 23) und liegt im Badener Friedhof (neben dem Grabe des ehemaligen Badener Dechants Kilo) begraben.

Freitag den 9. Die Fledermaus. Komische Operette in drei Akten von Johann Strauß. — (Frln. Fanny Weiser, als Gast: Adele.)

Sonntag den 11. Bébé. Possenspiel in drei Akten von Hennequin und De Najac.

Dienstag den 13. Zum dritten Male: Starke Mittel. Schwank in vier Akten von Julius Rosen.

Donnerstag den 15. Dorf und Stadt. Schauspiel in zwei Abtheilungen und fünf Akten mit freier Benützung der Auerbachischen Erzählung: „Die Frau Professorin" von Charlotte Birch-Pfeiffer.

Samstag den 17. Boccaccio. Komische Operette rc. (Frln. Fanny Weiser, als Gast: Fiametta.)

Sonntag den 18. Der Schneider als Naturdichter, oder: Der Herr Vetter aus Steiermark. Posse mit Gesang in drei Akten von Friedrich Kaiser. Musik vom Kapellmeister Adolf Müller.

Dienstag den 20. Zum ersten Male: Hausherrn-Freuden. Posse in fünf Stockwerken von H. Chivot. Musik von C. F. Konradin.

Donnerstag den 22. Die entzauberte Katze. Phantastisches Singspiel in einem Akt a. d. Franzöf. von Scribe und Melesville. Musik von Th. Hauptner. — Der Mord in der Kohlmessergasse. Posse in einem Akt, frei n. d. Franzöf. von A. Berger. — Bächterin und Barbier, oder: Liebeszauber. Operette in einem Aufzug, frei n. d. Franzöf. Musik von Adolf Müller. (Frln. Fanny Weiser, als Gast: Minette und Röschen.)

Freitag den 23. Ein Kind des Glückes. Original-Lustspiel in fünf Akten von Charlotte Birch-Pfeiffer.

Sonntag den 25. Größenwahn. Original-Lustspiel in vier Aufzügen von Julius Rosen.

Dienstag den 27. Maria Stuart. Trauerspiel in fünf Akten von Friedrich Schiller. (Frln. Antonie Ziegler vom landschaftl. Theater in Graz, als Gast: Maria Stuart.)

> Das günstige Organ der Darstellerin kann bei entsprechend harmonischer Ausbildung des Spieles ohne Zweifel erfreulichste Wirkung erzielen.

Donnerstag den 29. Fleurette, oder: Trompeter und Nähterin. Komische Operette in einem Akt n. d. Franzöf. Musik von Offenbach. — Hierauf: Wem gehört die Frau? Schwank in einem Akt n. d. Französischen von Theodor Flamm. — Zum Schluß: Die Hanni weint, der Hansi lacht. Komische Operette in einem Akt von St. Remy. Musik von Offenbach. (Frln. Fanny Weiser, als Gast: Fleurette und Hannchen Blühweiß.)

Freitag den 30. Zum ersten Male: Die Ehefabrikantin, oder Bade-Wirkungen. Lustspiel in vier Akten von Joseph Mayer. (Zum Vortheile der Schauspielerin Frau Leopoldine-Treumann).

> Die gediegene beliebte Schauspielerin brachte in der lebendig gehaltenen Novität ihr Talent auf das Schönste zur Geltung.

Badener Familien-Chronik. [1]

Familien-Nachrichten vom Januar 1880.

Geburten.

In der Pfarre Baden kamen im Monat Januar 1880 im Ganzen 12 Geburten vor. Davon wurden geboren:

Am 3., dem Fabriksschlosser Wenzel Kratochwill ein Sohn: Joseph.

Am 11., dem Hauer Joseph Eitler eine Tochter: Josepha.

Am 14., dem Eisendreher Eduard Hlawatsch ein Sohn: Rudolph.

Am 15., dem Weingärtner Johann Biegler ein Sohn: Franz.

Am 17., dem Hauer Josef Steiner eine Tochter: Pauline.

Am 25., dem Hauer Franz Hofmann eine Tochter: Anna Maria.

Trauungen.

In der Pfarre Baden wurden im Januar 1880 getraut:

Am 13. Hufschmied Joseph Kulula, aus Müglitz in Mähren, mit Josepha Gebhart, von Weitersdorf (Breiten.) — Weinhauer Joseph Spörk, mit Witwe Elisabeth Blank.

Am 15. Hr. Julius Stanovich, Großhandlungs-Prokurist aus Wien, mit Barbara Held aus Böhmen.

Am 18. Hr. Dr. jur. Arthur Mussil, aus Wien, mit Frln. Henriette Uffenheimer.

Am 19. Hr. Joseph Tinhof, Fleischhauer, mit Witwe Leopoldine Lutter.

Am 20. Tischler Paul Grabenhofer, aus Pfaffstetten, mit Anna Musser, aus Wolfau in Ungarn. — Hr. Bernhard Knotzer, aus Pfaffstetten, mit Magdalena Blümel, aus Baden (Leesdorf). — Riemer Franz Kuhn, aus Rothwasser in Mähren, mit Witwe Antonia Freitag, aus Sißgras in Mähren. — Hr. Joseph Neubauer, Hauer und Hausbesitzer in Baden (Leesdorf), mit Maria Böck.

Am 26. Taglöhner Paul Kleiner, aus Seewiesen in Böhmen, mit Elisabeth Baumgartner, aus Ober-Rabnitz in Ungarn. — Zimmermann Franz Rudenbauer, aus Baden, mit Josepha Schuh, aus Weitersdorf (St. Helena).

---

[1] Die Abtheilung „Familien-Chronik" dieser Blätter zerfällt, gleich dem ganzen Inhalt, in zwei Theile: in den der Vergangenheit und in den der Gegenwart. Der erstere Theil wird die für die frühere Zeit und für die Stadtgeschichte gewiß nicht uninteressanten — wenn auch noch so einfachen — Aufzeichnungen der ältesten Familien Baden's zu bringen suchen, wozu vor allen die Familie Höffer und die Familie Rollett gehören, welche beide bereits seit dem 17. Jahrhundert in Baden ansäßig sind, woran sich die seit dem vorigen Jahrhundert hier befindlichen Familien anschließen werden. Der zweite Theil bringt ziffermäßige Nachweisungen und möglichst vollständige Auszüge aus den pfarrämtlichen Verzeichnissen.

Am 27. Hr. Basil Markusch, Friseur, aus Bocsar in Ungarn, mit Magdalena Zauner, aus Hainfeld.

Am 31. Schneidermeister Hr. Johann Hačel, aus Seltsch in Böhmen, mit Katharina Schneider aus Baden.

Todesfälle.

In der Pfarre Baden sind im Jänner 1880 gestorben:

Am 1., dem Hauer Karl Blam ein Sohn: Leopold, 2 Monate alt, am Darmkatarrh.

Am 4. Herr Karl Schiestl, Hausbesitzer, im 76. Lebensjahre, an Altersschwäche. (Vgl. „Tages = Chronik," S. 13.)

Am 5. Herr Georg Ehn, Privatier aus Wien, 53 Jahre alt, am Herzschlag. — Dem Hauer Ludwig Blam ein Sohn: Eduard, 2 Jahre alt, an der Lungentuberkulose. — Dienstmann Kaspar Schmidt, 46 Jahre alt, an Gehirnentzündung.

Am 7. Anton Felbermayer, Todtengräber am israelitischen Friedhof, 47 Jahre alt, am Gedärmbrand.

Am 9. Fiaker Franz Grob, 36 Jahre alt, an der Auszehrung. (Starb an den Folgen der Verletzungen, die er vor längerer Zeit im Vorbeifahren beim Fällen eines Pappelbaumes in Weikersdorf [St. Helena] erlitten). — Armenhaus-Pfründner Leopold Lenardin, 64 Jahre alt, an der Lungentuberkulose. — Hausbesorgers = Gattin Anna Mühlbacher, 29 Jahre alt, an der Lungentuberkulose.

Am 12., dem Invaliden Josef Ebler ein Sohn: Karl, 17 Monate alt, an der Lungenentzündung. — Handschuhmacher Johann Kutscher, 66 Jahre alt, an der Wassersucht.

Am 13., der Magdalena Lang eine Tochter Theresia, 5 Monate alt, an der Lungenentzündung. — Dem Maurer Joseph Schanzer eine Tochter: Augustine, 3 Jahre alt, an der Lungenentzündung. — Dem Hauer Ferdinand Lechner eine Tochter: Maria, 11 Jahre alt, an der Lungentuberkulose.

Am 15., dem Drechsler Mathias Mannsbart eine Tochter: Anna, 10 Monate alt, an der Lungenentzündung.

Am 16., der Näherin Katharina Stefla ein Sohn: David, 3 Wochen alt, an Lebensschwäche.

Am 15., dem Fiaker Joseph Ettlinger eine Tochter: Magdalena, 4 Jahre alt, an der Lungenentzündung, und eine Tochter: Aloisia, 4 Monate alt, an der Auszehrung. — Dem Fabriksarbeiter Joseph Tomek ein Sohn: Joseph, 12 Jahre alt, an der Lungentuberkulose.

Am 18., dem Schuhhändler Engelbert Zimmermann ein Sohn, Johann, 1 Jahr alt, an der Lungenentzündung. — Der Frau Zitzmann eine Tochter: Maria, 12 Jahre alt, an der Wassersucht.

Am 23., dem Wirth Herrn Mathias Gaffler eine Tochter: Johanna, 10 Monate alt, an der Lungenentzündung. — Dem Marquer Ferdinand Willmann ein Sohn: Heinrich, 2 Jahre alt, an der Lungenentzündung.

Am 25., dem Haufierer Daniel Juſt eine Tochter: Franciſta, 6 Wochen alt, an Fraiſen.

Am 26., dem Hauer Ignaz Ramberger eine Tochter: Thereſia, 2 Jahre alt, an der Lungenentzündung.

Am 31. Dem Taglöhner Joſeph Mayer ein Sohn: Joſeph, 2 Jahre alt, an der Gehirnentzündung. — Dem Kutſcher Franz Winkler eine Tochter: Maria, 18 Monate alt, an der Lungentuberkuloſe.

———

Von den **Proteſtanten** Badens iſt im Monate Januar 1880 geſtorben: Am 29. Hr. Philipp Lorz, Privat, 78 Jahre alt, an Entkräftung.

———

Bei der „**Israelitiſchen Kultusgemeinde in Baden**" (welche gegenwärtig 107 Familien umfaßt) iſt im Januar 1880 als geſtorben verzeichnet:

Am 27. Dem Adolf Fiſcher eine Tochter: Elſa, 1 Jahr alt, an der Gehirnentzündung.

(Geburten und Trauungen kamen im Monat Januar 1880 bei den Badener Israeliten nicht vor.)

Die Verzeichniſſe der „Israelitiſchen Kultusgemeinde in Baden" weiſen — während des Zeitraumes von 1873 (1874) bis 1880 — die nachfolgenden Daten aus:

Geburten: Männliche 41; weibliche 33; Todtgeboren 9.

Trauungen: 51.

Todesfälle: Männer 47; Frauen 51.

———

Dr. Hermann Rollett's „Beiträge zur Chronik der Stadt Baden bei Wien" erſcheinen in Lieferungen zu mindeſtens einem Bogen. Zwölf Lieferungen bilden einen Band.

Pränumerationspreis für den Band, in Baden und Umgebung: 3 fl. öſtr. W.; nach Auswärts, mit Poſtverſendung: 3 fl. 50 kr. öſt. W.; (Auswärtige pränumeriren am zweckmäßigſten mit Poſtanweiſung.) — Preis einer einzelnen Lieferung 30 kr.

Der Umſchlag (und nöthigenfalls eine Beilage) bringt Anzeigen des inſerierenden Publikums zu billigem Tarife, und außerdem gratis und fortgeſetzt die Adreſſen derjenigen Geſchäftsbeſitzer und Firmen des Kur-Rayons und der nächſten Umgebung, die auf einen Band dieſer „Beiträge" pränumérieren.

Chronik der Vergangenheit.

Chronologische Nachweisungen zur Geschichte Baden's.

IV. bis VIII. Jahrhundert.

300—791, in welchem letzteren Jahre Kaiser Karl d. Gr. auch die nach Abzug der Römer eingedrungenen Hunnen-Avaren in Pannonien gänzlich überwand und darauf die (nach der Völkerwanderung, seit 568, von den Bajuvariern und Avaren bewohnte) Gegend des heutigen Erzherzogthums Oesterreich, unter den Namen „Avarien" oder „Oestliche Mark" (Austria), mit Deutschland vereinigte, und auch noch über diese Zeit hinaus, erscheint unser Baden gänzlich in Dunkel gehüllt, und es scheinen die früher bestandenen cetischen Heil-Bäder (in Folge der wildstürmischen feindlichen Einfälle der verschiedenen barbarischen Völker — 451 der Hunnen, 487 der Rügen, der Heruler, der Ostgothen, u. s. w. —) vollständig in Verfall gerathen zu sein.

Vgl. „Kirchliche Topographie", vierter Bd., S. 53.

IX. und X. Jahrhundert.

800—1000 wurde die ganze Gegend und damit auch die segensreiche Stelle, an der „— des Heilquells liebewarme Woge" — vielleicht unter Schutt und Trümmern entquoll, durch die vielfältigen kriegerischen Einfälle der benachbarten Ungarn einer stäten, alles Aufkeimende ver-nichtenden Zerstörung unterworfen,[1] bis mit Ende des X. Jahrhunderts, unter den österreichischen Markgrafen aus dem Hause Baben-berg (983—1246), durch den wohlthätigen Einfluß der ruhigen, die Entwicklung der Zustände und die neu angesiedelte Bevölkerung fördernden

---

[1] Nach einem, erst 1875 in den „Abhandlungen der I. baier. Akademie der Wissen-schaften" veröffentlichten überraschenden Bericht über die Urkunden des Bisthums Freising, aus der Zeit der Karolinger, hätte jedoch im 9. Jahrhundert König Karlmann zu Padun (unserem Baden) eine Pfalz (palatium) gehabt, wo er im Jahre 869 eine glänzende Gefolgschaft bei Gelegenheit eines Rechtsspruchs in einer auf Patinnu (Pitten) bezüglichen Streitsache versammelt, von wo aus derselbe auch — nach längerem Verweilen — seinen Angriff gegen die (mährischen) Feinde unternommen haben soll. Vgl.: „Blätter des Vereines für Landeskunde von Niederösterreich", 1877, S. 365—91 und 1879, S. 118 (Nr. 12). — Desgl.: „Badener Bote" 1878, Nr. 9.

Zeit, Baden mit seinen Quellen allmälig wieder aus dem langen Dunkel hervorgetreten ist.[1])

Um 800 bereits soll ein Turzho (dem angeblich aus Polen abstammenden in Ungarn reichbegüterten Geschlecht der Turſonen angehörig) — welchen Kaiſer Karl d. Gr. bei Gründung der Oſtmark in dieſe Gegend berief, um dieſelbe von den räuberiſchen Horden zu ſäubern — auf dem eine weite Ausſicht bietenden Berg an der ſüd-weſtlichen Seite des Eingangs zum jetzigen „Helenenthal", am rechten Ufer des Schwechatbaches und an der Verkehrsſtraße von Baden nach Heiligenkreuz (damals Landgut Sattelbach), die Veſte Rauheneck (Rubniche, Ruhniche, Ruhenegge) erbaut haben, welche — mit ihrem intereſſanten dreieckigen, noch vollſtändig baſtehenden Thurm — ſomit zu den älteſten Veſten Oeſterreichs gehören würde.[2])

815 ſoll Radewolt, Turzho's von Rauheneck Sohn, die von Rauheneck thaleinwärts auf einem Hügel gelegene, bereits faſt gänzlich verſchwundene Burg Scharfenegg (Scharfeneck) vollendet haben.

> Vgl.: Schweidhardt, „Darſtellung des Erzherzogthums Oeſterreich unter der Enns." Wien 1832. V. Bd., S. 177. — Deßgl.: Leber, a. a. O., S. 36—43 (u. Tafel III); dagegen S. 5—6 (Note 10), wo es heißt: „Scharieneck" (wie ſich dieſe kleinſte der Veſten jetzt in den wenigen Reſten zeigt) iſt „wol nicht vor dem XIV. Jahrhundert" entſtanden.

919 ſoll Erneſtus von Turzho — der eine Rheinländerin, Namens Eſſico, zur Hausfrau hatte — den Bau des kühnragenden, der (jedenfalls älteren) Veſte Rauheneck gegenüber gelegenen Felſenſchloſſes Rauhenſtein

[1]) Die bekannte, auch von anderen Badeorten — z. B. von Karlsbad in Böhmen — verlautende Sage von der Auffindung oder Wiederauffindung der warmen Heil-Quellen durch ſich in denſelben inſtinktmäßig badende kranke Hunde, wird auch von unſerem niederöſterreichiſchen Baden erzählt. (Vgl. „Vaterländiſche Immortellen" von Anton Ziegler, Wien 1838, Nr 73, mit Abbildung.) Doch dürfte dieſe Sage bezüglich Baden's inſofern der thatſächlichen Begründung entbehren, als ſie mit den — unter anderen Thierdarſtellungen — am Thurm der hier beſtandenen (1811 demolierten) alten gothiſchen „Frauenkirche" angebracht geweſenen drei Hunden (vgl. Mayer's „Miscellen" I. 1819, S. 57) in Verbindung gebracht wird. (vgl. Kridel, „Baden und ſeine Umgebungen." Wien 1832, I., S. 34.) Dieſe Hunde waren aber wahrſcheinlich nur „Waſſer-ſpeier", wie ſie an Bauten gothiſchen Styles ſich finden, wenn ſie nicht mit den Potten-dorfs — in deren Beſitz die Kirche bis 1297 geweſen — zuſammenhängen, welche Familie ja den Namen „Canis de Potendorf" führte. (Vgl.: Schenk's „Die Schwefelquellen von Baden" ꝛc. Baden 1817, S. 17.)

[2]) Vgl.: Franz von Leber „Die Ritterburgen Rauheneck, Scharfeneck und Rauhenſtein", mit zehn Steintafeln, Wien 1844, nach welchem vortrefflichen, reichhaltigen Werke (S. IX, 4 u. 5) die früheſten Nachrichten über dieſe drei Veſten aus dem gräflich Henkel'ſchen Familien-Archive zu Tarnowitz ſtammen, welches W. Ludwig B. Graf Henkel von Donnersmark (1775—1849) aus dem Grunde der Ver-wandtſchaft ſeiner Familie mit den Turzho's in dieſer Beziehung durchſuchte. (Petrus Thurzo de Bethlen-Falva zu Czötörtölhely [Donnersmark], im Zipfer Komitat, hatte 1378 die Erbtochter der alten Adelsfamilie von Henkel geheirathet, deren Namen er ſich beilegte.) — Vgl.: „Ueber die Bauperioden Rauheneck's" Leber, a. a. O., S. 181.

vollendet haben, wodurch das ganze Thal mit Befestigungen an den beiden Ufern der Schwechat (Schwöchanb) abgeschlossen war. Diese noch jetzt in den Ruinen ganz stattliche Bergveste übertraf an Räumlichkeit, fester Bauart und malerischer Lage weit die Nachbar-Burgen.

Vgl.: Leber, a. a. O., S. 5—6, wo es jedoch in der Note 10) heißt, daß Rauhenstein „seinem Quadergrundbau gemäß, nicht vor Anfang des XII. Jahrhunderts zu setzen ist." [1]

XI. Jahrhundert.

1002 erscheint **Baden** unter dem Markgrafen **Heinrich I.** aus dem Hause **Babenberg** bereits als landesfürstlicher Besitz, und die babenbergischen Fürsten besaßen daselbst einen eigenen Hof — den noch jetzt bestehenden „**Herzoghof**" — mit dem großen und kleinen **Herzog-Garten** (jetzt „Stadtpark"), sowie auch viele, der vortrefflichen Lage wegen besonders gut gedeihende **Weingärten**, und ebenso mehrere der heilsam wirkenden **Badequellen**, wie aus Urkunden ersichtlich. [2]

Vgl. „Kirchliche Topographie", IV., 53—54.

1070 ca. gibt **Popo von Ror (Rohr)** — dessen Veste südöstlich von Baden am rechten Ufer der Schwechat, dem Orte **Leesdorf** beinahe gegenüber gelegen war — [3] in einer **Mölker Urkunde** Zeugenschaft ab; und es wurde dieser älteste der urkundlich vorkommenden Herren von **Ror** [wie aus der Inschrift eines späteren Grabsteins dieses Geschlechtes vom Jahre 1323 ersichtlich] [4] in der **Pfarrkirche zu Baden** begraben,

---

[1] Die auf die Veste **Rauhenstein**, sowie auf die Nachbarburgen bezüglichen Volkssagen, historischen Erzählungen u. s. w. werden im ausführlichen Verzeichnisse der **Literatur über Baden** seinerzeit in diesen Blättern angeführt erscheinen. — Ueber die **Turionen** im Allgemeinen folgt später ein besonderer Artikel.

[2] Kaiser **Heinrich II.** (972—1024) hatte den Strich Landes zwischen dem hinter **Heiligenkreuz** fließenden **Dornbach** und der **Liesing** und **Triesting** — worin die **Gegend von Baden** begriffen war — dem Sohne des Markgrafen **Leopold des Erlauchten, Heinrich I.**, zum Lohne für seine Dienste gegen die räuberischen Banden der Ungarn geschenkt; und es blieb diese Bestyung seither den Markgrafen und Herzogen Oesterreichs ganz als Eigen.

[3] Die Veste **Rohr** — von welcher **Hueber** (a. a. O., S. 272) sagt: „Quondam arx nobilis" — ist längst gänzlich verschwunden und es sind wol aus dem Mauerwerk derselben die meisten älteren Häuser der kleinen, zu **Weilersdorf** gehörigen Katastralgemeinde „**Besten Rohr**" gebaut worden. Nach der Volkssage ist die Veste Rohr (Rora, Rochr) — „versunken." (Vgl. Leber, a. a. O., S. 215.) Es wurde dieselbe aber höchst wahrscheinlich im Jahre 1477 durch die alles verwüstenden Schaaren des **Mathias Corvinus** zerstört. — Noch gegenwärtig ist an einer Brunnenquelle des ehemaligen Schloßgartens daselbst ein runder steinerner Tisch vorhanden — der sogenannte „**Karlstisch**" — an welchem Kaiser **Karl VI.**, der hier noch ein Jagdschlößchen gehabt haben soll, manchmal tafelte. — (Vgl. Dr. **Karl Schenk's** „Taschenbuch für Badegäste Badens" ꝛc. Wien u. Baden 1805, S. 14—17. — Desgl. „**Kirchliche Topographie**", IV, 101.)

[4] Nach **Hohenec's** „Die löblichen Herren-Stände" ꝛc. (Passau 1727 u. f.) III, 581, lautete die Inschrift des Grabstein's von 1323: „Hier liegt begraben Herr **Heinrich von Ror** und Herr **Leitfritz**, sein Bruder, und all seine Vorfahren..." (Vgl.: Schenk, a. a. O., S. 14.)

woraus hervorgeht, daß diese Kirche schon im XI. Jahrhundert — wenn auch jedenfalls nur als kleinerer Bau — bestanden haben muß.[1])

Vgl.: „Austria ex archivis Mellicensibus illustrata" etc., edidit R. D. P. Philibertus Hueber, Lipsiae, Anno MDCCXXII, wo Seite 1—2 die betreffende, aus der Zeit zwischen 1056—1075 herstammende Möller Urkunde mitgetheilt ist.

1094 kommt in einer Mölker Urkunde ein Otto Turse als Zenge vor. Vgl. Hueber, a. a. O., S. 2.[2])

Die Urkunden des Badener Stadtarchivs.

II.

(Die nachfolgend mitgetheilte Urkunde aus dem Jahre 1629, mit welcher Kaiser Ferdinand II. der Stadt Baden umfassende Mauth-Freiheit zur Entschädigung für die argen Kriegsunbilden der damaligen Zeiten verleiht, gehört ebenfalls — gleich der zuerst (S. 5—6) mitgetheilten — zu den Privilegien der Stadt, welche von den späteren Regenten Oesterreichs, z. B. von Kaiser Joseph I. im Jahre 1707, bei Bestätigung der Rechte und Freiheiten Baden's ausdrücklich und namentlich mitbestätigt wurden.)

Kaysers Ferdinandi des andern Verleihung der Statt Baaden Mauth-Freyheit. Ihre Weinn Mauthfrey anderwerths zu verfahren und zu verkauffen, auch mit Ihren Kauffmans Wahren und Cramereyen, zu Wasser, und zu Land frey zupassiren. De dato A° 1629.

Wir Ferdinand der ander von Gottes gnaden Erwöhlter Römischer Kayser, zu allen Zeiten Mehrer des Reichs, in Germanien, zu Hungarn, Böhaimb, Dalmatien, Croatien, undt Slavonien ꝛc. König, Erz Herrzog zu Österreich, Herrzog zu Burgundt, Steyr, Khärndten, Crain, undt zu Würtemberg, Graff zu Tyroll, undt Görtz ꝛc.

Bekhennen offentlich mit disem Brieff, undt Thun Kundt Allermänniglich, demnach Uns Unsere getreüe Liebe N: Richter, Rath, undt gmaine Burgerschafft Unser Statt Baaden in Unserm Erzherzogthumb Österreich Unter der Enns allergehorsambst zu vernehmen gegeben, waßmaßen Sy nit allein zu Zeit Weyllandt Unserer Höchstgeehrten Vorfahren an Unseren Löblichen Hauß Österreich, Römischen Kaysern, Königen, undt

---

[1]) Der wichtige Grabstein war schon im Anfang des jetzigen Jahrhundert in der Badener Pfarrkirche nicht mehr zu finden. — (Ueber die Grabsteine der Badener Pfarrkirche vgl.: Bergmann, „Zwei Denkmale in der Pfarrkirche zu Baden," Wien 1859. — Desgl. Lind in „Berichte des Wiener Alterthumsvereines", III, 308. — Desgl. „Badener Bote", 1878, Nr. 18.)

[2]) Von diesem Otto Turse macht Leber in seinem bereits öfter citierten, ungemein reichhaltigen und auf Quellenstudien beruhenden Werke über die Burgen der Badener Tursonen auffallenderweise keine Erwähnung. Entweder ist ihm diese Zeugenschaft auf der angeführten Urkunde entgangen, oder Leber hielt diesen Otto Turse nicht für einen dem Geschlechte der Tursonen Angehörigen, welches nach seinen Anführungen erst im XII. Jahrhundert urkundlich erscheint.

Erz Herzogen Christseeligsten Angedenckhens, bey denen damalig fürgangenen Türchen Kriegen, Potschgerischen [1]) undt andern Rebellionen zimblichermassen [2]) verbrendt undt ruinirt, sondern auch bey Jüngst in Unseren Erblichen Königreichen, Fürsten - Thumben, undt Landten endtsstandtenen Kriegs Unruhe, mit Beleg. undt einnehmungen Viler unterschidlicher Soldatesca zu Rooß, undt Fuß undt andern schwähren aufgelegten Contributionen, merchlichen, und dermassen hoch betrangt [3]) wordten, daß gemelte Unsere Statt Baaden, undt deren Inwohner neben deme Sy durch die, ain Zeithero Layder mißrathene Weinfexung |: ohne welche Sy ainigen ersprießlichen nutzen nit hetten :| starckh zuruckh geschlagen wordten, zusambt Treüherziger Dargebung Jhres Vermögens in eüsseristes Verderben, undt hohen Schulden Lasst gerathen. Unnß derowegen aller Unterthänigist gebetten, daß Wir Jhnen Unsere hilffliche handt raichen, und damit Sy sich oberzehlter Jhrer Bis hero außgestandtenen Verlegenheiten in etwaß erhollen, auß dem angewachsenen Schulden Lasst widerumben schwingen: Undt zu gedeülichen aufnehmen [4]) gerathen mögen, Sy dahin allergnädigist Befreüen wolten, daß Sy alle Jhre Pauwein, [5]) so Jhnen mit der Gnadt Gottes Jährlichen wachsen in unser Erzherzogthumb Össterreich, undt alle andere Unsere Erbliche Königreiche, Fürstenthumb, undt Landte, ohne raichung ainiger Mauth, Zoll, Dreyssigist, undt aller andern Auffschlög unverhindtert mennigliches führen, undt vor Kauffen, deßgleichen auch im Kauff, und Vor Kauffung Jhrer handlswahren, undt Cramereyen, aller Orthen hin, undt wider, gantz mauthfrey sein möchten; Alß haben wir angesehen solch Jhr Unser Richter, Rath, undt gemainen Burgerschafft Unserer Statt Baaden demüthigiste Bitt, wie auch gnädigist betrachtet, daß Sy sich gegen Unseren höchst geehrten Vorfahren, undt Uns mit stätten Treüen, undt gantz untertheniger Dienstbahrkeit ieder Zeit gehorsamb willig erzeigt, und darumben mit wohlbedachten mueth, gutten zeitigen Rath, undt rechten wissen, auch auß Sondern Kayl. Gnaden, darin gnädiglich gewilliget, Thun daß, undt geben Jhnen auch solche Freyheit hiemit wissentlich in Crafft diß Brieffs also, undt dergestalt, daß nit allein gemaine Statt Baaden, sondern auch alle, undt Jede Unsere Burger daselbst Jhre Weinn, so Sy von Jhren eigenthümblichen Weingärtten' erbauen, von dannen aller Orthen in Unser Erzherzogthumb undt Landte derselben Stätt, Märckht, undt Flekhen an alle Lasstätt, [6]) undt wohin es Sy gelust, undt geliebt ohne raichung ainiger Mauth, Zoll, Dreissigist, undt aller anderer auffschlög, zu wasser, undt Landt unverhindtert mannigliches führen, undt Jhren nutzen, undt fromben damit schaffen mögen, wie es Jhnen am fieglichsten ist, Sy Unsere Burger gemainiglich in Unserer Statt Baaden sollen, undt mögen auch hinführo mit aller Jhrer Kauffmannschafft, Handlswahren, und Cramereyen allenthalben in Unserem Erzherzogthumb

---

[1]) Es sind hier die durch Stephan Bocskai 1604—1606 in Ungarn und Siebenbürgen herbeigeführten Ereignisse gemeint. [2]) Begreiflichermaßen. [3]) bedrängt. [4]) Emporkommen. [5]) Eigenbauwein. [6]) Ausladeplätze.

Öſterreich, undt allen Unſern Candten, handlen, wandlen, und damit ſowohl im Kauffen, als Verkauffen aller Orthen gantz Manthfrey, zu waſſer, undt Candt durchziehen, fahren, und dieſelben nach beſtem Ihrem Vermögen, undt fromben vertreiben, wie nicht weniger aller der Freyheit, Recht, undt Gerechtigkeit, Inmaſſen andere Unſere Stätt, undt deren Burger, ſo mit dergleichen Privilegien von Unnß, oder Unſeren Vorfahren an Unſerem Löblichen Hauß Öſterreich begnadet, undt vorgeſehen von Rechts oder gewohnheit wegen zu thun haben, gleichfahls fähig, und Chailhafftig ſein, undt ſich derſelben erfreuen, gebrauchen, undt genüſſen ohne männigliches Irrung, Hinternus, undt widerſprechen.

Gebiethen darauf ꝛc: allen, undt Jeden Unſern Fürſten, Geiſt- und weltlichen Obrigkeiten, Inſonderheit aber allen Unſern ietzig, undt Künfftigen Statthaltern, Candt Marſchalchen, Candts-Haubtleuthen, Prae-laten, Grafen, Freyen, Herrn, Rittern, Knechten, Candtrichtern, Candtvögten, Vizdomben, Vöggten, Pflegern, Verweſern, Burggraffen Mauthnern, Zöll-nern, Auffſchlägern, Dreyſſigern, deroſelben gegenſchreibern, Burgermaiſtern, Richtern, Räthen, Burgern, Gmaindten, undt ſonſt allen andern Unſeren Ambtleuthen, Unterthanen undt Getreüen, was Würdten, Standts oder Weſens die ſeynd, Ernſtlich, undt Veſtiglich mit diſem Brieff, undt wöllen, daß Sy die offtgedachte Richter, Rath, Burger, undt gemainde Unſerer Statt Baaden, undt Ihre Nachkomben, an vorgemelten Unſern Ihnen erthailten Kayſer- und Candtsfürſtlichen Gnaden nicht hindern, noch Irren, ſondern Sy dabey ruhebiglich verbleiben Caſſen, auch von Unſertwegen treülich ſchutzen, ſchürmen, undt handthaben, derſelben würckhlich freyen gebrauchen, undt genüſſen laſſen, darwider nicht thun, noch des Jemands andern zu thun geſtatten, in Kein weiß noch weeg, als Lieb einen Jeden ſey, Unſer ſchwähre Ungnadt, undt Straff, undt darzu ein Poen, Nehmlich Zwaintzig Marckh Löttigs goldts zuvermeyden,[1] die ain Jeder, ſo offt er fravenlich[2] hierwider thätte, Uns halb in Unſer Kayſerliche Camer, undt den andern halben Theil offtgemelten Unſern Burgern zu Baaden, undt Ihren Nachkomen unnachläſſlich zubezahlen verfallen ſein Solle, doch alles auf Unſer Gnädigiſtes Wohlgefallen undt Widerruffen. — Mit Urkundt diß Brieffs Veſiglt mit Unſerm Kayſerlichen anhangenten Inſigl geben in Unſerer Statt Wienn, den achten Tag des Monaths May, nach Chriſti Unſers Lieben Herrn und Seeligmachers gnadenreichen geburth im Sech-zehnhundert: Neün, undt Zwaynzigiſten, Unſerer Reiche, des Römiſchen im Zehenden, des Hungariſchen im ailfften, undt des Böhaimi-ſchen im Zwölfften Jahren.

Ferdinandt.

Ad mandatum sac:ᵃᵉ caes:ᵃᵉ Majestatis proprium

Johan Baptiſta Freyherr   Joh. Michael Schleſi.
von Verdenberg.

---

[1] Pei unſerer ſchweren Ungnade iſt zu vermeiden ꝛc. [2] frevenlich.

Diese wahrscheinlich noch ungedruckte, im Original verloren gegangene Urkunde ist im Badener Stadtarchiv bloß in zwei alten Abschriften vorhanden. — (Solche Abschriften von Urkunden haben freilich das Mißliche, daß sie meist nur die Schreibweise der Zeit der Abschrift wenn nicht gar des Abschreibers — mit seinen Irrthümern und Fehlern bringen. [1]) Aber, wo das Original nicht vorliegt, muß man sich mit der Kopie begnügen; und hier handelt es sich eben zunächst auch nicht so sehr um sprachwissenschaftliche Zwecke und um diplomatische Genauigkeit der Schreibweise des Original-Textes, sondern hauptsächlich um lokalgeschichtliche Nachweisungen. Aus diesem Grunde sind auch die kurzen erklärenden Noten nicht etymologisch gefaßt, sondern nur den allgemeinen Sinn eines unverständlicheren Ausdrucks verdeutlichend gegeben.)

Badener Memorabilien.
I. Die Wahrzeichen Baden's.

Das Wort „Wahrzeichen", welches im Allgemeinen ein Kennzeichen, ein Merkmal bedeutet, hat im Besonderen die Bedeutung irgend einer äußerlichen Eigenthümlichkeit oder irgend eines eigenthümlichen Gegenstandes einer Stadt, der in früheren Zeiten, vorzüglich von den anwesenden Handwerksgesellen ihren zuwandernden Genossen gezeigt wurde, damit sie dann durch genaue Beschreibung darthun konnten, daß sie persönlich an dem Ort gewesen.

Bekanntlich haben die meisten Städte ihre „Wahrzeichen". Wer kennt nicht z. B. den sagenumwobenen „Stockeisen" zu Wien? Und auch die Stadt Baden bei Wien hatte solche Wahrzeichen aufzuweisen, und zwar drei an der Zahl, die freilich in unserer Zeit nahezu schon vergessen sind; nämlich: 1. den Thurm, der auf der Spitze steht, 2. das warme Wasser, das unter dem kalten rinnt, 3. den höchsten Galgen im Land.

Für die Mehrzahl, die nichts Genaues darüber weiß, diene folgendes zur gewiß nicht unerwünschten Kunde.

Mit dem „Thurm, der auf der Spitze steht" hat es folgende Bewandtniß. Die ehemals zwischen dem „Frauen- und Neubad" (letzteres jetzt Karolinenbad) gestandene, 1297 von der hier begüterten Herrenfamilie der Pottendorfer dem hiesigen Augustiner-Kloster geschenkte, 1787 entweihte, 1793 von der Stadt angekaufte und 1811 niedergerissene „Frauenkirche" war ein Meisterstück der Baukunst des Mittelalters, (aus welchem Gesichtspunkte der Verlust derselben nicht genug zu beklagen ist). Von besonderer Merkwürdigkeit war der Thurm

---

[1] So ist z. B. die in diesen Blättern (S. 5—6) mitgetheilte Badener Urkunde aus dem Jahre 1459 im „Codex diplomatico-historico epistolaris" von Bernhard Pez (Augsburg 1729), V. III. S. 389, „ex autentic." — wie es dort heißt — mitgetheilt, welcher Text wohl nicht im Inhalt und Ausdruck, aber in der Schreibweise eben vielfach von der officiell vidimierten (!) Abschrift des Badener Stadtarchivs aus dem Jahre 1686 abweicht. (In ärgster Weise ist dies jedoch bei der lokalgeschichtlich so wichtigen Urkunde der Erhebung Baden's zur Stadt, [aus dem Jahre 1480] der Fall, wo sogar Inhalt und Ausdruck an vielen Stellen ganz verschieden lauten.)

derselben, welcher, durchaus von harten Steinen erbaut, — durch kein Fundament gestützt — vertikal über der großen Eingangsthür, aus einer Spitze sich all- mälig in die Höhe erweiternd, und gleichsam dem First entwachsend, in der Figur eines gleichseitigen Sechseckes konisch geformt und mit verschiedenen gothischen Verzierungen (darunter auch Thiergestalten) geschmückt, noch 8 Klafter und 4½ Schuh sich erhob und mit einer Spitze endigte, auf welcher ein eisernes Kreuz befestigt war. Vom Giebel des Daches und von der oberen größten Breite des Thurmes setzte sich derselbe in gleicher Länge (d. i. im Ausmaß der Höhe von 8 Klafter 4½ Schuh) auch nach abwärts an der Mauer, in eine Spitze zusammengehend, fort — doch nur von Außen, in halberhobener Arbeit, so daß es schien, als ob der Thurm wirklich auf einer Spitze stehe. Die ganze Last des Thurmes stützte bloß eine fest verkittete Masse, indem der Bau- künstler über die gewölbte Decke der Kirche zwei steinerne Gurten spannte, welche durch starke, mit Blei vergossene Eisenstangen mit einander, mit dem Vorder- Trakte und mit der Hauptmauer so verbunden waren, daß sie ein unzertrenn- liches Ganze bildeten und kein Stück weichen konnte. [1]) (Vgl.: M. J. Mayer's „Miscellen über den Kurort Baden" ꝛc., i. Bdchn., Baden 1819, S. 53—60. „Die ehemalige Frauenkirche". — Desgl. „Kirchliche Topographie", IV. Wien 1825, S. 40.)

„Das warme Wasser, das unter dem kalten rinnt" hängt mit folgendem Umstande zusammen. In früherer Zeit war in der Neugasse jenseits des Mühlbaches an jener Stelle, wo das „Frauen- und Neubad" und das „Josephsbad" den Auslauf ihres Wassers in einen Graben hatten, ein Armen- Fußbad befindlich. Die Auslaufsröhren dieser Bäder giengen aber durch den Mühlbach, und das gab Veranlassung zu dem zweiten „Wahrzeichen" Baden's, daß nämlich das warme Wasser unter dem kalten laufe, ohne sich mit demselben zu vermischen. (Vgl. „Kirchliche Topographie", IV. S. 45.)

„Der höchste Galgen im Land" — welcher thatsächlich zu Baden bestand — datiert sich von folgendem, hier hauptsächlich nach der „Kirchlichen Topographie" (IV. S. 56—57) mitgetheiltem Ereigniß aus der wirrsalvollen Zeit in der zweiten Hälfte des XV. Jahrhunderts. Im Jahre 1463 bemächtigte sich der Burg Baden (die an der Stelle des neuen Schulgebäudes und des Redouten-Gebäudes stand) sowie der benachbarten Veste Rauheneck ein Böhme, Franz Haag, der vorgab, man wäre ihm schon seit Jahren den Schutz-Zins schuldig, mit einer 400 Mann starken Bande, unter Anführung des Haupt- mannes Shwehla (Sluha). Diese beunruhigten den Ort Baden und alle umliegenden Ortschaften auf's Aergste durch ihre Räubereien. Sie hatten ihren Haupt-Schlupfwinkel in der felsigen Bergschlucht zwischen dem Kalvarien- und Mitterberg, welche noch heutzutag den halbböhmischen Namen „Putschanerlucke" — Räuberhöhle — trägt. Im Jahre 1466 wurde diesem Unfug ein Ende gemacht, indem Georg von Pottendorf auf Befehl des Kaisers Friedrich III. diese

---

[1]) Beim Abbrechen der Kirche, die als schadhaft und für die nebenstehenden Bäder gefährlich erklärt worden war (und in welcher allerdings im Jahre 1809 die Franzosen eine die Mauer jedenfalls schädigende Feldbäckerei errichtet hatten), zeigte es sich auch, wie fest das Mauerwerk war, indem man nur äußerst schwer die Steine auseinanderbrachte.

Räuberrotte vernichtete, das Schloß Baden und Rauheneck mit Gewalt eroberte, die beiden Hauptleute gefangen nahm und sie auf der den Kalvarienberg nördlich überragenden Höhe (die noch heute der „Galgenberg" heißt) aufhängen ließ, damit man die beiden Schelme zur Warnung von Weitem im Lande sehen könne. Sie genossen dabei — alten Nachrichten zufolge — die sonderbare Auszeichnung, daß sie mit sechs Schimmeln bis zum Galgen auf diesen Berg ausgeführt wurden; und zum ewigen Andenken bestimmte man, als im Jahre 1480 der Ort Baden zur Stadt erhoben worden und eine eigene Gerichtsbarkeit erhielt, diese Höhe zum Haupt-Hinrichtungsplatz, wodurch Baden sein drittes „Wahrzeichen" bekam, nämlich, daß es den höchsten Galgen im Lande besitze, (der aus drei Säulen bestand und erst im Jahre 1788 niedergerissen worden ist). Auch behielt Baden das Vorrecht, seine Delinquenten mit sechs Schimmeln zum Galgen ausführen zu lassen! — (Vgl. auch: Leber, a. a. O. S. 122.)[1]

Zur Geschichte des Badener Theaters.

Ueber das Badener Theater, welches sich zu einer der besten der kleineren Provinz-Bühnen Oesterreichs herausgebildet hat, ist in keinem der vielen die Vergangenheit Baden's behandelnden Schriften mehr zu finden, als irgend eine vereinzelte Notiz. Aus Zeitungen und von vielen anderen Seiten muß man erst allerlei zusammensuchen, wenn man eine halbwegs entsprechende Uebersicht bezüglich des Entstehens und der Entwicklung des Musentempels der Quellenstadt, welcher — abgesehen von allem anderen — besonders auch für das Leben des Kurorts in gesellschaftlicher Beziehung nicht unwichtig ist, aufstellen will.

Die ersten Spuren des Verweilens eines Thespiskarrens in Baden lassen sich bis um das Jahr 1770 verfolgen, zu welcher Zeit in der Scheuer des städtischen „Hellhammerhofes" (des Wirthschafts-Komplexes der ehemaligen „Burg Baden"), nach der damaligen Art, improvisierte Stücke aufgeführt worden sind. Es wurde daselbst zuerst von der Moser'schen und dann von der Meninger'schen Truppe in den Stegreifstücken gespielt.

1775 wurde von der Stadt an der Stelle dieses „Stadels" ein Theater erbaut, in welchem Mathias Meninger — der zu Wien in der „Jägerzeile" (im gräflich Czernin'schen Garten) ein Theater aufgeschlagen hatte — von da aus während des Sommers mit seiner Truppe Komödie spielte.

---

[1] Nur zum Scherz sei hier noch angeführt, daß Baden vor nicht gar vielen Jahren nahe daran war — wie eine humoristische Stimme bemerkte — ein viertes Wahrzeichen zu erhalten, nämlich den — „Hölzernen Eckstein!" Es war gegen Ende der 60er Jahre, als (in Folge mehrfachen Drängens) endlich in der Frauengasse, an der Ecke der „Klosterkirche", wo die Passage gar so eng ist, statt eines nothwendigen Ecksteines, ein Holzpflock(!) angebracht wurde, der auch glücklich bald umgefahren worden ist, und woselbst noch deutlich der Platz zu sehen ist, wo der „hölzerne Eckstein" eine Weile stand.

1780 übergab Meninger bei seinem Zurücktreten die Leitung der beiden Bühnen in Wien und Baden seinem tüchtigen Zögling und Gehilfen Karl Marinelli, welcher 1781 mit einem von Kaiser Joseph gewährten Privilegium zuerst das Wiener Leopoldstädter Theater als stabile Bühne erbaute und mit Verbannung der extemporierten Stücke und des „Hanswurst's" die regelrechten Possen einführte. Unter seiner Direktion spielte im Badener Theater auch der berühmte „Kasperl" Johann La Roche (gest. zu Wien 1806).

1785 übernahm die Direktion des Theaters in Baden der Unternehmer Johann Georg Wilhelm mit einer zahlreichen Gesellschaft. Derselbe ließ 1798 den inneren Theil des Theater-Gebäudes bequemer und geschmackvoller herstellen, zwei Gallerien anbringen und in der ersten Gallerie 17 Logen errichten, wovon die große Hofloge ihren eigenen Ausgang bekam, welcher letztere mit dem im Jahre 1800 vom Theater-Unternehmer Wilhelm erbauten, jetzt städtischen Redouten-Gebäude in Verbindung gebracht wurde.

1807 wurde Franz Scherzer (geb. 1743, gest. 1818 zu Wr. Neustadt), welcher schon seit 1770 noch in den improvisierten Stücken zu Baden gespielt hatte, definitiver Pächter der Wr. Neustädter und der Badener Bühne.

1811 wurde das Badener Theater, unter der Direktion des Pächters Baron Franz Zinnicq, durch eine Gesellschaft reicher Kunstfreunde von dem fürstl. Liechtenstein'schen Architekten Joseph Kornhäusel neu erbaut und 1817 unter derselben Direktion bedeutend vergrößert, mit einem Stockwerke und von Außen mit einem Vestibule versehen, sowie von Innen umgestaltet und mit Anbringung von 150 Sperrsitzen und 30 Logen neu hergerichtet, so daß es Raum für 1200 Personen gab; zugleich wurden am Giebel unter einer die Attila krönenden Lyra die schönen anregenden Worte aus Schiller's „Wallenstein" angebracht:

> Ernst ist das Leben,
> Heiter ist die Kunst.

Das Haus präsentirte sich in dieser Ausstattung als eines der geschmackvollsten und freundlichsten in seiner Art.

1818 übernahm der auch als Theaterdichter vielfach bekannte Karl Friedrich Hensler (gest. 1825), welcher schon zu Wien das „Theater an der Wien" und später das in der „Josephstadt" leitete, nebst der Bühne in Preßburg, auch die des Theaters in Baden.

In der Zeit von 1825 bis 1835 erscheint als „Direktor des k. k. privilegierten Theaters der landesfürstlichen Stadt Baden" während der Sommersaison der entsprechend thätige Leopold Hoch.

1835 übernahm die Direktion Ignaz Scheiner und im darauffolgenden Jahre dessen Bruder Johann, unter welchem hier bereits der nachmalige Direktor Kottaun spielte, sowie auch Rott, Joseph Wagner und Holtei zu dieser Zeit hier spielten, welcher Letztere 1836 (und ebenso Kindler) provisorisch auch die Direktion führte.

1837 folgte in der Direktion der mit Glück thätige Pächter des Preßburger Theaters, des Theaters in der Josephstadt zu Wien und seit 1845 auch des Theaters an der Wien, Franz Pokorny (gest. 1850), welcher die Bühne des Badener Theaters mit neuen Dekorationen versehen und dasselbe später nach Angabe des Dekorateurs des Theaters an der Wien und in der Josephstadt, Theodor Jachimowicz, in jeder Beziehung verschönern ließ. Auch wurde unter Pokorny im Jahre 1841 die erste Arena in Oesterreich zu Baden gebaut.

In der zweiten Hälfte der 40er und im Anfang der 50er Jahre führte die Direktion des Badener Stadt-Theaters und der Arena Anton Roll.

1855 übernahm die Direktion, nachdem J. Neufeld einige Zeit Leiter gewesen, Leopold Kottaun, der auch zugleich Pächter der Oedenburger Bühne war. Im Jahre 1865 wurde das Tagstheater (Arena) durch die Stadtgemeinde neuerbaut.

1867 trat Johann Klerr mit seinem Schwager Kottaun in Kompagnie und übernahm 1869 das Badener Theater als alleiniger Direktor. Unter demselben ließ die Stadtgemeinde das Theater umfassend restaurieren, die Bühne neu herstellen, neue Eingänge und steinerne Stiegen anbringen und die Gasbeleuchtung einführen. Am 25. Mai 1867 erfolgte die Eröffnung. Im Jahre 1873 erweiterte Klerr die Arena.

Im Herbst 1875 wurde nach dem Ableben des verdienstvoll thätigen Klerr die Direktion dem begabten und strebsamen Schauspieler Alfred Schreiber übertragen und zugleich wurde das Theater wieder neu hergestellt. Diesem jetzigen Direktor wurden von der Gemeinde in Betracht der schwierigen Zeitverhältnisse auch namhafte Begünstigungen zu Theil, wie: Nachlaß des bisherigen Pachtbetrages von jährlich 900 fl., ja sogar eine ausnahmsweise nicht unbeträchtliche Subvention und ferner die für Baden jedenfalls nachtheilige Gestattung, während der Winterzeit zugleich die Wr. Neustädter Bühne zu führen.

Chronik der Gegenwart.

Baden bei Wien in den letzten zwölf Jahren.
(1867—1879.)
[Schluß.]

Zu den Neuherstellungen und Einführungen von größerer Bedeutung für den Kurort gehört auch die seit 1873 vorläufig nur vom Bahnhof bis Rauhenstein führende Pferdebahn der Tramway-Gesellschaft, desgleichen die erst jüngst erwirkte Ablassung von Trinkwasser aus der Wiener Hochquellen-Leitung, sowie auch der erst 1879 ausgeführte, gänzlich neue Bau der Badener Gemeinde-Wasserleitung mit großem Reservoir und mit willkommener Vermehrung der Auslaufbrunnen.

Lange entbehrt war auch die endlich an Stelle des in der Verlängerung der „Wassergasse" über den Schwechatbach führenden Steges erbaute Fahr-brücke aus Eisenkonstruktion, die zu Ehren des seit einigen Jahren hier in seiner Villa in der „Bergstraße" während des Sommers wohnenden Erzherzogs Rainer den Namen „Rainerbrücke" erhielt.

Die Aufstellung von zahlreichen neuen Bänken im Stadtpark und die große Vermehrung von Sitzplätzen auf den durch reichliche Besprützung der besuchtesten Fahrstraßen staubfreien Promenadewegen und in den Anlagen, deren Ausdehnung und Erhaltung in entsprechendster Weise erfolgte, ist nicht wenig hervorzuheben. Auch die Aufstellung von Gedenktafeln in der Kur-halle des Stadtparks für mehrere, um Baden hochverdiente Persönlichkeiten (Baron Lang, Schönfeld, Alexandrowicz, Plachel, Pálffy, Erz-herzog Anton, Arzt Rollett, Ritter v. Straßern, Frau Daninger) trug viel zur Verschönerung und Anregung bei, sowie die Errichtung des Grillparzer-Denkmals im Stadtpark nicht nur eine Zierde ist, sondern auch, gleich der vom tüchtigen Gesangverein errichteten Beethoven-Tafel, der Gemeinde zur Ehre gereicht. — Von Interesse ist auch die Aufstellung des „Römersteins", eines vom Stadtarchivar in der Nähe Badens auf-gefundenen, Vergangenheit und Gegenwart verbindenden altrömischen Grab-denkmal-Theiles mit seltener Relief-Darstellung im Stadtpark,[1]) wo auch eine Gruppe von alten architektonischen Fundstücken in einem kleinen Fichtenhain aufgerichtet worden ist. Anerkennenswerth ist besonders auch die im vorigen Jahre erfolgte Aufstellung der alten, im Fußboden der Pfarrkirche dem Verderben ausgesetzt gewesenen Grabsteine an den Außenwänden der Kirche, deren aus der Zeit des späteren gothischen Styles herrührende Fenster nun auch mit farbigen Tafeln und Glasmalereien geziert werden, womit bereits begonnen wurde und welche Ausschmückung durch schätzenswerthe Förderung von Stiftern und Stifterinnen erfreulichst fortgesetzt werden wird.

Von wesentlicher Bedeutung in lokal-historischer Beziehung ist die erst in den letzten Jahren erfolgte Einrichtung eines vollständig geordneten Stadt-archivs und von besonderem Werthe ist auch die nun durchgeführte wissen-schaftliche Aufstellung des durch Schenkung städtischen „Rollett-Museums" in den Lokalitäten des seit 1864 prosperierend bestehenden Realgymnasiums, mit welchen letzteren auch ein durch Erbschaft eines Hauses erwünscht geför-derter „Studenten-Unterstützungsverein" verbunden ist.

Ein gemeinsinniger Einwohner testirte auch ein Haus in Baden (Leesdorf) als Asylhaus für obdachlose Gemeindeangehörige, und zum künftigen Bau eines Spitales wurde wenigstens die Grundlage geschaffen, indem man die Bildung eines Fonds begann zu diesem nicht genug zu fördernden Zweck.

---

[1]) Vgl. „Archäologisch-epigraphische Mittheilungen aus Oester-reich." Herausgegeben von A. Conze und O. Hirschfeld. Jahrg. I. Wien 1877, S. 71–73: „Römischer Reliefstein zu Baden bei Wien." — Desgl.: Jahrg. III. (1879), S. 29–36: „Zum Badener Relief" von Fr. Kenner. (Mit Abbildung.)

Hinsichtlich der Industrie entwickelt sich die hiesige Weichselrohr-Erzeugung in immer größerem Maßstabe, womit freilich leider zugleich das unvermeidliche Uebel verbunden ist, daß die Aussicht auf vielen Wegen in der nächsten Nähe Baden's durch langgestreckte und langweilige Plankeneinfassungen in bedauerlicher Weise vollständig genommen wird.

Im Laufe des hier in Betracht kommenden Zeitabschnittes erfolgte auch die Abstellung mancher öffentlicher Mißstände in der Gemeinde; so wurde — nachdem schon das veraltete Austrommeln von Kundmachungen, verlorenen Gegenständen u. s. w. abgeschafft worden — auch der lästige Kuh- und der Schweinetrieb aufgehoben, sowie auch die zweckmäßige Verlegung der Jahrmärkte aus dem Innern der Stadt nach der „Wilhelmstraße" stattfand. Die endliche Verlegung der Wochenmärkte für Holz, Stroh u. s. w. vom damit verunreinigten und überfüllten Pfarrplatz nach einem entsprechenden freien Platz wird ebenfalls seit längerer Zeit bereits geplant.

Eine zweckmäßige Einrichtung sind auch die städt. Ankündigungs-tafeln an den Hauptpunkten der Stadt; und die jetzige Organisirung der Gemeinde-Polizei mit einem Oberkommissär und einer geboten gewesenen Vermehrung der Wachmannschaft, ferner die seit Jahren bewährte Einführung der Dienstmänner und Stadtträger läßt in dieser Beziehung wenig zu wünschen übrig.

Von den vielen Gesellschaften und Vereinen, die im letzten Decennium hier entstanden, sind außer den schon genannten (und dem wackeren „Turn-" und rüstigen „Feuerwehr-Verein") besonders hervorzuheben: Der „Sparkasse-Verein" und der „Vorschuß- und Kredit-Verein", ferner der während der Sommer-Saison ein gewißes Leben bringende „Sportverein" und der verdienstliche „Verschönerungs-" und der rührig thätige „Vergnügungs-Verein", welcher letztere für Bälle, Parkfeste u. dgl. nach Möglichkeit sorgt.

Auch ein protestantischer Gottesdienst wurde in den letzten Jahren hier eingeführt, und eine israelitische Kultusgemeinde nebst Leichenverein gegründet, und die hier entstandenen Leichenbestattungs-Anstalten sind bestens eingerichtet.

Die Frequenz der Kur- und Sommergäste hat sich im Lauf der letzten Jahre — trotz der Ungunst der Zeit — beträchtlich gehoben, und es steht zu erwarten, daß — während der Besuch in früheren Jahrzehnten (in der Glanzperiode Baden's) die Zahl von 6000 Personen nicht viel überstieg — von nun an es unter die bereits erreichte Zahl von 10.000 nicht mehr herabgehen wird.

Was die finanziellen Verhältnisse der Stadtgemeinde Baden betrifft, so ist es wohl Thatsache, daß an Stelle des Baarvermögens von beiläufig 70.000 fl., welches der von der Aufschwungszeit im Beginn der 70er Jahre begünstigte, im Herbst 1875 aus Anlaß der Schulbaufrage zurückgetretene Gemeindevorstand (nebst dem Realvermögen der Stadtgemeinde von mehr als einer halben Million) übergeben hatte, jetzt ein Gemeinde-Schuldenstand von weit über 200.000 fl. getreten ist; doch, es ist dafür auch durch

Bäder-, Schul- und Wasserleitungs-Bauten u. s. w. viel geschehen. Nur muß hier die schon oben gestellte Frage mit Nachdruck wiederholt werden, ob dieselben Zwecke nicht viel billiger und entsprechender zu erreichen gewesen wären. Der lautgewordene Ausspruch, daß, wenn man früher oft zu pedantisch gehandelt hat, gegenwärtig in manchen Dingen zu leichtfertig verfahren wird, ist vielleicht nicht ohne Berechtigung. Aber das Alles ist eine vollständig interne Frage der Gemeinde. Als Kurort hat das altberühmte nieder-österreichische Baden in den letzten zwölf Jahren entschieden einen großen Aufschwung genommen, der nicht nur für das ganze Land und für den Staat von belangreicher Bedeutung ist, sondern der diesen gesegneten Fleck Erde auch zugleich ohne allen Zweifel in die Reihe der ersten Weltbäder stellt.

Ein städtisches Bauamt.

In der Badener Gemeindeausschuß-Sitzung vom 26. Januar 1880 wurde die Wiedereinführung einer städtischen Baukanzlei und die Wieder-anstellung eines „Stadt-Ingenieurs" mit den jährlichen Bezügen von 1300 fl. beschlossen. Da der Beschluß nun einmal gefaßt und die angestellte Persönlichkeit eine bewährte Kraft ihres Faches ist, so sei hier vor allem die Hoffnung und der Wunsch ausgesprochen, daß sich die jedenfalls etwas kost-spielige Einrichtung auch thatsächlich bewähren möge. Das schließt aber nicht aus, die nicht unwichtige Angelegenheit möglichst nach allen Seiten zu betrachten, was unter allen Umständen immer sein Gutes und Anregendes hat.

Es soll hier nicht von dem allerdings eigenthümlichen Umstand weitere Notiz genommen werden, daß — wie man wissen will — dieselbe Persönlichkeit, die jetzt für diese Function berufen worden, schon bei der ersten Einführung dieser Stelle bestimmt in's Auge gefaßt gewesen, daß die ganze Einrichtung aber bald, und mehr und mehr, als überflüssig erklärt und im Wege der Abfindung mit dem angestellt gewesenen Ingenieur aufgehoben worden ist, als es — so erzählt man sich — den Befürwortern dieser Persönlichkeit nicht gelungen war, dieselbe durchzusetzen, und daß jetzt auf einmal wieder die Nothwendigkeit unumgänglich zu Tage getreten ist, diese Stelle von Neuem zu kreiren. Es sei das, wie gesagt, nur flüchtig berührt, in der Voraus-setzung, daß alle Theile dabei mit der besten Absicht und im besten Glauben gehandelt haben. Aber es soll hier offen in Betracht und in Erwägung gezogen werden, ob diese Stelle wirklich nothwendig, ob sie wirklich ersprießlich ist und ob der Zweck und das Ziel in anderer Weise nicht entsprechender zu erreichen wären.

Um was handelt es sich im großen Ganzen hauptsächlich bei dieser Stelle? Um Berathung und Anfertigung von Bauplänen bei Neuherstellungen und um Ueberwachung der letzteren; um Inspektion der städtischen Gebäude, sowie des ganzen Stadtgemeinde-Gebietes in Bau- und Straßen-Beziehung; ferner, um Veranlassung der laufenden städtischen Arbeiten und um Ober-Beaufsichtigung der städtischen Arbeiter; endlich, um die Besorgung der wöchentlichen Auszahlung derselben und um die Richtigstellung der Rechnungen für die städtischen Arbeiten in ihrem ganzen Umfange.

Das ist freilich der Arbeit und der Verpflichtung genug — falls wirklich fortgesetzt Neuherstellungen erfolgen, und auch ohne solche wäre ein städtisches Bauamt gewiß geboten, wenn bereits die Vereinigung mit Weikersdorf zu einer Großgemeinde stattgefunden hätte, wenn weiters bereits ein Statut für Baden als selbständige Gemeinde erstrebt wäre, und vor allem, wenn überhaupt günstigere Verhältnisse herrschten. Wie die Sachen aber gegenwärtig liegen und bei den erfolgten vielen, enorme Summen verschlingenden Herstellungen der letzten Jahre ist — außer den nothwendigen, schon in Angriff genommenen Bau-Herstellungen für die Einführung der Hochquellen-Leitung (um von der Parkgitter-Herstellung, von welchem Verschönerungs-Exceß in diesen Blättern noch die Rede sein wird, jetzt zu schweigen) — nicht daran zu denken, daß die Gemeinde in der nächsten Zukunft weitere Bauten von größerem Belang auszuführen in der Lage und im Stande sein wird.

Aus diesem Grunde erscheint es, bei der offenbaren Möglichkeit, daß für den Ausnahmsfall der neuerlichen Wasserleitungs-Bauten, vorübergehend, ein Ingenieur besonders bestellt werden konnte, und daß man für die laufenden Herstellungen einen der hiesigen Fachmänner in ein betreffendes Verhältniß zur Gemeinde bringen konnte, ohne allen Zweifel einigermaßen überflüssig, die Stadtingenieurs-Stelle in dieser Weise neu geschaffen zu haben.

Die administrativen Geschäfte betreffs der städtischen Arbeiten und die Beaufsichtigung dieser letzteren wären — wie früher — (doch in möglichst fest organisierter Weise), unter den bestehenden Verhältnissen, am zweckmäßigsten und billigsten (und Billigkeit ist bei den ungemein großen Ausgaben für die Gemeinde-Administration sehr in Betracht zu ziehen) durch einen Stadtinspektor zu besorgen, der aus der Reihe der Gemeinderäthe zu nehmen wäre — unter welchen sich eben passende und opferwillige finden müßten und sich auch finden würden, wenn man schon bei der Wahl der Gemeindevertreter besonders darauf Bedacht nehmen möchte. Und dazu gehörte noch ein tüchtiger erster Stadtpolier, der auch fähig wäre, die Anfertigung von Plänen für gewöhnliche Herstellungen zu leisten, und der die unmittelbare Aufsicht über die Stadtarbeiter und über die städtischen Gebäude u. s. w. — mit bestimmter Instruktion — zu führen hat. Eine solche praktische, unmittelbar eingreifende Kraft ist vor allem nöthig; dann wird es nicht geschehen, daß — um nur ein kleines Beispiel anzuführen — der Stadtvorstand eine (sehr richtige) Aufforderung an die Hausbesitzer ergehen läßt, die fast jährlich halb übertünchten Straßen- und Hausnummer-Tafeln rein zu halten, und daß dann — wie es mehrfach zu sehen ist — die Tafeln der gemeindlichen Häuser, gleich den meisten anderen, ungeputzt bleiben, u. s. w., u. s. w.

Nun, hoffen wir, daß für das viele Geld, das jetzt verwendet wird, im Großen und Kleinen das Richtige und Wünschenswerthe erfolgt und daß man nichts zu bereuen haben wird in diesem, schon einmal in's Schwanken gerathenen Punkt.

Noch sei der Umstand erwähnt, daß als Lokale für die Baukanzlei ein bisher zu den Gemeinderaths- und Sektions-Sitzungen verwendetes Zimmer neben dem Bürgermeister-Amte eingerichtet wurde, welches aber jedenfalls nur provisorisch diesem Zwecke zugeführt sein kann; denn einerseits ist jenes Zimmer nur durch äußerste Reducierung der Lokalitäten des Stadtvorstandes zur Verfügung gekommen, und andererseits ist der entsprechende Raum für eine Baukanzlei einfach gegeben. Man braucht nur im Hoftrakt des Rathhauses, rechts, wo unerklärlicherweise ein noch unausgebauter, bloß ein Stockwerk hoher Theil vorhanden ist, mit nicht sehr beträchtlichen Unkosten das Dach zu heben, und man hat die entsprechendste Baukanzlei. Aber, vielleicht wird da — während man im Großen für Manches (siehe „Frauenbad“, Parkgitter ꝛc.) ohne Nothwendigkeit Tausende verwendet — im Kleinen — gespart.

Reliefkarte von Baden und Umgebung.

Ausgeführt von Hrn. Bürgerschul-Direktor Johann Walter, Hrn. Oberlehrer und Leiter der Volksschule Emanuel Fitzga und Hrn. Lehrer J. Brosch.[1]

Für die Anfertigung dieser Reliefkarte wurde das sogenannte Militär-Doppelmaß — 1 : 12.500 — bestimmt, in welchem Maßstabe jedoch nur die Karten aus der nächsten Umgebung Wien's (südlich bis Liesing reichend) im Handel erschienen. Um die Absicht zu erreichen, mußten daher die Karten von Baden und Umgebung in diesem Maßstabe im militär-geographischen Institute zu Wien bestellt werden. Da die Herstellung derselben auf photographischem Wege erfolgt, so stellte sich der Preis dieser Karten ziemlich hoch. (Vier Sektionen, sammt Kontouren-Abdrücken kosteten 39 fl. 20 kr., das Kolorieren derselben 24 fl., zusammen also: 63 fl. 20 kr. Außerdem waren noch Kontouren-Abdrücke anzuschaffen, um das zeitraubende Pausen zu vermeiden.)

Da die Karte vorzüglich zu Schulzwecken dienen soll, war es nothwendig, die Höhenunterschiede durch Ueberhöhung schärfer zu markieren. Es wurde daher eine Höhenschichte von 50 M. mit 8 Mm. bestimmt, statt mit 4, — wie es der erwähnte Maßstab fordert.

Gewöhnlich werden solche Karten aus Pappe hergestellt, indem man Schichten von 10 M. Höhe aus Kartenpapier ausschneidet und aufeinanderklebt. Dadurch wird die Arbeit wohl sehr genau, aber auch sehr mühsam und zeitraubend; deshalb wurde nur nach Höhenschichten von 50 M. gearbeitet.

Zuerst wurden die Kontouren der ersten und der nächstfolgenden Schicht auf Lehmplatten, welche der Töpfer in der genauen Größe einer Viertel-Section und in der Höhe von 8 Mm. angefertigt hatte, gepaust, hierauf mit einer Laubsäge die erste Schicht ausgeschnitten und dann auf eine als Basis dienende

[1] Die hier folgenden näheren Mittheilungen über die Ausführung dieses schon S. 15 kurz erwähnten hochverdienstlichen Werkes stellte Hr. Direktor Walter freundlich zur Verfügung.

Lehmplatte gelegt. Zum bessern Verständniß sei noch bemerkt, daß 150 M. Höhe als der tiefste Punkt der Karte mit einer Lehmplatte bezeichnet wurde. War also der tiefste Punkt einer Sektion 200 M., so mußte man zwei Platten auf-einanderlegen, auf welche dann die weitern Höhenschichten kamen.

Waren alle Schichten genau aufgepaßt, wozu eben auf jede Höhenschichte auch der Platz der nächstfolgenden aufzutragen war, so wurden die entstandenen Stufen mit plastischem Thon ausgefüllt. Dieß ist der schwierige technische Theil der vorbereitenden Arbeit, da man die Stufen nicht durch gerade Linien, sondern durch g e b o g e n e verbinden muß, die der Schraffierung der Original- Karte entsprechen.

Im Durchschnitt erforderte die Herstellung einer Viertel-Sektion aus Lehm eine sechsstündige Arbeit. (Der Verbrauch an Lehmplatten betrug 45 Stück, à 30 kr.)

Die so modellierte Sektion wurde nun mit Gips übergossen, um eine Matrize zu erhalten, und aus dieser wurde wieder der betreffende Theil der Reliefkarte abgegossen.

So entstanden nach dreimonatlicher Arbeit (vom M a r z bis M a i 1879) — da die Anfertiger nur an Sonn- und Feiertagen und an Donnerstagen arbeiten konnten — zwölf Viertel-Sektionen. Diese wurden nun zusammenge-paßt und nochmals mit dem Eisen überarbeitet, um die Details darzustellen (welche Arbeit die Zeit vom M a i bis J u n i in Anspruch nahm).

Herr E. S c h e l l in B a d e n übernahm nun unentgeltlich den Trans-port nach W i e n in's „Oesterreichische Museum", wo der Gipsformator S c h r o t t um den Preis von 26 fl. eine große, aus vier Theilen bestehende Matrize (Johann W a l t e r 's Eigenthum) durch Guß anfertigte, von welcher hunderte Abgüsse gemacht werden können. Diese Abgüsse werden aus Leinwand und Gips hergestellt und erhalten durch ein aus Eisenstäben gefertigtes Netz die genügende Festigkeit.

Das Bemalen der Karte mit Oelfarben erforderte, aus dem oben ange-führten Grunde des nur an einzelnen Tagen der Woche möglichen Arbeitens, einen Zeitraum von zwei Monaten.

Die 1.11 M. lange und 1.1 M. breite R e l i e f k a r t e v o n B a d e n u n d U m g e b u n g umfaßt ein Gebiet, welches ungefähr ein V i e r t e l des B e z i r k e s B a d e n ausmacht. Im Norden bilden H e i l i g e n k r e u z, G a d e n und der A n n i n g e r die Grenze, im Osten ebenfalls der A n-n i n g e r, P f a f f s t ä t t e n und G i n s e l s d o r f. Im Süden reicht die Karte bis G i n s e l s d o r f und St. V e i t; in Westen sind P o t t e n s t e i n und M e i e r l i n g die äußersten Punkte. Alle genannten Orte finden sich voll-ständig auf der Karte.[1]

---

[1] Die ganze Herstellung der Karte kostete 145 fl., ein jeder weitere Abguß kommt jedoch nur auf 8 fl. nebst Transport-Spesen (Kiste 5 fl. Versendung 1 fl.) Die Farben zum Bemalen kommen ungefähr auf 3 fl. ö. W.

Badener Tages-Chronik.

Februar 1880.

Am 1. Kostüme=Ball im Hôtel „zur Stadt Wien", veranstaltet von der Sektion Baden des „Patriotischen Fraunhilfsvereines" und vom Badener „Verschönerungs=Verein" zu wohlthätigen und gemeinnützigen Zwecken.

Das in jeder Beziehung gelungene Ballfest gab ein Reinerträgniß von 400 fl.

Am 2. Großer Eislauf auf dem Doblhoff=Teich, vergnügungsweise ausgeführt von einer virtuosen Privatgesellschaft aus hervorragenden Mitgliedern des Wiener Eislaufvereines.

Am 3. Beginn des Vorschuß=Geschäftes auf Werthpapiere durch die „Badener Sparkasse", gegen 6%, pro Jahr. — Herabsetzung des Zinsfußes für Vorschüsse auf 6%, pro Jahr durch den „Vorschuß= und Kreditverein in Baden."

Am 3. Feierliche Installation des Rabbiners der Badener „Israeli= tischen Kultusgemeinde", Hrn. Wilhelm Reich.

Die unter lebhafter Theilnahme — auch der Nicht=Israeliten, darunter die Spitzen der hiesigen Behörden und der Geistlichkeit — gewandt gesprochene Antrittsrede zeigte den neuinstallierten Seelsorger als Mann von Geist und Herz, und es ist den Israeliten Baden's nur zu gratulieren, daß sie einen Priester gewählt haben, der die Eintracht zur Devise macht, und welcher — neben Betonung seiner Konfession — das aus der Religion entwachsene Sittengesetz als Ausgangspunkt und Ziel pro= klamiert, auf welchem Boden sich alle Bekenntnisse finden.

Am 13. Losung für die 1860 geborenen Stellungspflichtigen der Bezirke Baden, Mödling und Pottenstein, im Gasthaus „zum Stern" zu Baden (Leesdorf).

Am 16. General=Versammlung der „Badener Schützen=Gesellschaft. Wahl des Hrn. F. Hönig zum Ober=Schützenmeister und des Hrn. Otto Hoeffern, Ritter von Saalfeld, zum Schützenmeister.

Am 19. Zweite Sitzung des Bezirksschulrathes Baden, im Rathhaussaale.

Am 22. Neunte General=Versammlung der Mitglieder des „Vorschuß= und Kreditvereines in Baden."

Am 26. Geschlossenes Kostüme=Kränzchen aus Anlaß des „Purim= festes" im Hôtel „zum Fuchs."

Am 28. Gemeindeausschuß=Sitzung. Haupt=Verhandlungs= gegenstand: Referat über die Vergebung der Bauten und über die Ablassung der Hochquellen=Wasserleitung, sowie über die Geldbeschaffung für die Herstellung. Hr. Ingenieur Mellus hielt bei dieser Gelegenheit, als Experte, in sehr tüchtiger Weise einen Vortrag über den wichtigen Gegenstand dieses Baues. (Für diejenigen in der Bevölkerung, welche ein näheres Interesse an den Gemeinde= ausschuß=Sitzungen haben, diene zur Kenntniß, daß im Rathhaus=Saale von nun an Stühle für das besuchende Publikum aufgestellt sind.)

Am 28. Morgens zwischen 2 und 3 Uhr verbrannten im gegen die Pfarr= gasse zu gelegenen, an Kaufmann Holzer vermietheten Kellertheil des neuen

Schulhauses 120 Kilo Kaffee durch Unvorsichtigkeit beim Brennen, wodurch sogar die Feuerwehr alarmiert wurde.

Am 29. Früh Morgens brach in der Küche des Gasthauses „zum Lamm" ein zum Glück bald durch die Feuerwehr (die gerade bei einem „Kränzchen" vereinigt war) gedämpfter B r a n d aus, wobei zwei Kästen mit einem Inhalt von über 1000 fl. an Werth verbrannten.

(Das Stadtarchiv) erhielt seit dem Beginn des laufenden Jahres — außer dem schon (S. 15) erwähnten D r u c k p r o b e n = K a r t o n der W ü s t e 'schen Fabrik — die nachfolgend verzeichneten bankenswerthen Spenden. [1]

Von Hrn. Anstreichermeister F r a n z B r z e z o w s k y: eine D e n k m ü n z e auf die Verleihung der Konstitution von 1849.

Von Hrn. Schlossermeister G r e g o r a jun.: eine unlängst hier im Haus Nr. 5 in der „Beethoven = Gasse" in einer Tiefe von zwei Klaftern beim Graben (aus Veranlassung eines Zubaues) gefundene B o d e n t a u f e l von einem beiläufig 16-eimerigen W e i n f a ß, mit der in Holz geschnitzten Darstellung der heil. Anna und der Maria, und mit der Jahreszahl 1757.

Von Frau A n t o n i a P a c h l e r: einen auf Atlas gedruckten M ö d l i n g e r T h e a t e r z e t t e l aus dem Jahre 1825.

Von Hrn. Kaufmann E d u a r d P e r g e r: den großen, im vorigen Jahrhundert erschienenen A t l a s des Nürnberger Verlegers und Stechers H o m a n n; mit einer besonders interessanten Ansicht von Wien und den Vorstädten, um 1750.

(Der Jahresbericht des Badener Lehrer = Vereines), welcher über das „Vereinsjahr 1879" unlängst zur Ausgabe gelangte, ist der e r s t e, den der Vereins= Ausschuß in Druck legen ließ. Die Thätigkeit des 86 Mitglieder und 3 Ehren= mitglieder zählenden Vereines war nach diesem Berichte eine erfreulich lebendige. Außer der Hauptversammlung und einer Festversammlung (zur Feier des 10jährigen Bestandes der österreichischen Volksschulgesetze) zu B a d e n, wurden noch zwei Ver= sammlungen in M ö d l i n g abgehalten, in welchen zusammen acht Vorträge und Referate auf die Tagesordnung kamen. Ein Auszug der trefflichen Rede des Ober= lehrers und Leiters der Knaben=Volksschule in B a d e n, Hrn. E m a n u e l F i t z g a, die derselbe über „die Entwicklung der Volksschule in Oesterreich und Deutschland" bei der Festversammlung hielt, füllt sieben Seiten des zehn Seiten umfassenden Heftes. — Ohne allen Zweifel wird durch die Veröffentlichung dieses Jahresbe= richtes der beabsichtigte Zweck: „zur Förderung und Festigung des Vereinslebens beizutragen" und die Anregung zu geben, „Begonnenes fortzusetzen oder Neues zu bringen", vollständig erreicht werden, und es wird der lobenswerth thätige Verein dadurch immer mehr die Kraft erlangen, „in allen wichtigen Fragen, die sowohl die Verbesserung des Erziehungs= und Unterrichtswesens, als auch die geistigen und materiellen Interessen der Lehrerschaft betreffen, ein kräftiges Wort mitsprechen zu können."

[1] Dieser G a b e n = A u s w e i s schließt sich an den 32., in Nr. 53 des Wochen= blattes „Badener Bote" vom vorigen Jahre enthaltenen an.

Badener Theater-Chronik.

Repertoir vom Februar 1880.

Sonntag den 1. Gastvorstellung der kais. russ. Hofopern-Tänzer Mlle. Annette und Mr. Roberti und des komischen Violin-Virtuosen à la Paganini, Mr. Hellingston. — I. Simson und Delila. Lustspiel in 1 Akt von Emil Claar. II. „Pierre et Jeannette", Polca comique, getanzt von Mlle. Annette und Mr. Roberti. III. Mamsell Uebermuth. Posse in 1 Akt von A. Bahr. IV. Production auf der Violine von Mr. Hellingston aus Amerika. V. „La Sabotière", amerikanischer Holzschuh-Tanz, ausgeführt von Mr. Hellingston.

Montag den 2. Zum ersten Male: Margot die reiche Bäckerin. Komische Operette in 3 Akten und 4 Bildern von Henry Meilhac und Ludw. Halevy. Musik von Jacques Offenbach. — (Frln. Fanny Weiser, als Gast: Toinon.)

Gefällige Musik, doch mit vielen Offenbach'schen Reminiscenzen.

Dienstag den 3. Zum ersten Male: Mit dem Strome. Original-Lustspiel in 4 Aufzügen von Maria von Ernest.

Gut erdacht und lustig, aber in den Charakteren theilweise schwächlich ausgeführt.

Donnerstag den 5. Feenhände. Lustspiel in 5 Aufzügen nach Scribe's „Les doigts de Fées," bearbeitet von Th. Gaßmann.

Freitag den 6. Wo is denn 's Kind? Lokal-Posse mit Gesang in 4 Bildern von Anton Langer. Musik vom Kapellmeister Max von Weinzierl.

Sonntag den 8. Das Mädchen aus der Feenwelt, oder: Der Bauer als Millionär. Romantisches Original-Zauber-Märchen mit Gesang in 3 Aufzügen von Ferdinand Raimund. Musik vom Kapellmeister J. Drechsler.

Dienstag den 10. Eulenspiegel als Schnipfer. Schwank mit Gesang in 1 Akt von Anton Bittner. — Nur zwei Gläschen. Schwank in 1 Akt von J. Böhm. — Zum Schluß: Große (Faschings-Dienstags-) Kinder-Lotterie. Ausspielung von 15 Treffern, mit einem Gratis-Loose für jedes an diesem Abend der Vorstellung beiwohnende Kind.

Donnerstag den 12. Gastvorstellung der englischen Tänzer- und Akrobaten-Gesellschaft Guasthoff. — Vor der 1. Abtheilung: Taub muß er sein. Schwank in 1 Akt nach dem Französischen des J. Moineau von O. F. Eirich. Nach der 1. Abtheilung: Garibaldi. Schwank in 1 Aufzug von Julius Rosen.

Freitag den 13. Boccaccio. Komische Operette in 3 Akten von F. Zell und Richard Genée, Musik von Franz v. Suppé. — (Frln. Fanny Weiser, als Gast: Fiametta.)

Sonntag den 15. Die Großherzogin von Gerolstein. Komische Oper in 4 Bildern von Meilhac und Halevy. Musik von J. Offenbach.

Dienstag den 17. Zum ersten Male: **Ein Wintermärchen.** Schauspiel in 5 Aufzügen von **William Shakespeare.** Für die deutsche Bühne übersetzt und eingerichtet von Dr. **Franz Dingelstedt.** Musik von Fr. v. Flotow. (Zum Vortheile des Frlns. **Anna Werner** [Hermione] und des Hrn. **Heinrich Müller** [Leontes].)

Frl. **Werner,** welcher vortrefflichen Schauspielerin — wie ihrem tüchtigen Benefice-Genossen — schon die Wahl des Stückes zur Ehre gereicht, erfreute durch schöne Erscheinung und durch ausgezeichnetes Spiel.

Donnerstag den 19. Der geheime Agent. Original-Lustspiel in 4 Aufzügen von **F. W. Hackländer.**

Freitag den 20. **Ein Blitzmädel.** Posse mit Gesang in 4 Akten von **Karl Costa.** Musik von **Karl Millöcker.**

Sonntag den 22. Des Nächsten Hausfrau. Possenspiel in 3 Akten von **Julius Rosen.** — Eine Vereinsschwester. Schwank mit Gesang in 1 Akt, n. e. Stoffe von W. Mannstädt, von **Anton Langer.** Musik von Kapellmeister **Johann Brandl.**

Dienstag den 24. Zum ersten Male: **Wiener Karrikaturen.** Posse mit Gesang in 3 Bildern von O. F. Berg. Musik von Kapellmeister **Johann Brandl.**

Donnerstag den 26. Prinz Methusalem. Komische Operette in 3 Akten von Wilder und Delacour, bearbeitet von **Karl Treumann.** Musik von **Johann Strauß.** (Frln. **Fanny Weiser,** als Gast: Pulcinella.)

Freitag den 27. Zum Vortheile des Schauspielers **Heinrich Wiedemann.** Zum ersten Male: **Weh' dem, der lügt!** Lustspiel in 5 Aufzügen von **Franz Grillparzer.**

Den originellen Küchenjungen Leon brachte der gewandte Beneficiant zum größten Theile aufs entsprechendste zur Geltung, und überhaupt war die Vorstellung im Ganzen höchst befriedigend.

Sonntag den 29. **Hasemann's Töchter.** Original-Volksstück mit Gesang in 4 Akten von **A. L'Arronge.** Musik von Kapellmeister **Karl Millöcker.**

Badener Familien-Chronik.

Familien-Nachrichten vom Februar 1880.

Geburten.

In der Pfarre **Baden** kamen im Monat Februar 1880 im Ganzen 39 Geburten vor. Davon wurden geboren:

Am 1., dem Koch Karl Leitner ein Sohn: Joseph. — Dem Hauer Karl Eitler ein Sohn: Leopold.

Am 2., dem Seilermeister Joseph Fuchs eine Tochter: Elisabeth Maria. — Dem Hausbesorger Philipp Knopfloch eine Tochter: Maria.

Am 3., dem Schuhmachermeister Wenzel Houbek ein Sohn: Joseph.

Am 6., dem Eisendreher Georg Gibhart ein Sohn: Otto Franz. — Dem Apothekenbesitzer Adolph Grimus R. v. Grimburg eine Tochter: Hermine.

Am 7., dem Fleischhauer Franz Weborn ein Sohn: Gustav Alois. Dem Karl Reithofer ein Sohn: Rudolph. — Dem Eisengießer Michael Ferle ein Sohn: Joseph. — Dem Viktualienhändler Ferdinand Geiberger ein Sohn: Gustav.

Am 8., dem Buchdruckergehilfen Hubert Woftry zwei Töchter: Luise und Anna. — Dem Schuhmachermeister Leopold König eine Tochter: Leopoldine Karoline.

Am 9., dem Gastwirth Karl Wiesbauer eine Tochter: Mathilde Katharina.

Am 11., dem Fuhrmann Franz Wallner eine Tochter: Johanna. — Dem Hutmachermeister Johann Wißmann eine Tochter: Anna Eleonora.

Am 13., dem Hauer Johann Stampel eine Tochter: Franciska.

Am 14., dem Eisengießer Joseph Sloba ein Sohn: Friedrich.

Am 15., dem Schneidermeister Franz David ein Sohn: Franz

Am 16., dem Verzehrungssteuer-Pachtungs-Bef. Philipp Geiger ein Sohn: Carolus.

Am 17., dem Ludwig Boldrino eine Tochter: Johanna.

Am 18., dem Zimmermann Joseph Sticha in Weikersdorf ein Sohn: Eduard.

Am 19., dem Hauer Joseph Schweiger eine Tochter: Barbara. — Dem Hauer Michael Gröschl eine Tochter: Josepha. — Dem Hausbesorger Michael Kratochwill ein Sohn: Michael. — Dem Gastwirth Andreas Held ein Sohn: Joseph Maria.

Am 21., dem Taglöhner Franz Wercocz ein Sohn: Eduard. — Dem Schneider Johann Kaiser eine Tochter: Maria.

Am 24., dem Schlosser Johann Ullrich eine Tochter: Anna. — Dem Maurer Joseph Haderer ein Sohn: Karl.

Am 25., dem Leichenbestattungs-Unternehmer Joseph Kasiosoli ein Sohn: Franz Karl.

Am 28., dem Hauer Johann Steindl ein Sohn: Johann Franz.

Trauungen.

In der Pfarre Baden wurden im Februar 1880 getraut:

Am 1. Hausbesorger Ferdinand Plos, aus Prag, mit Dienstmagd Karoline Katharina Graf (protestantisch), aus Wandorf bei Oedenburg.

Am 2. Weingarten-Arbeiter Karl Haas, aus Weikersdorf (Dörfl) mit Köchin Rosalia Schwachnla, aus Traßburg in Ungarn. — Schuhmacher Andreas Frischenschlager, aus Weikersdorf (Alland-Alleegasse) mit Franciska Mayer, Hauerstochter aus Baden.

Am 3. Tapezierer und Möbeltischler Joseph Berny, aus Wien, mit Köchin Elisabeth Janka, aus Auboršta in Böhmen. — Gärtner Joseph

Stix in Leesdorf, aus Somerein am Leithagebirge, mit Köchin Juliana Mörth, aus Zehndorf in Steiermark.

Am 4. Hauer Franz Gruber in Leesdorf mit Hausbesorgerstochter Rosina Breinschmidt, aus Baden.

Am 7. Bauschlosser Alois Majstrik, aus Baden, mit Gärtnerstochter Anna Krug, aus Gumpoldskirchen.

Am 8. Stellvertr.-Kirchenbiener in der Badener Hofkirche Emerich Kuttler, aus Baden, mit Köchin Theresia Rosa Polansky, aus Göding in Mähren.

Am 9. Hauer Joseph Maßinger, aus Baden, mit Hauerstochter Josepha Wanzenböd, aus Tribuswinkel. — Badediener Wenzel Kikal aus Zber in Böhmen, mit Tischlerstochter Pauline Bläser, aus Wien. — Arbeiter Franz Ziegler aus Unterrohr in Steiermark, mit Dienstmagd Maria Winisch aus Zemendorf in Ungarn. — Kutscher Rudolph Hartl, aus Neupölla, mit Dienstmagd Antonia Pappauer, aus Münchendorf. — Schneider Franz Frank, aus Alt-Zedlisch in Böhmen, mit Köchin Theresia Hoffmann, aus Antau in Ungarn. — Tischler Rudolph Hormacher, aus Haselgraben in Oberösterreich, mit Dienstmagd Anna Theresia Fally, aus Krumbach in Niederösterreich. — Hausbesorger Joseph Fischer, aus Baden, mit Witwe Maria Trummer, aus Fischamend.

Am 10. Anstreicher Konstantin Dedert, aus Unter-Balbach im Großh. Baden, mit Hausbesorgerin Maria Bucel, aus Ober-Cerekwe in Böhmen.

Todesfälle.

In der Pfarre Baden sind im Februar 1880 gestorben:

Am 2. Privat Johann Zial, aus Pollerskirchen in Böhmen, 79 Jahre alt, an Herzlähmung. — Der Magd Maria Mayer, aus Baden ein Sohn: Karl, alt 4 Wochen, an Darmkatarrh.

Am 3. Wachmann Joseph Staudinger, 51 Jahre alt, aus Prag, an Tuberkelablagerung im Gehirn.

Am 4., dem Zimmermann Franz Klar, zu Weikersdorf, eine Tochter: Maria, an allgemeiner Schwäche, gleich nach der Geburt.

Am 6., dem Schustermeister Joseph Harbich aus Leesdorf ein Sohn: Johann, alt 9 Monate, an Fraisen. — Sattlermeisterswitwe Theresia Weber, geb. Lechner, aus Heiligenkreuz, 75 Jahre alt, am Schlagfluß.

Am 7., dem Buchhändler Georg Gicklhorn, aus Baden, ein Sohn: Karl, alt 7 Wochen, an Darmkatarrh. — Hauer Jakob Putz, aus Baden, 56 Jahre alt, an Herzwassersucht. — Dem Maurer August Güntner, zu Weikersdorf, eine Tochter: Amalia, alt 1 Jahr und 7 Monate, an serösem Erguß in das Gehirn.

Am 8. Frau Veronika Witzmann, geb. Heszla, Hutfabrikanten- und Hausbesitzers-Gattin, 40 Jahre alt, an Lungen- und Bauchfell-Entzündung.

Am 12., dem Schneider Joseph Mussil ein Sohn: Joseph, alt 2 Monate, an Darmkatarrh. — Zimmermanns-Gattin Maria Klar, zu Weikersdorf, geb. Augustin, 32 Jahre alt, an der Tuberkulose.

Am 14. Hausbesitzerin Theresia Heithaber, aus Baden, 82 Jahre alt, an Altersschwäche.

Am 15., der Taglöhners-Witwe Maria Hirsch zu Baden, eine Tochter: Maria, 14 Jahre alt, an der Herzwassersucht.

Am 19., dem Weichselrohr-Arbeiter Joseph Etlinger eine Tochter: Anna, 7 Jahre alt, an Masern.

Am 21., Witwe Elisabeth Dietrich, 61 Jahre alt, an der Lungensucht.

Am 23., dem Schuhmacher Leopold Stöger eine Tochter: Maria, 11 Monate alt, an der Lungenentzündung.

Am 24., Stadt-Taglöhners-Gattin Theresia Lewinger, 53 Jahre alt, Gebärmutter-Entartung. — Der Gemüsehäublerin Maria Just ein Sohn: Johann, 13 Monate alt, an Fraisen. — Kammerfrau Antonia Hackl, 67 Jahre alt, an der Tuberkulose.

Am 25., Witwe Theresia Hain, Hausbesitzerin, 71 Jahre alt, an Altersschwäche. — Dem Koch Leopold Schleim ein Sohn: Karl Wilhelm, 3 Jahre alt, an der Lungenlähmung. — Müllergeselle Franz Dorner, 45 Jahre alt, an Herzfehler.

Am 27., Privat Georg Strobl, 92 Jahre alt, an Altersschwäche.

Am 28., Müllergehülfe Joseph Klomser, 25 Jahre alt, an der Lungentuberkulose.

Am 29., Diener Franz Murtschan, Neger (aus Afrika), 18 Jahre alt, an Lungenbrand. — Dem Ziegelarbeiter Franz Schrenk ein Sohn: Michael, 6 Monate alt, an Fraisen.

———

Bei den evangelischen Einwohnern in Baden (deren Anzahl gegen 200 Personen beträgt) kamen im Monate Februar 1880 weder Geburten noch Trauungen und nur folgende 2 Sterbefälle vor:

Am 6., Eisendreher Abraham Herdtner, 54 Jahre alt, an der Lungentuberkulose.

Am 27., dem Gießer Karl Wittmann ein Sohn: Karl Richard 4½ Monate alt, an Magen- und Darmkatarrh.

———

In der Badener „Israelitischen Kultusgemeinde" ereignete sich im Monate Februar 1880 weder ein Geburts-, noch ein Trauungs- oder Todesfall.

Chronik der Vergangenheit.

Chronologische Nachweisungen zur Geschichte Baden's.

XII. Jahrhundert.

1102 erscheint ein „Hartwichus nobilis de Rudnicha" als Exekutor einer
Pittener Schenkung (vgl. „Monumenta boica", Tom. XXIX, part. II,
pag. 56), welchen man für einen Rauhenecker Tursonen hält. —
(Leber, a. a. O., S. 81 und 203.)

1113 verschenkt Markgraf Leopold IV., der Heilige, durch den Grafen
Gebhard von Rebegau an das Stift Klosterneuburg fünf Weingärten zu Baden („quinque vineas padan.")

     Vgl. Meiller, „Regesten zur Geschichte der Markgrafen und Herzoge
Oesterreichs aus dem Hause Babenberg." Wien, 1850. S. 13, Nr. 10.

1114 erscheint ein Hugo von Leesdorf („Hugo de Leuisdorf") als Zeuge
einer Schenkung an das Stift Klosterneuburg.

     Vgl.: „Codex traditionum ecclesiae collegiatae Claustroneoburgensis,
continens donationes, fundationes, commutationesque hanc ecclesiam attinentes
ab anno dom. 1108 usque circiter 1260. Adjectis annotationibus et indice a
Maximiliano Fischer." 1851. — („Fontes rerum Austriacarum", 2. Abth.
„Diplomataria et acta", herausgegeben von der kais. Akademie der Wissenschaften in
Wien, IV., S. 32, Nr. 149.)

1136 kommt in der Stiftungsurkunde der Abtei Heiligenkreuz ein Turso:
„Hartungus de Ruhenegcke" als Zeuge vor.

     Vgl. P. Joh. Nep. Weis, „Urkunden des Cistercienser-Stiftes Heiligen-
kreuz im Wiener Walde." Wien, 1856. I. 1. I.[1])

1136 erscheint im Stiftungsbrief von Heiligenkreuz ein Otto von
Leesdorf („Otto de Leusdorf") als Zeuge. — (J. N. Weis,
a. a. O., I. 1. I.) — Derselbe „Otto de Leusdorf" macht auch
eine Schenkung an das Stift Klosterneuburg. (Maxm. Fischer,
a. a. O., S. 76, Nr. 366.)

1137 schenkt Markgräfin Agnes, Witwe des Herzogs Leopold III., zu
Tuln dem Kloster Klein-Mariazell in N. Ö. zwei Weingärten
zu Baden („in loco qui linqua nostra dicitur Baden, latine
vero balneum.") — (Vgl. Meiller, a. a. O., S. 24, Nr. 1.)

---

[1]) Dieses verdienstvolle Werk des verewigten gelehrten Stifts-Archivars P. Joh.
Nep. Weis umfaßt die Heiligenkreuzer-Urkunden bis Ende des XIV. Jahrhunderts und
bildet den XI. und XVI. Bd. der von der kais. Akademie der Wissenschaften herausgegebenen „Fontes rerum Austriacarum", 2. Abth.: Diplomataria et acta.

1156 bestätigt Herzog Heinrich II., Jasomirgott, die Schenkung der Badener Weingärten vom Jahre 1137. — (Meiller, S. 39, Nr. 36.)

(1163?), 3. Oktober, bestätigt zu St. Pölten der Bischof Conrad von Passau einen vom Heiligenkreuzer Abt Heinrich I. mit dem Mölker Abt Sighard eingegangenen Tausch, wodurch Ersterer den Zehent zu Minkendorf gegen Abtretung eines Weingartens und einer Hofstatt sammt Acker zu Baden („ville Padene") und Zahlung von acht Talenten erwirbt. — (J. Rep. Weis, I. 7. V.)

1187, 18. März, erscheint Heinrich von Rauhenstein („Heinricus de Ruhensteine") in einer von Herzog Leopold zu Solenau („Salchenowe") ausgestellten Urkunde als Zeuge. — (J. N. Weis, I. 16. XII.)

> Vgl. Leber, a. a. O., S. 85, (in welchem reichhaltigen Werke überhaupt mit großem Fleiß die meisten Daten über die Badener Tursonen kurz zusammengetragen sind, worauf hier, — da in der Fortsetzung dieser „Chronologischen Nachweisungen" aus diesen früheren Zeiten hauptsächlich nur Daten gegeben werden, die direkt auf Baden und Umgebung bezügliche Besitzverhältnisse u. s. w. betreffen, — in allem weiteren verwiesen wird.)

1189 erscheint Ortolf von Baden als Zeuge in einem Verzichtbrief des Herzogs Leopold V. — [Meiller, a. a. O., S. 66.][1])

Die Urkunden des Badener Stadtarchivs.

III.

(Aus der Urkunde, die hier nach dem im Stadtarchiv befindlichen Originale mitgetheilt wird, geht die Thatsache hervor, daß im Jahre 1660 ein Theil der Bürgerschaft Baden's sich einer [weiter unaufgeklärten] argen Unbotmäßigkeit schuldig gemacht hat, auf welche diese in „Gnad" gegebene Zurechtweisung durch Kaiser Leopold I. erfolgte. [2])

Regierungs-Befelch.
Ungehorsamb der Burgerschafft zu Baaden betreffend.
De dato Wienn den 10. Juny 1660.

Wir Leopold von Gottes genaden Erwölter Röm: Kaiser, zu allen (Zeiten) Mehrer des Reichs in Germanien, auch zu Hungarn, und Böhaimb König, Erzherzog zu Össterreich, Herzog zu Bur-

---

[1]) Ueber das, bis 1332 urkundlich vorkommende Geschlecht der Herren von Baden und über die an der Stelle des jetzigen Schulgebäudes und der städt. Redoute am Kirchenplatz gelegen gewesene Burg derselben erfolgt nächstens in diesen Blättern eine besondere Darstellung. Es werden daher in den „Chronologischen Nachweisungen" die betreffenden Daten nicht weiter eingereiht erscheinen.

[2]) Wahrscheinlich hieng die Angelegenheit damit zusammen, daß die Einwohnerschaft Baden's unter Kaiser Leopold I., der in ewigen Kriegen mit Frankreich, den ungarischen Malkontenten und den Türken verflochten gewesen, damals die enormen Steuerlasten zu tragen nicht mehr im Stande war.

gundt, Steyr, Khärndten, Crain, und Württenberg, in ober- und Nieder
Schleßien, Marggrave zu Mährern, in ober- und Nieder Laußnitz, Graff
zu Habspurg, Tyrol und Görtz ꝛc.

Entbietten der Gemainen Burgerschafft unnserer Statt Baden,
Unser Gnad. Unnd fügen Euch hiemit gnedigist zu vernemben. Demnach
bey unnserer N. Ö. Regierung mit mehrerm Umbstänndten vorkhomben,
Waßgestalt ein zimblicher thaill gemainer Burgerschafft ermelter unnserer
Statt Baaden, auf erforderung unsers Richters und Raths daselbsten
nicht erscheinen, sondern ungehorsamb außbleiben, auch zu rechter Zeit die
gebührende Steur: Landts Anlagen und andere Außgaben nicht raichen,
Sondern sich wider gedachten Richter und Rath, alß unserer nachgesezten
Obrigkheit in villweeg trutzig erzaigen, auch sonsten denselben den schuldigen respect und gehorsamb in billichen sachen zuerweisen sich allgemach
verwaigern wollen, Welches nun Unnß alß Landtsfürsten, zu hochen Mißs-
fallen geraichet, Und Wür hinführo solches zugestatten nicht gesunnen;

Alß ist Unnser gnedigister Befelch an Euch, das Ihr gedachten Richter
unnd Rath aniezo und hinführo alle schuldige parition, respect, unnd
Gehorsamb erzaigen, und auf Erforderung Jedesmahl auf das Rathauß
unanßbleiblich erscheinen, wie auch die Steur, Landts Anlagen, und andere
Gaben unverwaigerlich raichen, und Euch sonsten gegen mehrgemelten
Richter und Rath, Euern Aydt und Pflichten nach, und zwar dergestalt
verhalten sollet, damit Wür widerigen fahls auf einkhombene vernere
beschwähr ein schärfferes einsehen zu thuen, und wider die Rädlführer, mit
ernstlicher Straff zuverfahren, nicht ursach haben mögen.

Deme Ihr nun gehorsambist nachzukhomben, und Euch vor schaden
zuhüetten wissen werdet. — An deme vollziehet Ihr unseren gnedigist-
auch Ernstlichen willen und Mainung.

Geben in unnserer Statt Wienn den zehenden Juny im
Sechzehenhundert Sechzigisten: Unserer Reiche des Römischen im
andern, des Hungarischen im fünfften, und des Böhaimbischen im vierten
Jahren.

W: Philipp Jo: Unverzagt freyher m. p.
   Statthalteramtsverwalter.

                                Commissio Domini Electi Imperatoris
                                      in consilio:
Joan. Bapt. Suttinger m. p.
   Canzler.   G. Paul v. Khayserstein m. p.
                                    Michael Braun m. p.

(Ein Bogen — groß Quer-Folio — starkes, vergilbtes Schreib-Papier
mit Wasserzeichen [an mehreren Stellen sehr fleckig und an den Bugstellen durch-
gerissen]. In der Mitte unterhalb des Textes: das mittel-große kaiserl.
Siegel auf rothes Wachs über Papier gedruckt. — Außen: die oben gegebene
Aufschrift aus der Zeit der Außfertigung der Urkunde. Darunter, mit späterer
Handschrift: Nr. 2.)

Badener Memorabilien.

II. Das Wappen und die Siegel der Stadt Baden.

Das Wappen der Stadt Baden — welches aus einer eigenthümlichen, aber jedenfalls sinnreichen Verbindung des österreichischen Bindenschildes mit der Darstellung eines Bades besteht — stammt aus dem
Jahre 1480 und wurde von Kaiser Friedrich III. mit der bedeutsamen
Urkunde verliehen, durch welche Baden zur Stadt erhoben worden ist.

Die das Wappen betreffende Stelle dieser Urkunde d. d. 6. Juli 1480,
lautet: [1])

„Wir haben auch denselben Unnsern Burgern daselbst zu Baaden,
von Römischer Kayserlicher Macht, und als Herr unnd Landtsfürst zu derselben Unnser Statt Paaden ain Wappen unndt Clainodt, mit
Nahmben Unnsern Schildt New-Öfsterreich, unnd darin ain Figur
aines Wildt-Baadt mit Figurn zweyer Nackheten Menschen, Mann:
unndt Frauen bildt, als dan die, in der mitte deß gegenwertigen
Unnsers Kayserlichen Brieffs gemahlet unndt mit Farben aigentlicher ausgestrichen seindt verlihen und gegeben, also daß Sy, unnd Ihre Nach-
khomben dieselben Wappen und Clainodt, zu der bemelten Unnser Statt
notturfften, in Insigln, Pöttschafften, klainen: und grossen, und zu allen
Ihren geschäfften, auch zu Schimpf, Ernste, und allen andern gueten Sachen,
unndt thatten geben, unndt brauchen mügen, Inmassen deß ander Unnser
Stätt daselbst zu Öfsterreich zuthuen haben.“

Von Siegeln der Stadt Baden, welche dieses Wappen weisen, sind
mehrere verschiedene aus älterer Zeit bekannt, und zwar sind einige derselben
noch im Original-Typar vorhanden, die im Badener Stadtarchiv
aufbewahrt werden. [2])

Die Badener Stadtsiegel sind zum Theil bereits von mehreren
Forschern beschrieben und theilweise auch abgebildet, wie aus folgenden Werken
ersichtlich ist:

„Recensus genealogico-diplomaticus archivi Campiliensis“ (Lilienfeld), aus
dem Nachlaß Christoph. Hanthaler's (des hochverdienten 1754 verstorbenen Archivars zu
Lilienfeld), Wien 1818, Tafel XXVI, Nr. 1 (wo die Abbildung eines der größeren Badener
Stadtsiegels aus dem Jahre 1566 sich findet);

„Beiträge zur Siegelkunde des Mittelalters“ von D. Eduard Melly,
Wien 1846, in welchem vortrefflichen Werke des leider zu früh verstorbenen Wiener
Gelehrten, S. 16—17, drei Stadtsiegel Baden's — von 1529, 1566 (2) — ange-
führt und beschrieben werden;

---

[1]) Nach der im Badener Stadtarchiv aufbewahrten vidimierten Kopie
aus dem Jahre 1686. (Die Original-Urkunde ist leider — gleich den meisten andern
alten Dokumenten — durch die Türkenhorden im Jahre 1683 vernichtet worden.)

[2]) Im Stadtarchiv zu Baden befindet sich auch — außer dem ganz gut gearbeiteten, bis 1870 oder dem Eingang zum (früher städtischen) „Bockwirthshause“ angebracht
gewesenen Steinbilde des Badener Wappens — die prachtvolle Darstellung desselben,
in Silber getrieben, auf der großen, auch den kais. Doppel-Adler weisenden Kapsel der
Urkunde, mit welcher Kaiser Karl VI. die Privilegien Baden's im Jahre 1718 bestätigte.

„Berichte und Mittheilungen des Alterthums-Vereines zu Wien." Bd. XV. Wien MDCCCLXXV, wo S. 3—4 der verdienstvolle Forscher Dr. Karl Lind, in einem Aufsatz über die „älteren Gemeindesiegel und Wappen in Niederösterreich," vier Siegel der Stadt Baden beschreibt und zwei davon (von 1529 und von 1566) in sehr gelungener Holzschnitts-Reprodultion bringt.

Auf Grundlage dieser bereits vorhandenen Arbeiten erfolgt nun hier eine kurze zusammenfassende Darstellung, die umsoweniger überflüssig erscheint, als dieselbe einige authentische Ergänzungen enthält, die durch das im Badener Stadtarchiv vorfindliche Urkunden-Materiale geboten waren.

Mit Ausschluß der mehrfachen, großen und kleinen, durchaus unbedeutenden, in unserem Jahrhundert angefertigten Nachbildungen des alten, ganz vortrefflichen größeren Stadtsiegels vom Jahre 1566, finden sich — theils im Original, theils in Abbrücken auf Urkunden — die folgenden neun verschiedenen Siegel-Stempel mit dem Stadtwappen Baden's:

1. Vom Jahre 1529, (I). Ein oben ausgebauchter, an den Seiten eingezogener Schild zeigt den Querbalken des österreichischen Wappens und auf demselben in einer großen viereckigen Badekufe zwei Badende, einen Mann und eine Frau; zwischen beiden eine kurze Säule, aus welcher der Heilquell in Strahlen sich ergießt. Unten, in rothem Felde, ein Kreuzchen. Außen ist der Schild an beiden Seiten von Ranken umgeben. Oben steht die Jahreszahl 1488 (was ein Irrthum des Siegelstechers ist, da es 1480 heißen soll, in welchem Jahre die Wappenverleihung erfolgte.) Die — durch ihre Bezeichnung eines geschichtlichen Ereignisses interessante, zwischen Stufenlinien auf einem nach außen schief abwärts gehenden Rande in Lapidar angebrachte Umschrift lautet: TURCK. BLEGERT. WIENN . AM . 23. TAG . SEPTEM. 1529. — Rund. Durchmesser 3·2 ctm.

Dieses selten vorkommende Siegel findet sich in Dokumenten des k. k. Hofkammer-Archivs, auf grünes Wachs über Papier gedrückt. (Melly, a. a. O., S. 16.) [1]

2. Vom Jahre 1529, (II). Im Querbalken eines verschnörkelten deutschen Schildes befindet sich eine viereckige Kufe, in welcher sich ein Mann und eine Frau, bis zur Brust im Wasser, nach vorne gewendet, baden. Zwischen beiden ragt eine Röhre empor, aus der das Badewasser in mehreren Strahlen quillt. Die rothen Felder sind damascirt. Ueber dem Schilde ist wieder fehlerhaft die Jahreszahl 1488 angebracht. Die in einem von einem äußeren Kranze und einer inneren Stufenlinie umsäumten Schriftrande angebrachte Umschrift enthält gleichfalls — abweichend von dem Gebrauche, an dieser Stelle die Gemeinde u. s. w. zu nennen — die auf die erste Wiener Türken-belagerung bezügliche Hinweisung, mit einer kleinen Abweichung im zweiten Worte: TURCK * BELEGERT. WIENN * AM. 23. TAG. SEPTEM. 1529. Rund. Durchmesser: 3·1 ctm.

---

[1] Bezüglich der Farbe des Wachses der Siegel sei hier kurz bemerkt, daß im im XIII. und XIV. Jahrhundert das ungefärbte Wachs vorherrschte; im XIV. Jahrhundert fing man an, das grüne Wachs bei Städtesiegeln zu gebrauchen; (die Märkte siegelten blau). Der Gebrauch des rothen Wachses war eine landesherrliche Auszeichnung einzelner Städte, welche im XV. Jahrhundert häufiger wurde und auch für Baden ertheilt worden ist (Vgl. Melly, a. a. O., S. 165)

Dieses nett gearbeitete, ebenfalls ziemlich selten vorkommende Siegel findet sich meistens in Abdrücken auf Papier mit grünem Wachs. (Lind, a. a. O., S. 4, wo auch die schon erwähnte, sehr gelungene Abbildung mitgetheilt ist.)

Die folgenden vier Siegel zeigen einunddieselbe Darstellung und Ausstattung mit geringen Abweichungen in verschiedenen Größen.

3. Vom Jahre 1566, (I). Auf dem vielfach ausgeschnörkelten österreichischen Bindenschilde, dessen oberes und unteres rothes Feld mit Ranken geziert ist, befindet sich eine dreifach bereifte, an den Kopftheilen erhöhte Badewanne, in welcher zwei Badende beiderlei Geschlechtes sich gegenüber sitzen, durch zwei Querbrettchen von einander getrennt; auf das eine Brettchen legt der nach rückwärts gelehnte Mann beide Hände, während das Weib, aufrecht sitzend, die linke Hand auf den Rand der Badewanne legt und den rechten Arm ausstreckt. Rückwärts in der Mitte erhebt sich eine mit einem Fähnchen gezierte Brunnensäule, aus welcher das Wasser des Heilquells in mehreren Strahlen auf beide herabfließt, und zwar — wie es scheint — auf die Schulter des Mannes und auf den Arm der Frau. Zu beiden Seiten des Schildes steht, in zwei Hälften getheilt, die Jahreszahl 1480. Die innen von einem flacheren und außen von einem höheren Kranzrande begrenzte, in Lapidar ausgeführte Umschrift lautet: SIGILLUM . CIVITATIS . THERMENSIS . IN . AUSTRIA . 1566. — Rund. Durchmesser: 4·2 ctm.

Der auf einen eisernen Griff aufgelöthete, ganz tüchtig in Silber mit kräftiger Formgebung gravirte Original=Stempel dieses größten der alten Stadtsiegel Baden's befindet sich im Badener Stadtarchiv. — Von alten Abdrücken desselben ist daselbst ein einziger vorhanden, nämlich in der Holzkapsel, welche an der Urkunde hängt, mit welcher die Stadt Baden im Jahre 1695 die „Tischler=Handwerks=Ordnung" bestätigt.

4. Vom Jahre 1566, (II). Gleiche Darstellung und Umschrift, wie beim vorigen Siegel, nur fehlt der innere Kranzrand, und die etwas kräftiger gehaltene Umschrift zeigt den Fehler: IN . AUSTRIAE, statt: IN . AUSTRIA. Auch ist der Schild nicht so breit und der ganze Stempel ist etwas kleiner. — Rund. Durchmesser: 3·7 ctm.

Nach dem ganzen Charakter der Arbeit dieses verloren gegangenen Stempels dürfte derselbe vielleicht der älteste von den Stempeln dieser Reihe sein. Ein Abdruck davon aus dem Jahre 1649 findet sich im Badener Stadtarchiv auf einem „Vergleich zwischen dem Augustiner Konvent und der Stadt Baden'. — Einen noch älteren Abdruck verzeichnet Melly, a. a. O., S. 16 - 17, der sich in einer Lilienfelder=Urkunde vom Jahre 1582 findet. (Bei Anführung der schon oben erwähnten Abbildung dieses Siegels in Hauthaler's „Recensus" 2c. bemerkt Melly — dem das Original=Siegel mit dem Fehler nicht bekannt war — irrthümlich: „mit einer aus Versehen irrigen Umschrift [Austriae, statt Austria].")

5. Vom Jahre 1566, (III). Gleiche Darstellung, Umschrift und Ausführung wie beim Siegel I, nur etwas kleiner, auch fehlt der innere Kranzrand und der Grund ist ganz mit Ranken=Verzierung bedeckt. — Rund. Durchmesser: 3·3 ctm.

Das Original des ebenfalls in Silber gearbeiteten Stempels befindet sich gleichfalls im Stadtarchiv, und Abdrücke davon auf Papier mit rothem Wachs auf mehreren Urkunden.

6. Vom Jahre 1566, (IV). Gleich mit dem vorigen Siegel, nur noch kleiner. — Rund. Durchmesser: 2·3 ctm.

Dieses sonst nirgends erwähnte kleinste Stadtsiegel aus dieser Reihe scheint das Grundbuchssiegel gewesen zu sein; wenigstens findet es sich auf Gewähr = Auszügen, z. B. im Badener Stadtarchiv auf einem solchen vom „Heilhaimer Grundbuch" aus dem Jahre 1761.[1]) — Der Stempel findet sich nicht mehr vor.

7. **Vom Jahre 1676** circa. Im Achteck von einer Linie eingefaßt, steht frei im Grund eine viereckige, an den äußeren Wänden mit Ranken verzierte Badekufe, in welcher sich zwei Badende, Mann und Weib, gegenüber befinden. Zwischen beiden ragt eine niedere Brunnenröhre nur wenig empor, aus welcher sich zwei Strahlen in die Höhe heben, die dann nach rechts und links herabfallen. Ober der Kufe und den Figuren steht im leeren Felde die Inschrift in Klein-Lapidar: . SIGILL . DER . STADT . BADEN . — Achteck. 2 ctm. h. 1·7 ctm. br.

Es scheint dies sonst nicht vorkommende, in Bezug auf die Ausführung nicht besonders bemerkenswerthe, sehr einfache Siegel der Stadt Baden das kleine Siegel des Stadtschreibers gewesen zu sein (welches derselbe sich vielleicht privatim anfertigen ließ); wenigstens kommt es nur auf einem im Badener Stadtarchiv befindlichen, vom damaligen Stadtschreiber „Jo: Bartholo: Schwarz" unterfertigten Hauskauf = Protokolle aus dem Jahre 1676 vor. (Es ist das derselbe Bartholomäus Schwarz, welchen die Türken im Jahre 1683, als er die wichtigsten Urkunden bergen wollte, im Rathhause niedergesäbelt haben.)

8. **Vom Jahre 1774.** Gleich dem Siegel vom Jahre 1566, nur ist die Badewanne, mit hohen Seitentheilen, so klein, daß die zwei Badenden förmlich aufeinander sitzen. Auch ist die Umschrift fehlerhaft, da es, statt THERMENSIS ꝛc., THERMENIS heißt. — Rund. Durchmesser: 2·8 ctm.

Von diesem Siegel ist bloß ein Abdruck im Badener Stadtarchiv vorhanden, und zwar auf der ersten Seite des Verzeichnisses der Beiträge für die Anlegung des Stadtparkes, aus dem Jahre 1792.

9. **Vom Jahre 1774.** Auf dem Querballen des ziemlich genau dem Siegel von 1566 nachgeahmten, aber viel weniger im entsprechenden Charakter und Stil ausgeführten österreichischen Bindenschildes steht eine Badewanne mit zwei Reifen, in welcher — mit ganz willkürlicher Abänderung des in der Urkunde von 1480 gegebenen Wappenbildes — bloß e i n e weibliche Figur sitzt, welche — nach vorne gewendet — die rechte Hand auf den erhöhten Seitenrand der Wanne legt. Die von einer äußeren Perlenlinie und einer inneren einfachen Linie eingefaßte Umschrift in Lapidar lautet (in fehlerhafter Nachbildung der alten Badener Siegel-Umschrift): SIGILL . CIVITATIS . TERMINIS. IN . AUSTRIA . 1774 ✶ . — Rund. Durchm.: 3 ctm.

Der in Messing gravirte Original = Stempel, mit Holzgriff, ist im Badener Stadtarchiv aufbewahrt, hat aber in seiner minderen Ausführung und willkürlichen Darstellung nur ein bedingtes Interesse.[2])

---

[1]) Ueber die verschiedenen Arten der österreichischen Städtesiegel (Hauptsiegel, Geheim= [Secret=] Siegel, Contra=Siegel, Gerichtsiegel, Grundsiegel) siehe Melly, a. a. O., S. 157—159.

[2]) Ganz willkürliche Abänderungen des Wappens der Stadt Baden finden sich auch auf der sonst sehr hübsch ausgeführten Preis=Medaille des „Badener Gartenbau-Vereines" vom Jahre 1875; ebenso in der Holzschnitt=Vignette des Umschlags der „Badener Kurliste", seit 1878.

Lobgesang

von dem Warmen Bad zu Baden in Oestereich.

Um 1624.¹)

Ein Fräwlin hoch von Nahmen
Zusagen ihr mich bat,
Woher die Hitz und Flammen
Zu Baden kem ins Bad,
Dieweil all andre Flüsse
Sonst von Natur sein Kalt,
Fragt sie mich, ob ich wisse,
Wie diß hett ein gestalt?

Es ist zwar weit der Grunde,
Natur ist reich im Reich:
Doch Venus nirgent funde
Ein Landt wie Oestereich.
In Wiener Kreiß sie kame,
Cupido kam mit ihr,
Bald ein Spatzierweg nahme
In diese gegent hier.

Daselbst bey einem Bronnen
Mit ihme sie sich setzt,
Ermüdet von der Sonnen,
Deß Wassers sich ergetzt.
Da kam sie an ein Schlaffen,
Ihr Sohn legt neben sich
Sein Fackel, Pfeil und Waffen,
Schlieff unvorsichtiglich.

Ein Jungfräwlin dort nahe,
Wartent auff ihren Buel,
Schleich hin, die beide sahe
Schlaffent beim Bronnen küel,
Die Pfeil und Fackel kennet,
Sprach: Ach das ist der Gott,
Der mein Hertz also brennet,
Ich will ihm thun ein Spott.

Mit Listen sie erwüschet
Die Fackel flammen hell,
Stieß under sich, daß zischet,
Tief in den Bronnen quell,
Gleich ist entzündet worden
Durch unaußlöschlich Flamm
Das Wasser diser orten,
So Baden hat den Nahm.

Amor wischt uff im Schrecken,
Nach seiner Fackel sah,
Im Brunnen fand ers stecken,
Zog sie herauß, und sprach:
Rechen will ich die thaten,
Soll sicher sein niemandt:
Wer sich darin wil baden,
Soll fühlen meinen Brandt.

Daher hat dise Tugendt
Und Krafft diß Badt erlangt,
Das Alter und die Jugent
Es sterket unverlangt,
Offt manches mattes Hertze
Erquickt diß Warme Badt,
Offt manch geheimer Schmertze
Darinnen findet Raht.

Zu Baden kan man frischen
Die Äuglein trefflich wohl,
Amor sich thut drein mischen,
Hat auch sein Mauth und Zoll,
Ein irdisch Paradeise
Ist dieser Brunnenquell,
Erquickt lieblicher weise
Leib, Leben, Muth, und Seel.

         Anonymus.

---

¹) Mitgetheilt aus dem erst im vorigen Jahr erschienenen „Neudruck" des literar-historisch wichtigen „Anhanges" der höchst selten vorkommenden, durch Zintgref herausgegebenen Gedichte von Opitz, betitelt: „Auserlesene Gedichte deutscher Poeten, gesammelt von J. W. Zintgref. 1624." — Halle a. d. S. Max Niemeyer. 1879. S. 17—18. — (Das äußerst hübsch erdachte und — natürlich in der Eigenthümlichkeit jener Zeit — in seiner Art vortrefflich durchgeführte, für unser Baden hochinteressante Gedicht zeigt in besonders deutlicher Weise das damalige Streben, die altüberlieferte Form der volksmäßigen Poesie mit Elementen des „antik-mythologischen Apparates der alten Dichter" zu durchsetzen, wodurch „eine Gelehrtenpoesie in der Volkssprache" erlangt worden ist. Dieß reizende Poem hat daher auch zugleich eine nicht geringe literaturgeschichtliche Bedeutung.)

Chronik der Gegenwart.

Das Stadtpark-Gitter.

Die Arbeiten zur Herstellung des neuen, den originell-schönen, freien Badener Stadtpark gewaltsam von der Stadt abschließenden Eisengitters sind der Vollendung nahe. Es läßt sich daran nichts mehr ändern. Aber es soll dieses — hauptsächlich nur durch den bisherigen Mangel an einem, die öffentlichen Angelegenheiten Baden's mit ungescheutem Freimuth besprechenden Organ — in dieser Weise möglich gewordene Unglaubliche wenigstens nicht geschehen, ohne daß — im Namen aller unbefangenen Gegner dieser eigensinnigen, eine in gewisser Beziehung unqualificierbare Periode unseres Gemeindelebens verewigenden Herstellung — laut und nachdrücklich die unumwundene Wahrheit darüber ausgesprochen wird.

Das, ohne allen zwingenden Grund und mit beträchtlichen Unkosten den Stadtpark abschließende Gitter nimmt dieser unserer weltberühmten, mit den herrlichen Anlagen des Kalvarienberges frei zusammenhängenden, offenen und eben deshalb besonders geschätzten grünen Halle den ganzen eigenthümlichen und Allen — weit und breit — liebgewordenen Charakter.

Diejenigen, welche diese eiserne Schnürbrust und absondernde Schranke erdachten und zur Annahme brachten, haben — es läßt sich das sicher sagen — von der Natur dieses ganzen Anlagen-Komplexes des Kurorts entschieden keinen Begriff; und jedenfalls haben sie nicht gründlich über alles dabei in Frage Stehende nachgedacht, als sie den Bestand dieser in das Wesen Baden's und seiner einheimischen und besuchenden Freunde seit bald einem Jahrhundert eingelebten Anlagen in solcher Art unverantwortlich alterierten. Man hat auch bereits den (freilich paradox scheinenden) Satz aussprechen gehört, daß, wenn auch unter den Vertretern der Herstellung dieses Parkgitters wirklich solche seien, die in Baden geboren wurden, so wären dies doch keine Badener. Es ist das wohl gewiß nicht etwa in dem Sinne änderungsscheuer lokaler Engherzigkeit oder dergleichen gemeint, sondern ohne Zweifel in dem Sinne, daß es überall in gewissen Dingen ein gewisses Etwas giebt, das sich nur durch das innige Verknüpftsein lebhaft Fühlender von Kindheit an mit einem Zustand oder Verhältniß erklären läßt, das man nur empfinden und nicht sagen kann, und was von Jenen als Thatsache möglichst respektiert werden sollte, die keine Idee davon haben und auch niemals im Stande sein werden, es zu begreifen.

Aber auch verständnißvolle wirkliche Nicht-Badener sind Gegner des Parkgitters, für alle Zeit; und — man kann es dem obigen Ausspruche anfügen: — ein lebendiger Vertreter des Wahren und Richtigen für einen Ort, der sich in's Gewordene und Vorhandene verständnißvoll einlebt und das bestehende Berechtigte nicht unüberlegt oder leichtfertig über den Haufen wirst (wobei selbstverständlich nicht allen Neuerungen ein Veto entgegengestellt werden muß), der wird ein wahrhafter Ortsangehöriger — er mag her sein, woher er wolle. —

Die einzige — von einem übermäßig ängstlichen Standpunkt aus — verständliche und plausible Rechtfertigung für die Herstellung des Stadtpark-Gitters (welches an und für sich immerhin gar nicht schlecht sich präsentieren mag) wäre noch gewesen, wenn man den am meisten geltend gemachten Hauptzweck, nämlich die Sichtung des eintretenden Publikums und zugleich auch die Beseitigung und Verhinderung des — angeblich — häufigen Abend-Unfuges in den Seiten-Alleen zu erreichen im Stande sein würde. Aber daran ist durchaus nicht zu denken. Man muß doch — und diese Umstände scheint man sich gar nicht gehörig vergegenwärtigt zu haben — zum wenigsten drei Eingänge offen lassen: an der Mittel-Allee, am Dampfbad und am Ursprung- und Theresien-Bad. Wo ist nun da die Ueberwachung möglich, wenn man nicht (was man wohl bleiben lassen wird) drei Eingangs-Wächter aufstellen will?

Und sollte es hauptsächlich auch einen andern Punkt: die Beseitigung der allerdings seit jeher zu verurtheilenden plumpen Planke bei Parkfesten gegolten haben, so wäre dies (wenn man schon überhaupt der Meinung ist, daß man den Besuch des Parkes an gewißen Abenden den Kur- und Musiktaxe zahlenden Sommergästen nur gegen Extrazahlung gestatten kann) am einfachsten und zweckmäßigsten durch ein transportables, leichtes, zierliches Drahtgitter möglich gewesen, wie es im Wiener Volksgarten bei Musikfesten angebracht wird, und ähnlich wie hier der Weilburg-Park gegen die Straße zu abgeschlossen ist.

Auf diese Art wäre der eigenthümliche und — wie gesagt — aller Welt liebgewordene Charakter des freien, offenen Badener Stadtparks in wünschenswerther Weise gewahrt geblieben, und es wäre nicht aus demselben ein ab- und eingeschlossener und ein (wenigstens für's Auge) verkleinerter Parkraum geworden, wie man einen solchen auch vielfach anderwärts — und noch viel schöner — findet.

Es sei hier die hie und da lautgewordene Annahme bezüglich der Park-gitter-Herstellung abgelehnt, daß es immer — wenn auch gar nicht maßgebende Leute giebt, die derlei Herstellungen indirekt, aber wirksam aus irgend einem persönlichen Grunde betreiben, die es dahin bringen, daß man keine der Einwendungen dagegen gelten läßt, und daß man (in diesem Falle) auch vor der Eventualität einer bei einem Wolkenbruch durch die Gitter-Barricade herbeigeführten Katastrophe für den Park die Augen verschließt, sowie vor dem Mißstand, daß man durch dichte Gebüschreihen am Gitter den freien Luftstrom verhindert; es sei im Gegentheil angenommen, daß der betreffende Beschluß von allen dafür stimmenden Vertretern einzig der Sache selbst wegen und in der besten Absicht, dem allgemeinen Interesse zu dienen, gefaßt worden ist. Aber die Frage bleibt unzweifelhaft dabei immer offen, ob man eben auch das Richtige getroffen hat.

Ein großer Theil der unbefangenen alten und jüngeren Freunde Baden's, und — wenn die Stimmen der Gesammtbevölkerung gesammelt werden könnten, würde man sich davon überzeugen — auch die größere Hälfte der Einwohner ist sicher und aus dem bestimmten und gewiß nicht zu verübelnden Grunde dagegen, weil die Gitter-Herstellung eine überflüssige, den Zweck nicht erreichende und daher ungerechtfertigte, und eine noch dazu nicht geringe Ausgaben machende ist, und weil damit — nebst barbarischer Fällung einer ganzen Reihe von Bäumen — zugleich etwas genommen wird, was nicht leicht oder gar nicht wieder gegeben werden kann.[1]

Badener Tages-Chronik.
März 1880.

Am 2. Begräbniß des Negers Franz Murtschan, welcher — von dem seit dem letzten Jahren hier in Baden lebenden General-Consul a. D., Ministerialrath Ritter von Cischini, aus Aegypten mitgebracht — ein Opfer des letzten strengen Winters geworden ist. Der ganz intelligente, 18 Jahre alte Junge war hoch gewachsen und war von guter Gemüthsart, obgleich er den Niam-Niam, dem menschenfressenden Völkerstamme Central-Afrika's angehörte, von welchen er allerdings schon seit seiner Kindheit getrennt gewesen. Der Aermste, der bereits eine populäre Figur in Baden geworden war, wurde erst kurz vor seinem Tode getauft.

Am 2. Comité-Sitzung des „Badener Vergnügungs-Vereines." Neuwahl der Funktionäre und Bestimmung der während der nächsten Sommer-Saison zu veranstaltenden Feste.

Am 6. Kurkommissions-Sitzung. Nebst Anderem wird beschlossen, für Inserate zur Anzeige des Kurorts pro 1880 den Betrag von gegen 900 fl. zu verwenden.[2]

Am 7. Außerordentliche General-Versammlung des „Badener Gartenbau-Vereines", unter Theilnahme der Gärtner des Bezirkes Baden, im städtischen Redoutensaale, zur Mittheilung der von der k. k. N. Oe. Statthalterei vidimierten „Statuten des Niederöster. Gärtner-Unterstützungs-Vereines."

------

[1] Im Anhang zur obigen unumwundenen Besprechung dieser, auch den nun ohnehin so sehr belasteten Gemeindesäckel wieder nicht unbedeutend in Anspruch nehmenden Herstellung sei für diejenigen, welche — wie verlautet — die S. 33 angeführte Summe des 1875 übergebenen „Baarvermögens" der Gemeinde von circa 70.000 fl. mißverstanden haben, hier näher erklärt, daß dieß Aktiv-Kapital selbstverständlich nicht vollständig als Baarbetrag in der Kasse lag, sondern daß es — außer 8616 fl. 70 kr. Baargeld — in geleisteten Vorschüssen (darunter 35.473 fl. 29 kr. an den „Straßernfond" für Pflasterung) und in verschiedenen Effecten bestand.

[2] Ueber den Luxus der Verwendung eines — besonders bei dem bedeutenden Passivstande des Kurfondes — so beträchtlichen Betrages für Anzeigen des Kurorts, wird nächstens hier weiter die Rede sein.

Am 8. Erste Sitzung des Stadt=Jubiläums=Festcomité's. Es wird beschlossen, — um ein der Bedeutung des 400jährigen Gedenktages entsprechendes bleibendes Andenken zu schaffen — dem Gemeinde=Ausschusse die folgenden Anträge zur Annahme zu empfehlen: 1. Prägung einer Denkmünze. 2. Druck der Urkunde, durch welche Baden im Jahre 1480 durch Kaiser Friedrich III. zur Stadt erhoben wurde. 3. Feierliche öffentliche Sitzung des Gemeinde=Ausschusses am 6. Juli, dem Jubiläumstage, im städt. Redoutensaale, wobei an jeden Gemeindevertreter ein Exemplar des Urkunden=Abdruckes und der Denkmünze über= geben wird. — Zugleich wurde beschlossen, eine Einladung an den Badener Männergesang=Verein zu richten: bei der Festsitzung durch Chorgesang mitzuwirken; desgleichen eine Einladung an den Badener Vergnügungs= Verein ergehen zu lassen: zur Vorfeier, am vorausgehenden Samstag, ein Park= fest zu veranstalten und einen Theil des Ertrfägnisses zur Betheilung der Orts= armen zu verwenden. — Von einer kostspieligen Beleuchtung der Stadt u. s. w. sei abzusehen, doch bleibt es den Hausbesitzern überlassen, am Jubiläums= tage die Häuser mit Fahnen und Flaggen zu schmücken.

Am 9. Beginn des von der „Badener Schützen=Gesellschaft" veranstalteten Schießens auf Weitscheiben, welches auf dem Hochgerichtsberg seitwärts vom Kalvarienberg an jedem Dienstag und Freitag während der Monate März, April und Mai abgehalten wird.

Am 18. Sitzung des Bezirksschulrathes Baden im Rathhaussaale.

Am 22. Beginn des acht Tage währenden Freischießens der Winter= Schützengesellschaft im Hôtel „Zur Stadt Wien".

Am 23. General=Versammlung der „Badener Sparkasse" im Rath= haussaale. Berichterstattung über das XI. Verwaltungsjahr 1879. Antrag auf Aenderung der Statuten und auf Gründung eines Kredit=Vereines.

Am 23. Comité=Sitzung des Casino=Vereines. Beschluß: während der nächsten Sommersaison in den Saal=Lokalitäten des Vereines im städtischen Redouten=Gebäude an jedem Mittwoch für die Mitglieder und für durch solche eingeführte Gäste — nach der Bestimmung der Vereinsstatuten — gesel= lige Abende zu veranstalten. [1])

Am 25. (Gründonnerstag.) Auf Anregung des in hochverdienstlicher Weise musikalisch wirkenden Hrn. Franz Höffer wurde, unter Leitung des Regenschori

---

[1]) Der Casino=Verein thut mit der Einführung dieser geselligen Sommer= Abende jedenfalls, was — unter den gegebenen Verhältnissen — möglich ist. (Es ist letzthin, in recht pikanter „Plauderei", viel von den Aufgaben dieses Vereines die Rede gewesen. Aber, man muß vor Allem die bestehenden Verhältnisse um= fassend kennen und unbefangen beachten, und — aller Esprit nützt dabei nicht das Geringste. So lange die Gemeinde, als Eigenthümerin des Redouten=Gebäudes, nicht im Stande ist, im Gesfelligkeits=Interesse der Einwohner und des Kurorts, für die vom Verein nicht zu verlangenden Hauptbedingungen, nämlich für die nöthigen Beleuch= tungs= und Beheizungs=Einrichtungen zu sorgen und eine befriedigende Restauration beizustellen, so lange wird bezüglich der vollen Erfüllung der Vereins= zwecke immer der nicht zu vermeidende circulus vitiosus vorhanden bleiben —: wenn der Verein nicht das Entsprechende bietet, wird nicht die hinlängliche Theilnahme sein, und — wenn nicht die hinlängliche Theilnahme ist, kann der Verein nicht das Entsprechende bieten.)

Karl Zanetti, in der Pfarrkirche Haydn's großes Oratorium „Die sieben Worte" in sehr würdiger Weise ausgeführt.

Am 28.—30. Lehrmittel-Ausstellung für den Zeichenunterricht in der gewerblichen Fortbildungsschule des Realgymnasiums.

Am 30. Gemeindeausschuß-Sitzung. Haupt-Verhandlungsgegenstände: Angelegenheiten der im Bau begriffenen Abzweigungen der Hochquellen-Leitung in Baden. (Nebenbei sei hier bemerkt, daß sich jetzt herausstellt, wie viel man hätte ersparen können, wenn mit der im vorigen Jahre ausgeführten Neuherstellung der „Piperlbrunn"-Wasserleitung gewartet worden wäre, und wenn man dieselbe zusammen mit den gegenwärtig in Angriff genommenen Bauten für die Badener Hochquellen-Leitung bewerkstelligt hätte, abgesehen von der Vermeidung der Mißstände durch die zweimal hintereinander erfolgende Aufwühlung und Absperrung der Gassen und Straßen). — Vergebung des Pachtes der Restauration in der städtischen Reboute. (Die erfolgte Pachtvergebung an den Besitzer des hierortigen Gasthofes „Zur Stadt Wien" hat wohl, besonders in Betreff des Betriebs-Materials, viel für sich: nur darf das Objekt nicht zu sekundär behandelt werden, sondern in dem Sinne, daß daraus gemacht werde, was es sein soll und sein kann, und was es einstmals bereits gewesen ist.) — [1]

(**Im Herzoghof**) ist neuestens in sehr zweckmäßiger Weise ein Separat-Stundenbad, mit eigener Zuleitung aus der Ursprungquelle, hergestellt worden.

(**Wohlthäter Baden's.**) Der am 4. Januar d. J. verstorbene Badener Hausbesitzer Karl Schiestl hat Baden mit folgenden Legaten bedacht: Für das Armen-Institut, für das Bürgerspital, für das Spital für strophulöse Kinder, und für die Kleinkinder-Bewahranstalt je 100 fl. ö. W. — Desgleichen vermachte der hier am 2. Februar d. J. verstorbene Private Johann Zial dem Badener Armen-Institute 300 fl. und für den hiesigen Spitalsfond 200 fl. ö. W.

(**Das erste Glasgemälde in der Pfarrkirche.**) Seit dem „Josephi-Tage" besitzt die hiesige Pfarrkirche den Schmuck eines wahren Kabinets-Stückes von Glasmalerei. Ein kunstsinniger Stifter ließ in München für das links vom Altar der Josephs-Kapelle befindliche Fenster eine „Anbetung durch die Könige" nach Holbein anfertigen, welches Werk in jeder Beziehung als außerordentlich gelungen bezeichnet werden muß. Die Wirkung der leuchtenden Farben und der ganzen technischen Ausführung ist geradezu brillant, und die künstlerische, edel-realistische — sich so sehr von dem verzückten Stil der „Nazarener" fernhaltende Komposition macht zugleich einen wohlthuend erhebenden Eindruck. In der unteren Ecke rechts steht auf einem Spruchband die einfache Widmung: b. d. 1880. Aug. Koller. Bar., und gegenüber, in der Ecke links, ist das Wappen des Stifters, August Freiherrn von Koller, angebracht. In der Mitte, unten, befindet sich ein Täfelchen mit der Inschrift: K. B. HOFGLASMALEREI VON F. X. ZETTLER, MÜNCHEN.

---

[1] Die Anträge des Jubiläums-Festcomité's sind — wider Erwarten — in dieser Sitzung noch nicht vor den Ausschuß gebracht worden.

Badener Theater-Chronik.

Repertoir vom März 1880.

Dienstag den 2. Zum Vortheile der Schauspielerin Frau Anna Kottaun: **Der letzte National-Gardist.** Volksstück mit Gesang in 3 Aufzügen und 7 Bildern, von O. F. Berg. Musik von Kapellmeister **Karl Millöcker.**

> Die wackere Veteranin erhielt, nebst vielem Beifall, einen wohlverdienten Strauß frischer Blumen.

Donnerstag den 4. **Bürgerlich und Romantisch.** Lustspiel in 4 Akten von **Eduard Bauernfeld.**

Freitag den 5. Zum zweiten Male: **Wiener Karrikaturen.** Posse mit Gesang in 5 Bildern, von O. F. Berg. Musik v. Kapellmeister Joh. Brandl.

Sonntag den 7. **Doctor Klaus.** Original-Lustspiel in 5 Akten von Adolph L'Arronge.

Dienstag den 9. Zum ersten Male: **Der Bibliothekar.** Schwank in 4 Akten von G. v. Moser.

> Ein (im „Burgtheater" [!] aufgeführtes) Possenspiel.

Donnerstag den 11. **Geistige Liebe** oder: **Gleich und Gleich gesellt sich gern.** Original-Lustspiel in 2 Aufzügen von J. Lederer. — **Eine Vorlesung bei der Hausmeisterin.** Posse in 1 Akt, nach dem Französischen, von Alex. Bergen.

Freitag den 12. **Die schöne Helena.** Komische Operette in 3 Abtheilungen nach Meilhac und Halevy. Deutsch von F. Zell und J. Hopp. Musik von J. Offenbach. — (Frl. Risa vom Stadt-Theater in Olmütz als Gast: Helena.)

> Das Publikum fand keine Gelegenheit den Gast auszuzeichnen.

Sonntag den 14. **Kabale und Liebe.** Bürgerliches Trauerspiel in 5 Aufzügen von Friedrich Schiller.

Dienstag den 16. Zum Vortheile der Schauspielerin Frln. Marie Mestel. Zum zweiten Male: **Der Bibliothekar.** Schwank in 4 Akten von G. v. Moser. (Eva Webster: Frln. Mestel.)

Donnerstag den 18. **Der letzte Jesuit.** Volksstück in 3 Bildern von Anton Langer. — **Ein Wort an den Minister.** Genrebild in 1 Aufzug von Anton Langer.

Freitag den 19. Zum Vortheile des Sängers und Schauspielers Herrn Karl Reuter: **Martha** oder: **Der Markt zu Richmond.** Romantische Oper in 4 Akten von W. Friedrich. Musik von Friedrich von Flotow. (Herr Reuter: Lyonel. Frln. Fanny Weiser als Gast: Lady Hariet Durham.)

> Der Besuch sowie der Erfolg bewiesen, daß leichtere Opern erwünscht und möglich sind.

Sonntag den 21. **Mönch und Soldat.** Original-Charakterbild mit Gesang in 3 Akten v. Friedr. Kaiser. Musik vom Kapellmeister Karl Binder.

Montag den 22. Einmaliges Gastspiel der amerikanischen Elastique-, Grotesque-Hochspringer und Pantomimen-Gesellschaft The Phoites. — Vorher:

Man sucht einen Erzieher. Lustspiel in 2 Akten nach dem Französischen von A. Bahn.

„The Phoites": Unglaubliche zwecklose Glieder- und Geberden-Tollhäuslereien.

Dienstag den 23. Zum Vortheile der Sängerin Frln. Fanny Weiser: Martha oder: Der Markt zu Richmond. (Wie oben).

(Pause der Osterwoche.)

Sonntag den 28. Das Mädel aus der Vorstadt oder: Ehrlich währt am längsten. Posse mit Gesang in 3 Akten von Johann Nestroy. Musik von Kapellmeister Adolph Müller.

Montag den 29. Zum ersten Male: Der Todtschläger (L'Assommoir,) Schauspiel in 5 Akten n. d. Französ. des Emile Zola von Dr. C. Friedrich.

Derlei Dinge soll man den Franzosen lassen.

Dienstag den 30. Letzte Vorstellung der Winter-Saison. Zum Vortheile des Schauspielers und Regisseurs Herrn Josef Mayer: Auf einem Vulkan. Original-Charakterbild mit Gesang in 4 Akten von Alois Berla. Musik von Kapellmeister Julius Hopp.

Dem vielseitig begabten, thätigen Beneficianten ward reichlich verdienter Beifall.

Badener Familien-Chronik.
Familien-Nachrichten vom März 1880.
Geburten.[1]

In der Pfarre Baden wurden im März 1880 geboren:

Am 2. Dem Schneider Joseph Laschta eine Tochter Maria. — Am 6. Dem Beamten Michael Servin ein Sohn Friedrich. — Dem Schneidermeister Franz Bednarz eine Tochter Maria Anna. — Am 9. Dem Hauer Georg Hanappi eine Tochter Francisca. — Am 10. Dem Drechsler Michael Wandl eine Tochter Henriette. — Dem Schlosser Ludwig Dworzak ein Sohn Rudolph. — Am 11. Dem Steuer-Exekutor Michael Citler eine Tochter Maria. — Am 12. Dem Hauer Johann Mayer eine Tochter Anna. — Dem Schleußenzieher Johann Faist ein Sohn Joseph. — Am 15. Dem Hauer Andreas Hirschmann ein Sohn Johann. — Dem Postamts-diener Hugo Klinger ein Sohn Eduard. — Dem Baumeister Franz Breyer eine Tochter Emma. — Am 16. Dem Hauer Johann Boder eine Tochter Maria. — Am 17. Dem Taglöhner Johann Hayden ein Sohn Joseph. — Am 21. Dem Sollicitator Heinrich Böck ein Sohn Wilhelm. — Am 24. Dem Hausbesorger Franz Deutsch ein Sohn Hermann. — Am 28. Dem Fuhrmann Joseph Reiser ein Sohn Carl. — Dem Schlosser Johann List ein Sohn Franz.

Außerdem 4 uneheliche Kinder.[1]

---

[1] Vom Monat Februar sind nachzutragen: Am 16. Dem Dr. jur. Karl Johann Hora ein Sohn Karl. — Am 20. Dem Baumeister Anton Breyer eine Tochter Francisca. — Am 26. Dem Kutscher Stephan Dietl ein Sohn Joseph. — Am 29. Dem Buchbinder Thomas Mugerauer ein Sohn Joseph.

[1] Im Januar und im Februar 1880 kamen — wie aus dem S. 18 u. S. 41 angegebenen Zahlenverhältnis zu entnehmen — in der Pfarre Baden je 6 uneheliche Geburten vor.

In der „Badener Israelitischen Kultusgemeinde" wurden im Monat März geboren: Dem Bernhard Lewi ein Sohn Isidor. — Dem Ignaz Fleischmann eine Tochter Eugenie. — Dem Leopold Dörfler ein Sohn Arnold.

Trauungen.

Am 29. Wirthschaftsbesitzer Joseph Pölleritzer in Alland mit Maria Sieber aus Eisenberg in Mähren. — Am 30. Fleischhauer Ferdinand Hölzl aus Vöslau mit Hermine Mandl, Fleischselchers-Tochter aus Erdberg (Wien).

Todesfälle.

In der Pfarre Baden sind im März 1880 gestorben:

Am 1. Steinmetzarbeiter Anton Gunhold, 31 Jahre alt, durch Selbstmord (auf den Schienen der Eisenbahn). — Kutscher Michael Hammer, 24 Jahre alt, Schädelzertrümmerung (verunglückt durch Herabfallen vom Wagen). — Am 2. Dem Zimmermeister Leopold Arens ein Sohn Leopold, 1½ J. alt, Zehrfieber. — Am 3. Der Dienstmagd Maria Burgert eine Tochter Maria, 2 J. und 2 Monate alt, Auszehrung. — Am 4. Dem Postamts-Diener Laskwitz ein Sohn Karl, 1 J. 4 W. alt, Blattern. — Der Hauerstochter Aloisia Baitl ein Sohn Karl, 6 M. alt, Gehirnoedem. — Am 6. Findelkind Richard Wassal, 5 W. alt, Darmkatarrh. — Witwe Theresia Kliegelmaier, 75 J. alt, Lungenlähmung. — Am 9. Der Taglöhnerin Maria Lorenz eine Tochter Anna, 2¾ J. alt, Lungenlähmung. — Am 13. Dem Ziegelarbeiter Stephan Nußbaumer eine Tochter Karolina, 16 M. alt, Fraisen. — Dem Zimmerputzer Johann Karlhofer eine Tochter Magdalena, 3 J. alt, Luftröhrenentzündung. — Am 14. Dem Kanalräumer Leopold Maglot ein Sohn Karl, 5 J. alt, Gehirnentzündung. — Am 15. Kleidermacherin Magdalena Ornst, 24 J. alt, Lungentuberkulose. — Am 16. Hauer Michael Eitler, 56 J. alt, Schlagfluß. — Dem Taglöhner Franz Müller eine Tochter Maria, 1 J. alt, Lungenlähmung. — Am 20. Hauerstochter Barbara Lechner, 47 J. alt, Lungentuberkulose. — Dem Buchhalter Hermann Sallmayer ein Sohn Hermann, 4 W. alt, Lungenoedem. — Taglöhner Johann Berger, 27 J. alt, Schädelzertrümmerung (Selbstmord auf der Eisenbahn). — Der Dienstmagd Leopoldine Langer ein Sohn Joseph, 4 T. alt, Lebensschwäche. — Hausbesitzerin Maria Ahinger, 68 J. alt, Lungenlähmung. — Hauer Georg Freisinger, 81 J. alt, Altersschwäche. — Am 21. Der Hauerswitwe Romana Gröschl eine Tochter Anna, 2 J. alt, Auszehrung. — Am 22. Der Ziegelarbeiterin Anna Piber eine Tochter Anna, 2 J. alt, Gedärmbrand. — Am 24. Der Friseurin Anna Sydi eine Tochter Mathilde, 4 W. alt, Fraisen. — Am 25. Der Fuhrmannstochter Maria Altendorfer eine Tochter Maria, 7 M. alt, Lungenentzündung. — Dem Fuhrmann Joseph Altendorfer ein Sohn Leopold, 11 M. alt, Lungenentzündung. — Am 27. Dem Taglöhner Georg Hanappi eine Tochter Franciska, 14 T. alt, Fraisen. — Revier-Uebergeher David Chleba, 70 J. alt, Altersschwäche. — Am 29. Dem Bäckermeister Joseph Schweiger ein Sohn Joseph, 8 M. alt, Fraisen. — Am 30. Dem Zimmermann Joseph Ziegler ein Sohn Anton 6 J. alt, Strophulose. — Am 31. Findelkind Aloisia Schneider, 1½ Jahre alt, Lungenentzündung.

In der „Badener Israelitischen Kultusgemeinde" ist im März 1880 gestorben: Sigmund Meiseles, 60 Jahre alt, an krebsiger Entartung des Darmes.

Der evangelische Pfarrer J. W. Hec in Mödling hatte während des Monats März 1880 in Bezug auf Baden bloß die Funktion der Taufe eines hier ansässigen Israeliten.

Chronik der Vergangenheit.

Chronologische Nachweisungen zur Geschichte Baden's.

XIII. Jahrhundert.

1212, ca., vermehrt Herbord von Landeck seine der Abtei Heiligenkreuz zu einem Jahrtag gemachten Schenkungen um einen Weinberg „in der Einoede" (bei Baden) und um einen solchen „in Kaltenberge versus Veselowe" (Vöslau.) — (J. N. Weis, I. 47. XXXIV.)

1216, 11. November, erscheinen in einer vom Herzog Leopold VI. zu Wien („Wienne") ausgestellten Heiligenkreuzer Urkunde als Weingärten in Baden bezeichnet: „in villa baden tres", „in monte baden novem." — (J. N. Weis, I. 49. XXXVI. — Desgl. Meiller, a. a. O., S. 118, Nr. 138.) [1]

1220 erscheint in einer von Herzog Heinrich von Möbling ausgefertigten Mölker Urkunde ein Ulrich, Priester von Baden („Ulricus Sacerdos de Paden") als Zeuge. — (Hueber, pag. 15.)

1233 schenkt Hugo von Weyerburg (Weikersdorf) — ein Bruder Otto's von Rauhenstein — dem Stifte Heiligenkreuz den Berg und Wald „Burgstall", an welchem die Straße von St. Helena nach Heiligenkreuz führt.

Vgl.: „Kirchl. Topogr.", IV, 165. — Desgl.: Schweidhardt, a. a. O., S. 149.

1241 soll der Ungarkönig Bela IV., als er — durch die Tataren aus seinem Reiche vertrieben — in Oesterreich von Herzog Friedrich, dem Streitbaren, feindlich behandelt wurde, auf seiner Flucht nach Dalmatien sich mit Frau und Kindern einige Zeit in der darnach benannten

---

[1] Durch die obige Bezeichnung „villa baden" (Landgut Baden) wurde man bestimmt, zu glauben, daß Baden damals noch nicht einmal ein Dorf gewesen ist, — wie z. B. De Mare in seiner Schrift über Baden 1763, S. 5, sagt: „Anno 1216 war Baaden, die anjetzo Erz-Herzogliche (?) Stadt, 4 Meilen von Wien gelegen, noch ein Mayrhof, welcher auf jenem Orte, allwo das Uhrmacherische Haus nächst dem Frauenthore (gegenüber von der jetzigen „Hofkirche") erbaut ist, in der Gegend des darinnen befindlichen Stabels gestanden sein soll."

„Königshöhle", an der Höhe hinter Rauheneck, verborgen gehalten haben.

Vgl. Gebhard, „Geschichte von Ungarn." Leipzig 1778—82. S. 283 u. 320.
(Nach Heiligenkreuzer Stiftshandschriften soll um diese Zeit auch ein Laienbruder, unter dem Klosternamen Salomon im Stifte gelebt haben, welcher Emerik oder Sigmund hieß und ein Bruder oder Sohn des Königs Bela IV. gewesen sein soll. — Vgl. Schweidhardt, a. a. O., II. 186. — Desgl. „Das Stift Heiligenkreuz" ꝛc., topographisch-geschichtlich dargestellt von Malachias Koll. Wien 1834, S. 91—92.)

1245. Vergleich zwischen der Abtei Heiligenkreuz und einem gewissen Leonhard („Lienhardus") und dessen Gattin Mathilde („Mahthildis") wegen eines Weingartens zu Baden („in Paden".) — (Joh. Nep. Weis, I. 110. CV.)

1258, 27. Juni, beurkundet Abt Ulrich von Klein-Mariazell einen mit der Abtei Heiligenkreuz abgeschlossenen Gütertausch, betreffend einen Weingarten zu Baden („vineam dictam Wilreichs in Paden, in monte domini ducis [Herzogberg, jetzt Kalvarienberg] sitam".) — (Joh. Nep. Weis, I. 140. CXLII.)

1259 schenkt Otto von Bertholdsdorf dem Stifte Heiligenkreuz sechs Lehen („mansos") zu Kaltengang, wofür das Stift, nebst anderem, drei Höfe („areas") in „Paden" hergab. — (J. N. Weis, I. 144. CXLIX.)

1261, 27. Februar, schenkt Conrad Maze („Chunradus Maze") zu seinem und seiner Frau und Kinder Seelenheil der Abtei Heiligenkreuz einen Weingarten bei Baden („prope Paden".) — [Joh. Nep. Weis, I. 150. CLVIII.] [1])

1263 beurkundet Otto, genannt Tuers („Otto dictus Thurso"), einen mit der Abtei Heiligenkreuz eingegangenen Tausch einiger Aecker nächst Baden, die er an Syboto („magistro curiae [sanctae crucis] in paden") überließ. — (Joh. Nep. Weis, I. 159. CLXIX.)

1268, 29. April, verkauft Conrad von Baden, genannt Sulzer (Chonradus de Paden, dictus Sulzer") [2]) der Abtei Heiligenkreuz zwei Weingärten zu Baden („in Paden"), deren einer gelegen ist „apud carnarium". [3]) Und von dem andern heißt es: „vineam suam Setz sitam apud curiam sancte crucis in Paden." [4]) — [Joh. Nep. Weis, I. 167. CLXXIX.]

---

[1]) Im „Chronicon breve monasteriorum ordinis cisterc. ad sanctam crucem" etc. (MDCCCXXXIV) heißt es in der „Series Sepultorum in monasterio S. Crucis benefactorum [in domo capitulari], pag. 85: „Conradus Maxo, qui legavit unam vineam prope Baden . . ."

[2]) Dieser Conrad von Baden gehört wol nicht zu den „Herren von Baden" und kommt auch in der Urkunde von 1263 (Weis, I. 159, CLXIX) als Zeuge unter der Bezeichnung „Chunradus Sulzer" vor.

[3]) Es dürfte also in damaliger Zeit — wahrscheinlich im Leichhof bei der Pfarrkirche — ein Karner (Beinhaus) gestanden haben.

[4]) Das Stift Heiligenkreuz besaß damals das Haus des jetzigen Bürgerspitals. (Vgl. S. 63.)

Die Urkunden des Badener Stadtarchivs.

IV.

Stiftung des Bürgerspitals zu Baden.

Im Jahre 1542 bestimmte Gerowich Auer von Herrnkirchen, daß sein zu Baden vor dem Heiligenkreuzer-Thor gegen Gutenbrunn zu am Mühlbach gelegener Edelsitz für ewige Zeiten zu einem Bürgerspital verwendet werde. — Dieses Haus sammt der Mühle — vormals die „Bruckmühle" genannt (vergl. J. N. Weis, „Urkunden" 2c., Wien 1859,, II. 396, CCCXXXVIII, 1399), gehörte schon im XIII. Jahrhundert dem Stifte Heiligenkreuz, welches den Besitz von dem Herrn Paul von Sulzbach gekauft und späterhin wieder verkauft hatte. Der letzte Besitzer dieses Hofes und der Mühle war Gerowich Auer, Sohn des Wilhelm Auer von Herrnkirchen, (der Letzte aus dem Stamme der niederösterreichischen Engelschalk-Auer'schen Linie von Herrnkirchen, die ursprünglich aus Baiern stammte), mit welchem diese Familie ganz ausgestorben ist, obwohl derselbe zweimal verehlicht gewesen, und von seiner zweiten Gattin drei Söhne hatte: Hiob, Leonard und Philipp, die aber alle drei noch im ledigen Stande gestorben sind. Dieser Gerowich Auer war zugleich Besitzer der Beste Arnstein hinter Alland, und es war derselbe auch im Jahre 1527 kaiserlicher Hauptmann des Schlosses zu Baden (der „Burg Baden") und Ritterstands-Verordneter der herzoglich österreichischen Landschaft. Nach dem Tode seiner Söhne verkaufte er sein Haus in Wien sowie die Beste Arnstein, und stiftete seinen Badener Edelsitz sammt der Mühle zu einem bürgerlichen Spitale zur Erhaltung sechs männlicher und sechs weiblicher armen hierortigen Bürger. Er starb im Jahre 1551 zu Baden und wurde sammt seinen Kindern in der hiesigen Pfarrkirche begraben. Die Leichensteine (an dem Wappen mit den sechs Ringen kenntlich), die sich — dem Verderben ausgesetzt — im Fußboden der Kirche (im mittleren Gange unterhalb des Musikchores) befanden, sind jetzt an der Außenseite der Kirche, links vom Hauptportal, angebracht.[1]) — Im Jahre 1753 wurde die Mühle sammt dem Garten und dem großen Hofe verkauft und es blieb nur das vordere, an der Heiligenkreuzergasse gelegene Gebäude mit der Kapelle für die Spitalstiftung in Verwendung.[2])

1. Der Stiftbrief vom Jahre 1542.

Im Badener Stadtarchiv ist das Original der nachfolgend mitgetheilten Urkunde über die Stiftung des Bürgerspitales aufbewahrt, welches in stadtgemeindlicher Beziehung denkwürdige Dokument bis jetzt höchstwahrscheinlich noch nicht publiciert sein dürfte.

---

[1]) Vgl. „Die Grabsteine der Pfarrkirche zu Baden." (Vom Stadtarchivar Dr. Herm. Rollett.) Im Wochenblatt „Badener Bote", 1878, Nr. 18.
[2]) Vgl. Dr. Karl Schenk's „Taschenbuch" 2c. — Wien und Baden, 1805, S. 68—69.

4*

Stifftbrieff.

In dem Namen der Heilligen und Unzertailten Dreivaltigkhait, Got Vaters Suns und Heilligen Geists Amen. — Bekhenn und vergich [1]) Ich Gerwegkh Auer von Herrnkhirchen ainer Ersamen Lanndtschafft in Osterreich under der Enns Rändtmaister: Das Ich Auß den überflüssigen Reichen genaden Gottes wargenomen unnd zu Hertzen gefast das zergänncklich leben diser welt unnd Jamertalls und das nach der Leer Cristi unnsers lieben Herrn und Säligmachers unnd seiner Heilligen Jüngern auf diser welt nach dem glauben und vertrauen in Got den Herrn dem Menndhen nichts Höchers auf diser welt dann [2]) die lieb zu Got und dem nägsten auch das ainer sein zeitlich guet darüber in [3]) Got der Herr nuer ainen Schaffer unnd anstailler verordent seiner Seel zu Haill nicht paß verwennden noch anlegen mag Dann zu hilf und trost seines nägsten und sonnderlich den Armen Prechenhafftigen Khranngkhen und Hausnotdurfftigen Leütten mitzutaillen fürgepillt wiert Welidhes werch dann aus dem waren glauben und der gnadenreichen lieb in Got erfolgt wie dann Cristus der Herr Mathey am Funffundzwaintzigisten Capitl da Er Spricht warlichen ich sag Eüch was Jr than habt ainem unnder disen meinen geringisten das habt Jr mir gethan erclärt und am Jüngstentag derhalben belonung verspricht und zuesagt. — Demnach hab Ich mit freiem willen aus gnaden Gottes mit wolbedachtem muet zu der Zeit do Ich das an [4]) meiner Erben freündt und sonnst allermenigclichs Irrung unnd widersprechen Rechtlich unnd füeglich woll gethuen mocht zuvordrist Got dem Almechtigen zu lob Lieb und Ewiger danngkhperkhait meinen Eltern Vater Mueter unnd meinen verstorben beden Hausfrauen Anna gebornne Gerlerin und Wandula gebornne Jnpruggerin zum Neühauß allen unnsern geschlechten meiner Jrer und allen glaubigen Seelen zu Haill und zu trost den armen Prechenhaften kranngkhen und notdurfftigen Leüten mein Aigen Haimbwesen Edlmans Sitz und Müll genannt die Prügg Müll zu Paden auf der Schwechait zu nagst des khloster zum Heilligen Creützhof daselbst gelegen sambt dem Garten dabei mit aller und yeder ein und zuegehörung Eren und gerechtigkhaiten wie Ich die mit khauff an mich gewennt die in stiller unbetrüebter nutz und gwer Rueblich erfessen Jngehabt genutzt und genossen und hinfüro nutzen und niessen Het mogen. Welicher Edlmans Hof oder Sitz müll und Garten Ainem Jeden Abbt berüerts [5]) Closter zum Heilligen Creütz Jährlich Michaelis ain phundt phening zu rechtem Grundt diennst diennt und nit mer zu ainem Burger Spitall herberg unnd unnderhalt der armen khranngkhen unnd notdurfftigen Leut zu Gemainer Stat Paden und aines yeden Jres fürgenomen und gesetzten Spitlmaister hannden aus freiem gemüet aigner bewegnus umb Gottes willen geaigennt geschenngkht gegeben gewidembt und gestifft Thue das auch Hiemit wissentlich unnd in Crafft ditz Briefs: Also und dergestallt das solich angezaigt main

---

[1]) verkunde. [2]) als. [3]) ihn. [4]) ohne. [5]) berührtes.

aigen Haimbwesen Edlmans Sitz oder Hof sambt der Müll unnd dem
Garten das alles über zwey Tausennt gulden Reinisch werdt, Neben den
Erb Stugkhen Gründten Gülten und Guetern Als ain Hauß vor der
Pharrkhirchen daselbst zu p a d e n auf der obern Neüstifft gelegen Idem [1]
Holtz überleunt gellt auf weingarten viehwaidt Saffran garten Agkher
unnd wismadt das alles auch über Sechtzehenhundert Phund phening woll
wert wie dann das alles in ainem von mier an beruerter Richter Rate
und ainer gantzen Gemain aufganngen k h a u f f b r i e f lauter Specificiert
benennt und autzaigt so Ich sonnderlich Gemainer Stat P a d e n zu
Hannden des Spitalls umb pargelt [2] verkhaufft nun Ewigclich bei disem
Spitall unverkhaufft unnd unverändert beleiben sollen, N. Richter unnd
Rat und Ir nachkhumen sollen auch Jeder und in Eewig Zeit ainen
Erbern verstänndigen teuglichen und Heüßlichen Spitlmaister der Jeder Zeit
tag unnd nachts bei den Armen leüten im Spital seine Stäte wonung und
auf die obangezaigten und durch mich dartzue frey gegeben und verkhaufften
unnd anndere Gueter so dartzue gehören oder Hinfüran dartzue gegeben
werden sein getreües unnd Embßigs aufsehen Haben Fürnemen verordnen
und setzen denselben mit Höchstem Ernnst und vleis auflegen unnd Bevelchen
das Er yeder Zeit mit Höchstem vleis die Armen Leüt so in solichs Spital
auf Eewig leibgeding oder ain Zeit aufgenomen und beherbergt werden
mit unnd von dem Järlichen Einkhumen Nutzen unnd Fruchten angezaigts
Sitz Müll unnd anndern des Spitals zuegehörungen Gründten Gülten und
täglichen Almusen treulich unnd vleissig mit Speiß Tranngkh warttung und
allen Annderm unnderhalte Auch Sy die armen Leüt in Iren kranngkhaiten
und Nötten tröst unnd Haimbsuech Und ob Er das anndrer des Spitals
geschäfft Halten nit thuen khan das den seinigen mit vleis zuthain ernnst-
lichen auflegen und darob sein. — Unnd Jährlichen ainem Ersamen Richter
und Rat zu P a d e n In Beisein aines Jeden Pharrer daselbst seines
Spitlmaister Ambts und Hanndlung guete Erbere [3] und Aufrichtige Raittung
ungeverlich umb weinnachten Acht tag vor oder darnach dermassen Er Got
am Jüngisten Gericht anntworten müesse thain. Ob auch Ich meine
Freündt oder nachkhumen für ainen oder mer unnser getreüen dienner
underthon oder ain anndere Erbere Person in solich Spital zunemen an
Spitlmaister Richter unnd Rat begern wurden So sollen die für aunder [4]
darein aufgenomen durch Gotes unnd unnseren willen Cristlich wie aunder
Arm Leüt unnderhalten und betreüt werden. — Ain yeder Spitlmaister soll
auch den Armen Leüten in der gemain Got den Almechtigen für all Stiffter
und Steürer und umb mich G e r w e g k h e n A u e r v o n H e r r n-
k h i r c h e n als neüen unnd Ersten Stiffter des Spitals umb mein vor-
bemelten beder Haußfrauen A n n a unnd W a n d u l a auch umb alle die
aus unnsern geschlechten mit Todt verschaiden und noch im Leben sein
und umb all glaubig Seel zu Bitten mit vleis fuerhalten unnd darob sein
und nit in vergessen stellen. Es sollen auch Richter unnd Rat zu P a d e n

---

[1] Item: desgleichen. [2] Baargeld. [3] ehrbare. [4] vor Andern.

das solich fürgenomen Löblich criſtlich Spital mit ſeiner zuegehörung durch die ſo Sy zu Spitalmaiſtern fürnemen ordnen unnd ſetzen des yeder Zeit zu Jrem gefallen ſtet mit verſehung des Gepew [1]) unnderhaltung der armen vleiſſig und aufrichtigclichen gehanndlt alle gefär und aigennutzigkhait und ſonnderlich die veröödung der Gründt und Gueter auch das den Armen Leüten ſo in ſolch Spital aufgenomen werden ſovil müglich und ſich das Einkhumen erſtreckht khain abganng gelaſſen kain einkhumen über das paw [2]) und peſſerung der Gründt Gült und gueter khains wegs geſchmelert noch verändert werden Auch darauf Jr vleiſſig Embſſig und getrew auf-ſehen haben. — Sy ſollen auch ſelbſt in khain weis noch weg von allen des Spitals Guetern nichts veründern verwechſeln verkhauffen noch ver-khomern ſonnder alles dem Spital und den armen Leüten zu aufenthalt mit allem Höchſten vleis zum peſten aufnemblichiſten unnd nutzlichiſten Hanndlen wie Sy dann auch Got am Jüngiſten tag darumben anntworten wellen und mueſſen Und Sy mir dann das alles alſo ungeſchwecht in Eerwig Zeit ganntzlich zu vollziehen enntlich zuegeſagt verſprochen unnd ſich gegen mir meinen Erben Freündten und Nachkhumen durch Jren Reverß oder Gegen-brieff verſchriben haben. — Wofern aber gedachte von P a d e n Jr Nach-khomen und Spitalmaiſter das berüert Spital und die dartzue verkhaufften Gründt in verödung khumen lieſſen oder durch Spitlmaiſter oder annder zu verſetzen zu verkhauffen und zu verkhomern das dem Spitall zu nachtaill und zu Abpruch der armen Leüt narung unnd unnderhalt gedeichen möchte geſtatten würden das wiſſenntlich gemacht ſo ſollen Sy alſdann an [3]) alle Clagfürpot unnd Rechtlichen behelff ſolche veränderte verkhauffte unnd verkhomerte oder verderbte gueter von Jrem ſelbſt aigen Guet nach er-khanntnus Jrer Obrigkhait dem Spitall in Quottembers friſt wider zu erlegen und zu ergetzen Und ob Jch meine Erben oder nachkhomen zu wider erſtattung unnd erlegung berüerter Gueter durch Raiſen oder in annder weeg was ſchaden namen denſelben ſchaden darneben auch wider zukheren ſchuldig ſein. Dawider khainerlay Exception entſchuldigung Rechtpot Behelff Freihait Gwalt noch beiſtanndt ſo Sy von dem obriſten biß auf den Nideriſten Stat yetzo haben oder hinfüro überkhomen möchten zu gebrauchen khainen füeg noch ſtat haben. — Jch vorgenannter G e r w e g t A u e r hab' auch hierauf vilgemelt mein aigen haimbweſen Edlmans Sitz oder Hof Müll ſambt dem Garten und deſſelben zuegehörung G e m a i n e r S t a t P a d e n neben unnd mit den anndern vorangezaigten verkhaufften Guetern in den Rechten unnd mainung als vorſtet g a n n t z l i c h e n A b g e-t r e t t e n e i n u n d ü b e r a n n t w o r t Auch darauf noch daran mir meinen Erben unnd Nachkhumen in khain weiß nichts vorbehalten Alſo das Sy mit demſelben meinem aigen Haimbweſen Müll und Spital Got dem Herrn zu lob und unnderhaltung der armen hanndlen thuen und laſſen ſollen unnd mügen wie Sy das am peſten dunngkht und den Armen Leüten am nützlichiſten iſt doch unveröödt und unverkhaufft on mein aller meiner Erben

---

[1]) Gebäude. [2]) Anbau. [3]) ohne.

Freundt unnd Nachkhomen Irrung hindernus unnd widersprechen und wie
soliches Auf Eewig verstifften Gueter und des Lanndts zu Österreich Recht
ist alles getreulich unnd ungeverlich. [1]) — Mit Urkhundt diß Briefs so Ich
über alles vorgeschribenes aufgericht und zu gezeugnus hiemit gib, Mit
meiner aigen unnderschrieben haunndschrifft unnd aigen angevornnen anhann-
gunden Innsigill verfertigt. Des sein auch durch meiner vleissigen gepete
willen gezeugen Die hoch unnd Erwierdigen Edln unnd vessten Herr
J h e r o m m u s [2]) A b b t z u m h e i l l i g e n C r e u t z als vorbemelts Burger
Spitals Grunndtherr, h e r r J o a c h i m M a r s c h a l c h z u R e i c h e n a w
Römischer khünigclicher Maiestät etc. Rat Und C a s p a r J n p r u g g e r
z u m N e ü h a u ß mein lieb Herrn Freund unnd Schwager die neben mier
Ire Junsigill zu bekhrefftigung und gezeugnus der sachen Auch an disen
Brief gehanngen haben Doch Jnen Jren Nachkhumen Erben und Jnnsigilln
on schaden. Darunder Ich Bekhenn und mich verpinde alles war und Stat
zu halten so an disem Brief geschriben Stet. — Der Geben ist zu P a d e n
an sannd Georgen Tag der da ist d e r v i e r u n d z w a i n t z i g i s t t a g d e s
M o n n a t s A p p r i l l i s Nach Cristi unnsers lieben Herrn und Sällig-
machers gepurde f ü n f f t z e h e n h u n d e r t u n d J m z w a i u n n d v i e r-
t z i g i s t e n Jaren.

G e r v e c k A u e r.

(O r i g i n a l = U r k u n d e in größtem Quer = Folio, auf Pergament. Die
kräftig schöne Frakturschrift ist gut erhalten, trotzdem daß die Urkunde auf der
Außenseite in ärgster Weise besudelt ist. — Auf der Außenseite steht oben, in
etwas späterer Handschrift: „15 † 42. Stifftbrief von weillandt Herrn Gerwerch
Auer zu Herrnkirchen seeligen. Burger Spitall zu Baden betr.;“ auf den
unteren Theil der Rückseite wurde, nach dem Abzug der Türken (die 1683 die
Stadturkunden theils vernichtet, theils in thierischer Roheit besudelt hatten) in
großer Frakturschrift geschrieben: „Stifftbrieff. — Anno 1683 ist diser brieff
durch den Türkh: und Tartarischen Einfall also verderbt worden.“ — Alle
vier S i e g e l fehlen.)

Badener Memorabilien.
III. Die Betsäulen in und um Baden. [3])
1. Die Grenz=Betsäule bei Pfaffstätten, von 1578.

An der in östlicher Richtung von Baden nach Wien führenden Ver-
bindungsstraße steht, rechts an derselben — unmittelbar vor Pfaffstätten —

---

[1]) ungefährdet. [2]) Hieronymus.

[3]) Die an Wegen und Straßen bestehenden alten Betsäulen wurden bekanntlich
— wenn nicht bloß einfach aus r e l i g i ö s e m Bedürfniß der Votierenden — meist
zur Erinnerung an R e t t u n g s = oder U n g l ü c k s f ä l l e. die sich an den betreffenden
Punkten ereigneten, errichtet und wurden auch als G r e n z m a r k e n benützt. (Die neueren
hier vorkommenden, wie z. B. jene am Fuß des Baduerberges [in der verlängerten Wilhelm-
straße] bieten kein besonderes Interesse. — Ueber die große „Dreifaltigkeits=(Pest=)Säule“
von 1713, auf dem Hauptplatz, wird eine besondere Darstellung folgen.)

eine alte Betsäule aus Sandstein, die in einfacher Steinmetzarbeit ausgeführt, auf einem steinernen Dach ein eisernes Kreuz trägt. Der darunter befindliche viereckige Kapitäl-Theil ist nischenlos und zeigt auf der vorderen, der ganz glatten Seite, bloß ein kleines Blech, auf welchem — in schlechter neuerer Malerei — die Darstellung der heiligen Dreifaltigkeit zu erkennen ist; darunter steht, ebenfalls — wie es scheint — in neuerer Einmeißlung: PFAFF-STETEN. Auf der linksseitigen Fläche steht (alteingemeißelt): CHRS (Christus) und darunter: 1578; auf der rechtsseitigen, gegen Baden zu, (neueingemeißelt): P. V. 1824. Der achteckige Schaft der Säule steht auf einer ebenfalls acht-eckigen, schon sehr schadhaften, zum Zweck des Kniens vorstehenden Basis.

Diese Kreuz-Säule hat für Baden ein ganz besonderes Interesse, denn sie bezeichnete die östliche Grenze des ehemaligen, 1480 mit der Erhebung Badens zur Stadt festgestellten Burgfriedens von Baden; und im Text zur 1652 in Farben ausgeführten (im Stadtarchiv befindlichen) Plan-skizze des in demselben Jahre kommissionell kontrolierten „Gemainer Statt Baaden Purchfridts gemarch" heißt es darüber: „A. Daß Creuz in der (Eben-) einödt gegen Pfaffstetten, an der Wienerstraßen" — und ferner unter G: „Das Creuz in der obern ainödt, neben der Straßen von Baaden gegen Pfaffstetten, biß an das erste Creuz von A in der ebenainödt, alda sich der Circuitus des Purchfridts zuhamben schließet." — Desgleichen heißt es davon in der (ebenfalls im Stadtarchiv befindlichen) kolorierten Ori-ginal-Ansicht von Baden und Umgebung aus dem Jahre 1670 circa, unter C: „Das erste im Privilegio (der Stadt Baden) einkombende Burgfridt oder Landtgerichtz gemörckh, das Creuz in der ainödt genannt." — Auf diesen beiden interessanten Blättern ist die Säule an der betreffenden Stelle eingezeichnet. (Kein Mensch denkt mehr daran und hat Kunde davon, daß diese Säule einst eine solche Bedeutung hatte und zu Baden gehörte.)

2. Die Passions-Säule in der Albrechtsgasse zu Weilersdorf, von 1584.

Am Haus Nr. 22 in der „Albrechtsgasse" zu Weilersdorf[1]) befindet sich eine gut erhaltene, aus Sandstein gearbeitete Betsäule, die unter einem, von schwerem Steinkreuz überragten Steindach die „schmerzhafte Maria mit der Leiche Christi" in bemalter Darstellung zeigt. Am Gesimse darunter, seitwärts rechts, findet sich eingemeißelt: ANNO 1584. — Die Basis ist von der Erde verdeckt.

3. Die Marter-Säule außerhalb der Vöslauerstraße, von 1600.

An der Südseite des Schafhofes („Schaflerhof") der Baron Dobl-hoff'schen Meierei neben der ehemals der Stadt Baden gehörig gewesenen

<hr>

[1]) Dieser die jetzige „Albrechtsgasse" umfassende Theil der zur Ortsgemeinde Weilers-dorf gehörigen Katastralgemeinde „Dörfl" hieß früher „Boini" und war eine eigene, im XV. Jahrhundert von Reinprecht von Walsee (damals Besitzer von Rauheneck) gegründete und von dem berüchtigten Franz Haag vergrößerte Ortschaft. — (Boini, ursprünglich „peuni", bedeutet: umschlossener Garten.)

Ziegelei, rechts an der Straße nach Vöslau, steht noch heute die steinerne „Martersäule" am einstmaligen Richtplatz des Burgfriedens-Bereiches der Stadt Baden. Sie ist — an der Spitze ein eisernes Kreuz tragend — sehr einfach gearbeitet, ohne allen bildlichen Schmuck, und zeigt an der vorderen Seite des viereckigen Säulenschaftes die noch sehr gut erhaltene eingemeißelte Jahreszahl: 1600. — Die schon erwähnte, im Stadtarchiv befindliche alte kolorierte Ansicht von Baden und Umgebung (beiläufig aus dem Jahre 1670) weist diese Säule in deutlicher Ausführung und zeigt auch daneben das barbarische „Rad" und den brennenden Holzstoß. In der dabei befindlichen kurzen Beschreibung heißt es, unter Y: Der Baadnerische Zieglstadl und Creüz bey welchem die von Baaden Jhre Maleficauten verbrennen, mit dem Schwerdt und Radt hinrichten lassen."

4. Die Passions-Säule in der Feldgasse zu Weilersdorf, von 1614.

In der „Feldgasse" zu Weilersdorf am Haus Nr. 33 — es ist das erste rechts an der Vöslauerstraße — steht (aus der Mitte des Straßeneinganges erst vor einigen Jahren dicht an die Hauswand versetzt) eine ganz hübsch aus Stein gearbeitete Betsäule, welche oben, unter einem gebogenen Metalldach, die „schmerzhafte Maria" mit der Leiche Christi unbemalt zeigt. Darunter, zu beiden Seiten einer Laterne, finden sich die Buchstaben S. B. (Stadt Baden). Noch weiter unten die Jahreszahl 1614. — Auf der wiederholt erwähnten Ansicht von Baden und Umgebung von c. 1760 steht bezüglich dieser Betsäule, unter X: „Das Creütz vor der Allentgassen, der Statt Baaden gehörig."

5. Die Denksäule an der Wienerstraße, von 1651.

Am Eingang der „Flaming-Gasse", von der Wienerstraße aus, befindet sich — mitten in der Straße — die hübsche, der Ausführung nach bedeutendste der hier vorhandenen Betsäulen. Es ist eine jener Denksäulen, wie solche nach Beendigung des 30jährigen Krieges (mit gleichlautender, durch kaiserliches Patent festgesetzter Jnschrifttafel an der Vorderseite) an vielen Orten errichtet worden sind.

Nach der Jnschrift hat diese Badener Denksäule Martin Wiser, „Des Raths Burger", im Jahre 1651 errichten lassen. [1]

Die beiläufig 3 m. hohe, im Ganzen noch gut erhaltene und sorgfältig gearbeitete Denksäule aus feinem hartem Sandstein ist eine „Passionssäule", und zwar eine der besseren aus der Mitte des XVII. Jahrhunderts. Das schlanke, mit glatten Flächen der viereckigen Säule emporsteigende Monument, dessen Sockel durch Straßenerhöhung (in leider dem Total-Eindruck Abbruch thuender Weise) verschüttet ist, trägt einen etwas breiteren, durch vorstehende Gesimse abgegrenzten Kapital-Aufsatz, auf welchem sich — an allen vier Seiten

---

[1] In älteren Badener Dokumenten ist auch manchmal das „Wiser-Kreuz" zur Orientierung bezüglich eines Grundstückes ꝛc. angeführt.

— bildliche Darstellungen in starkem Relief und unterhalb derselben Inschriften befinden. Darüber thront die ziemlich gut gearbeitete plastische Gruppe der „schmerzhaften Maria" mit der Leiche Christi, ganz frei aufgestellt und nur von einem zierlich geschwungenen, von vier Eisenstäben getragenen Blechbogen überdacht, welcher gegenwärtig roth angestrichen ist.

An der vorderen, gegen Süd — nach der Wienerstraße zu — gewendeten Seite des Kapitäls zeigt sich in kleinen Figuren die in Hoch-Relief gearbeitete Darstellung des g e k r e u z i g t e n H e i l a n d s, zur Linken steht M a r i a, zur Rechten J o h a n n e s. Darunter steht in Arabesken-Einfassung die Inschrift:

LOB PREIS VND DANCKH
DEM FRIEDENSGOTT
DER VNS HAT GEFIHRT
AVS DER KHRIEGSNOTH.

An der gegen Ost gerichteten Seite befindet sich die in Komposition und Ausführung sehr gute Darstellung: C h r i s t u s, m i t d e m K r e u z e f a l l e n d, begleitet von drei Männern in mittelalterlichem Gewande, deren Einer den Kreuzigungs-Hammer erhebt. Darunter steht, ebenfalls in Arabesken-Einfassung:

GOTT DEM ALMECH
. TIGEN VND VNSER
LIEBEN FRAVEN ZV
EHREN HAT MARTIN

An der gegen N o r d gerichteten Seite befindet sich die außerordentlich lebendige und in der technischen Ausführung geradezu meisterhafte Darstellung der G e i ß l u n g C h r i s t i. Durch die barbarischen Steinwürfe, welchen besonders d i e s e Seite ausgesetzt war, ist zum Glück nur ein Arm des Einen der Geißelnden (deren interessantes Kostüm die sorgfältigste Durchführung zeigt) erheblich beschädigt, während leider der größte Theil, der — ebenso wie an der anderen Seite — unterhalb der Darstellung angebrachten Inschrift durch die Verletzungen verschwunden ist, und von welcher nur noch Folgendes lesbar erscheint:

WISER DES RATHS BVR
GER IN DER BA(DNER STATT [?])
. . . .
. . . .

An der gegen W e s t gelehrten Seite zeigt sich die augenscheinlich von minder geschickter Hand (von welcher wahrscheinlich auch das Relief der Vorderseite herrührt) etwas roher ausgeführte Darstellung: C h r i s t u s a u f d e m Oelberg. Darunter steht — in ebensolcher Einfassung, wie auf den anderen Seiten — der vollständig erhaltene Schluß der Inschrift:

STATVAM HIERHERO
VERLOBT MACHEN VND
AVFRICHTEN LASSEN IM
16 JAHR 61.

———————

Die Badener Pfarrer seit dem XIII. Jahrhundert. [1]

1. — 1220. „Ulricus Sacerdos de Paden." (Vgl. S. 61 d. Bl.). Erscheint als Zeuge in einer Urkunde, gegeben im Jahre 1220 zu Gumpolds-kirchen „per manus Waltheri, plebani de Gumpoldeskirchen tunc Notarii." (Ph. Hueber „Austria" etc. p. 15. — Kirchl. Topogr. IV, 82). In dieser Urkunde erklärt Herzog Heinrich von Medling (Mödling) „Heinricus de Medilikko", daß er der Pfarre Traiskirchen („Draeskirchen") einige Zehente (Weinzehente im Gebirge „juxta Salchenawe" [Salenau]) zurückstelle, nachdem er erkannt hat, daß weder er noch der Passauer Bischof darauf ein Recht habe.

(Obiger Ulrich ist aber wol nicht Pfarrer (plebanus) gewesen, denn unter den Zeugen gehen ihm sieben voran, die alle als: „plebanus de .." erscheinen; dann folgen: Ulricus Sacerdos de Paden, Herbordus Sacerdos de Leubatsdorf (Leobersdorf), Gotfriedus Sacerdos de Salichenowe (Salenau). Die drei Kirchen von Baden, Leobersdorf und Solenau waren damals Filialen von Traiskirchen, und deßhalb wahrscheinlich wird Ulrich nicht plebanus, sondern „Sacerdos" (Priester) genannt.) [2]

2. — 1258. Anonymus. Pfarrer in Baden. — Unter den Zeugen einer Urkunde: Draskirchen II Idus Julii 1258, welche Abt Ortolf von Möll über einige Zehente ausstellt, die Otto de Prunn von Möll zu Lehen besaß, erscheint als einer der Zeugen: „Plebanus de Paden." Hier erscheint also bereits der Titel „plebanus". — (Ph. Hueber, p. 24. — „Kirchl. Topogr." IV, 82.)

3. — 1294 c. Anonymus. Pfarrer in Baden. — In Dr. Benedikt Gsell's „Gültenbuch des Cistercienser-Stiftes Heiligenkreuz aus dem Ende des XIII. Jahrhunderts," (Wien 1866) ist S. 131 im Verzeichnisse der „Servitia" angeführt: „Item Petri ad vincula LX den. de plebano de paden". (Der Name des Pfarrers ist, wie bei dem vorigen, nicht genannt.)

4. — 1297. Bernhard (?) — Die „Kirchl. Topogr.", IV. S. 82, (und schon vor derselben Schenkl's „Taschenbuch" ꝛc. 1805, S. 22 und 37) führt einen Pfarrer von Baden, Namens Bernhard an, welcher 1297 die Schenkung der Frauenkirche zu Baden an die Augustiner daselbst bestätigt haben soll. Es ist dieß aber jedenfalls ein Irrthum, der

---

[1] Den folgenden, für die Geschichte der Pfarre Baden wichtigen Nachweisungen über mehr als 50 der bis jetzt konstatierten Pfarrer derselben, liegen zum größten Theile die Forschungen und handschriftlichen Aufzeichnungen des hochverehrten Abtes des Schotten-stiftes zu Wien und Landmarschalls von Niederösterreich, Othmar Helferstorfer, zu Grunde, welcher hochgestellte Sohn Baden's — auf dessen hervorragende Eigenschaften und Verdienste seine Vaterstadt in aller Zeit stolz sein wird — das Manuskript in liebens-würdiger Freundlichkeit für diese Blätter zur Verfügung stellte.

[2] Durch die seit 1113 dem unter dem Bisthum Passau gestandenen Stifte Möll gehörige Pfarre Traiskirchen übte das Stift seit jeher (bis 1693) das Patronat über die als Filiale von Traiskirchen bestandene Pfarre Baden aus, deren Alter nicht bestimmt nachgewiesen werden kann, und von der nur gewiß ist, daß schon zu Ende des XII. Jahrhunderts auf dem Platze der Pfarrkirche eine Kapelle oder Kirche gestanden hat, bei welcher ein eigener Priester angestellt war.

augenscheinlich durch Verwechslung mit dem Passauer Bischof **Bernard** (Wernhard) entstanden ist. In einer Urkunde: Patavium 1297 in die beati Sixti Papae et Martyris (6. August) bestätigt **Bernhard**, Bischof von Passau, mit Zustimmung seines Kapitels obige Schenkung und vereinigt die **Badener Frauenkirche** — wenn der gegenwärtige Rektor derselben wegkommt oder stirbt — für ewige Zeiten mit allen Rechten und Einkünften dem **Badener Augustinerkloster**, nur mit Vorbehalt seiner bischöflichen Jurisdiktion und der kanonisch obliegenden Lasten und Leistungen. Diese bischöfliche Urkunde hat gar keine Zeugen und nur zwei Siegel, das des Bischofs und jenes des Kapitels.

(Im **Badener Stadtarchiv** befindet sich — unter den Urkunden des ehemaligen **Augustiner-Klosters zu Baden** — eine Original-Ausfertigung der Bestätigung jener Schenkung der **Frauenkirche** an die Augustiner durch **Bischof** „**Wernhard**" (Bernhard) von Passau, vom Jahre 1297, jedoch erst ausgefertigt am 23. Jänner 1308. Die Urkunde hat nur Laien als Zeugen. Die zwei anhangenden [fragmentierten] Siegel sind die des Bischofs von Passau und des Wiener Schotten-Abtes Wilhelm. — Vgl. Leber, a. a. O., S. 148, Nr. 4.)

Chronik der Gegenwart.

Die Zeitungs-Reklamen für Baden.

Seit einigen Jahren wurde es von der **Badener Kurkommission** zur Gepflogenheit gemacht, für die **Ankündigung des Kurorts** in den Zeitungen eine **beträchtlichere** Summe zu verwenden. Während man früher von dem Gesichtspunkte ausgieng, daß es genüge, wenn jährlich **ein paar hundert Gulden** für diesen Zweck verwendet würden, beschloß man nun auch wieder in der Kurkommissions-Sitzung vom 6. März d. J., für heuer die Summe von **gegen 900 fl.** dafür zu bestimmen.

Die Frage, was das **Richtige** ist, kann hauptsächlich nur aus dem Grunde aufgeworfen werden, weil man — besonders nach dem jetzigen Stand des Kurfonds, der seit mehreren Jahren wieder als bedeutend passiv erscheint — angewiesen ist, zu **sparen**. Sonst könnte man vielleicht, wie bei vielen Dingen, getrost sagen: nützt es nichts, so schadet es wenigstens nicht! Da man nun aber angewiesen ist, zu **sparen**, so lohnt es sich schon der Mühe, in aller Unbefangenheit zu untersuchen, ob eine solche größere Ausgabe für diesen Zweck auch wirklich entsprechend **fruchtbringend** sich erweist.

Welchen Zweck hat eine Reklame überhaupt?

Erstens: Unbekanntes bekannt zu machen.

Zweitens: Bekanntes in Erinnerung zu bringen.

Drittens — (es muß dieser mit der Sache unzertrennlich verbundene, von der **anderen** Seite verfolgte Zweck schon auch angeführt werden) —:

die Taschen der Inseraten-Vermittler und der Zeitungs-Besitzer anzufüllen, — was in vielen Fällen sogar auch das Hauptresultat ist.

Was den ersten Punkt betrifft, so ist da wol kein Wort mehr zu verlieren, — der Kurort Baden ist „seit Römerzeiten" bekannt, und zwar — gleich seinen Namens-Kollegen in Deutschland und in der Schweiz — aller Welt.

Hinsichtlich des zweiten Punktes ist ein mäßiges Inserieren in einigen der verbreitetsten Blätter — um jährlich ein Lebenszeichen zu geben und von etwa vorgekommenen neuen Einführungen Kunde zu verbreiten — ganz angezeigt. Eine weiter gehende Absicht: durch Massenwirkung von sich reden zu machen u. dgl., müßte unzweifelhaft mit viel bedeutenderen und mit so großen Mitteln in's Werk gesetzt werden, wie solche hier in Baden gewiß niemals zur Verfügung stehen dürften.

Und bezüglich des dritten Punktes ist es wol evident, daß kein Fond — auch nicht ein ganz aktiver — dazu da ist, größere Summen in den „Rachen des Annoncen-Ungeheuers" zu werfen und in unfruchtbarer Weise die Taschen Anderer zu füllen, so sehr dies auch mit aller Anstrengung, die Sache plausibel zu machen, erstrebt werden mag.

Es bleibt noch der mit dem dritten Punkt verbundene Zweck übrig, den Inseraten-Erpressern [1]) das „Maul zu stopfen." Bekanntlich giebt es nämlich — und es sind direkte Beweise dafür vorhanden — Blätter, die zum Inserieren auffordern, unter der Zusage lobender Besprechung. Erfolgt nun keine Bestellung der Insertion oder keine verlangte mehrfache Wiederholung derselben, so wird geschimpft, „was Zeug hält", geschimpft über Dasselbe, was man für den Fall der Insertion zu loben versprach. — In früheren Jahren hat man geglaubt —: sie sollen schimpfen, wie sie wollen; derlei Blätter werden ohnedem nicht hinreichend gelesen, um wirklich schaden zu können. In den letzteren Jahren hat man aber gemeint, es sei nöthig, diese Schimpfereien zum Schweigen zu bringen, und man hat — inseriert. Allerdings hat man dafür das versprochene Lob eingeheimst, was natürlich immer angenehmer klingt, als Tadel; aber das Lob (manchmal verlautet auch lächerlichste Lobhudelei) wurde — außer von einigen der Inserenten — ebensowenig gelesen, als früher der Tadel gelesen worden ist.

Auch hat man sich blindlings durch den Umstand verleiten lassen, daß dieses weitgreifende Inserieren ja von allen großen Bade-Orten geschieht. Man hat jedoch dabei ganz übersehen, daß dieß insbesonders nur von jenen Kurplätzen geschah, wo Spielbanken waren, welche eben die Verpflichtung hatten, jährlich große Summen für Inserate zu verwenden. Nach Aufhebung dieser „Pracht-Spelunken des Mammons und des Elends" hörte auch, wie begreiflich, das großartige, Andere zu Unnöthigem verführende Anzeigen dieser Kurorte in dem früheren immensen Umfange auf.

Um dieses Inserieren auch hier in größerem Maßstabe betreiben zu können, hat man es in den letzteren Jahren einmal sogar unternommen, die

---

[1]) Vgl. „Badener Bote" 1872, Nr. 21: „Die Inseraten-Pression."

— ohnedem durch Steuern, Zinskreuzer und Umlagen u. s. w. über die Möglichkeit in Anspruch genommene Bürgerschaft noch extra animierend in's Mitleiden zu ziehen und von derselben Beiträge zur Anzeige des Kurorts einzusammeln, unter der jedenfalls gutgemeinten Angabe, daß es ja im Interesse derselben gelegen sei, dadurch mehr Gäste nach Baden zu ziehen.

Aber — ohne Illusion betrachtet —, wer nimmt, wenn er in ein „Bad" gehen will oder muß, eine Zeitung in die Hand und sucht das Bad, welches ihm Erquickung oder Heilung bringen soll? Das geschieht vielleicht, wenn Jemand einen Diener braucht, oder irgend etwas sucht, was er sonst nicht zu finden weiß; aber bei einem Badeorte, besonders bei einem so specifischen Bade, wie es die Schwefelthermen unseres niederösterreichischen Baden sind — (und im Wortlaut der jetzigen Annoncen Baden's erscheinen auch gar nicht einmal die betreffenden Krankheiten angegeben) — entscheidet unbedingt und sicher in den allermeisten Fällen — der Arzt.

Damit ist auch der Hauptpunkt ausgesprochen, um den es sich handelt, und nach welchem das Auge und die Thätigkeit der Kurkommission fortgesetzt gerichtet sein soll. An die einflußreichsten Aerzte der großen und kleineren Städte aller Länder soll man sich in entsprechender Form und Weise — wie man schon einmal begonnen hat — jährlich wenden, und wenn es auch nur in entsprechender gedruckter Brief-Form geschieht. Das hat nach aller Wahrscheinlichkeit einen Erfolg und geht nicht gleich in die vielen Hunderte. Zwar wird auch der Arzt, von vornherein schon, Baden hinreichend kennen, aber es dürfte sicher nützlich sein, von Zeit zu Zeit nach dieser maßgebenden Seite hin Mittheilung über die fortschreitenden Zustände des Kurorts gelangen zu lassen, und dies zwar — neben mäßigem Inserieren in einigen Blättern — durchaus ohne alle Reklamenhaftigkeit, sondern in einfacher, die Thatsachen kundgebender Art.

Denn hier gilt — und dies sei zum Schluß dieser, nur das Interesse der Sache in's Auge fassenden Auslassung (trotz der Landläufigkeit des Ausspruches) citiert — hier gilt der Satz im vollsten Umfange: „Schreien hilft nichts, nur Thatsachen (d. h. lobenswerthe) beweisen!"

Badener Tages-Chronik.
April 1880.

Am 1. Beendigung der am 30. März begonnenen Rekrutierung für Baden, wobei 13 Assentierungen und 2 Befreiungen vorgenommen wurden.

Am 5. Die „Badener Sparkasse" beginnt die Bewilligung neuer Darlehen mit 5½% Verzinsung, rückzahlbar in 15 Jahren in 30 halbjährigen Pauschalraten oder in 30 Jahren in 60 solchen.

Am 11. Letzter Geselligkeits-Abend der Winter-Saison im Gasthause bei „St. Anna", wo sich an Sonntagen seit einigen Wochen eine

Gesellschaft von beiläufig 50 Personen zu recht erfreulichen (durch Dilettanten besorgten) musikalischen und deklamatorischen Produktionen vergnügt zusammengefunden hatte.

Am 13. Arger Tumult vor dem Verkaufs-Gewölbe des israelitischen Handelsmannes Weinmann in der Antonsgasse Nr. 26, dessen Kommis Abends eine Schaar vor dem Hause auf einem Erdhaufen (von den Wasserleitungs-Bauten) lärmender Jungen mit einem Riemen davongejagt und einen derselben derb über den Kopf gehaut hatte. Ein älterer Bruder des weinend heimgelaufenen Hauer-Jungen stürzte aus der Nachbarschaft, unbesonnen eine „Haue" schwingend, auf das Gewölb zu, wo ihn zum Glück sein nachgeeiltes Weib zurückriß und wo ihn zwei Arbeiter an den Händen faßten und von Thätlichkeiten abhielten. Eine größere Menschenmenge hatte sich indessen drohend angesammelt, so daß die Läden des Verkaufs-Gewölbes geschlossen werden mußten. Darauf drang — während große Steine gegen das Gewölbe flogen — ganz eigenmächtig und ungerechtfertigt ein hiesiger Gewerbsmann, gefolgt von einer Anzahl aus der Volksmenge, in's Haus und zerrte — unter dem Rufe der Menge: „Heraus mit dem Juden!" — den Kommis auf die Straße, um ihn auf die Polizei-Wachstube zu führen. Mit Gejohle wollten die Tumultanten eben nachstürzen, als Einige der Stadtwache-Mannschaft eintrafen, deren Einer — indeß die Anderen den Kommis in Empfang nahmen —, durch zweckmäßig entschiedenes Auftreten die nachdrängende Menge möglichst zurückzuhalten suchte. Der Zug bis in's Rathhaus machte nicht geringes Aufsehen und lang standen noch überall Gruppen, das Ereigniß besprechend. Die Untersuchung wird nun, nach umsichtiger Erhebung, alle schuldigen Theile bereits der verdienten Bestrafung zugeführt haben.

Am 15. Versammlung im städtischen Redoutensaale zur Gründung eines „Vereines gegen Verarmung und Bettelei" für Baden und Weikersdorf, zur gänzlichen Beseitigung des Haus- und Straßen-Bettels. Wahl eines Aktions-Comité's.

Am 22. Sitzung des Bezirksschulrathes im Rathhaus-Saale.

Am 25. Konstituirende General-Versammlung des Gärtner Unterstützungs-Vereins".

Am 30. Gemeindeausschuß-Sitzung. Haupt-Verhandlungs-gegenstände: Wasserleitungs-Angelegenheit. Es wird beschlossen, im Stadtpark einen Marmor-Brunnen zu errichten, welcher zum Andenken an den Wohlthäter Baden's, Anton Ritter von Straßern, den Namen „Straßern-Brunnen" erhalten soll. (Es kann dieser Brunnen — wenn richtig ausgeführt — nebst der Zweckmäßigkeit, gewiß eine wirkliche Verschönerung des Parkes werden). — Schulangelegenheit. Es wird der Beschluß gefaßt, eine Umwandlung des hiesigen Realgymnasiums durch Erweiterung desselben anzustreben. (Ursprünglich soll von der, eine — allerdings wünschenswerthe — Knaben-Bürgerschule für Baden anstrebenden Seite der horrende Antrag auf gänzliche Auflassung des Realgymnasiums beabsichtigt gewesen sein, welcher sich aber zuletzt in den Doppelantrag umwandelte: eine Erweiterung sowol des Realgymnasiums als der bestehenden sechsklassigen Knaben-Volksschule anzustreben. Der letztere Theil des Antrages ist jedoch — hoffentlich nur in der Voraussetzung der Unwahrscheinlichkeit der Erwirkung — in der Minorität geblieben. Aber auch die jedenfalls sehr wünschenswerthe Erweiterung der Mittelschule Baden's dürfte vorläufig leider schwer zu erwirken sein.) — Stadtjubiläums-Angelegenheit. Es wird mit großer Majorität beschlossen, die Anträge des betreffenden Comité's (siehe S. 56) — deren hauptsächlicher, mit Vermeidung aller bedeutenden und überflüssigen Auslagen, dahin gieng, daß zum bleibenden Gedächtniß an den vierhundertjährigen Jubiläumstag am 6. Juli d. J. eine Denkmünze geprägt werde, — abzulehnen! (Diese Unterlassungssünde des „kleinen Geschlechts", welches der — in stadtgeschichtlicher Beziehung — immerhin „große Moment" traf, wird in den Annalen Baden's für alle Zeiten verzeichnet bleiben.) — [1]

(Das Stadtarchiv und das städtische Museum) erhielten seit dem letzten Gabenausweise (S. 39) die nachfolgend verzeichneten Gegenstände:

Von Hrn. Franz Höffer: Ein Bäcker-Innungsbuch aus dem vorigen Jahrhundert. — Einen Jäger-Freibrief vom Jahre 1779. — Eine Anzahl älterer Zeitungs- und Flugblätter.

Von Hrn. Hofrath Ladislaus von Markovics: Die getreue Nachbildung (in Marmor) des in der Kathedral-Kirche zu Perugia in Italien aufbewahrten sogenannten „Trauungs-Ringes der heil. Jungfrau Maria", nebst authentischer Beglaubigung der Echtheit dieser „durch Berührung mit dem Original geweihten" Nachbildung, vom 30. Juli 1777.

Von Hrn. Stadtparkgärtner Schaffhausen: Die kleinere silberne Preismedaille des „Badener Gartenbau-Vereines", vom Jahre 1875.

Von Hrn. Johann Schiestl: Eine beträchtliche Anzahl von älteren, theilweise auf Baden bezüglichen interessanten kleineren Drucksachen — darunter Kalender, Parte- und Theater-Zettel, Gratulations-Karten, nebst einigen Kupferstichen und Lithographien; ferner mehrere alte Färber-Druckmodeln, eine alte zinnerne Kanne und ein altes Feuerzeug.

Von Hrn. Tischlermeister Stauber: Vier Privat-Dokumente aus Nachod (1730), Znaim (1759), Wien (1767) und Csorna (1774).

---

[1] Durch diesen letzteren unerhörten Ablehnungs-Beschluß — welcher gewiß in einer viel geringeren Gemeinde, als es Baden ist, unmöglich gewesen wäre — hat die Majorität der jetzigen Gemeinde-Vertretung unzweifelhaft die Stadt Baden mit einem bleibenden Makel behaftet. — Es hat ein trauriges Interesse, die darüber verlautenden Stimmen zu sammeln. Die Ruhigen äußern über diese Majorität mitleidig lächelnd: „Du gleichst dem Geist, den du begreifst!" Es giebt aber auch Solche, die geradezu sagen: Diese Majorität hat sich an den Pranger der öffentlichen Verurtheilung gestellt! Andere meinen —: Freilich! wenn man Unsummen auf unnöthige Dinge verwendet, da bleiben allerdings — bei einem so außerordentlichen Anlasse — seine zwei — dreihundert Gulden für Etwas von höherer geistiger Bedeutung, was bleibende Erhebung und Ehre bringt, übrig! — Thatsache ist es, daß es — bei aller Achtung vor der Ehrenhaftigkeit der betreffenden Personen — immer schwerer wird, Jenen nicht beizustimmen, die offen aussprechen, daß es in Baden an einem durch seine Rücksichten beeinflußten energischen Mittelpunkte fehlt, der das Richtige entschieden zu erfassen und kräftig zu vertreten und durchzusetzen im Stande wäre.

Von Hrn. Hausbesitzer **Swoboda** in **Baden: Zwei Original-Urkunden.** 1. Verkaufsbrief des **Johannes Jurai,** der Societät Jesu Priester und des kaif. Ferdinandeums zu Graz Superior. „Grätz, 1. Juni 1643." (Auf Pergament geschrieben, mit dem Siegel des Ferdinandeums in rothem Wachs und Holzkapsel.) — 2. **Bestätigung der Rechnungen des Wiener-Neustädter „Salniter Großanten" Jakob Schwölhammer durch Kaiserin Maria Theresia. Wien, 23. Juli 1742.** (Mit der eigenhändigen Unterschrift der Kaiserin.)

Von Hrn. Prof. Dr. **Anton Béghy:** Einen „Isabellen"-Kanarienvogel.

Von Hrn. Steuereinnehmer **Ludwig Trey: Zwei kleine Silbermünzen und zwei ungiltige Werthpapiere.**

(**Das Stadtpark - Gitter**) hat jetzt, nach der Vollendung seiner Aufstellung, noch viel mehr Gegner als früher, — während sich freilich die Vertreter dieses unverantwortlichen „Verschönerungs-Excesses" mit der kühn erfundenen, in gewisser Beziehung höchst komisch wirkenden Phrase trösten, daß nur Wenige, die überhaupt jede Neuerung perhorrescieren, Gegner desselben seien. Den Zuwachs zu der ohnedem so großen Gegnerschaft bilden Diejenigen, die mit ihrem Urtheil bis nach der Aufstellung des Gitters warten wollten. Die Mehrzahl derselben ist aber nun — so hübsch das Gitter an und für sich aussieht — entsetzt über eine Reihe der gröbsten dabei gemachten Fehler. Es seien hier nur ein paar derselben erwähnt; es sei auch nicht die massig-schwere, viele genierende Linie des Steinunterbaues hervorgehoben, (dessen Konstruktion wol nicht leicht anders sein kann); aber tadelnswerth bleibt ohne Zweifel der Umstand, daß lauter mächtige Eingangsthore und keine einzige kleinere Gitterthür angebracht ist. Ein Hauptfehler ist aber auch der unerklärliche Mißgriff, daß man das **Seitenthor rechts** nicht — wie es doch in jeder Hinsicht geboten war — im Mittelpunkt der Verlängerung der „Theatergasse" anbrachte. Erstens wäre das die natürliche Einfahrtsrichtung gewesen, und zweitens wäre dadurch die wirklich entsetzliche Linie unterbrochen worden, die man nun — von der Pfarrgasse kommend — erblickt. Die ankommenden Fremden, die schon früher in Baden waren, sind fast ausnahmslos alteriert über diese arge Alteration der schönen freien Anlage von ehemals. Diejenigen allerdings, die zum ersten Male nach Baden kommen, haben natürlich kein ähnliches Gefühl; aber es soll doch schon letzthin von solcher Seite gefragt worden sein, ob hier ein „Bärenzwinger" sei.

(**Badener Rückschritte?**) So gewissenhaft und freudig diese „Beiträge" immer bestrebt sein werden, in der „Chronik der Gegenwart" Alles zu registrieren, was Erfreuliches in der Gemeinde öffentlich zu Tage tritt, so unbeirrt von Allem wird in diesen Blättern möglichst auch alles das verzeichnet werden, was unzweifelhaft tadelnswerth erscheint, wobei schon viel gewonnen ist, wenn eine das allgemeine Interesse berührende Angelegenheit überhaupt der Diskussion zugeführt wird. — In den letzteren Jahren genoß **Baden** endlich die schon (S. 33) erwähnte Wohlthat, daß Kuh- und Schweinetrieb aufgehoben waren. Während des Monats April tauchten beide Mißstände wieder ganz „gemüthlich" auf. Trotz Verbot und Wachmannschaft konnte man um die Mittagsstunde an gewissen Punkten der Stadt — wie in einem Dorf — wieder den „Halter" blasen hören und Kühe wandeln sehen, sowie von Früh bis Abends Schweineherden getrieben wurden, als ob es wieder geduldet wäre. Ja, einmal geschah es sogar, daß dem blasenden „Halter" die Schweine durch die Beine liefen! Hoffentlich ist jetzt Beides wieder abgestellt.

Badener Theater-Chronik.
April 1880.
Unterbrechung der regelmäßigen Vorstellungen zwischen Winter- und Sommer-Saison.

Sonntag den 4. Außergewöhnliche Vorstellung zum Vortheile des Orchester-Personales, unter gefälliger Mitwirkung der Badener Dilettanten. — Ouverture zu „Prometheus" von L. van Beethoven. — Der Nachtwächter. Posse in Versen von Theodor Körner. — Phantasie aus der Oper „Tannhäuser" von Richard Wagner, für Pianoforte transscribiert von Ollivier, vorgetragen von Leopold Spitzer. — Liebeszauber, oder Pächterin und Barbier. Operette in 1 Akt. Frei nach dem Französischen. Musik von Adolph Müller.

     Mit Beifall aufgenommene Wiederholung der schon im „Sauerhof" am 19. Januar d. J. (Vgl. S. 13) angeführten Stücke, bei ausverkauftem Haus. — Neu war die virtuose Klavier-Produktion des Hrn. Spitzer jun.

Donnerstag den 22. Professor B. Hafert's populär-wissenschaftliche Vorträge mit Darstellungen durch das stärkste Hydro-Oxygen-Mikroskop, in drei Abtheilungen.

     Sehr schätzenswerthe Erweiterung des naturwissenschaftlichen Gesichtskreises für das größere Publikum, welches sich aber spärlich einfand.

Sonntag den 25. Gastvorstellung der amerikanischen Pantomimen-Gesellschaft Paul Martinetti's vom Kryftallpalast-Theater in London. „Des Magiers Zauberflöte." Komische Pantomime in 1 Akt von P. Martinetti. — Vorher: Sennora Pepita, mein Name ist Meier! Schwank mit Gesang in 1 Aufzug von K. Hahn.

Montag den 26. Letzte Gastvorstellung der amerikanischen Pantomimen-Gesellschaft Paul Martinetti's vom Kryftallpalast-Theater in London. Zum ersten Male: Mongo, der Affe von Brasilien. Tragi-komische Pantomime in 1 Akt von P. Martinetti. — Vorher: Frühere Verhältnisse. Posse mit Gesang in 1 Akt von Joh. Nestroy. — Anfangs: Leiden eines Choristen. Solo-Scene mit Gesang von C. Treumann, vorgetragen von A. Schreiber.

Badener Familien-Chronik.

Familien-Nachrichten vom April 1880.

Geburten.[1]

In der Pfarre Baden wurden im April 1880 geboren:

Am 1. Dem Hausbesitzer Georg Hleß, Voldringgasse 6, eine Tochter Helene. — Dem Fleischhauermeister Karl Frischenschlager, Annagasse 13, ein Sohn Gustav. — Am 4. Dem Hauer Johann Roththaler, Eichwaldgasse 118, eine Tochter, Aloisia. — Dem Großhandlungs-Prokuristen Julius Stanovich, Neugasse 41, ein Sohn Emil. — Am 6. Dem Maurer Anton Mayer, Franzensstraße 35, eine Tochter Anna. — Am 7. Dem Maurer Franz Rosawitz, Gärtnergasse 20, ein Sohn Franz. — Am 8. Dem Schuhmachermeister Anton Kerschavan, Waltersdorferstraße 47, eine Tochter Johanna. — Dem Baumeister Joseph Schmidt, Feldgasse 11, eine Tochter Elisabeth. — Am 12. Dem Hauer Ferdinand Haberl, Wimmergasse 15, eine Tochter Karolina. — Am 13. Dem Friseur Franz Wostry, Neugasse 61, ein Sohn Rudolph. — Am 17. Dem Hauer Joseph Etlinger, Braitnerstraße 60, eine Tochter Anna. — Am 18. Dem Hauer Johann Blam, Gärtnergasse 6, ein Sohn Johann. — Am 19. Dem Schuhmacher Ludwig Hübel, Palffygasse 33, eine Tochter Gisela. — Am 21. Dem Zimmermann Karl Lienert, Wilhelmstraße 227, ein Sohn Anton. — Am 22. Dem Hufschmied Joseph Kutula, Bergstraße 22, ein Sohn Johann. — Am 25. Dem Fleischhauermeister Joseph Aichhorn, Wörthgasse 4, ein Sohn Adolph. — Am 26. Dem Ziegeldecker Johann Loboch, Waltersdorferstraße 167, ein Sohn Johann. — Am 27. Dem k. k. Oberst Gottfried Eugen von Träger, Schießstattgasse 3, ein Sohn Karl. — Am 29. Dem Holzhauer Michael Deutsch, Flamminggasse 181, ein Sohn Ludwig. — Am 30. Dem Schneider Joseph Pomola, Neustiftgasse 19, eine Tochter Barbara.

Außerdem 3 uneheliche Kinder.

In der Badener „Israelitischen Kultusgemeinde" wurde am 13. April 1880 dem Tröbler Samuel Glaser ein Sohn Julius geboren.

Trauungen.

Am 5. Hauer Karl Kracher, Palffygasse 7, mit Leopoldine Zöchling, Kleinhäuslerstochter aus Leobersdorf. — Am 12. Bäckergeselle Julius Klampfer, Gutenbrunner-Schloßgasse 4, mit Greislerin Barbara Trinka aus Guntramsdorf. — Am 19. Hauer Johann Mayer, Franzensstraße 15, mit Dienstmagd Anna Flammer aus Gainfahrn. — Zimmerpolier Franz Klar, Böslauerstraße 61, mit Dienstmagd Theresia Moser aus Than am Steinfeld. — Hausbesorger Gottfried Krug, Neugasse 4, mit Dienstmagd Elisabeth Guth aus Bruck an der Leitha. — Am 26. Lakierer und Anstreicher Gabriel Schweigel in Wien, mit Kammerjungfer Anna Heidenreich in Baden, aus Mährisch-Neustadt. — Am 27. Beamter Adolf Daßlacofsky in Wien, mit Landwirtscherstochter Josepha Rosensteiner in Baden. — Hauer Joseph Ernsthaler, Wienerstraße 17, mit Hauerstochter Katharina Blam in Rohr.

---

[1] Vom Monat März 1880 sind nachzutragen: Am 9. Dem Eisendreher Joseph Wegrostek, Wilhelmstraße 637, ein Sohn Joseph. — Am 26. Dem Steinmetz Franz Pauser, Bahngasse 2, ein Sohn Julius. — Am 28. Dem Schlosser Friedrich Kilnhofer, Rohr 14, ein Sohn Julius. — Dem Maurer Karl Roththaler, Gärtnergasse 20, ein Sohn Karl. — Dem Hauer Leopold Kernbichler, Mühlgasse 34, eine Tochter Leopoldine. — Am 30. Dem Reservemann Eduard Brödel, Sadgasse 8, eine Tochter Emma. — Dem Fiaker Hyacinth Frybrych, Wörthgasse 203, eine Tochter Anna. — Außerdem ein uneheliches Kind.

Todesfälle.

In der Pfarre Baden sind im April 1880 gestorben:

Am 1. Hausbesitzerin Witwe Magdalena Habres, Spiegelgasse 1, 62 J., Schlagfluß.[1]) — Der Katharina Dietrich Bergstraße 22, ein Sohn Alois, 2¹⁄₂ J., Auszehrung. — Am 2. Dem Zimmermann Bernhard Schauer, Waltersdorferstraße 26, ein Mädchen Anna, 15. M., Lungenoedem. — Dem Tischler Philipp Benvegnu, Bergstraße 10, eine Tochter Emilie, 5 M., Fraisen. — Witwe Anna Deinhard, Braitnerstraße 45, 90 J., Lungentuberkulose. — Steinmetz-Gattin Franciska Teubl, Böslauerstraße 41, 29 J., Lungentuberkulose. — Am 4. Hauer Michael Fasching, Marienspital, 54 J., Tuberkulose. — Am 6. Tischlerlehrling Eduard Ratschel, Wienergasse 14, 16 J., Lungentuberkulose. — Am 9. Kaufmannswitwe Anna Mladen, Sauerhof 11, 70 J., Marasmus. — Am 10. Uhrmachers-Gattin Theresia Holub, Neugasse 27, 37 J., Lungensucht. — Dem Zimmermann Karl Klar, Böslauerstraße 49, ein Sohn Karl, 14 M., Fraisen. — Am 11. Dem Maurer Johann Lindner, am Mitterberg, eine Tochter Katharina, 3 J., Lungenentzündung. — Greislerin Theresia Sperber, Renngasse 7, 45 J., Lungenentzündung. — Dampfschifffahrtsgesellschafts-Spediteur Viktor Schwarz, Hauptplatz 2, 40 J., Brand. — Dem Drechslermeister Karl Kandler jun., Rathhausg. 3, ein Sohn Joseph, 5¹⁄₂ J., Tuberkulose. — Am 12. Dem Gärtner Franz Kropf, Leopoldshof 2, eine Tochter Aloisia, 1 J. 10 M., Zehrfieber. — Fabriksschlosser Mathias Bruckner, Grabengasse 21, 40 J., Lungentuberkulose. — Der Telegraphistin Maria Klaue, Böslauerstraße 4, eine Tochter Julie, 2 J., häutige Bräune. — Am 13. Dem Fabriks-Spediteur Johann Hain, Leesdorfer Hauptstraße 38, ein Sohn Rudolph, 5¹⁄₂ J., Gehirnlähmung. — Am 14. Private Anna Ugrinowich, geb. Lutter, Marienspital, 86 J., Altersschwäche. — Am 15. Dem Taglöhner Franz Werlotz, Neustiftgasse 18, ein Sohn Eduard, 2 M., Fraisen. — Taglöhner Sebastian Milan, Annagasse 8, 63 J., Lungentuberkulose. — Am 17. Dem Ziegelarbeiter Joseph Jindrich, Tobihoff'sche Ziegelei, ein Sohn Karl, 14 M., Lungenentzündung. — Dem Taglöhner Franz Reisinger, Waltersdorferstraße 2 (Rothspital), eine Tochter Johanna, 11 J., Blattern. — Der Taglöhnerin Theresia Feichtinger, Böslauerstraße 54, ein Sohn Karl, 18 Tage, Lebensschwäche. — Findelkind Rudolph Kopp, Waltersdorferstraße 85, 6 W., Auszehrung. — Am 18. Der Hausbesorgers-Gattin Anna Scheda, Wörthgasse 6, ein todtgeborner Knabe. — Fellhauersfohn Ernest Kinsa, Wienerstraße 45, 17 J., Lungensucht. — Am 19. Der Todtengräberstochter Maria Neubauer, Gärtnergasse 8, eine Tochter Barbara, 5 M., Lebensschwäche. — Am 20. Dem Weichselgarten-Arbeiter Johann Roththaler, Eichwald. 118, eine Tochter Katharina, 8 J., Blattern. — Am 21. Dem Sollicitator Paul Beck, Antonsgasse 11, ein Sohn Johann, 9 J., Blutzersetzung. — Der Dienstmagd Leopoldine Hegerl, Augasse 11, eine Tochter Karoline, 4 M., Darmkatarrh. — Dem Taglöhner Joseph Kasch, Augasse 2, ein Sohn Mathias, 6 W., Lungenentzündung. — Am 22. Dem Bierabtrager Jakob Steiner, Mühlgasse 10, ein Sohn Karl, 2¹⁄₂ J., Blutzersetzung. — Taglöhner Georg Kellner, Ziegelei Nr. 67, 47 J., Stickfluß in Folge Selbsterhängens. — Der Dienstmagd Anna Felbermayer, Eichwaldgasse 7, ein Sohn Franz, 4 M., Fraisen. — Am 23. Hauer und Hausbesitzer Georg Gehrer, Leesdorfer Hauptstraße 61, 59 J., Auszehrung. — Am 24. Ausnehmerin Witwe Anna Massinger, Eliasgasse 6, 65 J., Entkräftung. — Hausierer Georg Neubauer, Beethovengasse 6, 72 J., Herzwassersucht. — Am 28. Dem Friseur Franz Wostry, Neugasse 61, ein Sohn Rudolph, 14 T., Lebensschwäche. — Dem Weichselgarten-Arbeiter Johann Roththaler, Eichwaldg. 118, ein Sohn Alois, 27 T., Blattern. — Am 29. Dem Kassier Johann Weinold, Augasse 4, ein Sohn Julius Ludwig, 2¹⁄₂ J., Rückenmarks-Entzündung.

Von der „Israelitischen Kultusgemeinde in Baden" wurde die nach Baden überführte Leiche des am 19. April zu Inzersdorf an der Rippenfell-Entzündung verstorbenen David Bauer im israelitischen Friedhofe begraben.

---

[1]) Die Verewigte war bekanntlich eine besondere Guttäterin der hiesigen Pfarrkirche. Vor zwei Jahren ließ sie z. B. daselbst mit einem Kosten-Aufwande von 600 fl. die Gasbeleuchtung einführen u. s. w.

Chronik der Vergangenheit.

Chronologische Nachweisungen zur Geschichte Baden's.
XIII. Jahrhundert.

1278 schenkt Herr **Poto** (Peter) von **Merkenstein** dem Benediktiner-Stifte zu **Klein=Mariazell** seinen an der jetzigen Bergstraße gelegenen Hof mit einer im Garten desselben befindlichen Schwefelquelle und mit einigen Weingärten, welcher Hof zuerst „**Mönchshof**" und später „**Mariazellerhof**" genannt worden ist.

    Vgl. „Kirchliche Topographie" IV., 55. [1]

1285, 5. Juni, schenkt Herr **Leuthold von Krensbach** („Leutoldus miles de Chrevsbach", Krebsbach), mit Einwilligung seiner Hausfrau **Offemia** und seiner fünf Söhne **Bernhard**, **Heinrich**, **Friedrich Engelbich** und **Leutold**, die von ihm auf seinem (an der jetzigen „**Frauengasse**" gelegen gewesenem) Gute erbaute **Kapelle** („Eclesiam in **Paden** sitam") den geistlichen Einsiedlern aus dem **Eremiten-Orden des heil. Augustinus**, welche er aus den benachbarten Waldungen, wo sie von Almosen lebten, nach **Baden** in das kleine Haus neben der neuerbauten Kapelle zusammenberief; und er fügte für den Lebensunterhalt derselben noch sieben Weingärten und ein Haus in der **Neustadt** (Wiener=Neustadt) hinzu.

    Vgl. Leber, a. a. O., S. 94 u. 214—220, wo auch die Stiftungsurkunde nach dem (jetzt im Stadtarchiv zu **Baden** befindlichen) Manuskripte der Badener Augustiner=Urkunden abgedruckt ist. [2]

---

[1]) Nach Aufhebung des Stiftes im Jahre 1783 kam dieser Hof an den Religionsfond, von welchem denselben Kaiser **Franz** im Jahre 1801 erkaufte, um ihn zur unentgeltlichen Aufnahme armer Badebedürftiger zu widmen. Von 1825—1826 wurde daraus das jetzige „k. k. Wohlthätigkeitshaus" hergestellt. (Die nähere Schilderung der verschiedenen Perioden des „Mariazellerhofes" — wie er noch heute im Volksmund heißt — folgen in einer Darstellung der Humanitäts=Anstalten und Stiftungen Baden's.)

[2]) Das Original dieser „Literae fundationis" befindet sich — nebst sechs anderen ältesten, auf die Stiftung bezüglichen Urkunden des bis 1811 bestandenen Badener Augustiner=Klosters im Besitz des kaiserlichen Hauses, welches seit 1826 Eigenthümer des Klostergebäudes ist. Die übrigen, auf den Grundbesitz des Klosters u. s. w. bezüglichen Original=Urkunden — 52 an der Zahl, meist mit den alten Siegeln, (regestenmäßig ver-

1286 stiften die Brüder Heinrich und Konrad von Pottendorf zu der Augustiner Klosterkirche (U. L. F.) in Baden fünf Talente Einkünfte. (Vgl. Schweickhardt, a. a. O., II. 101.)

1286, 16. Oktober, verkauft Margaretha, Witwe Otto des Türsen von Rauhenek, zu Baden („in Paden") der Abtei Heiligenkreuz ihre Besitzungen zu Kaltengang. (Joh. Rep. Weis, I. 251. CCLXXVIII.)

1291, 6. Mai, verkauft „Fridericus miles de Erlach" eine Wiese bei Rohr an die Badener Augustiner („viris religiosis fratribus Heremitis in Padm".)

     Vgl. Leber, a. a. O., S. 147, Nr. 1. (Die Original-Urkunde, an welcher das Siegel fehlt, befindet sich im Badener Stadtarchiv.)

1294 erscheint ein Pfarrer von Baden („plebanus de Paden") als Leister von „serviciis" an die Abtei Heiligenkreuz. (S. Seite 71.)

     Vgl. „Das Gültenbuch des Cistercienser-Stiftes Heiligenkreuz aus dem Ende des XIII. Jahrhunderts." Herausgegeben und mit andern stiftlichen Urkunden verglichen von Dr. Benedict Gsoll, Hofmeister und Stiftsarchivar. — Wien 1866, S. 131.

1295, 8. März, beurkundet Ulrich, genannt der Matz („Ulricus dictus Matzo") zu Baden („in Paden") als Vormund einer gewissen Gisela („cujusdam puelle Gisele"), den Empfang des Kaufpreises für ein an die Abtei Heiligenkreuz zurückverkauftes Haus in Baden („cujusdam domus in Paden.") Vgl.: Joh. Rep. Weis, I. 281. CCCXIV.

1297, am Dienstag nach Ostern, schenkt Heinrich von Pottendorf Rath des Herzogs Albrecht I., und Kunegund, seine Hausfrau, die auf ihren Meierhof zu Baden (an der Stelle des jetzigen „Frauen- und Karolinenbades" gelegen gewesene 1811 demolirte) Kapelle „zu unserer lieben Frau", sammt allen dazu gehörigen Gütern — wie selbe die Pottendorf'sche Familie, laut eines Gabbriefes von Jahre 1227, besessen hat, — den Eremiten des heil. Augustinus zu Baden.

     Vgl. Schenk, „Die Schwefelquellen von Baden, in Niederösterreich." Baden 1817, S. 16—17, wo der Wortlaut der Schenkungs-Urkunde mitgetheilt ist.[1]

1299 starb hier „Herr Leutold von Chreusbach", der Stifter des Badener Augustiner-Klosters, wo er auch begraben wurde. (Sein und seiner Frau

---

zeichnet von Leber, a. a. O., S. 147—162) — waren im Besitz des Vereines der behausten Bürger Baden's, welcher das Gut „Gaminger Berghof und (Augustiner-) Frauenhof" erworben hatte, von wo dieselben 1876 an das Badener Stadtarchiv gelangten. — (Die Darstellung der Geschichte des Badener Augustiner-Klosters und die Mittheilung der Urkunden desselben wird — wie bereits S. 5 erwähnt — in einer besonderen Abtheilung erfolgen.)

[1]) Die beiden Badener Augustiner-Stiftungen der Kreusbach's und der Pottendorf's erhielten 1285 und 1297 von Wernhard, Bischof von Passau (unter welchem Baden — beziehungsweise Möll — in kirchlicher Beziehung stand) und erstere auch von Papst Honorius IV. (1287) die Bestätigung. (Vgl. Leber, a. a. O., S. 148, Nr. 4, und S. 215.)

Euphemia Grabstein — eines der ältesten Stulpturwerke dieser Art in Oesterreich — befindet sich heute noch daselbst in der jetzigen „Hoftirche".)

Vgl. Leber, a. a. O., S. 95, S. 223 und S. 306. Desgl. Taf. VI, wo der merkwürdige Grabstein abgebildet ist. — (Eine andere Abbildung desselben findet sich in „Archäologischer Wegweiser durch das Viertel unter dem Wiener=Walde." Mit erläuterndem Text von Ed. Freih. v. Sacken. Wien 1866. Taf. II. Fig. 1.)

1299 brachen auf Befehl des Herzogs Rudolph die Wiener, gegen welche Heinrich der Pillichsdorfer viele böse Streiche begangen hatte, dessen Burg Rauhened.[1])

Vgl. Feil, in Schmidl's „Umgebungen Wien's" (Wien 1837), 2. Abth., III. Bd., S. 493. — Desgl.: Leber, a. a. O., S. 95, S. 106 und 230—234, wo — nebst einer Stammtafel der Pillichsdorfer — auch die betreffende Stelle aus des Ottokar von Horned (geb. um 1250) „Oesterreichischer Reimchronik" mitgetheilt ist, in welcher die Eroberung des Raub=nestes durch die Wiener erzählt wird.

Die Urkunden des Badener Stadtarchivs.

IV.
Stiftung des Bürgerspitals zu Baden.
2. Der Kaufbrief vom Jahre 1542.

Der im Stiftbrief des Bürgerspitals (S. 65) angeführte „Kauf=brief" über die Grundstücke des Stifters Auer von Herrnkirchen, welche die Stadt Baden — zugleich mit der Stiftung — käuflich an sich brachte, ist ebenfalls im Original im Badener Stadtarchiv auf=bewahrt. Derselbe ist aber nicht nur eben so arg durch die thierisch=rohen Türken im Jahre 1683 besudelt worden, wie der Stiftbrief, sondern er ist auch durch Herausreißen einzelner Theile so beschädigt, daß ein vollständiger Zusammenhang mit aller Mühe nicht herzustellen wäre, obwohl der größte Theil des Textes erhalten ist. Es muß daher füglich von einer Mittheilung desselben hier abgesehen werden, so interessant der Inhalt — so weit er unverletzt vorhanden ist — in Bezug auf die Bezeichnung der Grundstücke u. s. w., erscheint.

(Original=Urkunde, [ebenfalls vom 24. April 1542] in groß Quer=Folio; mit nicht so kräftig schöner Fraktur geschrieben, als es der Stift=brief ist. — Auf der Rückseite steht, in gleichzeitiger, großer Fraturschrift: „Kauff brieff umb die Spitall Grundtstuckh." — Unterschrift und alle drei Siegel [Gerwich Auer's von Herrenkirchen, Joachim Marschall's von Reichenau und Kaspar Insprugger's von Neuhaus] fehlen.)

---

[1]) Die Vesten Rauhenstein und Rauhened waren von den Tursonen gegen Ende des XIII. Jahrhunderts an den Pillichsdorfer — einem entfernten Verwandten der Letzteren — durch eine bei Belagerung der Burgen angewendete List gekommen. (Ueber die Tursonischen und über die Pillichsdorferischen Rauhensteiner vgl.: Leber, a. a. O., S. 224—230.

Badener Memorabilien.

IV. Die Volksmythen von Baden und Umgebung.[1])

Die „unvertilgbaren Wunderlaute der mythischen Volkssage", in welchen wir bekanntlich „uralte Fragmente" einer vorgeschichtlichen Weltanschauung, den Nachtklang der Natur-Religion unserer heidnischen Ur-Voreltern erkennen, klingen auch noch in der Bevölkerung Baden's und Umgegend — wenn auch immer leiser vernehmlich — in vielfachen Schwingungen fort.

Fast alle Arten der hier allein in Betracht kommenden, (von der historischen verschiedenen) mythischen Volkssage — welche letztere sich wieder in die Thiersage, in die Sage der Dämonenwelt und die Götter- und Heldensage theilt — sind in unserer Gegend vertreten, wozu noch die verschiedenartigsten Volksgebräuche kommen.

Die Thiersage macht sich schon in dem Kinderliede geltend, welches dem mit der altgermanischen Göttin Holda und mit dem himmlischen Brunnen in Bezug stehenden „Frauen-" oder „Marienkäferlein" zugesungen wird, dem Frühlingsboten, dessen Erscheinen immer Gutes bedeutet. An Kröte und Schlange haftet auch bei uns ein Glaube — oder Aberglaube — und die Schwalben werden auch hier, als der „Mutter-Gottes" heilig, geschützt. Kukuk und Eule, Hase, Maus, Hund und Katze u. s. w. spielen im Volksglauben der Badener Gegend ihre Rolle. — Eine besondere Thiersage besteht aber hier in Baden bezüglich der Spinne.

1. Die Kreuzspinne am Nonnenbügl.

Von den Großmüttern hörten wir erzählen, daß im Felsenloch des südöstlich am „Kalvarienberg" gelegenen „Nonnenbügl's" seit undenklichen Zeiten ein Bergmännlein gehaust habe, welches aber auf einmal verschwunden sei, weil sich nämlich eines Tags eine großmächtige Kreuzspinne eingefunden, die ihr Netz über das Loch des Felshügels gezogen; denn „Spinnawettn" können die „Bergmandeln" nicht leiden.

(Es hängt diese interessante Sage vielleicht mit dem Verdrängen der heidnischen Mythenwesen durch das Christenthum zusammen, worauf das Kreuz der Spinne deuten mag.)

In die Dämonensage — die sich im Allgemeinen auf die Personifikationen der organischen Natur und des verborgenen Wirkens derselben bezieht — spielt schon die oben erwähnte Spinnensage, bezüglich des Bergmännlein's, hinein. Außerdem sind nebst den Wassergeistern — noch immer die „Kobolde" im Volk lebendig, die als Haus- und Waldgeist in Keller, Küche, Stall und Scheuer oder in Bäumen wohnen, und die als Symbole

---

[1]) Vgl. „Die Volksmythen Niederösterreich's." Vortrag von Dr. Hermann Rollett, gehalten am 9. Februar 1877 zu Wien im „Verein für Landeskunde von Niederösterreich." Abgedruckt in den Blättern dieses Vereines: 1877, S. 59—69, 110—115, 206—210, 284—308.

der Häuslichkeit, als Personifikationen des Herbfeuers zu betrachten sind. — Der unheimliche, zu den dämonischen Zwergwesen gehörige „Alp" ist unter den Namen „Drud" hier noch immer weit verbreitet. Auch Tod und Teufel — ersterer als geisterhaftes mit den Elben und Hausgeistern verwandtes Wesen, auch oft launig (als „Dadaman" und als „buckliches Männlein") aufgefaßt, letzterer häufig aus der Verehrung der heidnischen Götter und Riesen entstanden, die in denselben verkehrt wurden — kommen hier im Volksaberglauben vor.

Eine Teufelssage aus der Badener Gegend ist folgende:

2. Der Schatz auf Rauheneck.

„Auf Rauheneck am Thurmesrand noch unlängst eine Föhre stand. Der Teufel doch kam jüngst als Sturm und brach den Baum vom hohen Thurm. Er that's, daß keine Wiege, klein, noch mag daraus gezimmert sein; denn, wer in dieser Wiege lag, den Schatz der Burg leicht heben mag. D'rum brach der Teufel jüngst vom Thurm den Baum und jauchzt vorbei im Sturm; Er jauchzt, daß wieder lange Frist der Schatz der Burg sein Eigen ist." [1])

Desgleichen kommen auch des Teufels Begleiter — die im Volksglauben eine große Rolle spielenden Hexen hier vor, welche mit den durch die Luft reitenden Walküren der altgermanischen Mythe zusammenhängen. — (Der „Hexenkreis" am „Hünerberg" nächst dem Badener Kalvarienberg wird noch heute als Stelle genannt, wo sich um Mitternacht „die Hexen versammeln.") — Die drei Jungfrauen im auch hier noch verbreiteten Volksliede, die „beim Fenster herausschauen," und von welchen es heißt: „Die Erste spinnt Seid'n, die Andre wickelt Weid'n, die Dritte macht das Thürl auf" deuten auf eine Nachbildung der nordischen Schicksalsgöttinnen, der Nornen. — Die alte Verehrung der Bäume, von denen — als Symbol des Himmels und der Sterne — nach der deutschen Volksmythe eine eigene Zauberkraft ausgeht, lebt noch fort in den nicht selten an denselben angebrachten Heiligenbildern und Kruzifixen. Damit hängt auch der Glaube an übernatürliche Wirkungen von Wurzeln, Kräutern, Blumen und Früchten zusammen, der in unzähligen, noch lange nicht verschwundenen Volksgebräuchen auch der hiesigen Gegend noch lebendig ist.

Von den Göttern des deutschen Mythus, welche als Abstraktionen aus der Natur erscheinen und nicht als rein körperlich, wie die Dämonengestalten der Nixen, Zwerge, Riesen sich zeigen, haben sich (wie überhaupt in Niederösterreich) in der Badener Gegend hauptsächlich nur der Göttervater Wuotan und seine Gattin, die Göttermutter Holda, so wie der Gewittergott Donar in der Volks-Erinnerung erhalten. Nach dem breiten (die Wolken bedeutenden) Hut Wuotan's z. B, hört man noch heute hier zu Einem, der einen schlappen Hut trägt, sagen: „Du, mit deinem Wunschhiabl!" (b. i. Wunschhütl — da die Alten alles, was Wuotan dem Menschen zum Heile Nöthige erfüllte, mit Wunsch ausdrückten.)

---

[1]) Vgl. „Ausgewählte Gedichte" von Hermann Rollett. Leipzig 1865, S. 341.

Die Göttermutter Holda (Hulda, Frau Holle oder Berchta,) die als himmlische Wolkenfrau den Feldsegen spendet und im Lichtreich wohnt, in welches die Seelen der Verstorbenen zu ihr emporschweben, die sich im „Jung-brunnen" (dem Wolkengewässer) zu Kinderseelen verjüngen, welche sie zur Erde zurückführt — ist schon bei Erwähnung des Liedes von „Frauenkäferlein" vorgekommen, wo sie mit der „Muttergottes" in Verbindung gebracht erscheint, da es dort heißt: „Flieg auf — Maria Brunn!"

Des Gewittergottes Donar, mit dem feuerrothen Bart, wird hier im alten — freilich immer mehr verschwindenden Gebrauch noch gedacht, den feuergelb blühenden „Hauslauch" (Donnerbart genannt) auf das Hausdach zu pflanzen, um das Einschlagen des Blitzes zu verhindern.

Auf die, mit „Ende und Wiedergeburt" zusammenhängenden — dem Bedürfnisse des Volksgemüthes entsprechenden Vorstellungen von Ber-wünschung und Wiedererscheinen, Bannung und Erlösung, bezieht sich die Sage:

3. Die Geisterliebe zu Rauheneck.

Am Ufer der Schwechat, unterhalb Rauheneck hatte sich eines Abends ein Mädchen mit Waschen in Mondschein so lange verweilt, bis die Mitter-nachtsstunde kam. Da sah sie plötzlich eine mit weißer Rüstung bekleidete, blutige männliche Gestalt auf und niederwandeln und die Hände ringend, zum Felsenneft emporschauen. Mit einem Male leuchtete es oben auf der luftigen Zinne der Veste, und es neigte sich und beugte sich und eine lichte weibliche Gestalt flog wie mit Schwanenflügeln vom Thurme nieder in die ausgebreiteten Arme des Geistes, und mit einem langen Seufzer versanken beide verschlungen in den Wellen des Baches. —

Die noch jetzt an vielen Orten zur Zeit der Sonnenwende auf Anhöhen entzündeten Feuer — die Johannis- oder Sonnenwend-Feuer — brannten zur Ehre der Gottheit der Sonne: Frö, und es kam in der bei Baden gelegenen, zur Ortsgemeinde Weilersdorf gehörigen Katastral-Gemeinde Braiten noch im vorigen Jahrhundert der folgende darauf bezügliche Gebrauch vor: Bei einem feierlichen Wettrennen der Bursche am Tage des heil. Johannes wurden „Sonnenwend-Feuer" angezündet, und die Wettläufer mußten im vollsten Laufe über die angezündeten Holzhaufen springen. Weilersdorfer und Leesdorfer (die ähnliche Feste — wie Schwert-Tanz u. f. w. — feierten) nahmen als Gäste theil.

Kein Augenzeuge lebt mehr von diesem bereits verschwundenen Volksge-brauch, und so werden nach und nach die letzten Reste des uralten Mythus verschwinden, und nur mehr in noch rechtzeitig gemachten Aufzeichnungen leben sie für die Zukunft fort.

Die Badener Pfarrer seit dem XIII. Jahrhundert.

(Siehe Seite 71—72.)

5. — 1324. 1325. Mert (b. i. Martin). In einer Urkunde vom 24. April 1324, nach welcher Conrad von Ladendorf und Hausfrau Margareth der Abtei Möll eine Gülte zu Ladendorf verkaufen, erscheinen als mitsiegelnde Zeugen (die dieser Sache und Handlung „Theidinger" und „Kaufleute" gewesen sind): Mert, Pfarrer zu Baden, und Chunrad, Pfarrer zu Böslau („Veslave").

(Vgl. „Geschichte des Benedictiner-Stiftes Melk in Niederösterreich, seiner Besitzungen und Umgebungen." Von Ignaz Franz Keiblinger. Zweite mit Nachträgen und Verbesserungen vermehrte Ausgabe. Wien 1867. 1. Abth., S. 528.)

1325, am „Erchtag" (Dienstag) in der Osterwoche, verkauft Johann der Reblar von Sichtenberg drei Theile seines Eigens am „Perchhoff, der da seit auf dem alten Khirchberg zu Paaden" um 3 Pfund Pfenning an „Herrn Martin dem Phahrrer zue Baaden und allen denen Phahrr Herrn, die nach ihme darkhomben zue dem Gotteshaus zu St. Stephan", damit seiner im Gebet gedacht werde.

(Vgl. Augustiner Urkundenbuch. A., Fol. 90; Manuskriptband im Badener Stadtarchiv.)

1325, am 28. April, verkauft der obengenannte Böslauer Pfarrer, Conrad, dem Stifte Möll eine Gülte zu Ladendorf. Mitsiegelnder Zeuge ist Martin, Pfarrer zu Baden.

(Vgl. Keiblinger, a. a. O., II. 1. 529.)

Das Siegel des Pfarrers Martin von Baden ist abgebildet in Hueber, a. a. O., Tab. XIII. Nr. 7. Es ist spitzoval, durch einen horizontalen Querstrich in zwei ungleiche Felder getheilt; im oberen (größeren) erscheint, mit dem Gesichte nach rechts, der heil. Stephan, in der linken Hand eine Palme haltend, die Rechte nach Oben erhebend, gekleidet in der Dalmatica. In dem unteren, kleineren Felde kniet — das Angesicht nach links — ein Mann im Habit, barhaupt und barfuß die gefalteten Hände zum Gebet erhoben; hinter ihm, ein Zweig mit 5 Blättern. Umschrift des 4.6 ctm. hohen und 2.9 ctm. breiten Siegels: „S. MARTINI PLEBANI IN PADEN."

Der bewährten Hand Emil Hütter's in Wien verdanken diese Blätter die nebenstehende Nachbildung des alten Badener Pfarrer-Siegels von 1325.

6. — 1343. Jans (b. i. Johann). In der Urkunde vom 13. Jaunar 1343, mit welcher Albrecht der Pienk „ze Paden" und Jeut (Jutta) seine Hausfrau auf ihren Todesfall der Abtei Heiligenkreuz ihren Hof zu Baden (nachmals „Heiligenkreuzerhof" genannt, jetzt „Leopoldshof") zur Stiftung eines Jahrtags vermachen, erscheint als siegelnder Zeuge auch „Herr Jans, ze den zeiten Pharrer datz Paden".

(Vgl. J. R. Weis, a. a. O., II, S. 182.)

7. — 1347. Erwein. In einer Urkunde vom 14. Februar 1347, den Verkauf des Burgrechts von 1 Pfund Pfennige an Hiersen (Hiesel,

d. h. Mathias) Feertor zu Pfaffstätten durch Herman den Weinzierl zu Pfaffstätten, betreffend, siegelt als Zeuge — nebst Leopold,
Abt zu Heiligenkreuz — Erwein „zu den zeiten l'harrer ze l'aden".

(Vgl. J. R. Weis, a. a. O., II, S. 200.)

8. — 1350. 1352. Albert. Am 10. Januar 1350 beauftragt Gottfried, Bischof von Passau, den Albert, „Plebanus in l'aden", von Wien
aus, den ihm zur Pfarre Ober-Waltersdorf präsentierten Priester Albert
von Wien, auf diese Pfarre zu introducieren, sobald er darum ansucht.

(Vgl. Mölker Archiv zu Wien, ser. 54, F. 1.)

1352, am 5. December, beauftragt derselbe Bischof von Passau, Gottfried, (wahrscheinlich) denselben Albert, Pfarrer von Baden, den ihm
vom Mölker Abte auf die Pfarre zum heil. Johann Bapt. in Biedermanns-
dorf („l'idermanstorff") präsentierten Priester Friedrich zu introducieren.

(Vgl. Hueber, a. a. O., S. 80.)

9. — 1363. Leopold. Eine Urkunde vom 24. April 1363 über das
„St. Martins-Beneficium" zu Traiskirchen unterfertigt, nebst Andern,
auch „Herr Leupolt der l'harrer zu l'aden".

(Vgl. Keiblinger, a. a. O., II. 1., S. 389.)

(Was die „Kirchl. Topogr.", IV, 83, von diesem Badener Pfarrer Leupolt
nach einer Urkunde des Stiftes Klein-Mariazell vom Jahre 1367 erwähnt (nämlich,
daß derselbe damals Pfarrer in Baden gewesen sei), scheint nicht richtig zu sein; denn
Keiblinger — in seinen handschr. Kopien der Urkunden von Klein-Mariazell — citiert ad annum 1367 die Urkunde des Abtes Johann dieses Stiftes, aber
in der Weise, daß derselbe „an Herrn Leupoll von Baden, derzeit Pfarrer zu Kaumberg", einen Hof verkauft, gelegen „auf dem Stein zu Kaumberg".)

Die Monographien über Baden.
Chronologisches Verzeichniß. [1]

Der Umfang der Literatur über den Kurort Baden bei Wien
ist, der Bedeutung der altberühmten Quellenstadt entsprechend, ein außerordentlich großer. An selbstständigen, bis jetzt vom Stadtarchivar nachgewiesenen
Special-Schriften allein sind — wie schon S. 8 erwähnt ist —
mehr als 60 vorhanden, von welcher Gesammt-Anzahl das Badener
Stadtarchiv — durch fleißiges Sammeln und Bemühen in den letzten
Jahren — bereits gegen fünfzig besitzt. Diese letzteren (worunter sich
auch der seltene „Tractat" vom Jahre 1512 befindet, welche Druckschrift überhaupt eine der ältesten deutschen Bäderschriften ist und zu den „Inkunabeln"
gehört), sind seit Kurzem im Stadtarchiv in einem Schaupult übersichtlich aufgestellt, und an Stelle der noch fehlenden liegen daselbst als
„Platzhalter" indeß die Titel der betreffenden Schriften, so daß ein voll-

---

[1] Die mit einem Stern bezeichneten Nummern befinden sich im Besitz des
Badener Stadtarchivs.

ständiger Ueberblick der ganzen Special-Literatur über Baden geboten ist, wie es nicht leicht in einer Gemeinde vorkommen dürfte. [1]

Es seien hier vorläufig nur in kurzer Fassung die Titel aller bis jetzt nachgewiesenen Special-Schriften über Baden in chronologischer Reihe angeführt. Später soll in diesen Blättern — wenn es der Raum gestattet —, bei Mittheilung des ganzen, sehr reichen, Hunderte von Nummern umfassenden Verzeichnisses der Gesammt-Literatur über Baden (welches auch die in den verschiedensten Druckwerken: Büchern, Zeitschriften u. s. w. enthaltenen, auf Baden sich beziehenden literarischen Arbeiten einschließt), auch die genaue bibliographische Verzeichnung derselben mit Inhaltsangabe folgen, sowie mit betreffenden Nachweisungen und kritischen Bemerkungen.

1. — 1511. Wolfgangi Anemorini (Wintperger): „De thermis (badensibus) et earum origine ac natura", etc. — Viennae Pannoniae, MDXI. — 18 Blätter, 4°.

*2. — 1512. Georg Wagner: Ein Tractat der Badenfahrt durch Doctor Wolffgang Wintperger.. zu Krembs in Latein beschrieben, und von Georgen Wagner Purger des Rats zu Stain auß Latein in Tentsch sprachen gezogen. — Gedruckt und volendet zu Straßburg MCCCCXII. 20 Bl., H. 4°.

3. — 1651. Monquentin: „Thermologia Badovino-Austriaca .. in Teutsche Sprach verfertigt und gestelt .." — Regensburg, 1651. — 112 S., H. 8°.

*4. — 1710. Festa („R.-Oe. Landschafft-Doctor zu Baaden"): „Baadner-Bad in Oesterreich" rc. — 1710 (ohne Druckort). 67 S., 12°.

(Von dieser Schrift sind mehrere Ausgaben erschienen: 1. „Aufs Neue nachgedruckt im Jahre 1732". — 2. „Neustadt, J. Fritsch". — *3. „Baaden, zu finden bei Franz Arnold".)

5. — 1731. Pisani: „Dissertatio inauguralis de balneis badensibus" — Viennae, 1731.

*6. — 1732. Dietmann: „Examen Thermarum austriaco Badensium" etc. (Inaugural-Dissertation.) — Viennae, 1732. — 32 S., 4°.

*7. — 1734. Weiss: „Med. u. Philos. Doctoris Dietmann's gründliche Untersuchung des Nieder-Oesterreichischen Babner-Bades, dessen Gebrauch und Mißbrauch .. ins Teutsche übersetzt und mit einer Vorrede Dr. Joh. Nic. Weißens. — Wien, 1734. —

(Eine Uebersetzung der Schrift Dietmann's ist auch enthalten in „Eigentliche Beschreibung rc. — Nürnberg und Wien 1731. Mit einem Kupferstich nach Visscher's „Topographie", 1672, „Das Herzogbad zu Baten".)

*8. — 1747. Jasander: „Amusemens des eaux de Bade en Austriche, das ist: Angenehmer Zeitvertreib und Ergötzlichkeiten in dem Nieder-Oesterreichischen Baadner-Bad" rc. — Nürnberg, 1747. — 196 S., 8°.

(Mit der Ansicht des Innern des Frauenbades nach Merian's „Topographia" 1649.)

9. — 1763. De Mare (N.-Oe. Landschafts-Physikus): „Chemischer Versuch des Nieder-Oesterreichischen Baadener-Bades" rc. — Wien 1763. — 80 S., 8°.

10. — 1764 c. Supann: „Etwas für die Laab-Gäste der Niber-österreichischen Baadner-Baades. Beschrieben von J. Supann, einen alten Bürger in Baaden. In einigen Gesprächen mit Fernand seinen jungen Baat-Gaste. — Neustadt (ohne Jahr). — 64 S., H. 8°.

[1] Das Stadtarchiv ist, von jetzt an, während der Sommer-Saison an Sonn- und Feiertagen, Vormittags von 10–1 Uhr, für den freien Zutritt des Publikums geöffnet.

*

*11. — 1791. Anonymus: „Meine Launen zu Baden". — Wien 1781. — 60 S., kl. 8°.

*12. — 1791. Schenk (der Arzneykunde Doctors in Baden): „Abhandlung von den Bädern der landesfürstl. Stadt Baaden in Niederösterreich". — Wien 1791. — 262 S., 8°. (Mit einer Ansicht Baden's in Kupferstich.)

13. — 1791. Joh. Seraph. Volta: „Saggio sulle acque termali e montagni de Baden". — Viennae 1791.

14. — 1792. Karl Freih. v. Meidinger: „Chemisch-mineralogische Versuche über die Bäder und Gebirge von Baden". Aus dem Italienischen des J. S. Volta über= setzt von Karl Freih. v. Meidinger. — Wien 1792. — 8°.

15. — 1794. Schenk (N.=Oe. Landschafts-Physikus): „Kurze Beschreibung der warmen Quellen und Bäder der landesfürstlichen Stadt Baden in Niederösterreich." — Wien 1794. — 64 S., 8°.

*16. — 1794. Anonymus (Schönfeld?): „Beschreibung der Stadt Baden in Nieder= österreich und der daselbst befindlichen Gesundheitsbäder." — Wien und Prag, 1794. 47 S., kl. 8°.

17. — 1799. Schenk: „Abhandlung über die warmen Quellen und Bäder der landesfürstlichen Stadt Baaden in Niederösterreich." — Wien 1799. — 146 S., kl. 8°.

*18. — 1802. Geusau: „Historisch-topographische Beschreibung der landesfürstlichen Stadt Baaden" ꝛc. Wien und Baaden, 1802. — 104 S., 8°. (Mit den kolorierten Ansichten des Ursprungbad-Gebäudes, und des Theresienbades, nebst Grundrißen.)

(Eine Schrift, die unter dem Titel „Beschreibung der k. k. Stadt Baden und ihrer heilsamen Bäder. Wien und Baden, 1801" angeführt erscheint, dürfte mit Geusau's oben angeführtem Buch identisch sein.)

*19. — 1803. (Hoser): „Naturschönheiten und Kunstanlagen der Stadt Baaden in Oesterreich und ihrer Umgebungen." — Wien und Baaden 1803. — 83 S., quer 8°. (Mit sechs Ansichten in Aquatinta ausgeführt von Halbenwang, nach Zeichnungen Maillard's.)

20. — 1804. Dr. Karl Schenk und Anton Rollett „Archiv der Aerzte und Wundärzte von Baden." — Wien 1804. — (Mit einem Kupfer.)

*21. — 1805. Schenk (N.=Oe. Kreisphysikus und Badearzt zu Baden): „Taschen= buch für Badegäste Baden's in Niederösterreich." — Wien und Baden 1805. — 320 S., 8°. (Mit vier Kupfern und einer Karte.)

*22. — 1805. Schenk und Rollett: „Kleine Fauna und Flora von den Gegenden um Baden." — Wien und Baden 1805. — 92 S., 8°. (Ist auch einer Anzahl der Auflage des „Taschenbuchs" von 1806 beigebunden.)

*23. — 1805. Anton Rollett: „Schematismus der landesfürstlichen Stadt Baden in Niederösterreich" ꝛc. — Wien und Baden 1805. — 96 S., 8°. (Eine zweite Aus= gabe von 1805: Wien, Baden und Triest, enthält 98 S., 8°.)

*24. — 1807. Erster Bericht der Baadener Verschönerungs=Anstalt, über das was im vergangenen Jahre 1806 zu Stande gekommen ist." — Baden 1807. — 32 S., 8°.

*25. — 1812. „Darstellung des Brandes in Baden am 26. Juli 1812. Aus authen= tischen Quellen gesammelt." — Wien (1812). — 64 S., 8°. (Mit einem „Grundriß von Baden nach dem Brande am Annatage 1812.")

*26. — 1816. Obersteiner: „Zum Wohle der leidenden Menschheit! Einige ernste Worte über den innern Gebrauch der Badner Heilquellen" etc. — Baden 1816. 24 und 47 S., kl. 8°.

*27. — 1816. Schmidt: „Neue Methode das Badner Bad zu gebrauchen." — Wien 1816.

*28. — 1826. Anton Rollett: „Hygicia". Handbuch für Baden's Kurgäste. — Baden 1816 — 181 S., kl. 8°. (Mit dem von David Weiß gestochenem Bildniß des Erzherzogs Anton.)

*29. — 1817. Schenk: „Die Schwefelquellen von Baden in Nieder=Oesterreich." — Baden 1817. — 159 S., 8°.

*30. — 1819. M. J. Mayer (Bürgermeister von Baden): „Miscellen über den Kurort Baden in Nieder=Oesterreich." I. — Baden 1819. — 162 S., fl. 8°. (Mit drei Kupfern.)

*31. — 1821. M. J. Mayer: „Das neuerbaute Frauen= und Karolinenbad in Baden in Niederösterreich." — Wien 1821. — 62 S., 8°. (Mit dem Prospekte des neuen Badegebäudes in Kupfer.)

*32. — 1821. Schratt (k. k. Kreiswundarzt): „Versuch einer Darstellung der Heil=kräfte der warmen Schwefelquellen zu Baden in Niederösterreich." — Wien 1821. — 128 S., 8°. (Mit einem Kupferstich.)

*33. — 1822. Beck: „Baden in Nieder=Oesterreich." Wien 1822. — 232 S., 8°. (Mit zwei Kupfern.)

*34. — 1822. Auracher von Aurach (k. k. General=Major): „Perspektivische An=sichten der landesfürstl. Stadt Baden und derselben Umgebungen, nebst der ausführlichen Beschreibung" ꝛc. — 1 Abth. mit 32 (lithogr.) Blättern und 24 S. Text. Wien 1822. — 2. Abth. mit 14 Bl. und 10 S. Text Wien 1823.

*35. — 1825. Schenk: „Anweisung zum zweckmäßigen inneren Gebrauche des Badner Schwefelwassers." — Wien 1825. — 50 S., 8°.

*36. — 1827. Beck (Stadt= und Badearzt): „Chronik der Heilquellen von Baden in Oesterreich." — Wien 1827 (1. Jahrg.) — 58 S., 8°.

*37. — 1829. M. J. Mayer: „Miscellen über den Kurort Baden in Nieder=österreich." II. Wien 1829. — 147 S., 8°. (Mit der lithogr. Abbildung des Felsenthores am Urthelstein.)

*38. — 1829. Ziegler: „Die k. k. Stadt Baden und ihre nächsten Umgebungen." — Wien 1829. — 93 S., kl. 8°. Mit einem Grundrisse.

39. — 1829. „Lettera del D. Gasp. Barzellotti al Profess. Giacomo Ber=zellotti intorno ai Bagni di Baden in Austria." — Pisa 1829.

40. — 1831. Carolus Rollett: „Dissertatio inauguralis medica de thermis baden=sibus austriacis." — Vindobonae, 1831.

*41. — 1832. Kridel: „Baden und seine Umgebungen." I. Wien 1832. 194 S.; II. desgl., 174 S., kl. 8°. — (1851 erschien ein Nachtrag.)

42. — 1836. Dr. Max Landesmann: „Das Leben der Thermen mit besonderer Beziehung auf die warmen Schwefelquellen Baden's." — Wien 1836.

*43. — 1836. Berger (Beneficiat zu Gutenbrunn): „Geschichte der Veste und Ruin Rauchenstein nächst Baden." — Wien 1836. — 8 S., kl. 8°. (Mit einem Kupferstich.)

*44. — 1838. Dr. Karl Rollett: „Baden in Oesterreich", etc. — Wien 1838. — 254 S., 8°. (Mit einer Karte.)

45. — 1842. Graefe: „Das hepatische Gas=Dampfbad zu Baden bei Wien" ꝛc. — Berlin 1842.

*46. — 1844. Fr. v. Lober: „Die Ritterburgen Rauheneck, Scharfeneck und Rauhenstein", etc. — Wien 1844. — 316 S., 8°. (Mit zehn Steintafeln.)

*47. — 1844. Schulz: „Kurze Beschreibung des Kalvarienberges in Baden be=Wien, und seine Schicksale." — Wien 1844. — 55 S., 8°.

*48. — 1851. Ressel: „Baden und dessen Umgebungen, sammt allen näheren und entfernteren Ausflügen", ꝛc. — Wien 1851. 240 S., fl. 8°. (Mit einer Karte.)

49. — 1851. Weidmann: „Baden's Heilquellen in ihrer Anwendung bei der neu erbauten Mineral=Schwimm= und Badeanstalt." — Wien 1851.

*50. — 1852. Dr. Franz Habel (Stadt- und Badearzt): „Baden bei Wien." (Mit dem Vortitel: „Baden und seine Heilquellen." — Wien 1852. — 74 S., 8°.

*51. — 1852. Obersteiner: „Baden und Vöslau in ihrer Heilwirksamkeit" ꝛc. — Wien 1852. — 220 S., 8°.

*52. — 1853. Dr. Karl Rollett: „Baden in Oesterreich." — Wien 1853. — 34 S., 8°.

*53. — 1855. Obersteiner: „Praktische Beiträge zur Wirksamkeit der Mineralquellen in der Schwindsucht ., mit besonderer Rücksicht auf Baden bei Wien." — Wien 1855. — 59 S., 8°. (Separat-Abdruck.)

*54. — 1858. Hellbach: „Der Kurort Baden für Gesunde und Kranke." — Wien 1858. — 63 S., 12°. (Mit einer Ansicht Badens.)

*55. — 1859. Bergmann: „Zwei Denkmale in der Pfarrkirche zu Baden." 1. Für Paul Rubigall d. j., † 1576; 2. für Hieronymus Salius von Hirschberg, † 1555. — Wien 1859. — 20 S., gr. 8°. (Separat-Abdruck.)

*56. — 1866. Bersch: „Der Curort Baden in Niederösterreich, seine Heilquellen und Umgebungen." — Baden 1866. — 138 S, 12°. (Seither mehrere Auflagen.)

*57. — 1869. Haneis: „Ueber Wolfgang Wintperger's (Anemorinus) Badenfahrt." Mit einem Anhang „Von den Ergötzlichkeiten in den Badner-Bädern in älterer Zeit." — Wien 1869. — 22 S., 8°. (Separat-Abdruck.)

*58. — 1870. Dr. Hermann Rollett: „Beethoven in Baden." — Baden 1870. — 16 S., 8°. (Separat-Abdruck.)

*59. — 1873. Dworski: „Sulle acque termali di Baden in Austria." — Trieste-Venezia 1873. — 15 S., 8°.

*60. — 1877. Schneider (Hofrath und Professor in Wien): „Analyse der Schwefelquellen zu Baden nächst Wien." — Wien 1877. — 23. S., 8°. (Separat-Abdruck.)

*61. — 1878. (Hermann Rollett): „Das Frauen- und Karolinenbad zu Baden bei Wien, nach der Neuherstellung 1876—1878. — Baden 1878. — 32 S., 8°." (Mit Abbildungen.)

*62. — 1879. (Hermann Rollett): „Erzherzog Anton und Baden bei Wien." — Baden 1879. — 47 S., 8°.

*63. — 1880. Dr. Hermann Rollett: „Beiträge zur Chronik der Stadt Baden bei Wien." — Baden 1880. (Erscheint in Lieferungen, deren 12 einen Band bilden.)

Chronik der Gegenwart.

Ein Wochenmarkt-Platz für Baden.

Nichts ist es weniger, als Oppositionssucht oder besondere Vorliebe, vorhandene Mißstände aufzudecken, wenn hier in diesen Blättern bisher in jeder Lieferung derselben bei Besprechung der Gegenwart, hauptsächlich eben nur von gemeindlichen Mißständen die Rede war, und wenn auch dießmal wieder ein solcher zur Besprechung kommt. Es ist nur das in der vorausgeschickten „Einbegleitung" angekündigte Streben, durch Erörterung wichtiger Angelegenheiten und Fragen der Gemeinde, thunlichst einer unbefangenen Auffassung Bahn zu brechen und dadurch nach Möglichkeit das allgemeine Interesse zu fördern und demselben zu dienen. Ist etwas bereits geschehen und nicht mehr gut zu machen, so kann die eingehende Besprechung des Gegenstandes doch für die Zukunft in einem ähnlichen vorkommenden Falle nützlich sein, und jedenfalls schützt es einigermaßen vor der — wenn die nöthige Kontrole fehlt — sich bald in einer Körperschaft einschleichenden Gefahr des allzuleichten Gerathens auf den „Holzweg" oder des Verrennens in eine „Sackgasse". Dabei sucht der Verfasser immer möglichst das ausschließliche Geltendmachen seines subjektiven Urtheils zu vermeiden und vertritt hauptsächlich Dinge, mit deren Auffassung er durchaus nicht allein steht und bezüglich welcher, im Gegentheil, er einen Rückhalt in der Meinung eines bedeutenden Theiles der Bevölkerung hat. — Hoffentlich kommt auch noch die Gelegenheit, erfreuliche Beschlüsse der Gemeindevertretung anzuerkennen und gelungene Thaten derselben zu verzeichnen und als solche mit Freudigkeit zu verkünden.

Diese kurze Einleitung war nöthig, weil es sich in Folgendem eben wieder um — Rekrimationen handelt.

Das dorfmäßige Abhalten der Badener Wochenmärkte auf dem Pfarrplatze ist seit Jahren als bedeutender Mißstand erkannt. Die durch dieselben herbeigeführte Unreinlichkeit und Verkehrsstörung und besonders auch der Hauptumstand, daß beim fortschreitenden Wachsen der Stadt zuletzt der daselbst gegebene Raum doch zu klein werden wird, sind die Momente, die dabei in erster Linie als maßgebend erscheinen.

Schon vor Jahren wurde auch daran gedacht, diesen Mißständen abzuhelfen und die damit verbundenen Unzukömmlichkeiten zu beseitigen. Es wurden mehrere der noch vorhandenen, dazu geeigneten Plätze in entsprechende Berücksichtigung genommen: der Platz am Mühlbach hinter der Fabriksgasse, zwischen Hildegard- und Palffygasse, der Platz rückwärts von der Weinberggasse, und der Platz an der Dammgasse, wo gegenwärtig die Bauholz-Handlung sich befindet. Besonders der letztere Platz wurde vorwiegend in's Auge gefaßt, und es waren die (vorerst ganz privatim) mit dem Stifte Mölk als Grundbesitzer geführten Unterhandlungen schon sehr weit gediehen. Bedauerlicherweise wurden dieselben damals nicht zum Abschluß gebracht, und als die neue Gemeindevertretung mit dem neuen Gemeindevorstand gegen Ende 1875 kam, wurde die unbedingt wichtige Angelegenheit ganz fallen gelassen und Niemand kümmert sich mehr darum.

Welche Wichtigkeit aber die Sache hat, geht einfach aus der Betrachtung des Umstandes hervor, daß hier Zeitverlust vielleicht auch zugleich der Verlust der Möglichkeit ist, einen solchen nothwendigen Platz für die Badener Wochenmärkte zu erwerben. Wie lang kann es dauern — und einer dieser Plätze nach dem andern geht, durch Verkauf, für den obigen Zweck verloren. Mindestens wird bezüglich des Preises des am vorzüglichsten geeigneten Grundstückes ein mißlicher Zustand geschaffen, wenn am Ende nur mehr einer dieser Plätze zur Verfügung steht, für welchen man sich dann um jeden Preis entschließen muß, wenn man den Wochenmarkt nicht ungehörig weit hinaus vor die Stadt verlegen will.

Die Umstände fordern zweifellos heraus, die Angelegenheit ernstlich in Betracht zu ziehen.

Allerdings ist, bei der eingetretenen „finanziellen Bedrängniß“ der Gemeinde, für jetzt schwer daran zu denken; aber es zeigt sich nun wieder durch diesen Fall recht deutlich, wie nothwendig es gewesen wäre, durch umsichtiges und rationelles Gebahren das Eintreten einer solchen Lage vorbauend zu verhüten.

Badener Tages-Chronik.
Mai 1880.

Am 1. Erscheinen der „Kurliste" Nr. 1. der beginnenden Sommer=Saison. (Seit Mitte Oktober v. J. bis Ende April d. J. sind 69 Parteien mit 205 Personen als in Baden angekommen verzeichnet.)

Am 10. Ankunft des Erzherzogs Karl Salvator mit Familie im „Kaiserhause" zu längerem Aufenthalt, um wieder — wie in den letzten zwei Jahren — die so erfolgreiche Badekur hier zu gebrauchen.)

Am 11. Uebersiedlung der k. k. Postanstalt in die Neugasse Nr. 45. — Die allgemeine Stimme hat sich bereits laut dahin erklärt, daß nicht leicht ein in jeder Beziehung für Post und Publikum unzweckmäßiger gelegenes Lokale ausfindig gemacht werden konnte. Nicht nur, daß es ganz ungehörig — noch mehr, als früher — vom Mittelpunkt der Stadt entlegen ist, es werden sich auch durch den Umstand des lebhaften Verkehrs in dieser Gasse während der Sommerzeit, vom Bahnhof her (Pferdebahn, u. s. w.), sowie durch das einzige Thor für Publikum und Wägen, die vielfältigsten Mißstände herausstellen. [1]

Am 13. Außerordentliche Gemeindeausschuß=Sitzung. Beschluß, den Verfasser dieser Blätter zu einer Berichtigung seiner (S. 76 enthaltenen) Beurtheilung der durch den Gemeindeausschuß erfolgten Ablehnung einer Stadt=jubiläums=Denkmünze zu veranlassen. (Der Verfasser kann — gegenüber dieser jedenfalls etwas überstürzten Aktion der Gemeindevertretung — die leidige, von ihm angeführte Thatsache, daß die Ablehnung einer vom Stadtjubiläums=Komité beantragten Denkmünze durch die Majorität des Ausschusses, in den Annalen Baden's als arge, einen schwarzen Fleck bildende Unterlassungssünde verzeichnet bleiben wird, leider nicht wegberichtigen; doch ist er — der die Angelegenheit seinerseits nicht ebenfalls auf die Spitze treiben will und der im übrigen nur Stimmen aus der Oeffentlichkeit citirte — gerne bereit, hier ausdrücklich das auch schon dort Ausgesprochene zu wiederholen, daß es ihm gewiß nicht einfallen konnte, sein Urtheil über jenen Beschluß der Majorität des Gemeinde=Ausschusses in einem der Ehre der betreffenden Personen nahetretenden Sinne zu fällen.) [2]

---

[1] Schon einmal war die ungehörige Lage des Badener Postamts Gegenstand behördlicher Verhandlung. Eine officielle Intimation vom 29. März 1811 sagt nämlich: „Weil endlich bei der letzten kreisämtlichen Kommission von dem Magistrat Baden die unschickliche Lage der aufgestellten Briefpost in der Allandgasse vorgebracht worden ist, so hat der Magistrat hierüber einen ausführlichen Bericht schleunigst zur weiteren Veranlassung hierher zu erstatten." (Ein solcher Bericht wäre vielleicht jetzt wieder am Platze.)

[2] Zur letzten Gemeindeausschuß=Sitzung vom 30. April ist nachzutragen: Mittheilung der Bewilligung des Landesausschusses zur Aufnahme eines neuerlichen Anlehens von 32.000 fl. (für Wasserleitungsbau, Pflasterung ꝛc.), womit der Schuldenstand der Gemeinde bereits die Summe von 300.000 fl. übersteigt. Ferner: Annahme einer Resolution, mit welcher der Reichsrath um Aufrechthaltung der Schulgesetze angegangen wird.

Am 15. Eröffnung des Verkehrs der **Badener Tramway** für die Sommer-Saison.

Am 17. Festliche Eröffnung der **Badener Schießstätte** für die Sommer-Saison. Uebergabe des neuen von **Vincenz Gröger** sehr hübsch ausgestatteten **Gedenkbuches** der Schützengesellschaft.

Am 18. Beginn der Zinsfußherabsetzung von Seite des Badener „Vorschuß- und Kredit-Vereines" für neue Einlagen. (Für Einlagen auf Sparbücher: auf 5%; für Einlagen auf Kassascheine: mit 90 Tagen Kündigung 5%, mit 60 T. 4½%, mit 30 T. 3½%.)

Am 20. Bezirksschulrath-Sitzung im Rathhaus-Saale.

Am 21. Vollendung des Einsetzens der neuen drei großen, in Glasmalerei prachtvoll ausgeführten Fenster im Presbyterium der Pfarrkirche. Alle drei zeigen auf herrlichem bunten Grund künstlerisch ausgeführte lebensgroße heilige Figuren unter gothischen Spitzbogen von reichster Art. Das erste Fenster rechts, am Hochaltar, gewidmet von der edelsinnigen Frau **Franciska Rath**, zeigt den heil. Jakobus und den heil. Johannes, und in den unteren Theilen auf zwei Tafeln die Inschrift: V(on) D(er) Gattin Franziska Rath, Ehren-Bürgerin D(er) Stadt Baden, Gewid(met) z(um) Andenken an Ihren Gatten, k. k. Obrist Jak(ob) Leopold Rath. — Das Fenster gegenüber zeigt die heil. Maria und die heil. Anna, und in unterem Felde, links, die Inschrift: Gewidmet v. Anna v. Lagusius (Ehrenbürgerin der Stadt Baden) im Jahre des Herrn 1879; im Felde rechts: das Wappen der Familie von Lagusius. — Das zweite Fenster rechts vom Hochaltar — von der Pfarre gewidmet — zeigt die „Heimsuchung Maria's" auf purpurleuchtendem Grund, überwölbt von reichster gothischer Spitzbogen-Architektur. In den unteren Feldern (welche des außen angebrachten Daches des Sakristei-Vorbaues wegen leider nicht soweit, wie bei dem ersten Fenster herabgehen) ist links die „Arche des Bundes" und rechts eine symbolische Zusammenstellung von Herz, Taube, Lilie und Rose angebracht. Die Glasmalerei-Anstalt in Innsbruck hat mit diesen Fenstern treffliche Werke geliefert, die den Prachtglasmalereien in der Stephans- und in der Votivkirche zu Wien ebenbürtig zur Seite stehen, und die dem Badener Gotteshause eine künstlerische Weihe geben, die sich hoffentlich — nach und nach — auch durch alle Räume des Schiffes der Kirche verbreiten wird. Möge vor allem auch die vermauerte, jetzt erst recht arg störende Wand im Presbyterium bald ein großes gothisches Fenster und den Schmuck eines Glasgemäldes erhalten!

Am 26. Erster „Geselliger Abend" des Kasino-Vereines in den Saal-Lokalitäten des städt. Redouten-Gebäudes, womit ein recht guter Anfang zu verzeichnen ist.

Am 30. Die „Kurliste" Nr. 13 weist 528 Parteien mit 1332 Personen aus, was eine ziemlich gleiche Frequenz mit dem vorigen Jahre zu Ende Mai ergibt.

(Badener Rückschritte.) Vorstehende Bezeichnung der S. 77 d. Bl. noch mit einem Fragezeichen gebrachten Notiz scheint bedauerlicherweise eine stehende und zwar ohne Fragezeichen, zu werden. Kuh= und Schweinetrieb haben — zum offenbaren Nachtheile des Kurorts — auch im Monat Mai fortgesetzt statt= gefunden. Auf dem Platze am Ende der Antonsgasse und am Anfang der Wienerstraße wenigstens erschien täglich um die zwölfte Mittagsstunde ein Halterjunge mit einer langen Peitsche und schnalzte, in für die zahlreichen Passanten nicht ungefährlicher Weise eine ganze Schaar von Kühen herbei, die durch die enge Palffygasse — den Verkehr störend und die Gehenden hindernd, — dem Verbote zu Trotz, ganz ungenirt getrieben wurden. Ebenso fand der gleichfalls seit den letzten Jahren abgeschaffte Schweinetrieb daselbst zu jeder Tageszeit ganz ungehindert statt. Es frägt sich nun, hat die Stadtwache keine betreffende genaue Instruktion, oder wird sie nicht befolgt.

(Der „Straßen=Brunnen" im Stadtpark), von welchem es anfangs hieß, daß er frei im Mittelpunkt, ober der Stiege, angebracht werden würde, er= hielt jetzt seine Stelle seitwärts, gegenüber vom Musik=Pavillon, vor dem Kaffee=Pavillon. Man hat dabei — so hübsch und so zweckmäßig der Brunnen auch dort im Schatten stehen wird, — doch jedenfalls einen Umstand außer Acht gelassen. Früher oder später wird man nämlich zur Einsicht und zur finanziellen Möglichkeit kommen, daß, seitdem die dort in diesem Theile des Stadtparks gestandene, bei plötzlichem Regen Schutz gewährende große offene Säulenhalle des „Kiosk" (die bereits schon schlecht geworden war) im Anfang der 50er Jahre beseitigt wurde, im Stadtpark in dieser Beziehung ein arger Mangel vorhanden ist; und man wird dann gerade diesen Raum für die Herstellung einer großen leichten und zierlichen, etwa in Eisenkonstruktion ausgeführten Halle mit Glaswänden — mit welcher vielleicht der Erfrischungs=Pavillon zu verbinden ist — nothwendig brauchen, um so bei plötzlich eintretendem Unwetter die Musik unterzubringen und für das Kur=Publikum, welches sich schützen und noch unterhalten will, Raum zu schaffen. Sogar in dem kleinen Vöslau war man jüngst bei Herstellung des „Kursalons" auf diesen nicht unwichtigen Umstand bedacht. Statt des verhängnißvollen Parkgitters hätte man lieber diesen Punkt in's Auge fassen sollen!

Badener Theater-Chronik.
Mai 1880. [1]

Vom 1.—6. Vier Gastvorstellungen des „Riesen=Wandel=Diorama's vom Crystall=Palast in London" der Herren A. Koslowsky und Dr. Ludwig Winkler.

Samstag den 15. O diese Männer! Schwank in 4 Aufzügen von Julius Rosen. — (Debut des Fräul. Minna Bellau vom landsch. Theater in Laibach. Herr Franz Parth als neuengagirtes Mitglied.)

---

[1] Die von der Gemeindevertretung diesmal für die Theater=Vorstellungen bewilligte, früher nicht vorgekommene Verlängerung der Oster=Pause bis halben Mai hatte den Nachtheil, daß die allerdings noch nicht sehr zahlreich bereits angekommen gewesenen Sommergäste nicht wenig unzufrieden mit dieser Verfügung waren.

Sonntag den 16. Wiener Karikaturen. Posse mit Gesang in 5 Bildern von O. F. Berg. Musik v. Kapellmeister Joh. Brandl. — (Wohlthätigkeits-Vorstellung in der Arena.)

Montag den 17. Der Seekadet. Komische Oper in 3 Akten von F. Zell. Musik von R. Genée. — (Debut des Frls. Marie Massa vom Stadt-Theater in Preßburg, als Fanchette, und des Hrn. Edmund Frank vom k. k. priv. Theater in Innsbruck, als Domingos.)

Der Domingos machte, trotz der guten Stimme des Herrn Frank, im Publikum wieder recht das Verlangen nach Hrn. Guttmann lebendig.

Dienstag den 18. Johannistrieb. Schauspiel in 4 Aufzügen von Paul Lindau. — (Debut des Frls. Margarethe Oláh vom Grey-Theater in Wien und des Hrn. Ludw. Deutsch vom Stadt-Theater in Olmütz)

Mittwoch den 19. Er experimentiert. Lustspiel in 1 Aufzug von Holbein. — Hektor. Schwank in 1 Akt von G. v. Moser. — Der Kapellmeister von Benedig. Musikal. Quodlibet in 1 Akt von Louis Schneider. Musik von verschiedenen Meistern. — Dazu das Gastspiel der 6jährigen Pariser Chansonetten-Sängerin (!), Violin- und Xylophon-Virtuosin Celina Delépierre: Potpourri auf dem Xylophon aus der Operette „Die Glocken von Corneville"; „La gavroche", komische Chansonette von Jules Delépierre, vorgetragen von Celina Delépierre (!!); Variationen über den „Karneval von Benedig", Xylophon-Vortrag von derselben.

Donnerstag den 20. Fatinitza. Komische Operette in 3 Abtheilungen, mit Benützung eines französischen Stoffes, von F. Zell und R. Genée. Musik von Franz v. Suppé. — (Debut des Frls. Anna Felded vom Thalia-Theater in München.)

Freitag den 21. Der Bibliothekar. Schwank in 4 Akten von G. v. Moser.

Samstag den 22. Ihr Korporal. Posse mit Gesang in 5 Akten von Carl Costa.

Sonntag den 23. Die Fledermaus. Komische Operette in 3 Akten von Johann Strauß.

Montag den 24. Rosenkranz und Güldenstern. Lustspiel in 4 Aufzügen von Michael Klapp.

Dienstag den 25. Mein Leopold. Original-Volksstück mit Gesang in 3 Akten und 6 Bildern von Ad. L'Arronge. Musik vom Kapellmeister Konradin.

Mittwoch den 26. Giroflé-Girofla. Komische Operette in 3 Akten nach dem Französischen der Herren A. Vanloo und E. Letterier, bearbeitet von Julius Hopp. Musik von Charles Lecocq.

Freitag den 28. Die Pfarrersköchin. Original-Posse mit Gesang in 4 Akten von O. F. Berg. Musik von Kapellmeister J. Brandl.

Samstag den 29. Boccaccio. Komische Operette in 3 Akten von F. Zell und Richard Genée. Musik von Franz v. Suppé.

Sonntag den 30. Der närrische Schuster. Wiener Volksposse mit Gesang in 5 Akten von O. F. Berg. Musik von Karl Millöcker.

Montag den 31. Starke Mittel. Schwank in 4 Akten von Julius Rosen.

Badener Familien-Chronik.
Familien-Nachrichten vom Mai 1880.
Geburten.[1]

In der Pfarre Baden wurden im Mai 1880 geboren:

Am 1. Dem Franz Hochmayer, Wilhelmstraße 15, ein Sohn August. — Dem Schlossergesellen Jakob Gunsam, Palffygasse 11, ein Sohn Rudolph. — Am 2. Dem Tuchhändler Ferd. Smrzta, Tanngasse 16, eine Tochter Leopoldine. — Dem Schneider Leopold Hüttner, Pfarrgasse 10, eine Tochter Pauline. — Am 3. Dem Gärtner Joseph Matousek, Weilburgstraße 6, ein Sohn Eduard. — Dem Messerschmied Lambert Smolik, Annag. 27, ein Sohn Lambert. — Dem Leichenbestattungs-Unternehmer Eduard Missel Pfarrplatz 16, eine Tochter Anna Maria. — Am 4. Dem Hauer Joseph Grasser, Bimmergasse 9, eine Tochter Maria. — Am 7. Dem Hausbesorger Franz Minich, Frauengasse 8, eine Tochter Karoline Hermine. — Am 8. Dem Taglöhner Franz Kragler, Alleegasse 13, ein Sohn Franz. — Am 11. Dem Tapezierer Anton Umvogel, Neustiftgasse 30, ein Sohn Karl. — Am 15. Dem Buchhändler Ferdinand Schütze, Pfarrgasse 8, eine Tochter Maria. — Am 18. Dem Eisengießer Anton Pichler, Waltersdorferstraße 46, eine Tochter Johanna. — Am 23. Dem Tischler Gottlieb Wieser, Waltersdorferstraße 176, eine Tochter Anna. — Am 24. Dem Hauer Joseph Gröschl, Palffygasse 13, eine Tochter Josepha. — Am 26. Dem Taglöhner Franz Müller, Braitnerstraße 57, zwei Töchter Anna Maria und Maria Theresia.

Außerdem 8 uneheliche Kinder.

In der Badener „Israelitischen Kultusgemeinde" wurde am 6. Mai 1880 dem Gasanstalts-Buchhalter Joseph Felber ein Sohn Oskar geboren.

Trauungen.

In der Pfarre Baden wurden im Mai 1880 getraut:

Am 2. Schauspieler Eduard Menzel, Palffygasse 4, mit Schauspielerin Katharina Dostal aus Wien. — Maurergeselle Franz Trettler, Feldgasse 11, mit Taglöhnerin Elisabeth Schmidl aus Marz in Ungarn. — Am 3. Kohlenhändler Karl Schätzl, Alleegasse 1, mit Näherin Maria Degiorgi aus Ebenfurt. — Am 10. Kutscher Karl

---

[1] Vom Monat April 1880 sind nachzutragen:

Am 16. Dem Apotheker Karl Guido Schwarz, Hauptplatz 2, ein Sohn Hugo. — Am 28. Dem Taglöhner Johann Wanzenböd, Wienerstraße, eine Tochter Rosina. — Dem Fabrikschlosser Michael Kerschewan, Hintergasse 14, ein Sohn Paul. — Am 29. Dem Maurer Anton Magloth, Mühlgasse 14, ein Sohn Anton.

Außerdem 2 uneheliche Kinder.

Schweiger aus Baden, mit Dienstmagd Josepha Hoffmann aus Weikersdorf (St. Helena). — Am 11. Schauspieler Johann Heinrich Widemann, Erolengasse, mit Schauspielerin Johanna Julia Schöppl aus Dresden. — Am 15. Lehrer Mansuet Grimme in Wien, mit Barbara Katharina Weidl aus Wien. — Am 23. Südbahn-Beamter Johann Alois Bernatzik aus Teschen, mit Rosa Trenner aus Baden. — Am 24. Bäckermeister Julius Christian Schöffmann, Heiligenkreuzergasse 5, mit Gasthausbesitzers-Tochter Maria Theresia Kronfuß. — Am 25. Kellner Franz Dominizi aus Weißenkirchen, mit Wirthschafterin Beata Niediger aus Grumberg in Mähren. — Hauer Anton Fahnler, Weilburgstraße 49, mit Hauerstochter Josepha Fock aus Baden (Leesdorf). — Am 26. Schuhmachermeister Johann Waltenberger, Annagasse 27, mit Dienstmagd Antonia Kottun aus Serowitz in Böhmen. — Am 29. Liquidator der Anglo-Austria-Bank in Brünn Emil Alexander Wallauschek, mit Schauspielerin Antonia Calliano. — Beamter der Wiener Tramway-Gesellschaft Leopold Sylvester aus Wien, mit Tapeziermeisters-Tochter Karoline Schubert aus Baden. — Am 30. Kohlenmagazins-Aufseher Johann Georg Mosbacher in Baden, mit Haushälterin Theresia Mad aus Traiskirchen.

Todesfälle.

In der Pfarre Baden sind im Monat Mai 1880 gestorben:

Am 3. Fabriksschlosser Thaddäus Wilhelm, Leesdorfer Hauptstraße 59, 59 J., Lungentuberkulose. — Des Ziegelarbeiters Mathias Swoboda, Vöslauerstraße 71, Sohn Peter, 10 J., Fraisen. — Schneidermeister Wilhelm Degiorgi, Bergstraße 15, 49 J., Lungentuberkulose. — Am 7. Privatier Wilhelm Edler von Wörth, Theresiengasse 6, 85 J., Altersschwäche. — Am 9. Des Bäckermeisters Lorenz Alfat, Palffygasse 30, Sohn Franz, 7 M., Lungenentzündung. — Pfründner Johann Neubauer, Vöslauerstr. 50, 65 J., Lungenlähmung. — Am 10 Des Taglöhners Gibler, Sohn Franz, 9 J., Blattern, im Gemeindespital. — Des Schuhmachers Joseph Homola, Neustiftgasse 19, Tochter Barbara, 12 T., Lebensschwäche. — Der Kassierin Hermine Mandel, Braitnerstraße 32, Tochter Josepha, 16 M., schweres Zahnen. — Am 11. Hausbesitzer Joseph Breinschmidt, Braitnerstraße 45, 42 J., Blattern.[1]) — Schneidermeisters-Tochter Anna Keller, Grabengasse 15, 16 J., Lungentuberkulose. — Am 12. Dem Hausbesitzer Karl Kaiser, Rohrgasse 6, Tochter Maria, 8 M., Lungenentzündung. — Am 14. Dienstmagd Maria Hudia, Eichwaldgasse 7, 21 J., Lungenentzündung. — Am 15. Der Magd Maria Ritter, Waltersdorferstraße 23, Sohn Stephan, 17 M., Lungentuberkulose. — Am 18. Des Verzehrungssteuer-Beamten Alois Kraus, Annagasse 18, Tochter Barbara, 4 J., Blutzersetzung. — Am 19. Gärtners-Gattin Katharina Spindler, Fabriksg. 4, 56 J., Magenentartung. — Am 21. Musikers-Gattin Anna Maria Geiberger, Wassergasse 18, 36 J., Lungentuberkulose. — Am 24. Privatier Laurenz Zuschmann, Braitnerstraße, 67 J., Herzwassersucht. — Am 25. Kutschers-Gattin Maria Bleier, Braitnerstraße 38, 38 J., Lungentuberkulose. — Am 27. Schneidermeister Ferdinand Stöger, Wilhelmstraße 15, 42 J., Lungentuberkulose. — Des Sollizitators Heinrich Böck, Neustiftgasse 18, Sohn Wilhelm, 2 M., Auszehrung. — Hauers-Sohn Johann Koller,

---

[1]) Mit diesem zweiten und zum Glück letzten Todesfall durch die Blattern während des Monats Mai im Kurrayon Baden ist erfreulicherweise konstatiert, daß seit dem 11. des vorigen Monats diese, überhaupt hier nur ganz vereinzelt vorgekommene Krankheit entschieden im Schwinden begriffen ist und daß alles sonstige Gerede sich in erwünschtester Weise als unbegründet herausstellt. (Es dürfte diese offene Mittheilung gewiß zweckmäßiger erscheinen, als ein von einigen Seiten in Anregung gebrachtes gänzliches Schweigen darüber, wodurch nur eine unnöthige Besorgniß hervorgerufen und der Uebertreibung weitester Spielraum geschaffen worden wäre.)

Mühlgasse 8, 27 J., Bauchfell=Entzündung. — Witwe Katharina P r e i ß l e r, Wasserg. 4, 94 J., Altersschwäche. — Am 29. Wäscherin Barbara F i s c h e r, Flamminggasse 186, 44 J., Lungentuberkulose.

In der „Israelitischen Kultusgemeinde" zu Baden sind im Monat Mai 1880 gestorben:
Am 13. Witwe Franciska G o l d n e r, 45 J., Rückenmarksentzündung. — Am 29. Theater=Direktor Maximilian S t e i n e r aus Wien, 50 J., Krebs. (Beide Leichen wurden nach Wien überführt).

Von den Protestanten Baden's wurden bei der am 6. Mai in der e v a n g e l i s c h e n P f a r r k i r c h e zu M ö d l i n g abgehaltenen Konfirmations=Feier die nachstehenden Jünglinge und Jungfrauen konfirmiert:
Rudolph Lukas B l u m e n t h a l, geb. am 2. November 1865 zu Paris. — Rudolph Robert K u n z, geb am 9. December 1865 zu Leesdorf. — Anna Elisabeth B a u e r, geb. am 8. August 1864 zu Pest. — Sophie K u n z, geboren am 13. Januar 1865 zu Leesdorf. — Rosa P f e n n i n g e r, geb. am 16. Mai 1864 zu Baden.

Die am 6. Juli 1880

— dem Jubiläums-Tag der Stadt Baden —

erscheinende VI. Lieferung dieser „Beiträge"

wird, unter anderen Mittheilungen aus Vergangenheit und Gegenwart, die folgenden Aufsätze enthalten:

Die Urkunde der Erhebung Baden's zur Stadt,

aus dem Jahre 1480,

mit allen Varianten der verschiedenen Fassungen.

Joannes Prelecker's

Ansicht der Stadt Baden aus dem Jahre 1486.

(Ueberraschende Nachweisungen über eine bisher u n b e k a n n t g e w e s e n e bildliche Dar= stellung B a d e n's aus der Zeit nach der Erhebung des Ortes zur Stadt. — Mit einer Radierung von Emil Hütter, als Einzelbeilage.)

Die Badener Denkmünzen.

(Beschreibung von fünf auf Baden bezüglichen Medaillen.)

C.... a.. Vergangenheit.

Chronik der Vergangenheit.

Chronologische Nachweisungen zur Geschichte Baden's.

XIV. Jahrhundert.

1308 belehnt Herzog Friedrich I. von Oesterreich die Enkel des Leuthold von Chreusbach — Bernhard und Friedrich — aus dem zu seinem Hofe in Baden (später „Gamingerhof", dann „Adlerwirthshaus") gehörigen Grundbesitze mit einem großen Weingarten „vineam in Baden, dictam" „Unbeschaiden." [1]

> Vgl. Manuskriptband der Badener Augustiner = Urkunden im Stadt=archiv, Fol. 20 (Nr. 12); ferner über denselben Weingarten: Fol 21 (Nr. 13, vom Jahre 1314) und Fol. 22 (Nr. 14, v. J. 1316). — Desgl.: Schenk, „Taschenbuch" 1805, S. 21.

1308, am Georgentage, verkauft Wolfger Schober einen Weingarten, „der liegt an des Herzogs (Friedrich) Pergen zu Baden [2], der Frauen Elzbetten. Herrn Chunrad Witwen des Hager." — (Vgl.: Schenk's „Taschenbuch" 2c. 1805, S. 24—25.)

1310, 24. Juni, verzichten Heinrich von Rohr und seine Hausfrau und Töchter zu Gunsten der Abtei Heiligenkreuz auf ihre Ansprüche auf einem Hof zu Baden („umb einen Hof, derweilen ist gewesen vron Diemuten der erwern altvrown von paden.") — (J. N. Weis, II, 26. XXX.)

1310, 25. Juli, überläßt Ulrich der Maze von Rohr („Ulrich der Matz vom Ror") zu Baden („datz Paden") der Abtei Heiligen-

---

[1] Dieser beträchtliche Weingarten lag am „Mitterberg" („sub Tehenstain") und gelangte 1316 durch Schenkung des Herzogs Albert an die Badener Augustiner. — Später hieß der ganze nordwestlich von Weikersdorf am Fuße des Mitterberges gelegene, zur Stadt Baden gehörige Theil „Ungescheiden." Erst im Jahre 1834 begann der damalige Förster der Herrschaft Weikersdorf, Leopold Felbinger, — der die „Alexandrowicz'schen Anlagen" gekauft hatte — einen vom Mitterberg ausgehenden, bis an die Straße im Helenenthal reichenden Felsen sprengen und eine Straße durch den, „Ungescheiden ge=nannten Acker" führen zu lassen, wo er die ausgefleckten Bauplätze verkaufte, woburch die jetzige „Karlsgasse" entstand. (Vgl. Schmiedl's „Wien's Umgebungen" [Wien 1837] III, 453. — Desgl. Dr. Karl Rollett's „Baden in Oesterreich". Wien 1838, S. 166.

[2] „Herzogberg" (mit der Ursprungquelle), später auch „der Hager" und jetzt „Kalvarienberg" genannt.

kreuz einen Weingarten und Acker „die da haizzent bi namen Gebrait" bei Baden, zwischen Pfaffstätten und der Rohrmühl. — (J. N. Weis, II, 27—28. XXXI.)

1311, 23—30. Mai, stiftet Mathilde von Schnepfenstein sich in der Abtei Heiligenkreuz Begräbniß und Jahrtag, wozu sie, nach ihrem Tode erfolgende zwei Pfund Pfennige Gülten zu Baden auf der Neustift („an der neuen stift ze Paden") widmet. — (J. N. Weis, II, 29—30. XXXIII; desgl. XXXIV.)

1312, 22. (?) Mai, verkauft Laurenz der Holzer von Baden der Abtei Heiligenkreuz seinen Hof zu Baden („Hof daz Baden, der ist gelegen bei Heiligkreutzer munichhof.") — (J. N. Weis, II, 36—37, XXXIX.)

1312, am Pfingstag nach St. Johanns-Tag, verkauft Sigmund Kastner seine Veste zu „Leestorff" an den Edlen Erhardt Lendtfaringer. — (Hueber, a. a. O., S. 46.)

1312 schließt Bernard, Bischof von Passau, mit dem unter ihm stehenden Stifte Möll — welches seit jeher das Patronat über die Pfarre Baden hatte, weil dieselbe (gleich mehreren anderen) eine Filiale der dem Stifte gehörigen Pfarre Traiskirchen war (vgl. S. 71, Note 2) — einen Vertrag, vermöge welchem das Stift Möll diese Pfarren mit Seelsorgern besetzen sollte. (Vgl. „Kirchl. Topogr.," S. 82—83.)

1312 entdeckt Albero von Rauhenstein im „untern Dorf" daselbst einen Reisigen, der sich, mit mehreren kurz vorher aus Asbach bei Amstetten eingewanderten Hausgenossen, zur Sekte der „Adamiten" bekannte. — (Die Adamiten, die in der „obern Waldgegend" ihren Hauptsitz hatten, wurden 1314 theils verhaftet, theils vertrieben oder getödtet.)

> Vgl.: Pez, „Scriptores rerum Austr." etc., Lipsiae 1725, Tom. II, pag. 533—536: „Narratio de nefanda haeresi Adamitica." — Desgl.: Leber, a. a. O., S. 97. (Daselbst S. 98 auch die Notiz, daß zu jener Zeit auf den Höhen hinter Rauhenstein, wo jetzt Wald ist, Weingärten gewesen sein sollen.)

1319 erscheint ein Ulrich von Pfaffstätten als Besitzer des „Herzoghofes" mit den dazu gehörigen Weingärten in Baden. In einem Lilienfelder Stiftbriefe wird derselbe Ulrich Dux von Pfaffstätten genannt, welcher sich entweder von diesem Hofe den Beinamen Dux (Herzog) beilegte, oder denselben schon früher als Familiennamen führte.

> Vgl.: Schenk, „Die Schwefelquellen von Baden" ꝛc., Baden 1817, S. 28; desgl.: „Kirchl. Topogr." IV, 54; desgl.: M. Koll, „Das Stift Heiligenkreuz" Wien 1834, S. 200; desgl.: „Berichte und Mittheilungen des Alterthumsvereines zu Wien," III, 61.

1320 schenkt — nach der „Kirchl. Topogr.," IV, 83 — ein gewisser Radler von Sitzenberg der Pfarre zu Baden, als „Seelengeräthe" eine Hofstätte daselbst. — (Diese Mittheilung dürfte jedoch nach der S. 87 bei Pfarrer Martin gebrachten Notiz von 1325 — wenigstens bezüglich des Namens — zu berichtigen sein.)

1322 schließt **Wolfger von Weitersdorf** („Wolffer Herrn Fridreichs sun von Weiterstorf") mit den Augustinern zu Baden einen Tausch-Vertrag, zufolge dessen er denselben die Hälfte einer Waldung, „das Holertal am Challtenperg" genannt, gegen einen ihrer Weingärten am „voder perg" bei Baden, genannt „d. Holr," überläßt.

Vgl.: Leber, a. a. O., S. 100, S. 149, 6 und S. 227. Taselbst ist die Urkunde (aus dem „Frauenhofer-Archiv zu Laden," Lad. B, Nr. 2) zum erstenmal abgedruckt. — (Das Original dieser Urkunde, auf Pergament mit dem anhangenden Wachssiegel Wolfger's von Weitersdorf, befindet sich seit 1876 im Badener Stadtarchiv.)

1323 erfolgt das Begräbniß des Herrn **Heinrich von Rohr** und seines Bruders Leitfrit in der Pfarrkirche zu Baden. (Ueber den Grabstein dieser Glieder des 1507 ausgestorbenen Geschlechtes vgl. S. 23.)

1324, 15. Juni, beurkunden **Heinrich von Rohr** (des obigen Heinrich Sohn) und Geisel seine Hausfrau, zu Heiligenkreuz den Verkauf von einem Pfund Pfenning Gülte zu Baden „daz do leit ze Paden bei der Olohgazzen" (Allandgasse), an Weichhart von Arnstein. — (J. N. Weis, II, 105—106, CII.)

1325 erscheint ein „Martinus plebanus (Pfarrer) in Paden." (Vgl. Hueber, a. a. O., S. 219 und Taf. XIII, 7 [Siegelabbildung.] — Desgl. S. 87 dieser Blätter.)

1326, 2. März, verkauft **Walter von Linzberch** der Abtei Heiligenkreuz fünfzehn Pfenning Gülten zu Baden („unserz rechten aigens fumftze phenning geltes, daz do leit ze Paden pei des Rauber turn.") — (J. N. Weis, II, 109, CVI.)

1329, 21. Sept., stiftet **Otto der Turs von Rauhenegk** in der Abtei Heiligenkreuz für sich und seine Familie Jahrtäge, und schenkt dazu „einen weingarten, der haizzet der Chrump und ist gelegen ze Paden an dem perig vor der Chirche ze der pharre". — (J. N. Weis, II, 126—127. CXXIII. — Desgl. „Chronikon breve monast. ord. Cist. ad sanctam crucem" etc., Viennae MDCCCXXXIV, pag. 37. — Desgl.: Leber, a. a. O., S. 101.)

1332, 29. Sept., schenkt **Agnes von Techenstain** den Augustinern zu Baden einen Weingarten, gelegen bei der Pfarre und die „muem" genannt. — (Vgl.: Leber, a. a. O., S. 150, Nr. 10.)

Das Original dieser Urkunde auf Pergament, mit anhangendem Wachssiegel des Zeugen Heidenreich von Techenstein, befindet sich im Badener Stadtarchiv.

1333, am Sct. Johannstag, verkauft **Albrecht der Hueter** zu Baden („datzu Baaden") sein Haus baselbst („curia in Baden") dem Stifte Mölk. Zeugen sind „Chunrad Suderwein von Baaden" und Andere. — (Vgl. Hueber, a. a. O., S. 68, Nr. 18.)

Die Urkunden des Badener Stadtarchivs.

V.

Erhebung Baden's durch Kaiser Friedrich III. zur Stadt.

Zur Feier des 6. Juli 1880, des Jubeltages der niederösterreichischen Thermenstätte Baden, an welchem Tage vor 400 Jahren unser segensvoller Quellenort durch den vielbedrängten Kaiser Friedrich III. — der auch, das altberühmte Heilbad suchend, öfter daselbst geweilt — in folgenreicher Weise zur Stadt erhoben worden ist, sei hier die betreffende Urkunde, dem vollen Umfange nach, mit aller möglichen Sorgfalt mitgetheilt. Nur kurz möge vorausgeschickt sein, daß diese für die Entwicklung des Kurorts epochale Erhebung Baden's zur Stadt einerseits allerdings hauptsächlich erfolgte, um den durch feindliche Einfälle ärgster Art oft und hart mitgenommenen Ort in „aufnehmen" zu bringen, daß sie aber andrerseits bekanntlich — im Zusammenhang mit Ertheilung von Privilegien auch an andere der wichtigeren Plätze Niederösterreichs (Bruck a. d. Leitha, Hainburg, Krems und Stein, Lilienfeld, Wr. Neustadt, Waidhofen a. d. Th., u. s. w.) und mit Befestigung dieser Punkte — besonders auch zugleich zu dem Zwecke geschah, den seit 1466 zwar nothdürftig befestigten, jedoch 1477 durch die wilden Schaaren des Mathias Corvinus zerstörten „Markt" Baden mit festeren Mauern und Gräben zu umgeben, um dadurch sowol gegen feindliche Ueberfälle selbst möglichst geschützt zu sein, als auch ein Glied in der Kette der Befestigungen zu bilden, die zur allgemeinen Vertheidigung gegen die Ungarn unter Mathias Corvinus zu jener Zeit errichtet worden sind. [1]

Das Original dieser für Baden so wichtigen und bedeutsamen Urkunde von 1480 — mit welcher dem Aufschwung und der Stellung des Ortes für alle Zukunft eine mächtige Grundlage gegeben wurde — ist leider durch die Türkenhorden im Jahre 1683 bei der Zerstörung der Stadt, und besonders auch des Rathhauses, verloren gegangen. Im Rathsprotokoll [2] vom 12. Januar 1686 (Bd. I, Fol. 75) findet sich der folgende, den Verlust der Urkunde konstatirende und eine Neuausfertigung derselben und der Bestätigung der „Privilegien" Baden's erwirkende Beschluß —: „Damit die Stattprivilegien, welche im türcken Rummel verlohren worden, gleichwohl in Abschrifft bey der Statt seyn mögen, alß sollen solche bey der geheimben Registratur aufs wenigst vidimirter herauszugeben begehrt werden." Desgl. vom 29. Januar 1686 (Fol. 77): „Weilen schon vormahls veranlaßt worden, die im türken Krieg verlohrne Stattprivilegien und Freyheiten bei der geheimben Registratur in vidimus herauszunehmen, und derentwegen Herr Registrator beschrieben worden, alß ist veranlaßt, solche in ein libell zusammen zu schreiben."

---

[1] Vgl. „Die Eroberung Niederösterreichs durch Mathias Corvinus in den Jahren 1482—1490." Von Dr. Karl Schober. In „Blätter des Vereines für Landeskunde von Niederösterreich", Wien 1879, S. 7—11.

[2] Die Rathsprotokolle der Stadt Baden seit 1684 sind im Stadtarchiv in vollständiger Reihe vorhanden.

Diese Neuausfertigung des Badener Stadtrechts erfolgte noch i. J. 1686, und das im Stadtarchiv zu Baden als eines der gemeindlichen Haupt=Dokumente aufbewahrte, gleichzeitig in braunem Leder (mit weißen Leder= bändern) gebundene Original derselben in Quart=Format weist folgenden Titel:

Der Statt Baden
Privilegia und Freyheiten, wie auch
deren Confirmationes,
und zwar Erstlichen

Kayser Friderici

Erhebung der Statt Baaden zu einer Statt.
Verleihung eines Purckhfriedts.
Confirmierung Ihrer alten, und Erthaillung neüer
Jahr= und Wochen=Märckht: Verleihung
eines Wappens, sambt der Freyheit, Richter
und Rath zu erwöhlen, Painthaydung
zu besitzen, Saltz=Cammer aufzurichten.
Maüth auf denen Wochen=Märckhten
einzufordern, und Diech=Waldt zu haben.
De Anno 1480.

Nach der, Fol. 2 bis Fol. 6 umfassenden Haupt=Urkunde folgen, auf Fol. 6 bis Fol. 23, die nachstehend mit dem Titel angeführten Bestätigungen:

Kaysers Maximiliani deß Ersten Confirmation
deren von Baaden Freyheiten, de A°. 1494. —
Kaysers Ferdinandi deß Ersten Confirmation
über der Statt Baaden Privilegia, und
Freyheiten, de dato 10. Juli A°. 1534. (Original im Stadtarchiv.) —
Kaysers Maximiliani deß Andern Confirmation
über der Statt Baaden Freyheiten, de dato 20. February A°. 1565. —
Kaysers Rudolphi deß Andern Confirmation
deren von Baaden Freyheiten, de A°. 1578. —
Kaysers Matthiae deß Andern Confirmation
über der Statt Baaden Freyheiten, sub dato 6. Marty A°. 1611. —
Kaysers Ferdinandi deß Andern Confirmation
über deren von Baaden Freiheiten, de A°. 1622. —
(Kaysers Ferdinandi deß Andern Verleihung der Statt Baaden Mauth=
Freiheit ꝛc., de dato 8. May A°. 1629.) —
Kaysers Ferdinandi deß dritten Confirmation
über der Statt Baaden Freyhaiten, sub dato 12. 9bris, A°. 1637. [1])

---

[1]) Die ferneren, im Badener Stadtarchiv in der Original=Aus= fertigung aufbewahrten Bestätigungen sind folgende:
Des Kaisers Leopold I. „Konfirmation für die Statt Baaden über Ihre althabende Freyheiten und Privilegien." — Wien, 23. Juli 1659.
Des Kaisers Joseph I. Bestätigung der Privilegien Baden's. — Wien, 4. Jänner 1707.
Des Kaisers Karl VI. Bestätigung der Privilegien Baden's. — Laxenburg, 2. Juni 1718. (Mit prachtvoller großer Silberkapsel. Vgl. S. 48.)
Der Kaiserin Maria Theresia Bestätigung der Privilegien Baden's. — Wien, 20. April 1752.
Des Kaisers Joseph II. Bestätigung der Privilegien Baden's. — Wien, 9. August 1786.
Des Kaisers Franz II. Bestätigung der Privilegien Baden's. — Wien, 3. November 1795.

Am Schluß folgt die nachstehend mitgetheilte Kollationierung s = Klausel:

„Daß hievorstehende auf 23 Blätern zusamben beschriebene, der Statt Baaden in sich haltende Privilegia, gegen eines jeden bei der Röm. Kai: Mayst: Gehaimben 2?. G. Hoffcanzley Registratur sich absonderlich befündenden Concept collationiert, und demselben ganz gleichlauthendt, Urkhundet vorderist Allerhöchstermelt Ihrer Mayst: fürgetruckhtes Kayf: Secret Justgl, und diese mein Registratoris alds, aigene Haudt= und Unterschrifft.

„Wienn, den 20. February, A⁰ 1686.

(Großes kaiserl. Siegel,   „Ferd: Kluege
auf rothes Wachs über   v. Grünenberg m. p.“
Papier gedruckt.)

Nach dem Wortlaut dieser officiellen Kollations = Klausel sollte man nun meinen, daß die Neuausfertigung nicht bloß Zeile für Zeile und Wort für Wort, sondern auch Buchstabe für Buchstabe genau nach der Schreibweise des Original= „Konceptes“ der N. Ö. „Hoftanzlei“ erfolgt sei. Eine Vergleichung mit andern Abschriften zeigt aber das Gegentheil. Abgesehen von der Thatsache, daß die Neu= ausfertigung durchaus nicht in der Schreibweise der Zeit der Ausstellung der Urkunde von 1480, sondern in der des Jahres der Abschrift (1686) erfolgte, zeigen sich manche Ausbrücke als vom Abschreiber gänzlich mißverstanden und manche Worte sogar als eingeschoben.[1]

Aber auch die im „Thesaurus“ von Bernhard Pez[2] nach Philibert Hueber's Kopie („ex autentic.“ — wie es dort heißt) mitgetheilte alte Abschrift ist nicht genau, und — der Badener Neuausfertigung gegenüber — sogar nicht vollständig. In der Schreibweise steht dieser Hueber'sche Text zwar sicher dem Original von 1480 näher, als der „kollationierte“ Badener Text, aber der letztere bringt dagegen wieder einige Ausdrücke ohne Zweifel rich= tiger und manche Sätze vollständiger, — wenn sie nicht willkürlich ein= geschoben sind — und einen Passus an der richtigen Stelle, welcher im Pez=Hueber'schen Text offenbar an unrichtigem Platze steht.

Es galt nun, womöglich das Original=Koncept der Urkunde zu finden und mit den Abschriften zu vergleichen. Aber — ebenso bedauerlicher= als verwunderlicherweise gaben die genauesten Nachforschungen, sowol im Nieder= österreichischen Landesarchiv, als im k. k. Hofkammer= und im Staatsarchiv nicht das geringste Resultat. Auch im Adelsarchive, welches — der Wappenverleihung wegen — viele Städte=Privi= legien besitzt, findet sich keine Spur.

Bei dieser Sachlage ist es als ein glücklicher Fall zu betrachten, daß unter der Anzahl im Badener Stadtarchiv vorhandener nichtvidimierter alter

---

[1] In dieser ungenauen, in vielfacher Hinsicht der Richtigstellung bedürftigen Fassung ist die Urkunde mitgetheilt in M. A. Mayer's „Miscellen“ I, Baden 1819, S. 75—85, und darnach in Dr. Karl Rollett's „Baden in Oesterreich,“ Wien 1838, S. 9—15. — Vgl. auch: Nachw. in Bischoff's „Oesterr. Stadtrechte“. Wien 1857, S. 5.

[2] „Codex diplomatico-historico epistolaris etc. Opera et studio R. R. P. P. Bernardi Pez, Benedictini & Bibliothekarii Mellicensis“ etc. — Augustae Vind. & Graecii. Anno MDCCXXIV. Tom. V, pars III, („Thesaurus“ VI), pag. 413—415, mit der Ueberschrift: „Fridericus III. municipium Badense in Austria juribus, privilegiis, ac praerogativis Urbis seu Civitatis donat. 1480. Ex autentic.“

Kopien der Urkunde von 1480 sich ein Exemplar befindet, welche Abschrift mög= licherweise noch vor der Vernichtung des Originals im Jahre 1683 angefertigt worden ist, denn sie weist den verhältnißmäßig noch korrektesten Text.

Nach dieser, die Handschrift des XVII. Jahrhunderts zeigenden Kopie ist nun in dem hier folgenden neuen Abdruck der Urkunde der Text der officiellen Neuausfertigung von 1686 mit möglichster Berück= sichtigung aller Umstände richtiggestellt, wobei auch der Pez=Hueber'sche Text in gewissenhafte Vergleichung kam, und es sind die wesentlichen Abweichungen sämmtlich in den Noten angeführt. — So mißlich die ganze Sachlage ist, so konnte doch — wenn man nicht alle drei Texte nebeneinander setzen wollte — nicht leicht ein anderer Weg gefunden werden für den hier beabsichtigten Zweck. [1])

Gemainer Statt Baaden Freyheiten von Kayser Friderich.

De Aº 1480.

Wir Friderich von gots gnaden Römischer Kaiser [2]) zuallentzeiten Merer des Reichs, ze Hungern Dalmatien Croatien ꝛc. Kunig, Hertzog ze Osterreich ze Steir ze kernden und ze krain [3]), Herr auf der Winndischenmarch und zu Portenaw, Graf zu Habspurg zu Tirol ze Phiert und ze Hyburg, Marggrawe ze Burgaw und lanndtgrave in Ellsaß ꝛc.

Bekennen für uns unser Erben und Nachkomen offentlich mit disem brief: Alß die Feindt etlich Jar her mit Heeres Crafft zogen seindt und noch für und für in unser Fürstentumb Osterreich ziehen, und unsern Marckht Baaden schwerlich verderbt, ausgeprennet und beschädigt haben, darumben wir dan denselben unsern Marckht, damit der widerumb in aufnehmen kome, fürgenohmen und geordnet haben, zu der wöhr [4]) zuezurichten und ze aufhaltung unser Burger und leüth den mit Mäuren [5]) und Gräben zubevestigen und zuezurichten, daz wir angesehen und ze herzen genohmen haben derselben unser Burger und leüth swerlich und merckhlich verderben und schaden daß sie von bemelten widerwerttigen deß Landts erlitten haben, und noch hinfür Teglich warttend sein müessen, wo solch bevestigung nit solt pawt werden, auch Ir vleissig bittn, und haben dardurch auch von

---

[1]) Die nachstehende Mittheilung des Badener Stadtrechts erfolgt hier zum ersten Male in einer Form, die einen festen Anhaltspunkt für die richtige Fassung desselben geben mag.

[2]) In der Badener Neuausfertigung von 1686 steht hier „erwölter" Röm. Kahser, welches Wort aber wol eingeschoben sein dürfte, da es im Titel anderer gleichzeitiger Urkunden des Kaisers Friedrich III. fehlt.

[3]) Von hier an ist der — wahrscheinlich vom Abschreiber gekürzte — Titel, nach dem Original einer andern Stadturkunde Friedrich III., ergänzt.

[4]) Im officiellen Badener Exemplar steht hier — aus Mißverständniß des Kopisten — „Wehörr" (!); aber auch im Pez=Hueber'schen Druck heißt es hier unrichtig: „Gwöhr", statt „wöhr" (d. i. Wehr), wie es allein richtig in der erwähnten alten Badener Abschrift steht.

[5]) In beiden Badener Abschriften steht hier richtig „Mäuren" (Mauern), während es im Pez=Hueber'schen Druck, ohne Zweifel unrichtig, „Weyhern" (Teichen) heißt.

Jres aufnehmens und gemaines nuz willen und sondern gnaden von Röm.
Karf. macht und alß Regierunder Herr und Landtsfürst in Österreich, [1])
den bemelten unsern Marckht B a a d e n und die berüchrt bevestigung, alß
weith die bauth und ingefangen wirdt, [2]) zu e i n e r Statt e r h e b t, dieselb Statt B a a d e n genent, unser Leüth und Unterthan, so darin Heüser
haben oder pawen und daselbs heüslich sizen und wonen werden, zu
B u r g e r geschöpfft und gemacht, [3]) auch zue derselben unser Statt ain
P u r g f r i d t: Nemblichen von den Creuz in der Ainödt auf die Kormüll,
von der Kormüll auf den Schüttpach, von dem Schüttpach auf des Häckhleins Teicht, von des Häckhleins Teicht an das Crattenthal, von dem
Crattenthal an den Puechgraben, von dem Puechgraben an die Eben ainödt, [4]) von der Eben ainödt widerumb an das Creüz in der Eben ainödt und darzue all und jeglich gnadt, Recht, Freyheit, Privilegia, [5]) alt
löblich gewohnhait und herkomen, damit ander unser Stätt und Märckht
daselbst zu Österreich von uns und unsern vordern begnadt sein, In und
Jren Nachkomen, Burgern daselbst zu B a a d e n gnädiglich gegeben und
Sie damit begnadt, In auch all und ieglich gnadt, Freyheit und Privilegia,
wie Sie die vormalß von uns und weilandt Künig Ladislaw löblicher
gedechtnus haben confirmirt und bestättigt; erheben, schöpffen, machen,
geben, confirmiren und bestätten auch wissentlich in Crafft deß brieffs, als
das [6]) die bemeldt bevestigung nun hinfür zu ewigen Zeiten die Statt
B a a d e n und unser Leüth und unterthan darinn Burger gehaissen, genent
und für menniglich [7]) darfür gehalten werden, und dieselben Stattrecht und
Purgrecht [8]) haben, und aller der Gnaden, Eren, Rechten, Freyheiten, alten
herkomen und löblichen gewohnheiten, damit ander unser Stätt und Märckht [9])
daselbst zu Oesterreich begnadt und gefreit sein, [10]) in allen iren Handl [11])
und gewerben, auf Wasser und auf Landt, mit kauffen und verkauffen, in-

---

[1]) Im Pez-Hueber'schen Druck fehlen hier die Worte: „Herr und Landts-“, welche
sowol in der Badener Neuausfertigung, als in der alten B a d e n e r K o p i e stehen.
   [2]) Wohl: so weit die Gebäude reichen und eingefangen werden. — P e z hat hier:
„als weit die mit Pandt (Balken?) ingefangen wird.“
   [3]) Hier folgen bei P e z — an unzweifelhaft unrichtiger Stelle — die in beiden
B a d e n e r K o p i e n erst weiter unten — und zwar auch in Manchem r i c h t i g e r und
etwas v o l l s t ä n d i g e r — vorkommenden Sätze: „als (statt „alt“ bei den zwei Badener
Kopien) löbleich gewohnhait und herkomen, damit ander unser Statt (soll heißen: Stätt
und Märckht) daselb zu Oesterreich von uns und unsern andern (soll heißen „Vordern“)
begnadt sein, In und Jren nachkommen.“ Außer dieser V e r s e t z u n g fehlen bei P e z
hier noch die folgenden Sätze: „. . . Burgern daselbst zu B a a d e n gnädiglich gegeben und
Sie damit begnadt, In auch all und ieglich gnadt, Freyheit und Privilegia.“
   [4]) Bei P e z fehlen hier die nachfolgenden Worte: „von der Eben ainödt wiederumb
an das Creuz in der Eben ainödt.“
   [5]) Hier fehlen bei P e z die nachstehend folgenden (oben in der Note 7) in der P e z-
H u b e r'schen Fassung angegebenen Sätze, von „alt löblich“ bis „und Privllegia.“
   [6]) P e z hat hier: „alles das“. — [7]) Bei P e z fehlen hier die Worte: „für menniglich“. — [8]) Bei P e z heißt es: „Burger recht“. — [9]) Bei P e z heißt es bloß „damit
unser Stett, Marck . .“ — [10]) Bei P e z heißt es hier: „begnadt und befreit sein“. —
[11]) In beiden B a d e n e r K o p i e n heißt es hier: „Händln“.

maſſen und ander unſer Burger in unſern Stätten und Märckhten zu Oeſterreich von Rechtens oder gewohnheit [1]) wegen haben, genieſſen und brauchen:
Auch an den Mauten und Zollen in unſern erblich Landten mit irer Waar
und Kauffmanſchafft gehalten werden ſollen, als ander unſer Burger in
unſern Stätten daſelbſt zu Oeſterreich gehalten werden, und von alter
herkomen iſt.

Wir geben auch Jn und Jhren Nachkomen hinfür zu ewig Järlich
zwen **Jahrmärckt** in derſelben unſer Statt **Baaden**, nemblichen: ainen
an Sontag vor Sandt Pangratzentag und den andern an unſer lieben
Frauen tag der Geburt, [2]) ieden mit fürſtlicher Freiung vierzehen tag vor
und vierzehen tag hinnach, auch zum **wochenmarckht**, ſo Sie [3]) von
alter her am **Freitag** daſelbs zu **Baaden** bisher gehalten, noch wochent-
lich ain **wochenmarckht** am **Erchtag**, [4]) an denſelbigen Tägen, mit allen
Rechten, Eren und [5]) Freiheiten, mit kauffen und verkauffen und in ander
weeg [6]) zuhalten und zuhaben, inmaſſen ander Jahrmärckht und wochenmärckht
bey unſern Stätten und märckhten daſelbs zu Oeſterreich gehalten werden.

Wir haben auch darzue denſelben unſern Burgern und Jnwonern zu
Baaden die gnadt getan, daß Sie zu ewigen Zeiten ainen **Richter und
Rat** daſelbs aus Jnen und Perſohnen, [7]) die darzue tauglich ſein, ſezen
und erwelen mögen, doch daß die, ſo alſo zu Richter und Rat geſetzt und
erwelt worden, uns und unſere Erben und Nachkomen, [8]) oder wem wir
das befehlen, ſchwören und gewöhnlich Pflicht und ayd thuen, [9]) als ander
unſer Stätt daſelbſt zu Oeſterreich; ob [10]) aber wir und unſer Nachkomen
ain Richter ſelbs ſezen wolten, deß [11]) ſollen wir macht haben, dieſelben
Richter und Rat dan in derſelben unſer Statt und als weith [12]) der ob-
beſtimbt Purgfridt weret, umb all ſachen, ſo ſich begeben, zurichten haben
ſollen, und wer alſo zu Richter geſezt würd, der ſoll das gerichtgelt von
uns, unſern Erben und Nachkomen [13]) alle Jar beſtehen und ſich darumb
mit uns vertragen, daſſelb Beſtandtgelt Er dan uns oder wem wir das
ſchaffen zugeben, raichen und antwortten ſoll. [14])

Wir haben auch denſelben unſern Burgern daſelbſt zu **Baaden** von
Röm. Kaiſ. Macht und als [15]) Herr und Landtfürſt zu derſelben unſerer
Statt **Baaden** ain **Wappen** und **Cleinodt** mit namen unſern ſchild
New-Oeſterreich, [16]) und darinen ain Figur aines **Wildt-Baadt**, mit Figuren

---

[1]) Bei **Pez** heißt es hier unrichtig: „von rechtes oder gerechtigkeit“. — [2]) Im
Pez ſteht hier: „an unſer frauen geburte Tag“. — [3]) Bei **Pez** fehlt hier das „Sie“. —
[4]) Im **Pez** ſteht hier ſtatt „**Erchtag**“ (Tienstag) unrichtig wieder: „**Freitag**“. —
[5]) Bei **Pez** fehlt hier: „Eren und“. — [6]) Bei **Pez** heißt es bloß: „und ander weeg“.
— [7]) Bei **Pez** heißt es hier: „aus Iren Mitels perſonen“. — [8]) Bei **Pez** ſteht hier:
„unſern Erben nachkomen“. — [9]) Bei **Pez** heißt es: „Sweren, gewönlich pflicht und ayd
Tuen“. — [10]) Wann oder wenn. — [11]) Bei **Pez** fehlt dieſes „deß“. — [12]) Bei **Pez** lautet dieſe
Stelle: „derſelben Richter und Rat darin derſelben Statt **Paden** und als mit ..“
— [13]) Bei **Pez** fehlt: „und Nachkomen“. — [14]) Bei **Pez** ſteht hier unrichtig: „und ant-
wurtten ſollen“. — [15]) Bei **Pez** heißt es hier bloß: „von Röm. Kay. May. als ...“
— [16]) **Pez** hat hier, ſtatt des auffallenden „**New-Oeſterreich**“, „**bew-Oeſterreich**“.

zwaier nakenden Menschen, Mann und Frauenbilt, als dan[1]) die in der mitte des in gegenwertigen unser Kaiserlichen brief gemahlen und mit farben aigentlicher ausgestrichen seint, verlihen und geben; also daß Sie und Jre Nachkomen dieselben Wappen und Cleinodt zu der bemelten unser Statt[2]) notturfften in Jnsigln,[3]) Pettschafften, klainen und grossen,[4]) und ze allen Jren geschäfften, auch zu Schimpff, Ernste[5]) und allen andern guetn Sachen und Tatten üeben und brauchen mögen, inmassen deß[6]) ander unser Stätt daselbs zu Oesterreich ze Tuen haben.

Wir haben Jn auch vergunt und erlaubt, daß Sie nu hinfür zu ewigen zeiten Järlichen am Montag nach Unser Lieben Frauen Tag der Liechtmeß ain Pantaiding[7]) in derselben unser Statt Baaden[8]) oder in dem Purgfridt daselbs besitzen und halten mögen und sollen, mit allen Eren,[9]) Rechten und Gewonheiten, das die notturfft darzue erfordert, und man solch' Pantaiding andrer Endten in unserem Fürstenthumb Oesterreich pflegt zu halten,[10]) und von alters herkomen ist.

Wir ordnen und sezen auch, daß dieselben unser Burger daselbs zu Baaden, in derselben unser Statt, auf Uns, unser Erben und Nachkomen widerrueffen,[11]) ain Salz-Cammer Jnen Pauen und halten mögen, mit allen rechten und freyheiten, als unsere Burger zu der Neustatt daß[12]) zutuen haben, und von Uns gefreyet seyn.

Wir tuen Jnen auch die gnad, daß Sie nun hinfür zu ewigen Zeiten von allen Pfenwerten,[13]) von Oxen, Khüen, Rossen, grossen und klainen Vihe,[14]) auch Traidt, steckhen,[15]) schintl, von wägen, gewandt von der Gey-Schneider[16]) und Schuester arbeit, röken, Mäntl auch Vässern, Kölbern, Latten, Raiffen und allen andern, nichts außgenomen,[17]) so man an denen

---

[1]) Bei Pez heißt es hier: „und alsdan.." — [2]) Pez hat hier: „Statt Paden". — [3]) Pez hat hier: „Jer Jnsigl". — [4]) Pez hat hier: „klainern und grössern". — [5]) Pez hat hier: „und ernst". — [6]) Pez hat hier: „das". — [7]) Jn der Badener Neuausfertigung von 1686 steht hier „Paintaybding" und in der alten Badener Abschrift „Pantädbung". (Dieß Wort, welches in Niederösterreich, z. B. in Berchtoldsdorf, Mannersdorf, auch „Panntädbung" lautet, kommt wahrscheinlich von Banntag-Geding, d. i. der Tag, an welchem die Gerichtsbarkeit den Richtern und Geschwornen aus dem Volke von der Obrigkeit übertragen wurde. Pantaidinge [Taiding, d. i. die auf einen Tag anberaumte Versammlung, und Banntaiding: das unter dem Banne der Verpflichtung stehende „Taiding"] heißen daher auch die, als Rechts- und Kulturgeschichts-Quellen wichtigen Rechtsaufzeichnungen. — Vgl. „Blätter für Landeskunde von Niederösterreich," I (1865), S. 158; desgl. 1877, S. 233—234.) — [8]) Die Badener Neuausfertigung hat hier: „Padten" und Pez hat: „Paden". — [9]) Pez hat hier (wol unrichtig): „iren". — [10]) Bei Pez heißt diese Stelle: „an den Enden pflegt zu halten". — [11]) Die beiden Badener Kopien haben hier, ungenau: „unz auf unser Erben" ꝛc. — [12]) Bei Pez fehlt dieses „daß". — [13]) Werthen oder Waaren im Allgemeinen. — [14]) Bei Pez: „Viech". — [15]) Pez hat hier, statt: „Traidt, steckhen": „Waydt steckhen" und setzt in einer Klammer hinzu: (forte Weinstöcken). — [16]) Landschneider (vom mittelhochdeutschen: gêu-snider). — [17]) Bei Pez (unrichtig): „aufgenommen".

Jahrmärckhten, Wochen-Märckhten, und andern tägen,[1] in dieselb[2] unser Statt Baaden und in den Purckfridt, oder daselbst[3] für oder darburch[4] füren oder treiben wirdet, die maut auch von denen,[5] so auf den Schrägen faill haben, und von den Paurn, Peürin[6] und Frag-nerin, so alle tag faill haben, den zoll nemen mögen und sollen: Inmassen die in der Neüstatt genomen und es damit gehalten würdt, und deß unser Burger daselbst zu der Neüstatt[7] gefreyt sein.

Wir tuen Inen auch die sondere gnad, daß Sie und Ir Nachkomen auff der Waydt, so den Holden[8] auf dem Rohr, und auff der Waydt, so den Holden auf der Praiten[9] zugehören, nu hinfür zu ewigen Zeiten mit Iren Viech Iren Besuech der Wayd nach Irer notturfft ohn derselben Holden und[10] meniglichs Irrung und hinternus haben und gebrauchen mögen: Ordnen und sezen auch von Römischer Kayserl. Macht, und[11] als Herr und Lantsfürst zu Oesterreich, daß all und ieglich unser Prelaten und von Adl, so in derselben unser Statt Baaden oder in den Purgfridt daselbst Höff, heüser und güetter haben, darin wonhafft sein oder darin Iren gewerb und handl haben, daß die mit derselben unser Statt darvon mit Steüren, Robat und in ander weg mitleyden, und sich da halten sollen,[12] als ander unser[13] Burger daselbs mitleyden, und sich halten, ungeverlich.[14]

Davon gebieten Wir denen Edlen, Unsern lieben getreuen[15] N: allen und jeden unsern Haubtleuten, Landmarschallen, Graffen, Freyen, Herrn,[16] Rittern und knechten, Verwesern, Vizdomben, Pflegern, Burggraven, Burgermaistern, Landtrichtern, Richtern, Räten, Burgern und Gemaindten, und allen andern unsern Ambtleuten,[17] Untertanen und getreuen,[18] und insonderheit unsern Pflegern daselbst zu Baaden, gegenwert- und künftigen, ernstlich, und wellen, daß Sie die obbgenannten unser Burger und Inwoner zu Baaden und alle Ir Nachkomen bey der obberührten[19] unsern gnadten, Erhebung, Freyheiten, Jarmärckten, wochenmärckten, Clainothen[20] und Wappen genzlichen beleiben und Sie auch die,[21] so mit Irer Waar und kauffmanschafft zu In und von In handlen und wandlen, der rueblich geniessen und gebrauchen lassen, und Sie darwider nit tringen, bekümern, noch beschweren, noch deß jemandsandern zutuen gestatten,[22] in

---

[1] Bei Pez fehlt dieser Satz von „so man an denen" ꝛc. an. — [2] Bei Pez: „in derselb". — [3] Pez hat bloß: „daselbst". — [4] Pez hat hier: „durch". — [5] Bei Pez fehlt: „von denen". — [6] Bei Pez heißt es: „Pauren und Peurin". — [7] Bei Pez fehlt hier Alles, von „genommen" an bis „zu der Neustatt". — [8] Bei Pez heißt es hier, statt „Holden", unrichtig: „halten". — [9] Pez hat: „halten auf den Praiten". — [10] Pez hat hier: „halten on". — [11] Bei Pez heißt es hier, statt „...Macht und als Herr": „Mah. als Herr". — [12] Bei Pez heißt es, statt „sich da halten" —: „sich verhalten". — [13] Bei Pez fehlt hier: „unser". — [14] ungefährdet. — [15] Pez hat hier: „und getreuen lieben". — [16] Bei Pez heißt es, statt „Freyen, Herrn" —: „Freyherrn". — [17] Pez hat hier: „jeden und allen andern Ambtleuten". — [18] Pez hat: „getreuen lieben". — [19] Pez hat: „obbenannten". — [20] Pez hat: „Clainoder". — [21] Bei Pez heißt es hier, statt „und Sie auch die" —: „und sich auch". — [22] Bei Pez heißt es: „jemands gestatten zutuen."

kain weis,[1]) als lieb In allen und Ir ieder sey,[2]) unser schwäre Ungnad
zu vermaiden, und bey einer Pöen,[3]) zwainzig March löttigs goldts, die
halb Uns und unsern Erben in unser fürstliche Camer, und den andern
halben Tail selben[4]) von Baaden, als offt darwider gehandlet würdet,
unablesslich[5]) zu bezahlen.

Mit Urchund des briefs, unter Unsern anhangenden Insigl: geben ze
Wienn an Mittwochen nach St. Ulrichs Tag nach Christi geburt
vierzehenhundert und in achtzigsten, Unsers Kaysertumb im Neun:
und zwainzigsten[6]) Unserer[7]) Reiche des Römischen im ain: und vierzigsten,
und des hungerischen im zwai und zwainzigsten Jahren.

Ad mandatum proprium Domini Imperatoris in Consilio. [8])

Die alten Ansichten und Pläne der Stadt Baden.

1. Dreieker's Ansicht Baden's aus dem Jahre 1486.

Mit einer Radierung. [9])

Aeltere Zeichnungen von Städte = Plänen sind sehr selten und es sind
dieselben in der Ausführung sehr primitiv. Gewöhnlich wurde in denselben
das zu versinnlichende Objekt durch einige ungenaue Linien zur Anschauung
gebracht. Die Kunst, räumliche Verhältnisse im verkleinerten Maßstabe in über=
sichtlichen Umrissen darzustellen, lag in früheren Jahrhunderten sehr darnieder,
und sie kam, wenn sie gehandhabt wurde, nicht weit über unzureichende und
nur als Anhaltspunkte wichtige und ein sachliches Interesse gewährende
Versuche hinaus.

Die also geschaffenen und meistentheils noch schlecht erhaltenen Zeichnungen
bilden die spärlichen Reste jener alten Zeiten in dieser Beziehung, welche
unbeholfenen Darstellungen aber für vergleichende topographische Forschungen
unschätzbaren Werth haben. Der Werth wird gesteigert, wenn die Zeichnungen
Ansichtsbilder darstellen, die gewöhnlich aus der Vogelschau aufgenommen sind.

Auch von der Stadt Baden existieren noch einige alte Ansichten und
Pläne. Der älteste der bisher bekannt gewesenen Pläne Baden's ist ein sehr bilet-

---

[1]) Pez hat: „in kainerlay weis noch weeg." — [2]) Bei Pez heißt es hier: „als
lieb in allen und jeden seye." — [3]) Pez hat: „bey Unsern Peen". — [4]) Pez hat hier:
„derselben". — [5]) Pez hat: „unabläßig." — [6]) Bei Pez fehlt hier: „im Neun und
zwainzigsten". — [7]) Pez hat: „in Unsern". — [8]) Letztere Ausfertigungs = Formel findet
sich nur in der hier benutzten alten Badener Abschrift der Urkunde, jedoch ohne
Kopie der betreffenden Unterschriften.

[9]) Diese getreue verkleinerte Nachbildung der hochinteressanten Zeichnung nach Drei=
eker's Ansicht Baden's aus der Zeit nach der Erhebung des Ortes zur Stadt —
welche Radierung der alterthumskundige und kunstgewandte Wiener Magistratsbeamte Emil
Hütter in anerkennens= und dankenswerthestem Interesse für die Sache bereitwillig aus=
führte — wird hier als besondere Jubiläumsgabe der vorliegenden lokalgeschichtlichen
Publikation geboten, und es wird dieselbe zugleich, nach Abschluß des Bandes, dem Ganzen
als entsprechender, einen bleibenden Werth bietender Titelkupfer dienen.

tantlisch und mangelhaft ausgeführter, aus dem Jahre 1652. Die der Zeit nach nächstfolgende Darstellung Baden's ist um 1670 angefertigt und ist ein ganz wohlgelungenes koloriertes Ansichtsbild der Stadt und der weiteren Umgebung. Es folgt dann der bekannte Kupferstich aus Vischer's „Topographie" vom Jahre 1672, u. s. w.

Eine beiweitem ältere Darstellung Baden's, als es diese später näher zu beschreibenden sind, ist jedoch die **Zeichnung eines Ansichtsbildes aus dem letzten Viertel des XV. Jahrhunderts**, welches nicht nur durch die frühe Zeit der Entstehung von allerhöchstem Interesse ist, sondern sich auch durch treffliche Auffassung und Ausführung auszeichnet und als hochinteressante genaue Abbildung aus der Zeit bald nach der Erhebung Baden's zur Stadt erscheint. Es ist dieß die erst jüngst überraschend zu Tag geförderte, von **Johannes Dreiecker** (wahrscheinlich nach einem Entwurf vom Jahre 1482) im Jahre 1486 angefertigte Ansicht **Baden's**, welche 1490 von **Michael Taufrathshöfer** kopiert worden ist.

Johannes Dreiecker war ein geborener **Badener** und ein für die damalige Zeit ganz tüchtiger Zeichner und Maler. Er war um 1422 geboren und starb, in mehrfacher Beziehung hochverdient, im Jahre 1492 zu Baden und sein Grabstein befand sich noch 1786 in der „Frauenkirche" daselbst.[1]

---

[1] Joseph von Trautsohn giebt in seiner selten gewordenen Schrift: „Kirchliche Alterthümer in Oesterreich," Wien 1786, Seite 153, über Dreiecker die folgenden für unsere Stadtgeschichte in mehrfacher Beziehung hochinteressanten Nachrichten: „Anno 1492 starb zu Baden Joannes Drvieckern, der nach vollendetem Studio der hohen Künste, insbesondere der Malerei und mancherlei Reisen sich in seiner Vaterstadt niederließ, daselbst mit einer Anna Gebl und später mit einer Rohrsitzer sich vermählte und als Stadtverordneter die Interessen der jungen Stadt mehrmals so glänzend vertrat, daß man ihn als Kriegskommissarius nach Wien berief, welchem Auftrage er aber eines Fußübels halber nicht nachkam. Meister in den Farben, schmückte er die Kirchen und Schlößer der Umgebung. Auch war er Dokumentar der Stadt. Der Grabstein Joannes Dreiecker's ist in rothem Marmor in Form eines großen Dreieckes gearbeitet. Unter dem behelmten Wappen mit einem Dreiecke im Würfelfelde und eingerahmt in Verzierungen, welche dem pfauenfedergeschmückten, mit drei Dreiecken gezeichneten Helme entsprießen, steht die Inschrift in leserlichen Buchstaben:

„Alda lieget, in frieden der, wohledle
Herr Joannes Dreieck, der zulebezeit
war urkundbewahrt und malerkindig
in Paadn, da 142(?) geboren und
1492 verstorben." —

Das „Künstler-Diarium des Erzhauses Oesterreich," Nürnberg 1604, erwähnt S. 103–4 über Dreiecker nur in Katalogsform: „Joh. Dreiecker, Maler und Schriftkundiger in Baden, starb 1490 (?). — Heiligenbilder und Porträts."

Ferner soll die Schrift: „Kurze Beschreibung denkwürdiger Personen" von Johann David Palm, Hofkammerrath der röm. kaiserl. Majestät, geheimer Referendarius und General-Kriegskommissariatsamts-Kanzley-Direktor, Wien 1710, eine Biographie Dreiecker's enthalten.

Von Interesse ist es auch, daß Michael Schnabel, ein Pfaffstättner, — als Michael II. vielverdienter Abt des Stiftes Heiligenkreuz († 1658) — bei Neugründung

Auch Michael Taufrathshöfer, welcher die Zeichnung Dreieck's kopierte, war ein Badener. [1]

Das Schicksal dieser alten, für Baden hochwichtigen bildlichen Darstellung der Stadt von der Hand Dreieck's, deren Original — gleich der Kopie Taufrathshöfer's — verschwunden ist, sowie das glückliche Geschick, daß uns wenigstens die Nachbildung einer ganz vorzüglichen Kopie der Kopie — deren Charakter durchaus keinen Zweifel über die Echtheit der Herkunft zuläßt — davon dennoch erhalten ist, erfordert vor Allem eine gedrängte Erzählung der betreffenden Umstände und Vorgänge dabei, bevor eine kurze Beschreibung dieser kostbaren bildlichen Darstellung selbst erfolgt.

Das Original des Dreieck'schen Ansichtsbildes der Stadt Baden ist längst verschwunden, aber die Kopie Taufrathshöfer's von 1490 befand sich nachweislich zu Nürnberg, in welche schon früh thätige Druck- und Publikations-Stätte die Zeichnung aus einem mit letzter Eigenschaft Nürnberg's zusammenhängenden Grunde gekommen sein mag. Es befand sich dieselbe dort im Besitz der Patricier-Familie König (von 1510 bis 1800 in Nürnberg seßhaft). In der zweiten Hälfte des vorigen Jahrhunderts vermälte sich der Zimmermeister Andreas Bossert in Dettingen (Württemberg) mit Maria König, deren Sohn Jakob Bossert im Anfang dieses Jahrhunderts nach Oesterreich einwanderte und hier in Baden Zimmerpolier wurde. Dieser Letztere besaß noch die mitgebrachte, nun aber längst ebenfalls vermißte Kopie Taufrathshöfer's nach Dreieck's verschollenem Original.

Die Kopie Taufrathshöfer's wies folgende Aufschriften. Links oben:

1486. Joanes Dreieckær.

Rechts unten, im oberen Theil des unteren Drittels des Bildfeldes:

Statt Paadn wie 1482
aufgeschaut hatt.

Unterhalb letzterer Inschrift, in einem Schild:

Die Statt Badn. Nach ein altn Plänn gemalht
soweit selb erhalten 1490. Michl Tauffrathhöfer.

Es war diese aus 16 Theilen bestehende, ziemlich große Kopie auf geschöpftem Papier angefertigt, welches sich bereits in schlechtem Zustande befand und sehr brüchig zeigte, daher sie eine Pergamentumrahmung und mehrere unterlegte Stellen hatte.

Nach derselben waren nicht weniger als vier nachfolgend bezeichnete Kopien angefertigt worden und es waren diese Nachbildungen sämmtlich noch vor etwa einem Jahrzehnt vorhanden.

---

des Stiftsarchivs im Jahre 1643, in seinem eigenhändigen Archivskataloge bemerkt, daß er dabei nach den Joh. Dreieck'schen "Belehrungen über sichtbare Verwahrung von wichtigen Dokumenten" verfuhr. (Vgl. M. Roll, "Das Stift Heiligenkreuz" ꝛc., Wien 1834, S. 120.)

[1]) Die "Taufrathshöfer" waren im XV. Jahrhundert in Baden seßhaft. Im XVIII. Jahrhundert tauchte wieder ein Taufrathshöfer in Baden auf. Derzeit existieren Taufrathshöfer noch in Gumpolskirchen.

1. Schlecht erhalten, mit Aufschrift:

Stadt Badn. Nach einem alten Planrieß gemalth,
soweit derselbe noch erhalten ist, schön sichtlich
zusamengetragen, dasselbe was nicht daselb
ist schon verlorn gangen. Badn 15. February 1704.
(Durch?) Paulum Taufratshofer, Schlossermeister dasselbst. [1]

(Diese Kopie in Farben war im Besitz des verstorbenen Badener Redoute-
Restaurateurs Franz Kaiser und ist gegenwärtig nicht aufzufinden.)

2. Gut erhalten, mit der Aufschrift: „Stadt Badn, gezeichnet 1826
zu Baden durch Jakob Bossert, Zimmerpolier in Baden." —

(War im Besitz eines nicht mehr zu eruierenden Josef Hawerler oder
Halwerler.)

3. Ebenfalls gut erhalten, mit der Aufschrift: Statt Baden, wie 1482
außgeschaut hatt. Gezeichnet 1850, in 18 Jahren von Jakob Bossert."

(Soll — nebst drei beigezeichneten „Grundrißen der Stadt Baden" aus den
Jahren 1520, 1730 und 1830, an welchen sämmtlichen Zeichnungen Jakob Bossert
eben 18 Jahre lang arbeitete, — in den Besitz des seither verstorbenen Sphragistikers
Karl von Sava in Wien gekommen sein, und es waren diese (hoffentlich noch auf-
findbaren) Zeichnungen Unika von Ausführung bis in die kleinsten Details.)

4. Skizze, mit der Feder gezeichnet von Jakob Bossert. Unten rechts
die Aufschrift: „Statt Paadn wie 1482 außgeschaut hatt." —

(Diese ganz charakteristisch — wenn auch nur skizzenmäßig durchgeführte Federzeichnung kam durch Bossert's Tochter, welche erst vor einigen Jahren sich mit Herrn
Gustav Calliano jun. in Baden verheirathete, in Besitz des Letzteren, welcher selbe
Zeichnung jedoch vor ein paar Jahren an einen Alterthums-Forscher aus Steiermark
überließ, der inzwischen starb, und es ist bis jetzt leider nicht zu erfahren gewesen,
wohin der Nachlaß desselben gekommen. Zum Glück wurde aber damals eine kleine
Photographie dieser Federzeichnung angefertigt, welche erst in jüngster Zeit in Wiener
Neustadt vorgefunden wurde, so daß nun eine direkte Kopie dieser Nachbildung der
uralten Dreieder'schen Ansicht Baden's, durch Hrn. G. Calliano — bekanntlich
in wissenschaftlichen Bestrebungen eifrig thätig — für diese Blätter dankenswerth zur
Verfügung kam. Glücklicherweise hatte derselbe auch die damals mit Umsicht festgestellten
Daten über Dreieder und sein Werk notiert, so daß diese — im Interesse der
Sache — ebenfalls zur Benützung freundlich überlassen werden konnten.

Das Bild selbst zeigt auf dem Quer-Kleinquart-Blatt dieser photo-
graphischen Nachbildung die Stadt Baden in der Vogelschau, von Süden
nach Norden, als sehr nett gebautes alterthümliches Städtchen, von Befesti-
gungsmauern mit runden Thurmbauten und mit viereckigen Stadt-
thoren, sowie von breiten, vor den Thoren überbrückten Wassergräben
umgeben. (Die ganz stattlich aussehenden Thore sind: Das Wienerthor,
das Herzogthor, [später „Theresienthor"], das Rennthor, das
Heiligenkreuzerthor, das Frauenthor und das Wasserthor;

---

[1] Da die 1490 nach dem Original Dreieder's angefertigte, in Nürnberg
befindlich gewesene Kopie Taufrathshöfer's nicht aus den Händen kam, liegt die
Gewißheit vor, daß um 1704 — wenn nicht das Original, doch noch eine zweite alte
Kopie in Baden vorhanden war.

außerdem ein kleines Thor in der Ecke, wo jetzt in der Grabengasse der rückwärtige Eingang zum [früher städtischen] „Hirschenwirthshaus" ist.)

Die Pfarrkirche zeigt sich rechts, vom Leichenhof und von Ringmauern umfangen, in der ganzen Form des Baues, wie er noch jetzt dasteht — nur daß der Thurm noch das steinerne Satteldach hat. Die Burg Baden, links daneben, — von welcher hiemit das erste Mal eine vollständige Vorstellung möglich ist — erscheint in ihrem ganzen Umfang mit massivem Thurm an der Westseite; desgleichen der Herzoghof mit mächtigem rundem Thurm und mit gothischer Kapelle; das uralte, damals etwas weiter zurückgebaut gewesene Rathhaus mit Thurm und Seitenstiegen; die Augustinerkirche mit Kloster und die Frauenkirche, der jetzige „Magdalenenhof" mit Erkervorbau u. s. w., u. s. w., alles das gibt ein hocherfreuliches Bild der alten wehrhaften Stadt. Im Hintergrund sind die Kontouren der fast ganz kahlen Berge mit einfachen Linien gezogen. Zuoberst zeigt sich das Hochgericht mit Galgen und Rad; daneben links das noch bestehende „rothe Kreuz" mit Grenzstein; weiter rückwärts links: die bethürmte Veste Rauhenstein. Im Vordergrunde rechts zeigen sich, mit offenbarer Weglassung weiterer Baulichkeiten im Umkreis, am Mühlbach die zwei ersten Mühlen an der Stadt, dann eine (längst verschwundene) Betsäule und ein Gehöfte — höchstwahrscheinlich das ehemalige kaif. Forsthaus (jetzt das der Stadtgemeinde Baden gehörige „Straßen-Haus"). Ganz vorn: fließt die überbrückte Schwechat. Sehr merkwürdig ist aber endlich am Fuß des Kalvarienberges der am Felsberg angedeutete „Ursprung," neben welchem wie es scheint — die Ruinen eines Badegebäudes zu sehen sind — vielleicht noch Reste aus der Römerzeit!

Der Charakter und Eindruck des Ganzen, mit seinen augenscheinlich wahrhaftigen und unmöglich erfindbaren Einzelnheiten, ist — wie gesagt — ein solcher, daß die Annahme einer etwa nachträglich hergestellten Phantasie-Arbeit, od. dgl. unter allen Umständen ausgeschlossen ist, auch wenn der Faden der Herkunft der merkwürdigen, für die Stadtgeschichte unschätzbaren Zeichnung — durch welche uns die Gestalt Baden's vor der Zerstörung der Stadt durch die Türken im Jahre 1529 überraschenderweise erhalten ist — nicht so unzerrissen zu verfolgen wäre, wie es hier sich bietet.

Badener Memorabilien.

V. Die auf Baden bezüglichen Denkmünzen.

Für gar Viele wird es eine interessante Neuigkeit sein, zu vernehmen, daß eine kleine Reihe von Badener Denkmünzen besteht, die aus besonderen Veranlassungen, welche mit der Geschichte und der Bedeutung der Stadt zusammenhängen, geprägt worden sind. Die Reihe ist zwar — wie gesagt — nicht groß, es sind im Ganzen nur fünf, aber es sind diese auf Baden geprägten Denkmünzen, mit Ausnahme der zwei letzteren aus neuester

Zeit, außerordentlich selten, und das Badener Stadtarchiv darf vorläufig zufrieden sein, wenigstens eine von den drei ersteren zu besitzen. Diese fünf Badener Denkmünzen sind folgende:

1. Denkmünze auf die Errichtung der Pestsäule in Baden, 1714.

Zum Andenken an die am 3. Juni 1714 zu Baden durch Albert Graf von St. Julien im Namen des Kaisers Karl VI. erfolgte Grundsteinlegung zur Dreifaltigkeitssäule auf dem Hauptplatze, welche Rath und Bürgerschaft der Stadt zur Abwendung der 1713 daselbst stark aufgetretenen Pest zu erbauen gelobt, wurde eine ganz stattliche Denkmünze geprägt.

Avers: Das besorberte lockige Brustbild des Kaisers Karl VI., mit der Umschrift: IMP · CAES · CAROLUS · VI · AUG · P · FEL · P · P · — Unten (der Name des Graveurs): Richter. [1]

Revers: COLUMNA QUAM S. S. TRINITATI CIVIT. AQUAE CONTAGIONE LIBERATA EX VOTO POSUIT PRIMUM LAPIDEM DEBET PIETATI AUG · IMP · CAES · CAR · VI · GERM · HISP · HU · BO . REX AR · AU · MDCCXIV · 3. JUNI ·

(Ein Exemplar dieser schönen Denkmünze auf Baden war in der bedeutenden Münzen- und Medaillen-Sammlung des im Jahre 1842 verstorbenen Badener Arztes Anton Rollett vorhanden. (Vgl.: Dr. Karl Rollett's „Baden in Oesterreich" 2c., Wien 1838, S. 21.)

2. Denkmünze auf den zu Baden 1697 erfolgten Uebertritt des Kurfürsten Friedrich August, I. zum Katholicismus. Aus dem Jahre 1803.

Herzog Albert von Sachsen-Teschen, der Gemahl der österreichischen Erzherzogin Maria Christine, welcher im Sommer des Jahres 1803 zu Baden mit großem Erfolge in den „Ursprungbädern" badete, ließ zum Andenken an die hier im Jahre 1697 erfolgte Konversion seines Großvaters, des Kurfürsten Friedrich August von Sachsen, des Starken, (nachmaligen Königs von Polen) eine allegorische Denkmünze prägen. Nach vollendeter glücklicher Badekur ließ der Herzog dem Magistrat zu Baden ein Exemplar dieser mit der Stadt so nahe zusammenhängenden Medaille in Gold zur immerwährenden Aufbewahrung übergeben.

(Vgl. „Gedenkbuch bey der Statt Baaden" 2c. [Manuskript-Band im Badener Stadtarchiv], Fol. 80.)

Avers: Brustbild des Herzogs Albert von Sachsen-Teschen, in Brustharnisch, nach rechts. — Umschrift: ALBERT · REG · POL · ET · LITHUA . PRIN · D · SAX · TESSIN ·

Revers: Herkules am Scheidewege (links ein Lustgarten, rechts ein Ruhmestempel.) — Umschrift: VIRTUS · GRESSUM · TRAHIT ·

Durchmesser: 40 mm.

(Diese werthvolle Denkmünze ist in einem eigens dazu im Jahre 1803 angefertigten zierlichen Postament, mit Inschrift, im Badener Stadtarchiv aufgestellt.)

---

[1] Benedikt Richter, geb. 1670 zu Stockholm, gest. 1737 zu Wien, als kais. Münzpräg-Inspektor daselbst.

3. Denkmünze auf die Ursprungbäder und auf die Umgebung Baden's. Um 1520.

Der am 27. Juni 1824 zu Wien verstorbene, um die Münzwissenschaft verdiente Hofsekretär **Wenceslaus Eppstein edler von Ankerberg**, Besitzer einer großen numismatischen Sammlung (vgl. F. H. Böth, „Merkwürdigkeiten Wien's", 1823, I., S. 145 u. II., S. 28) — wol ein Sohn des im Jahre 1789 mit dem Prädikate „von Ankerberg" in den Adelsstand erhobenen Gubernial- und Präsidial-Sekretärs in Oesterreich ob der Enns, Eppstein, (vgl. **Mergerle von Mühlfeld**, „Oesterr. Adels-Lexikon", S. 179) — hatte die segenreiche Wirksamkeit **der Heilquellen Baden's** an sich erprobt und ließ, seiner Liebhaberei folgend, aus Dankbarkeit eine **Denkmünze auf Baden** herstellen, die jetzt zu den seltensten numismatischen Stücken gehört. [1]

Des hochverdienten Numismatikers **Joseph Appel** reiches Fachwerk „Repertorium der Münzkunde des Mittelalters und der neueren Zeit", Wien 1819—1829, beschreibt diese auf **Baden** geprägte silberne Medaille (im Gewichte von ³/₄ Loth) ausführlich, in der 1. Abth. des IV. Bandes, S. 84—85.

Avers: Der Stadtpark (früher „Theresiengarten"); rechts die Ursprungbäder und das Theresienbad; links der „Kiosk" (die damals bestandene offene Säulenhalle).
Oben:
      HEILIGER QUELL, ANMUTHIGES THAL
      GENESUNG UND FROHSINN SCHAFFEND.
Im Abschnitt:
      DER URSPRUNG ZU BADEN
      AQUAE PANNONIAE.
Unten: Akbg. inv. (Ankerberg invenit.) [2]

Revers: Das Helenenthal mit der St. Helena-Kirche und mit den Felsmassen, aus deren Thal-Klüftung die Schwechat hervorströmt. Rechts die Rauheneder Kuppe und links die schroffaufsteigenden Felsen-Klippen, auf deren Höhe die mächtigen Trümmer der Veste Rauhenstein thronen.
Im Abschnitt:
      HELENA - THAL
      BEI BADEN.
Unten: J. LANG F. (Joseph Lang, geb. 1776 zu Innsbruck, gest. 1835 zu Wien, als Graveur im k. k. Münzamte.)
      Durchmesser: 35 ctm.

4. Preismedaille des Badener Gartenbau-Vereines. 1875.

Zur Anerkennung der Verdienste von hervorragenden Theilnehmern bei der im Sommer des Jahres 1875 zu Baden in den Anlagen der „Mineral-Schwimmanstalt" abgehaltenen Ausstellung des „Badener Gartenbau-Vereines" hatte der letztere eine **Preismedaille** in zwei ver-

---

[1] Die obigen biographischen Nachweisungen verdanken diese Blätter dem kenntnißreichen Heraldiker und Numismatiker Alfred Grenser in Wien.
[2] Ueber Ankerberg vgl.: Appel, a. a. O., III. Bd., 1. Abth., S. 20.

schiedenen Größen prägen laſſen. Sie wurde zu Wien im renommierten Atelier des geſchickten Graveurs Jauner hergeſtellt und iſt ein durchaus geſchmackvolles Werk.

> Avers: Das Badener Stadtwappen (techniſch gut ausgeführt, jedoch mit dem Fehler, daß der Schild nicht der öſterreichiſche Binden=Schild iſt, und mit der willkürlichen Beigabe einer daraufgeſtellten Mauerkrone und zweier Lorbeerzweige). — Umſchrift: GARTENBAU-VEREIN IN BADEN * 1875 * — [1])
>
> Revers: Ovaler Kranz von Früchten und Blumen mit flatternder Bandſchleife.
>
> Durchmeſſer der großen: 5·5 ctm., der kleineren: 3·8 ctm.

> (Das Ausſtellungskomité=Mitglied, Stadtpark=Gärtner Joſeph Schaffhauſen, hat ſowol die große als die kleine Preismedaille in Silber=Prägung an das Badener Stadtarchiv als Geſchenk abgegeben.)

5. Denkmünze auf das 400jährige Jubiläum der Erhebung Baden's zur Stadt. 1880.

Nachdem die Badener Gemeindevertretung, in unfaßlicher Verkennung der ganzen bedeutſamen Angelegenheit, den Antrag des Stadt=jubiläums=Komité's, eine Denkmünze prägen zu laſſen, abgelehnt hatte (ſ. S. 76), wurde die Sache von der Privat=Induſtrie in die Hand genommen. Selbſtverſtändlich gieng damit die höhere Bedeutung und der ganze monumentale Charakter des Werkes verloren, welcher ſich — wenn es von der Gemeinde ausgegangen wäre — durch darauf bezügliche Inſchrift und großartigere Ausführung in jeder Beziehung (als Andenken für Ein=heimiſche, als Gabe an die Hauptgemeinden Niederöſterreichs, als intereſſantes Stück für Sammlungen u. ſ. w.) in ganz anderer und allein würdiger Weiſe geltend gemacht hätte. Zum Glück hat der Unternehmer — der in Baden neu etablierte Juwelier J. Meiſel — einen recht tüchtigen Wiener Graveur für die nun im kleinen Maßſtab und in viel einfacherer Art, als projektiert geweſen, ausgeführte Denkmünze gefunden, der dieſelbe (nach Angabe des Stadtarchivars — doch leider ohne die angerathene Kranz= oder wenigſtens Perlenlinien=Einfaſſung) immerhin recht hübſch ausgeführt hat, ſo daß ſie — in beſcheidenem Maße — einen kleinen Erſatz für die große, in's Auge gefaßt geweſene, abgelehnte Medaille, die ein Schauſtück ſein ſollte, bilden mag.

> Avers: Das Badener Stadtwappen (ziemlich genau nach dem Siegel vom Jahre 1566 [ſ. Seite 50]), mit der auf beide Seiten vertheilten Jahreszahl 1480; doch ohne Umſchrift und bloß von einem etwas erhöhten Rande eingefaßt.
>
> Revers: Ebenfalls bloß von etwas erhöhtem Rande eingefaßt, die Inſchrift: ZUM | ANDENKEN | AN DEN | VI. JULI MDCCCLXXX, | DEM TAGE DER | IV. SÄCULARFEIER | DER ERHEBUNG | BADEN'S IN N.=Ö. ZUR STADT | DURCH | KAISER FRIEDRICH III.
>
> Durchmeſſer: 3·2 ctm.

Es wurden Exemplare von Silber und von blanker, goldfarbiger Bronze geprägt, ein großer Theil mit Oehr zum Anhängen.

---

[1]) Bei der zweiten Blumen=Ausſtellung im Jahre 1878 wurde die Jahreszahl umgeändert.

Chronik der Gegenwart.

Die Hochquellen-Leitung in Baden.

Tief in dunkler Kluft des Voralpen-Gebirges sitzt an mächtiger, quell-umbrauster Steinschale die Nixe des Alpengewässers, die Hüterin und Schützerin der urgrundreinen, frischklaren, hellanklingenden Fluth. Durch ihre langen, geisterhaften Nebelfinger strömt es wogend, und von ihrem dicht-herabwallenden schwarzen Haar rieselt es in leuchtend zitternden Tropfen. Reicher und reicher ergießt sich die Fluth. Die sonst so stillernste Miene der Nixengestalt überfliegt es mit einem Mal wie freudige Regung, denn es durch-zuckt sie die Kunde, daß der weithinströmende Alpenquell nun nicht mehr eilend vorüber soll am Sitze ihrer goldhaarumflogenen Schwester, der segenbringenden Nymphe des Heilquells am cetischen Bergfels, sondern weilen soll bei ihr, der warmumfangenden, — heilspendend, wie sie.

Dieß ein Bild aus der benachbarten Alpenwelt.

Im Kurort Baden zeigt sich im gleichen Moment ein anderes Bild. Schwarzbefrackte und weißbecravatete Gemeindevertreter — den Vorstand an der Spitze — stellen sich, nebst anderen Funktionären und Gästen, am verheißenden, einfach-schön gebauten Hochquellen-Reservoir in der Höhe des Stadtparks auf, festliche Worte ertönen, Hochrufe erschallen, und vom Berge krachen donnernde Böller darein. Nun wandeln sie zum schmucken und geschmückten, dem Andenken des Wohlthäters Baden's, Strazern, gewid-meten Marmor-Brunnen herab, füllen das Glas mit einem Strahl des kalten, labenden Quells und bringen es aus — dem Geiste der Natur und dem eigenen und Anderer Heil. — Ein paar der Hochquell-Brunnen im Stadt-bereich sind geschmückt, und die freudig bewegte Menge — Einwohner und Besucher Baden's — drängt sich lebhaft um sie herum. Später schäumt wol auch noch, neben dem Alpenquell, eine Springfluth von „Jules Fournier, Epernay" und von „Sillery superieur", oder dergleichen; d. h. — ganz privatim, denn der Luxus eines gemeindlichen Banketts zur Feier der Er-öffnung der Badener Hochquellen-Leitung wurde vernünftigerweise unterlassen.

So viel vom Fest-Tag am 13 Juni 1880.

Das Zustandekommen dieser wichtigen und wahrhaft bedeutenden Er-rungenschaft für den Kurort Baden hat eine ganze Geschichte, die einiger-maßen eine Leidensgeschichte ist; denn, ist es nicht schmerzlich, jahrelang die Wellen des köstlichen Stromes — sozusagen — vor der Nase vorüber-fließen zu sehen, ohne einen Tropfen davon zu haben?

Gleich anfangs, bei den Vorarbeiten zur Ausführung der großartigen Wiener Hochquellen-Leitung, hat die Stadtgemeinde Baden die Gratis-überlassung der im Gemeindebesitz gewesenen betreffenden Grundstücke an die Gemeinde Wien hauptsächlich mit der bestimmt ausgesprochenen Absicht beschlossen, sobald als möglich eine Abzweigung für den Kurort zu erlangen. Nach der Vollendung des Werkes wurden auch vom damaligen Badener Gemeindevorstande die bezüglichen Schritte gemacht; der Bürgermeister konnte aber in der Ausschuß-Sitzung vom 26. Februar 1874 (vgl. „Badener Bote" desj. J., Nr. 9) nur mittheilen, daß der Wiener Gemeinderath dem wiederholten Ansuchen der Stadtgemeinde Baden um Abgabe von Hochquellen-Wasser, bei dem eigenen großen Bedarfe, vorläufig — wie anderen Gemeinden gegenüber — nicht entsprechen zu können, erklärt habe. — Als später die Beiziehung noch anderer Quellen in Aussicht war, hat der Gemeindevorstand neue Schritte gemacht und darauf die Zusicherung erhalten, daß dem Ansuchen Baden's, sobald als es in der Möglichkeit liegen werde, willfahrt werden würde. Nachdem im vorigen Jahre diese Möglichkeit eingetreten war, hat der neue Gemeindevorstand mit anerkennenswerthem Eifer die hochwichtige Angelegenheit betrieben, und es war der Bürgermeister — mit seinem speciellen Einschreiten — in der glücklichen Lage, den Zeitpunkt zu treffen, in welchem Hochquellen-Wasser für Baden abgelassen werden konnte.

Nun ist es da! 1200 Eimer für den Sommer und 600 Eimer für den Winter sind per Tag bewilligt, und die Gemeinde Baden bezahlt dafür per Monat im Sommer 220 fl. und im Winter 110 fl. ö. W. — Ein gemauertes, 2 Meter tiefes Reservoir mit einem Fassungsraum von 1500 Eimern, sowie 3300 Mtr. Rohre (und mit Hinzurechnung der im vorigen Jahre hergestellten „Piperlbrunn-Leitung" sogar 4800 Mtr.) umfaßt das Werk der Hochquellen-Leitung in Baden, und zwar mit 13 Auslaufbrunnen, von welchen 9 (stadtwappengeziert) mit Hochquellen- und 4 mit Piperlbrunn-Wasser versorgt werden. Die an den Enden der Leitung stehenden Brunnen haben einen permanenten Auslaufstrahl mit Sparhähnen, die inmitten der Leitung am Hauptrohr gelegenen sind mit einem Hebelarm versehen. — Das Ganze ist so eingerichtet, daß in die sämmtlichen (des Thermalbodens wegen mit Haarcylindern und luftdichtem Tegel umgebenen) Rohrstränge sowol Hochquellen- als Piperlbrunn-Wasser eingelassen werden kann, letzteres mit Ausnahme der Rohre, welche zur Bergstraße und zum Stadtpark-Brunnen führen.

Ein besonderes Verdienst um die Herstellung, welche mit einem Aufwande von 30.000 fl. ö. W. binnen drei Monaten ausgeführt worden ist, erwarb sich durch Umsicht und Genauigkeit der geschätzte Ausarbeiter des Bauprojektes und Bauleiter, Ingenieur Eduard Mellus, der sich als die beste Kraft für dieses Werk bewährt.

Nachträglich erschalle hier nun laut ein freudiges, volles, weithintönendes „Heil!" und „Hoch!"

Heil entströmt uns im Quell des cetischen Bergs für die Siechen,
Heil strömt Allen uns zu — frisch in des Hochquells Krystall! — [1]

---

[1] Ganz von selbst hat es — was hier nicht unerwähnt bleiben mag — der oft sinnig und wie mit Absicht gestaltende Zufall ergeben, daß in den zwei letzten Worten des Verspaares die Namen des Bürgermeisters und seines Stellvertreters (Christalnigg und Hoch) anklingen, unter deren Funktionszeit das wichtige Werk der Wasserleitung zur Ausführung kam.

Badener Tages-Chronik.

Juni 1880. ')

Am 1. Kurkommissions-Sitzung. Beschluß, dem Wiener Studenten-Unterstützungsvereine, über sein Ansuchen, für die bedürftigen Mitglieder Freibäder und Befreiung von der Kurtaxe zu bewilligen. — Mittheilung der k. k. Bezirkshauptmannschaft, daß in Folge kaiserlicher Genehmigung aus dem Erträgnisse einer der nächsten Staats-Wohlthätigkeits-Lotterien das Badener „Wohlthätigkeitshaus" mit 40.000 fl. betheilt werden wird. — Einleitung des Hochquellen-Wassers in das neuerbaute Sammelbassin.

Am 10. Ausschußsitzung des „Landwirthschaftlichen Bezirksvereines Baden" im Rathhaussaale.

Am 13. Feierliche Uebergabe der Hochquellen-Wasserleitung für Baden zur allgemeinen Benützung. (Siehe S. 120—21).

Am 14. Anwesenheit der Prinzessin von Asturien, Schwester des Königs von Spanien, in Baden, wo sie auch der Vorstellung der Strauß'schen Operette „Die Fledermaus" in der Arena beiwohnte.

Am 17. Begräbniß des am 15. d. M. hier verstorbenen k. k. Hoftapezierers Alois Kowy, eines alten Sommergastes Baden's, der auch eine Badnerin (geb. Minnich) zur Gattin nahm.

Am 19. Besuch des Großherzogs Ludwig von Hessen in der heuer besonders lebendigen Weilburg.

Am 21. Besuch der Erzherzogin Maria Immaculata im „Spital für strophulöse Kinder", als Protektorin desselben.

Am 22. Erste Aufführung von „Die Glocken von Corneville", romantisch-komische Operette in 3 Akten und 4 Bildern von Clairville und Gobet, Musik von Robert Planquette, im Stadt-Theater.

Am 23. Erzherzog Albrecht besucht die Badener Volksschule, besichtigt die Turnhalle und folgt mit besonderem Interesse den Turnübungen sowie den Exercitien der Schüler.

Am 24. Sitzung des Bezirksschulrathes Baden im Rathhaussaale. — Selbstmord des Wirthschaftsbesitzers Franz Massinger, der sich auf dem Dachboden seines Hauses (Hintere Gasse 11), mißlicher Verhältnisse wegen, erhenkte.

Am 26. Uebersiedlung des k. k. Telegraphen-Amtes in die Neugasse 45 (wohin unlängst auch das k. k. Postamt verlegt worden ist).

Am 27. Anwesenheit des Kaisers Franz Joseph in der Villa des Erzherzogs Rainer, bei einem zu Ehren der Prinzessin von Asturien daselbst veranstalteten Diner.

') Zu Gunsten des Raumes für die geschichtlichen Mittheilungen werden von den bisher in diesen Blättern als besondere Abtheilungen vollständig gebrachten Theater- und Familien-Nachrichten — in Beachtung mehrfach lautgewordener Stimmen — für jetzt nur die theatralischen Neuaufführungen und die Todesfälle bekannterer Persönlichkeiten innerhalb der Tages-Chronik verzeichnet.

Am 28. Gemeindeausschuß-Sitzung. Mittheilungen (darunter ein Erlaß betreffs der bevorstehenden Volkszählung). Referate. Erledigung von Gesuchen.

Am 29. Versammlung der hiesigen Protestanten im kleinen Saale des Hôtels „Stadt Wien" zum Zweck der Berathung über die Wiedereinführung des längere Zeit unterbrochen gebliebenen evangelischen Gottesdienstes in Baden.

— Festschießen der Badener „Bürger-Schützengesellschaft", deren Protektorat Erzherzog Karl Salvator angenommen, wozu derselbe 10 Dukaten und außerdem einen Pokal als Erinnerung gespendet. Auch wurde dabei auf eine vom Protektor gewidmete Festscheibe geschossen. Abends Fackelzug und Serenade unter Theilnahme mehrerer Badener Vereine, zu Ehren des nach Vollendung der Badekur abreisenden Erzherzog-Protektors.

Am 30. Erste Generalversammlung des „Vereines gegen Verarmung und Bettelei in Baden", im Rathhaus-Saale. Berichterstattung des Gründungs-Komité's. Wahl der Vorstands-Mitglieder und der Revisions-Kommission.

— Die „Kurliste" Nr. 40 weist 1665 Parteien mit 4636 Personen aus, darunter über zwanzig Mitglieder des Kaiser-Hauses und einige auswärtige fürstliche Persönlichkeiten.

(Das Stadtarchiv und das städtische Museum) erhielten seit dem letzten Gabenausweise (S. 76) die nachfolgend verzeichneten Gegenstände: Von Hrn. Regierungsrath Albert von Camesina in Wien: die in Anerkennung seiner Verdienste um Kunst und Wissenschaft auf ihn geprägte kleine silberne Denkmünze. — Von Frau Elise Eipeltauer, Theater-Billeteurs-gattin: das Bildniß des Dichters Castelli in Photographie nach dem Leben, mit eigenhändig geschriebener Widmung in Versen an Bauernfeld. — Von Frau Elisabeth Hecher: einen alten Majolika-Krug mit Zinn-Deckel; auf demselben eingraviert: F. H. 1732. — Vom Hrn. Glasermeister Kurseß: Zehn Ansichten aus böhmischen Bädern, in Lithographie. — Von Frau Ida von Martini: einen botanischen Musterband von Pinus sylvestris (Föhre), angefertigt 1805 von einem in Oesterreich zurückgebliebenen französischen Offizier. — Von Hrn. Juwelier J. Meisel: 15 Stück verschiedene kleinere Silbermünzen. — Von Hrn. Schloßbesitzer Andreas Pöhnl: eine große Haarkugel aus dem Magen eines Kindes. — Von den Herren Franz Gartner, E. Hütter, J. Karlhofer und K. Wohlfahrt: mehrere kleine Silbermünzen, und von Letzterem außerdem einen versteinerten Thier-zahn. — Von einem Ungenannten: zwei Badener Schriftstücke aus dem vorigen Jahrhundert.

(Badener Mißstände.) Das fatale, S. 95 d. Bl. ausgesprochene Wort „Rückschritt" ist erfreulicherweise zu streichen. Kuh- und Schweinetrieb haben im Monate Juni hier nicht mehr stattgefunden, und hoffentlich wird der Versuch, es darauf ankommen zu lassen, ob man in dieser Beziehung „durch die Finger schauen" will, für alle Zeiten verhindert sein. Vielleicht gelingt dieß auch bezüglich einiger anderer Mißstände in unserer Stadt. Zwar werden immer und überall mehr oder weniger „Mißstände" vorhanden sein, aber wenigstens die ärgsten und diejenigen, die — mit bestimmtem festen Willen — ohne große Schwierigkeit abzuwehren sind, können und sollen verhindert werden. Zu diesen Mißständen gehört vor allem die an manchen Punkten der Stadt in Folge von Unreinlichkeit Einzelner hervorgerufene und Alle benachtheiligende **Verpestung der Luft** durch Ausgießen übelriechender Flüssigkeiten in die **Rinnsale** und **Kanäle**, wozu noch die nicht strenge Durchführung des Verbotes, **Schweineställe** und sogenannte **Wurststuben** an der **Gassen-Seite** der Häuser und Höfe anzubringen, als wahrhafte Plage der Passanten kommt. An gewissen Häusern und an gewissen Kanal-Oeffnungen kann man nicht vorbeigehen, ohne von einem mephitischen Hauch angeweht zu werden; und was jeder Vorübergehende zu seiner Alteration bemerkt, das müssen doch die für den öffentlichen Dienst bestellten Personen mindestens ebenso bemerken und es — schon aus sanitären Gründen, — in Ausübung ihrer Pflicht, zu beseitigen suchen. Setzt man im Winter — wie es ganz richtig ist — mit aller Strenge das Bestreuen der Trottoirs vor den Häusern bei Glatteis durch, warum führt man im Sommer — wo doch die Kurgäste noch dazu in besonderer Berücksichtigung kommen — nicht auch diese Angelegenheit mit derselben Strenge durch? — Auch die das Auge beleidigende, schon S. 35 erwähnte Unreinlichkeit bezüglich der durch Tünche verschmierten **Hausnummer-Täfelchen** und **Straßen-Tafeln** dauert, trotz gemeindlicher Kundmachung vom Frühjahr 1879, unbehindert fort. Es ist das, bei der sonstigen in **Baden** herrschenden lobenswerthen Gewohnheit, jährlich die Häuser neu verputzen und tünchen zu lassen (wodurch der Kurort in dieser Hinsicht wirklich im Ruf der Nettigkeit und Sauberkeit steht,) ein unbegreiflicher Mißstand und geradezu eine abscheuliche Verquickung von „Hui" und „Pfui"; und vor Allem sollten da die **gemeindlichen Häuser** mit gutem Beispiele vorangehen. ¹)

---

¹) Der Verfasser weiß wol, daß man sich durch derlei ungescheute Bemängelungen und vertheilende Aeußerungen keine Freunde macht; aber, auf das Freunde machen muß derjenige, welcher das Opfer bringt, im allgemeinen Interesse die ungeschminkte Wahrheit zu vertreten, von vornherein verzichten. Im Gegentheil, auf **Feinde** muß man gefaßt sein dabei — wie es sich ja letzthin zeigte, daß ein Theil der Gemeindevertretung aus obigem Grunde sich beinahe mit dem Ruhm bedeckt hätte, gegen einen der **treuesten Söhne der Stadt** (das kann der Verfasser von sich wol sagen) mit einer Anklage einzuschreiten, und so das Schauspiel geboten hätte, daß die **eigene Vaterstadt** sich noch spät **denen** anschließt, die denselben — in nun längst glücklich überwundenen Zeiten — seiner freien **Meinungsäußerungen** wegen, verfolgten. Aber, man meint wol hier vielleicht, daß derjenige, der vor **Fürsten** nicht geschwiegen hat, vor seinen **Mitbürgern** schweigen soll! — Nun, wie dem auch sei, der Verfasser hat sich niemals durch irgend etwas einschüchtern lassen; auch stimmt die unbefangene Mehrzahl der Einwohnerschaft seinem Streben entschieden bei, und sogar von ganz unbetheiligter Seite kommen ermuthigende Beweise anerkennender Würdigung. Wer den Verfasser kennt, wird es ihm glauben, daß nicht etwa Selbstgefälligkeit oder Unbescheidenheit, sondern nur die Absicht, offen darzulegen, wie man die Sache **auswärts** auffaßt, ihn veranlaßt, folgende Stelle aus der Zuschrift eines renommierten Gelehrten hier anzuführen. Diese auf das **Erscheinen** der vorliegenden „Beiträge" bezügliche — freilich allzu freundlich gefaßte Stelle lautet: „Du baust Dir ein bleibend Denkmal mit diesen Publikationen, und wenn auch für den Augenblick **Aufregung** hervorgebracht wird und **Undank** Dir wird, so reicht die eigentliche Wirkung doch weit hinaus über diese **Seifenblasen des Augenblicks.**"

Chronik der Vergangenheit.

Chronologische Nachweisungen zur Geschichte Baden's.

XIV. Jahrhundert.

1336, am Allerheiligentag, schenkt **Hedwig**, die Witwe des **Engelbich von Chreusbach**, unter gewissem Vorbehalt den Augustinern in **Baden** ihren zunächst dem „Rhaltenberg" daselbst gelegenen **Weinberg**, genannt „der Herzog".

> Vgl.: Leber, a. a. O., S. 221—222, wo der Wortlaut der Urkunde — nach dem jetzt im Badener Stadtarchiv befindlichen Augustiner-Urkunden-Manuskript (Lib. A, Fol. 35) — zum erstenmale abgedruckt ist.

1338, am Montag nach Sct. Martinstag, bewilligt Herzog **Albrecht II.** zu **Wien**, daß sein Bruder Herzog **Otto** („der Fröhliche") „ain Closter, aus dem Closter der Brüder von Baden, Sanct Augustins Ordens," stifte.

> Vgl.: Leber, a. a. O., S. 222—223, wo der Wortlaut der Urkunde — nach dem jetzt im Badener Stadtarchiv befindlichen Augustiner-Urkunden-Manuskript (A, Fol. 39) — zum erstenmale mitgetheilt ist.[1]

1338 schenkt Herzog **Albrecht II.**, mit Vorwissen seines Bruders **Otto**, dem Kloster der Karthäuser zu **Gaming** von seinen in **Baden** gelegenen Besitzungen den „Perkhof" — „Zehenthof" — (das spätere „Adlerwirthshaus"), zu welchem Hofe ein bedeutendes Grundbuch und ein beträchtliches **Bergrecht** gehörten.

> Vgl.: Herrgott, „Genealogia diplomatica", Wien 1737, wo die Urkunde abgedruckt ist. (Schenk, a. a. O., 1817, bringt S. 18 eine Stelle daraus.) —[2]

---

[1] Leber sagt, a. a. O., S. 216, (nach dem S. XII daselbst von ihm citierten Manuskript des Freiherrn **Friedrich von Haan**, „Die k. k. Hofkirche in Baden" — welches sich als Geschenk des Kaisers **Franz Joseph** jetzt im Stadtarchiv zu **Baden** befindet —) mit Bezug auf die obige Urkunde: „Indessen dankte dieß Kloster seine schnelle Aufnahme vorzüglich dem Herzoge **Otto** von Oesterreich, dem Fröhlichen, der um das Jahr 1338 das kleine Kloster der Brüder zu **Baden** neu gebaut, vergrößert und mit Grundstücken betheilt hatte, wornach das in der Folge unter dem Namen „Augustiner-Konvent" vorkommende Kloster den Herzog **Otto** als zweiten Stifter betrachten konnte." (Thatsächlich hat aber Herzog **Otto** im Jahre 1338 das Augustiner-Kloster zu **Korneuburg** — als Abzweigung vom Badener Konvent — gestiftet.)

[2] Das Badener Stadtarchiv bewahrt einen alten Manuskript-Band mit 14 Urkunden des Klosters **Gaming** (von 1338—1517 reichend), aus dem

1340, 17. Sept., verkauft **Wernhart** (**Bernhard**) **von Chreußbach** an den **Badener Augustiner-Konvent** den **Zehent eines Weingartens** bei **Baden**, der „**Unbeschaiden**" genannt, gelegen unter dem „**Techenstayn**". (Siehe 1308, S. 101.)

> Vgl.: Leber, a. a. O., S. 150, Nr. 12. — (Das Original der Urkunde auf Pergament, mit den anhangenden Wachssiegeln Fridrichs von Chrevspach, Ottens des Haespelchen und Gotfrydens von Wildungesmawer befindet sich im Badener Stadtarchiv.)

1342, 13. Dec., überläßt „**Margret Hern ulrichs Witib de Fuchs**," dem **Augustiner-Konvent zu Baden** ⅓ eines **Weingartens**, „der haizet der **snephenstainer**", gelegen an dem „**Griecz**" zu **Baden** (jetzt „**Griessen**".)

> Vgl.: Leber, a. a. O., S. 151, Nr. 14. — (Das Original der Urkunde auf Pergament, mit anhangenden Wachssiegeln Niclas des Preußels, Wulfinch des Scheuchensteiners und Albrecht des Hutters befindet sich im Badener Stadtarchiv.)

1343, 6. Januar, beurkunden **Andreas, Wolfhard's Sohn von Dörflein** und seine Brüder die **Belastung eines ihrer Weingärten** daselbst zu Gunsten des Stiftes **Heiligenkreuz**. (Vgl. J. N. Weis, II, 181.)

1343, 13. Januar, vermachen **Albrecht der Pient zu Baden** („ze **Paden**") und **Juta** („**Jeut**") seine Hausfrau, der Abtei **Heiligenkreuz** auf ihren Todfall zur Stiftung eines Jahrtags ihr Haus zu **Baden** („unsern Hof datz **Paden**, der da leit zenachst **Heinrich Jehmann** hinder der Herren Hof datz dem Heiligen **Chreutz**".) [1]

> Vgl.: J. N. Weis, a. a. O., II, 182—183, CLXXXIX. (Die „Kirchliche Topographie", IV, 55, führt unrichtig das Jahr 1313 an.)

1343, 8. April, beurkunden **Prior** („frater Thomas lector") und **Konvent** des **Augustiner-Klosters** in **Baden**, daß demselben die Abtei **Heiligenkreuz** einen von einem **Weingarten** („de una vinea dicta goltstayn, spectanti ad curiam eorum in **Paden**") zu entrichtenden jährlichen Zins abgelöst habe. (Vgl. J. N. Weis, II, 183, CLXXX.)

Besitz des letzteren: „Privilegien des fürstlichen Stüffts und lobwürdigen Gotteshauß unser Lieben Frauen Thron zu Gaminger, maistenthails die Perg Jurisdiction umb Paaden und den freyen Perg Hof daselbst wie auch undterschidlich gehaltene Grundtrecht betreffendt." (Vgl. „Blätter des Vereines für Landeskunde von Nieder-Oesterreich" 1878, S. 218, in Dr. Karl Haselbach's „Die Karthause von Gaming".)

[1] Pient's Hof war der neben dem (einst den Heiligenkreuzern, dann Auer von Herrnkirchen gehörig gewesenen Hof) jetzigen „Bürgerspital" gelegene Besitz, welcher früher „Heiligenkreuzerhof" hieß und jetzt „Leopoldshof" heißt. Er war ein mit einer der heil. Magdalena gewidmeten Kapelle und mit einem Bade versehener Freihof und wurde vom Stifte Heiligenkreuz für die badebedürftigen Konventualen (mit Unterbrechung, bis 1811) verwendet. — (Als Zeugen erscheinen in der Urkunde: Jans „ze den zeiten Pharrer datz Paden" und Herr Dietreich „ze den zeiten Richter ze Paden". — Dieser Dietrich ist der erste Richter Baden's, dessen Name uns erhalten ist. Die Reihe der Badener-Richter — soweit dieselben bis jetzt nachzuweisen waren — wird später hier mitgetheilt werden.)

Die Urkunden des Badener Stadtarchivs.

VI.

Kayßers Ferdinandi deß Ersten Confirmation über der Statt Baaden Privilegia und Freyheiten,

de dato 10. Juli A°. 1534.

Wir Ferdinannd von gottes gnaden Römischer zu Hungern und Böhaim ꝛc. Kunig Infannt in Hispanien Ertzhertzog zu Österreich, Hertzog zu Burgundt, zu Brabanndt, zu Steir, Kärnndten, Crain und Wirtemberg ꝛc. Fürst zu Swaben, Gefürster Grave zu Habspurg, zu Tirol, zu Pfierdt, zu Kiburg, und zu Görtz ꝛc., Lanndgraf im Elsaß, Marggrave des heiligen Reichs und zu Burgaw, Herr auf der Windischen March, zu Portennaw und zu Salins ꝛc.

Bekennen offennlich mit disem brief und thun khundt allermenigclich das für unns komen sein unnser getrewen lieben N: Richter Rate und Gemain unnßr Stat Paden, und brachten unns für ainen Pergamenen brief darinnen Inen weillenndt unnßer lieber Anherr Kaiser Maximilian ꝛc. löblicher gedechtnußs all und yegclich Ir gnad Freyhait, Privilegia, Recht, gerechtigkhaiten, allt herkomben und guet gewonhaiten, so Sy von weillenndt unnßern Vorfordern Fürsten von Österreich löblicher und seliger gedechtnußs erworben und herbracht genedigclichen Confirmirt und beßtät. Baten unns darauf unndertheniglichen das wir Inen dieselben Ire Freyhaiten auch vernewen Confirmiern und beßtätten wollten. Haben wir angesehen solch Ir zimblich und diennetig bete, und darumben mit wolbedachtem muete, guetem Rat und Rechter wißßen denselben unnßern Burgern all und yegclich solch Ir gnad Freyhait, Brief, Privilegia Recht gerechtigkhait, allt herkomben und guet gewonhait, so Inen als obgemelt von unnßern Vorfordern, Fürßten von Östereich gegeben unnd verlihen sein, als Römischer Kunig und Regierunder Herr und Lanndffürst in Österreich genedigclichen vernewt, Confirmirt und beßtät, Vernewen, Confirmiern und beßtätten Inen die auch in allen und yegclichen Iren Artigklen Puncten, Clauslen, Innhalltungen maynungen und begreiffungen, als ob die alle und yede besonnder von wort zu worten in disem brief beschriben und begriffen weren, wißßenntlich in Crafft dits briefs, was wir Inen zu Recht daran beßtätten sollen und mügen Und maynen setzen und wollen, das die nun fürbas crefftig und mechtig sein, und die genannten unnßer Burger von Baden die also haben und dabey beleiben der gebrauchen und geniessen sollen und mügen von allermenigclich unverhindert, Doch unns an unnßr Obrigkhait und gerechtigkhait unvergriffen und onscheblich.

Davon gebieten wir den Edlen unnßern lieben getrewen N: allen unnßern Haubtleuten, Lanndtmarschalhen, Graven, Freyen, Herrn, Rittern und khnechten, Verwesern, Vitzdomben, Pflegern, Burggrawen, Lanndtrichtern, Burgermaistern, Richtern, Räten, Burgern, Gemainden, und allen anndern unnßern Ambtleuten Unnderthanen und getrewen, Ernstlich und wollen das

7*

Sy den obgenannten unnsern Burgern von Baden über dise unnser vernewerung, Confirmation und bestettung, an den vorbestimbten Jren gnaden, Freyhaiten Privilegien, Rechten oder Herrkomben, und gueten gewonhaiten, khainerlay abbruch noch verletzung thun noch yemandts zethun gestatten, Sonnder Sy dabey beleiben und genneblich und on Irrung gebrauchen und geniessen lassen. Auch von unnsern wegen dabey hanndthaben schützen und schermen, bey vermeidung unnser sweren ungnad und straff.

Mit Urkhundt dits briefs verfertigt mit unnserm anhanngundem Insigel Geben in unsr Stat Wienn am zehennden tag des monats July Nach Cristi unnsers lieben Herrn geburde fünfftzehenhundert und im Vierunddreissigisten, Unnser Reiche des Römischen im Vierdten, und der Anndern im Achten Jahren.

Commissio Domini Regis in Consilio.

Rabenhaubt
Cannzler m. p.

Lucas Graßwein m. p.
Hanns v. Silberberg m. p.
C. D. Auersperg m. p.
G. D. Kollonitz m. p.

(Original: Urkunde auf Pergament, in Quer-Folio, mit guter Fraktur-Schrift geschrieben, und — bis auf große braune Flecken — gut erhalten. — Außen, in alter Handschrift: K. F. Khnauss m. p. — Vom Siegel sind nur mehr die Pergamentstreifen vorhanden.)

Das Geschlecht der Herren von Baden
und die ehemalige Burg Baden.

I.

Das Geschlecht der Herren von Baden.

Die urkundlichen Nachweisungen über das zuerst gegen Ende des XII. Jahrhunderts vorkommende und bereits in der ersten Hälfte des XIV. Jahrhunderts ausgestorbene Geschlecht der Herren von Baden — welche adelige Familie den Ortsnamen zu ihrem Familien-Namen machte — sind bis jetzt nur unvollständig erhoben und zusammengetragen gewesen. [1]

Nebst anderen waren auch die, jetzt im Badener Stadtarchiv befindlichen Urkunden des ehemaligen Augustiner-Konvents zu Baden in dieser Hinsicht unbeachtet geblieben. Eine absolute Vollständigkeit ist übrigens freilich auch schon deßhalb nicht zu erreichen, weil über manche Glieder — z. B. Konrad von Baden, genannt „Sulzer" (1268) und Alber,

---

[1] Vgl. Wißgrill, „Schauplatz des landsässigen niederösterreichischen Adels im Herren- und Ritterstande, vom XI. Jahrhundert bis auf jetzige Zeiten." 1.—5. Bd. — Wien 1794—1804. (Unvollendet.) — Desgl. „Kirchl. Topographie." Wien 1825. Vierter Band, S. 55 u. f. — Desgl. „Topographie von Niederösterreich," herausgegeben vom Verein für Landeskunde von N.-Oe. — Wien 1879. II, 120—121.

genannt „von dem Stein zu Baden" (1311) — eine Unklarheit herrscht und nicht mit Bestimmtheit zu konstatieren ist, ob dieselben dem Geschlechte der Herren von Baden auch wirklich angehören. [1])

Im Folgenden ist alles Erreichbare und Festzustellende in kurzer Fassung möglichst genau chronologisch verzeichnet, und es stellt sich nun eine ziemlich zusammenhängende Reihe heraus.

1189, 4. Januar. Ortolf von Baden („Ortolf de Paden") erscheint als Zeuge in einem Verzichtbrief des Herzogs Leopold V.

Vgl. Meiller: „Regesten zur Geschichte der Markgrafen und Herzoge Oesterreichs aus dem Hause Babenberg". Wien 1850, S. 66.

(Schon früher, in der zur Gründung des Schottenstiftes zu Wien gehörigen Urkunde des Herzogs Heinrich II. [„Jasomirgott"] vom Jahre 1158 erscheint Ortolfus, „camerarius", als Zeuge [Meiller, a. a. O., S. 42], welcher [von Meiler] — im „Verzeichniß der Personen" — mit Ortolf von Baden zusammengestellt wird.)

1203, 24. Juni. Göttweig. Gerung von Baden („Gerungus de paden, ministerialis ducis") erscheint als Zeuge der Verleihung des Patronats über die Pfarre Nieder=Sulz an die Abtei Heiligenkreuz durch Wolfker, Bischof von Passau. (P. J. N. Weis, „Urkunden des Cistercienser=Stiftes Heiligenkreuz im Wiener=Walde." Wien, 1856. I. 33. XXVI.)

(Ein „Gerunch de Padin" bezeugt die Schenkung eines Weingartens zu „Dröz" durch Walter von Schwadorf an das Stift Klosterneuburg. — (Maxm. Fischer: „Codex traditionem ecclesiae collegiatae Claustroneoburgensis" etc. [„Fontes rerum Austriacarum II, IV. Wien 1851.] pag. 34—35, Nr. 163.) [2])

„Gerungus de Padan" macht eine Schenkung an das Stift Klosterneuburg. (Maxm. Fischer, p. 48, Nr. 236.)

1258, 27. Juni. Kl. Maria=Zell. — Heidenreich von Baden („Haidenricus de Paden") erscheint als Zeuge eines Gütertausches zwischen den Abteien von Heiligenkreuz und Klein Maria=Zell, wodurch letztere einen Weinberg zu Baden erhält („vineam dictam Wilreichs in Paden in monte domini ducis sitam"). — (J. N. Weis: I, 140, CXLII.)

1258, 14. Juli. Draskirchen. — Heidenreich von Baden, („Haydnricus de Paden") erscheint als Zeuge in einer von Abt Ortolf von Möll ausgestellten Urkunde. — (Hueber, S. 24)

---

[1]) Die im „Lilienfelder Todtenbuch" („Fontes rerum austr.," 2. XLI.) verzeichneten: Leutold von Baden mit seiner Gattin Geysla, und Symon von Baden scheinen den Namen gewiß nur — als von Baden stammend — zu führen.

[2]) Maximilian Fischer bemerkt in dieser seiner Ausgabe des hochinteressanten Klosterneuburger Saalbuches hierzu (in der Note S. 244): „Von dem Geschlechte der Ritter von Baden kommen nebst diesem Gerung noch Haertinc und Gundold (als Zeugen bei einer Schenkung an das Stift Klosternenburg, S. 48, Nr. 237) und noch andere an andern Orten des „Saalbuches" vor (Dipolt und Garman Nr. 164 und Otto Nr. 329), die alle älter sind, als die bei Wißgrill I, 290 aufgezählten Glieder dieses Geschlechtes." (Die Jahreszahlen der leider nicht chronologisch geordneten Urkunden dieses „Saalbuchs" [Buch der Schenkungen] lassen sich häufig nur annäherungsweise bestimmen.)

1259. — Heidenreich, Ritter von Baden („Heidenricus miles de Paden"), erhält vom Stift Heiligenkreuz drei Höfe zu Baden („tres areas in Paden") und ein Lehen zu Leobersdorf („in Leubatsdorf unum mansum") für sechs Mausen zu Kaltengang, die derselbe von Otto von Bertholdsdorf als Lehen empfangen hatte, welche Letzterer der Abtei Heiligenkreuz schenkt. — (J. N. Weis: I, 144, CXLIX.)

(1259.) — Ritter Heidenreich von Baden beurkundet, daß ihm die Abtei Heiligenkreuz die lebenslängliche Nutznießung einer Wiese bei Kaltengang zugestanden habe. — Zeuge ist auch „Albero de Paden." — (J. N. Weis: I, 145, CL.)

1260 ca. — Otto von Baden („Otto de Paden") bezeugt, daß Rüdiger, genannt „Röflacher", der Abtei Heiligenkreuz einen Weingarten zu Sooß („in sazz") schenkt. — (J. N. Weis: I, 149—150, CLVI.)

1261, 27. Februar. — „Albero de Paden" erscheint als Zeuge der Schenkung eines Weingartens bei Baden („vineam unam prope Paden") durch Konrad Maze („Chunradus Maze") an die Abtei Heiligenkreuz. — Auch „Heindenricus de Paden" erscheint als Zeuge. — (J. N. Weis: I, 150, CLVIII.)

1262, 22. Juli. — Albero von Baden („Albero dictus de Paden") beurkundet, seiner Hausfrau Diemud („Diemudis")[1], Herrn Johann's von Merswang Schwester, alle seine Besitzungen in Baden freiwillig abgetreten zu haben. — Zeuge ist auch „Haidenricus de Paden." — (J. N. Weis: I, 153, CLXII.)

1265. — „Albero de Paden" bezeugt, daß „Otto de Rauheneckke dictus Turso", dem Stifte Heiligenkreuz zwei Lehen zu Kaltengang („mansos duos sitos in Chaltengange") geschenkt. — (J. N. Weis: I, 164, CLXXV.)

1268, 29. April. — „Albero de Paden" besiegelt, daß Konrad von Baden, genannt Sulzer (von dem es nicht bestimmt ist, ob er dem Geschlechte der Herren von Baden angehört), dem Stifte Heiligenkreuz zwei Weingärten zu Baden verkauft. — (J. N. Weis: I, 167, CLXXIX.)

1268 ca. — „Albero de Paden" besiegelt, daß „Chunradus dictus Sultzer in Paden" der Abtei Heiligenkreuz ein Pfund Pfenning jährlicher Gülte verkauft. — Zeugen sind auch: Albero's Bruder „Liutoldus dictus Chreuzpech"[2], ferner Albero und Konrad, Söhne „Haidenrici" (von Baden). — (J. N. Weis: I, 170, CLXXXII.)

1271, 16. Oktober. — „Albero de Paden" bezeugt, daß Dietmar von Engelschalchsfeld der Abtei Heiligenkreuz vier Pfund Gülten zu Enzersdorf schenkt. — (J. N. Weis: I, 179, CXCIV. Desgl. CXCV.)

1275, 11. November. — Diepold von Baden („Diepoldus de Paden") verkauft mit Zustimmung seiner Gattin „Chunegundis" und seiner Kinder Konrad, genannt „Potzmaennel", Trauslieb, Riskardis, Gertraud

---

[1] Von einer Diemut wird 1310 (J. N. Weis: II, 26, XXX) als von der ehrenwerthen Altfrau von Baden gesprochen („der erwern altvrowen von paden.")

[2] Es scheint also der Stifter des Badener Augustiner=Klosters (Leuthold von Chreusbach) dem Geschlechte der Herren von Baden angehört zu haben.

und Bertha, der Abtei Heiligenkreuz ein Pfund jährlicher Gülten zu
Baden („in villa Paden"). — (J. N. Weis: I, 197, CCXIV.)

1277, 6. December. — Diepold von Baden verkauft der Abtei Heiligenkreuz ein Grundstück zu Baden („aream meam, quo [quae] sita est juxta
curiam nigrorum monachorum". — (J. N. Weis: I, 211, CCXXX.

1282, 29. Jänner. Klosterneuburg. — Diepold von Baden
(„Dyepoldus de Padem") verkauft einige Wiesen an das Stift Kloster-
neuburg. — (Dr. H. Zeibig, „Urkundenbuch des Stiftes Klosterneuburg
bis zu Ende des XIV. Jahrh." Wien 1857, S. 29, Nr. XXXV. [„Fontes",
II. Abth. X. Bd.] — Desgl. „Blätter des Vereines für Landeskunde von
N.=Oe. 1877, S. 387.)

    Ein „Dipolt de Paden" und ein „Garman de Paden" erscheinen als
Zeugen einer Schenkung an das Stift Klosterneuburg. (Maxm.
Fischer, „Codex traditionum" etc. [Fontes, II. IV., S. 35. N. 164.])

1285, 22. November. Wien. — Otto von Baden („Otto de Paden")
erscheint als Zeuge, daß die Witwe Wulfings von Arnstein, Gertrud
von Wasserburg, dem Stift Heiligenkreuz eine Gülte zu Gunt-
harbsdorf schenkt. — (J. N. Weis: I, 245, CCLXXI.)

1286, 16. Oktober. Baden. — Otto von Baden bezeugt den Verkauf
der Besitzungen der Witwe Otto's des Türsen von Rauheneck, Margaretha,
zu Kaltengang an das Stift Heiligenkreuz. — (J. N. Weis:
I, 251—252, CCLXXVIII.)

1289, 6. December. Baden. — Otto von Baden verkauft — mit
Zustimmung seiner Gattin Alhaibis und seiner Kinder Albero, Otto
und Diemudis — der Abtei Heiligenkreuz einen Acker bei Prellen-
kirchen. — (J. N. Weis: I, 260, CCLXXXIX.)

1293. — Otto von Baden bezeugt einen Verkauf an die Abtei Heiligenkreuz. — (J. N. Weis: I, 270—271, CCCIII.)

1294. — Otto von Baden erscheint als Zeuge in einer Lilienfelder
Urkunde: „Otto de Baden testem egit D. Hartnido Marschalco
de Wildonia, confirmanti nobis donationem duorum laneorum Ernesti
civis Wiennensis. Anno 1294." — (Hanthaler, I. 256.)

1295, 8. März. Baden. — Otto von Baden bezeugt die Auszahlung
des Kaufpreises durch das Stift Heiligenkreuz für ein in Baden
zurückgekauftes Haus. — (J. N. Weis: I, 281, CCCXIV.)

1297. Wien. — Otto von Baden erscheint als Zeuge einer Schenkung
der Kapelle (der nachmaligen, 1811 demolierten „Frauenkirche") des
Heinrich von Pottendorf zu Baden an die Augustiner
daselbst. — (Vgl. Dr. Karl Schenk „Die Schwefelquellen von Baden 2c.,
Baden 1817, S. 16—17, wo die Schenkungs=Urkunde vollständig
— wenn auch in nicht ganz richtiger Schreibung — abgedruckt ist.) — [1])

    Ein „Otto de Paden" erscheint als Zeuge einer Schenkung an das
Stift Klosterneuburg. — (Maxm. Fischer, S. 65, Nr. 329.)

---

[1]) Schenk sagt auch daselbst — aus Mißverständniß der Stelle in der Urkunde:
„die Kapellen, die da leit" (liegt) — unrichtig: „läutende Kapelle".

1300. — **Engelbert von Baden,** Bruder des Luipoldt von Wittensdorf (Wienersdorf) schenkt dem Hospitale zu **Heiligenkreuz** einen Weingarten am **Badnerberg.** — („**Kirchl. Topogr.**", IV, 56.)

Zur selben Zeit erscheint auch ein **Alold von Baden und Wolfs-berg,** der dem Stifte Heiligenkreuz drei Weingärten schenkte und daselbst — von einem Pfeilschuß verwundet — im Hospital gestorben ist. — („**Kirchl. Topogr.**", IV, 56. — Desgl. „Chronicon breve monasteriorum ord. Cisterc. ad sanctam crucem" etc., MDCCCXXXIV, wo es pag. 39 — in der Reihe der in der Abtei begrabenen Wohlthäter heißt: „Aloldus de Baden et Wolfsberg, donavit tres vineas in Wittinsdorf, aliasque vineas, infirmus ad S. Crucem delatus.")

1304. — **Friedrich von Baden** erscheint als Zeuge in einer **Ehrenbach**'schen, das **Stein-Mariazeller** Benediktinerstift betreffenden Urkunde. — (Vgl. Dr. **Karl Schenk,** „**Taschenbuch für Badegäste Baden's**" 2c. — Wien und Baden 1805, S. 20.)

1308, 23. Januar. **Otto von Baden** („**Otto de Paden**") erscheint als Zeuge der Bestätigung der **Pottendorf**'schen Schenkung („**Frauenkirche**") an die **Badener Augustiner.** (Vgl. oben: 1297.) — (Leber, S. 148, Nr. 4.)

Die Original-Urkunde auf Pergament — mit den (schadhaften) Siegeln des Bischofs von Passau und des Wiener Schotten-Abtes Wilhelm — befindet sich im **Badener Stadtarchiv.**

1308, 25. März. — **Albero von Baden** („Her Alber von Paden") und **Heinrich von Baden** („Her Heinreich von Paden") erscheinen als Zeugen, daß **Friedrich von Weitersdorf** („Fridreich von Veikesdorf") und seine Hausfrau den **Augustinern zu Baden** eine Wiese zu **Trumau** („Drumawe") verkaufen. — Leber, S. 147, Nr. 2.)

Die Original-Urkunde auf Pergament, mit den wohlerhaltenen Wachs-siegeln Otten des Tursen von Rauhenekke, Wolfkers vom Kor und Fridreichs von Veikesdorf, befindet sich im **Badener Stadtarchiv.**

1308, 7. November. — **Alber von Baden** („Alber von Paden") verzichtet zu Gunsten der Abtei **Heiligenkreuz** auf seine Ansprüche an einen Grundholden („Waetsch von Paden") und das von diesem besessene Lehen. — (J. N. **Weis:** II, 24, XXVII.)

1310, 25. Juli. Baden („datz Paden"). — **Alber von Baden** („Her Alber von Paden") erscheint als Zeuge, daß **Ulrich der Maze von Rohr** der Abtei **Heiligenkreuz** einen Weingarten und Acker bei Baden, zwischen Pfaff-stätten und der Rohrmühl überläßt. — (J. N. **Weis:** II, 27, XXXI.)

1311, 25. Januar. — **Alber von Baden** („Her Alber von Paden") be-zeugt, daß **Alber, genannt von dem Stein zu Baden** („Alber genannt von dem Stein datz Paden") — wahrscheinlich nicht zur Familie der **Herren von Baden** gehörig — mit Zustimmung seiner Hausfrau Elsbet, seiner Mutter Diemut und seiner Kinder Dietrich und Chunegund sowie der übrigen Angehörigen, der Abtei **Heiligenkreuz** Haus und Hof in **Baden** („unser Hous und Hof datz **Baden**, der da gelegen ist bei dem **Munichhof** datz **Paden**") verkauft. — Die Urkunde führt auch einen andern „Alber von Paden" und einen „Heinrich von Paden" als Zeugen an. — (J. N. **Weis:** II, 28, XXXII.)

1311, (23.—29.) Mai. — Alber von Baden ("Her Alber von Paden") erscheint als Zeuge einer Stiftung von zwei Pfund Pfennigen Gülten zu Baden im Neustift ("an der neun stift ze Paden") für die Abtei Heiligenkreuz. — (J. N. Weis: II, 29—30, XXXIII. — Desgl. II, 30—31, XXXIV.)

1313, 17. November. Wien. — Alber von Baden ("Albero de Baden") erscheint als Zeuge bei einem Verkauf des Chalbold von Elartsau: "ze Wienn am Gregorign tag An. 1313." — (Vgl. Recensus Diplomatico-genealogicus archivi Campiliensis (Lilienfeld), auctore P. Chrysostomo Hanthaler, Professo et Bibliothecario Campiliensi, anno salutis MDCCXL. Tom. I. Viennae 1819, p. 256.)

1317, 6. December. Wien. — Frau Cäcilia, Herrn Alber's von Baden Witwe ("Cecilia hern Albers wittiwe von Paden") bestätigt die Stiftung eines Jahrtages, welchen dieser vor seinem Tode sich in der Abtei Heiligenkreuz angeordnet hatte. Als Zeuge erscheint auch "her Heinrich der Padner", welcher aber wol nicht zur Familie gehört. — (J. N. Weis: II, 52, LVIII.)

1318, 10. April. — Heinrich von Baden ("der Hainrich von paden") erscheint als Zeuge bei einem Tauschvertrag zwischen Friedrich von Weitersdorf ("Fridreich von Veikerstorf") und den Augustinern zu Baden. — (Leber, S. 148, Nr. 5, und 226—227, wo der Wortlaut der Urkunde abgedruckt ist.)
Die Original-Urkunde auf Pergament — mit den Wachssiegeln des Friedrich von Weitersdorf ("Fridreich von Feikersdorf") und des Zeugen "Dietreich Preuzzel" — befindet sich im Badener Stadtarchiv.

1318, 3. Mai. — Alber von Baden erscheint als Zeuge in einer Klosterneuburger Urkunde. — (Vgl.: Zeibig "Urkundenbuch des Stiftes Klosterneuburg bis zu Ende des XIV. Jahrhunderts. 1857. I. ["Fontes rerum Austriacarum" II. X. S. 29, Nr. 35 und S. 161, Nr. 173].)

1324, 7. April. — Albrecht, Heinrich's von Baden Sohn, ("Albrect Hainreihs sun van Paden") beurkundet, daß Leupold der Werder von Mödling ("van Medlich") der Abtei Heiligenkreuz für deren Siechenhaus ein halbes Pfund Pfenninge Gülte zu Leesdorf schenkt, die Letzterer von ihm als Ersatz für einen zugefügten Schaden erhalten. — (J. N. Weis: II, 106, CIII.)

1325 — Albert von Baden schenkt dem Stifte Heiligenkreuz ein Talent jährlicher Einkünfte zu Leesdorf. — ("Kirchl. Topogr." IV, 94.)
Hanthaler's "Recensus etc. MDCCXL (1819), I. Tab. XXVIII, 1, bringt eine Abbildung des Siegels "Alberonis de Baden", vom Jahre 1325.

1325. — Heinrich von Baden verschreibt seiner Hausfrau Dietmudis einen Weingarten zu Baden: "Heinrich de Baden uxori suae Dietmudi pro dote sua in pignus clocat vineam in Baden, teste Alberone filio suo. Datz Baden an sant Johannis Tag vor dem Walischen tor. An. 1325." — (Hanthaler, I, S. 256. — Desgl.: Tab. XXVIII, 2: Abbildungen des Siegels "Heinrici de Baden.")
Vgl. Wißgrill, I. 90. — Desgl.: "Urkundenb. v. ob d. E.", V, 260.

1332, 29. Sept. — Heinrich von Baden ("her Hainreich von paden") bezeugt, daß "Agnes von Tehenstein" den Augustinern zu Baden einen Weingarten bei der Pfarre (die "Muem" genannt) schenkt. — (Leber, S. 150, Nr. 10.)
Die Original-Urkunde auf Pergament — mit dem Wachssiegel des Heidenreich von Techenstein befindet sich im Badener Stadtarchiv.

Die hier unten folgenden, nach Hanthaler's „Recensus" von der geschickten Hand Emil Hütter's in Wien kopierten zwei Siegel des Albero und Heinrich von Baden aus dem Jahre 1325 sind nicht ganz gleich. Das des Albero zeigt[1]) im damascierten Schild zwei linke Seitenspitzen (oder: ein linkes „Schräghaupt", darunter ein linker gestürzter Ständer, dessen obere Linie horizontal, die untere hingegen schräg ist); jenes des Heinrich zeigt im gleichfalls damascierten Schild, ineinandergreifend zwei rechte und zwei linke Seitenspitzen.

Zum Schluß folge hier noch eine beiläufige übersichtliche Zusammenstellung der nachgewiesenen Glieder des ausgestorbenen Geschlechtes, wobei die angefügten Jahreszahlen die Zeit des urkundlichen Vorkommens bezeichnen.

Stammtafel des Geschlechtes der Herren von Baden.

Ortolf, 1180.

Gerung, 1203.

Gundold,? Heidenreich, 1268. Haertinc,?

Albero, um 1268. Otto, um 1269. Conrad, um 1268.

Leutold, dictus „Chreuzpech", um 1268. Albero, 1261—1271. Garman,?
Diemudis von Merswang, 1262.

Tiepold, 1275—1282.
Chunegundis, 1275.

Bertha. Gertraud   Conrad, 1275.   Rikkardis.   Trauslieb.
genannt „Potzmaeunel".

Alold,? Engelbert, 1300. Otto II., 1285—1297. Luipolt, 1300. Friedrich, 1304.
Alhaidis, 1289.

Diemudie. Albero II., 1308—1313. Otto, 1308.
Caecilia, 1317.

Albero III., (1311), 1318—1325. Heinrich, (1311), 1318.

Heinrich, 1325.
Dietmud, 1325.

Albero (Albert, Albrecht), 1324—1325. Heinrich, 1332.

---

[1]) Nach der kurzen fachmännischen Beschreibung des exakten Wiener Gelehrten Dr. Ernst Hartmann edlen von Franzenshuld.

Die Badener Pfarrer seit dem XIII. Jahrhundert.

(Siehe Seite 71 und 87.)

10. — 1384. **Eberhard der Gundrestorfer.** Am 15. Mai 1384 verkauft Peter der Winkler von Pfaffstetten an das Stift Heiligenkreuz einen zwischen Baden und Pfaffstetten gelegenen Weingarten („in den langen Setzen zwischen Phaffsteter weg und den obern wienner weg"), welcher dienstbar ist „gen Paden in sand Stephans zech", mit Zustimmung des „Herrn Eberharts des Gundrestorfers (wahrscheinlich Gundramsdorfer) die zeit pharrer ze Paden, der des egenanten weingarten von sand Stephans zech wegen ze Paden rechter gruntherr ist". — Der Pfarrer Eberhard ist auch zugleich siegelnder Zeuge.

Vgl. J. R. Weis, a. a. O., II. S. 362. (Pergament-Urkunde Nr. CCCX.)

11. — 1391 oder 92. **Stephan.** In der Bibliothek des steiermärkischen Chorherren-Stiftes Vorau befindet sich ein Kodex, welcher in eine Pergament-Urkunde gebunden ist, die — soweit der durch das Beschneiden unvollständige Text hergestellt werden kann — eine officielle Notariats-Urkunde gewesen zu sein scheint, die sich auf einen Badener Pfarrer Stephan bezieht. Es wird in derselben bekannt gegeben, daß vom Passauer Offizialate über Herrn Stephanus rector parochialis ecclesiae ad S. Stephanum in Paden die Excommunikation und über die Badener Pfarrkirche das Interdikt verhängt worden sei, weil derselbe den Herrn Seyfried (dürfte sein designierter Nachfolger gewesen sein) entweder gar nicht in den Besitz der Pfarre zulassen wollte, oder ihm Manches vorenthalten und dafür keinen Ersatz geleistet hat, auch auf die geschehene Vorladung am 13. Oktober nicht erschienen ist. — Die Jahreszahl ist wahrscheinlich weggeschnitten, läßt sich aber insofern bestimmen, als der noch vorhandene Text sagt: „Bonifacii Papae IX. Pontificatus anno tertio". Bonifaz IX. wurde im November 1389 gewählt und gekrönt, und es dürfte somit obige Urkunde im Jahre 1391 oder 1392 ausgestellt worden sein.

(Eine Kopie dieser besonders für Baden interessanten, in eigenthümlicher Weise aufbewahrt gebliebenen Urkunde befindet sich — soweit eben der Text noch vorhanden ist — in der Abschriften-Sammlung des Schotten-Abtes zu Wien, Othmar Helferstorfer, unter Nr. 24.)

12. — 1398. **Seyfried Stainfelder.** In einer Urkunde: Wien am 11. September 1398 (im Möller Archiv zu Wien, Scrin. 56, Pfarre Baden, Fasc. 1) fällt der Passauer Offizial Leonhard Schauer (Schawr) den richterlichen Spruch, daß Herr Seyfried Stainfelder als rector und vicarius perpetuus ecclesiae parochialis in Paden den Betrag von 3 ₰ Wiener Pfennigen jährlich an das Stift Möll zu entrichten schuldig sei, wie es Bischof Bernhard von Passau im Jahre 1312 angeordnet. Es wird in dieser Urkunde auch auf den Pfarrer Eberhard hingewiesen, der ebenfalls diesen census nicht zahlen wollte, und von dem damaligen Passauer Offizial zur Bezahlung verurtheilt worden ist; ebenso auf den Pfarrer Seyfried selbst, der ja früher alle Jahre zahlte und erst seit 1397 die Zahlung verweigert.

Badener Memorabilien.

VI. Der Protestantismus in Baden und Umgebung
im XVI. und XVII. Jahrhundert. [1]

„Die Lehre **Luther's**" — heißt es in der „Kirchlichen Topographie" (Wien 1825) IV, 84 — „fand in **Baden** frühzeitig Eingang, wie man aus dem **Visitations-Berichte** ersieht, welchen die im Jahre 1544 von dem Landesfürsten zur Untersuchung des Zustandes aller Pfarren angeordnete Kommission, auch über die **Pfarre Baden** erstattete."

Dieser „Visitations-Bericht" sagt (S. 375) von der Pfarre **Baden**: „Derzeit ist ein Pfarrer sammt einem Prädikanten da."

Die „Kirchliche Topographie" fährt S. 86 fort: „Wie schnell auch zu **Baden** die Anhänglichkeit an die **protestantische Lehre** zugenommen habe, kann man schon daraus schließen, weil im Jahre 1559 sogar ein verheiratheter Priester, **Peter Rottmann**, mit mehreren gleichgesinnten Kaplänen, in der hiesigen Pfarre erscheint. Später kommt ein **Melchior Schrecksmell** (den Einige auch Schrecksemmel, oder Schreckshimmel schreiben) mit seiner Ehefrau **Ursula** vor, der sich **Pastor der Badner Pfarre** nannte, und der am 27. Mai 1573 für sich ein Haus zu **Leesdorf** erkaufte. [2]) Eben dieser scheint aber das Beispiel einer öffentlichen Belehrung

---

[1]) Die bedeutungsvolle, im Jahre 1517 durch **Luther** begonnene freiheitliche Bewegung der **Reformation** innerhalb der christ-katholischen Kirche hatte schon im XVI. Jahrhundert in **Oesterreich** Eingang gefunden und, trotz mancher Beschränkungen und Verfolgungen, ausgebreiteten Bestand gewonnen. Die **Protestantische Kirche** war nicht bloß in **Ungarn** und **Siebenbürgen** durch den Wiener Frieden von 1606 in ihren Rechten gesichert, sondern auch in **Böhmen** wurde bezüglich derselben durch **Rudolf II.** der „Majestätsbrief" ausgestellt. Ueber **alle** österreichischen Länder hatte sich der **Protestantismus** verbreitet und besonders auch in Ober- und Niederösterreich drang die Lehre **Luther's** entschieden durch. **Wien** war während langer Zeit überwiegend **protestantisch** und ebenso viele Orte im Umkreis der Residenz und in der weiteren Umgebung. — Im XVII. Jahrhundert giengen aber fast alle die errungenen Rechte der Protestanten in Oesterreich wieder verloren, und durch gewaltsame Belehrungen und arge Verfolgungen wurde — mit Hilfe der „Jesuiten" — die evangelische Kirche in manchen Gegenden und Orten gänzlich beseitigt. Selbst des Kaisers **Joseph II.** 1781 erlassenes **Toleranz-Edikt** gestattete den Protestanten bloß einen privaten Gottesdienst. Die **Bundesakte** von 1815 brachte denselben nur beschränkte Erleichterungen. Erst das Jahr 1848 führte auch darin eine günstige Wendung herbei, die trotz aller Gegenbestrebungen nicht mehr rückgängig zu machen und zu beschränken ist. — (In neuerer Zeit wurde bekanntlich auch hier in **Baden** der Versuch gemacht, für die hiesigen Protestanten wieder einen Mittelpunkt zu schaffen. Am 27. Juni 1875 fand eine Versammlung derselben statt, um die Einführung eines regelmäßigen evangelischen Gottesdienstes in **Baden** anzubahnen. Es hatte ein solcher auch ein paar Jahre hindurch von Wr. Neustadt und von Mödling aus — anfangs im damals bestandenen Saale der „Mineral-Schwimm- und Bade-Anstalt," dann im städtischen Redoutensaale stattgefunden; doch trat wieder eine längere Unterbrechung ein, bis am 29. Juni d. J. (s. Seite 123) eine neuerliche Berathung veranlaßt wurde, in welcher beschlossen worden sein soll, den Bau einer protestantischen Kirche in Baden einzuleiten.)

[2]) Dieß Haus war neben dem „Streiterhof" (welcher jetzt der Sitz des Möller Verwalters ist) gelegen. (Vgl.: **Anton Rollett's** „Hygiea." Baden 1816, S. 123.)

und des Rücktrittes zur katholischen Religion gegeben zu haben, wahrscheinlich nach dem Tode seiner Ehefrau; denn es ist noch ein Schreiben von ihm vorhanden (von Leesdorf den 26. Juni 1574), worin er der Gemeinde zu Baden bekannt macht, daß er ihnen am 1. Juli auf kaiserlichen Befehl den Kaspar Schrötl als Pfarrer installieren werde. Einem lutherischen Pastor würde der Kaiser gewiß den Auftrag nicht gegeben haben, einen katholischen Pfarrer zu installieren. [1]) — Seit jener Zeit hatte Baden wieder einen katholischen Pfarrer, aber zugleich auch neben ihm, so wie früher, einen lutherischen Prädikanten oder Pastor, obschon wir aus Mangel an urkundlichen Nachrichten deren Namen und Schicksale nicht kennen. Daß aber die Anhänglichkeit an die Lehren Luther's um diese Zeit zu Baden wieder abgenommen, und vielleicht eben das Bekehrungs-Beispiel des Pfarrers Melchior Schreckswell auf die Pfarrkinder mächtig gewirkt habe, kann man schon aus dem schließen, weil im Jahre 1584 die Augustiner-Mönche es wagten, ihr seit Jahren verlassenes Kloster (in Baden) wieder zu besetzen." [2])

Außer Rottmann und Schreckswell ist von Badener protestantischen Geistlichen aus jener Zeit nur noch bekannt: Georg Khreultzen von 1575 bis um 1580 Meßpriester zu Baden, welcher 1570 zum Protestantismus übergetreten war. (Vgl. Raupach „Evangelisches Oesterreich," Hamburg 1738—46, II. 2, S. 77.) Auch Ludwig Schauer, um 1573 Beneficiat zu Baden, wird „Prediger" genannt.

„Es läßt sich leicht denken, — heißt es weiter in der „Kirchl. Topogr." — daß während dieser Religions-Neuerungen, besonders da Baden durch mehrere Jahre gar keinen katholischen Seelsorger hatte, auch die pfarrlichen Einkünfte sehr geschmälert worden sind. Besonders suchten die protestantischen Besitzer von Weikersdorf der Stadtpfarre den Zehent und andere Einkünfte zu entziehen."

Im Jahre 1594 erhielt Georg Sauer von Sauerburg, der damalige Besitzer von Rauhenstein, Weikersdorf u. s. w., von Kaiser Rudolf II. den Auftrag, den katholischen — durch die lutherische Lehre verdrängten Gottesdienst wieder herzustellen, und es ließ derselbe die öde Kirche zu St. Helena neu erbauen. (Vgl. Leber, a. a. O., S. 133.)

Um 1646 besaß Hanns Paul Freiherr von Rauhenstein die gleichnamige Herrschaft mit der Veste, Weikersdorf u. s. w., von welchem

---

[1]) Der damalige Besitzer von Gaben, Franz von Poppendorf, welcher der protestantischen Lehre zugethan war, suchte diese Einsetzung zu verhindern; ja, im Jahre 1576 berief er sogar einen lutherischen Pastor, Joseph Walbing, aus Straßburg nach Gaben. (Vgl. M. Koll, „Das Stift Heiligenkreuz" ꝛc., [Wien 1834, Seite 180.])

[2]) Die Badener Augustiner hatten im Jahre 1538 — in Folge der auch in Baden siegreich durchgedrungenen Reformation — ihr Kloster verlassen, welches während ihrer 46jährigen Abwesenheit von dem Bürgerspital daselbst verwaltet wurde. — „Funestis autem illis temporibus quibus haeresis etiam in Austriae viscera saeviebat, ab anno 1538 usque ad annum 1584 a statione hac abfuimus, rebus nostris subinde Xenodochio concreditis." Aus „De monasteriis" (Viennae 1776), nach den Manuscripten des Badener Augustiners P. Xystus Schier.

es heißt (vgl. Leber, S. 217), daß er „mit Eifer der Augsburgischen
Konfession zugethan" gewesen, „welche Lehre dazumal in Oesterreich sich aus-
breitete." „Er lehrte", — heißt es dort weiter — „nachdem in Oesterreich die
Prädikanten abgeschafft waren, seinen ganzen Unwillen gegen die an
deren Stelle getretenen katholischen Geistlichen. Er vernachlässigte auf seinem
Gute Rauhenstein alle auf den katholischen Gottesdienst Bezug habenden
Gegenstände, und lebte auch mit dem Konvente der P. P. Augustiner zu
Baden, deren Weingärten an die seinigen stießen, in stetem Unfrieden. Deßhalb machte der Konvent noch im Jahre 1646 bei Sr. Majestät dem Kaiser
die Anzeige, daß das Beneficium zu St. Helena ganz in Verfall gerathe,
und daß dessen — an Unterthanen und Grundstücken bedeutende Dotation von
dem Freiherrn von Rauhenstein zu weltlichen Zwecken verwendet würde."

Im Jahre 1658 mußte Karl Ludwig Graf von Hoflirchen —
an welchen durch seine Verheirathung mit Susanna, der Schwester des
Johann Andreas Bayr, Freiherrn von Rauhenstein, und Erbin
der Herrschaften und Güter Rauhenstein, Weilersdorf ꝛc., dieser
Besitz gefallen war — auf Befehl des Kaisers Ferdinand III. das Land
verlassen, weil er der Lutherischen Konfession zugethan war; und es
wanderten mit ihm beinahe alle seine Unterthanen, welche eine harte Be-
handlung ihres Glaubens halber fürchteten, aus dem Lande.[1]

Außer dem schon erwähnten Baden, waren in der weiteren Umgebung
Baden's noch besonders der Lehre Luther's zugethan: Sittendorf, wo die
Besitzer — die Herren von Neudeck — in der 2. Hälfte des XVI. Jahrhunderts
die Kirche für den protestantischen Gottesdienst bestimmten und daselbst seit 1594
ihre Familiengruft wählten, und wohin sie auch einen protestantischen
Pastor kommen ließen, ungeachtet aller Gegenbemühungen der Abtei Heiligenkreuz
(vgl. M. Koll, a. a. O., S. 189—190); — ferner: Vöslau und Merkenstein, deren Besitzer zu jener Zeit den Protestantismus lebhaft förderten.
Im Jahre 1580 war zu Vöslau schon eine protestantische Pfarre
(vgl. B. Raupach's „Evangelisches Oesterreich'" Hamburg 1738—46),
und unter dem Schutze des Hanns Paul Bayr von Rauhenstein,
von dem das Gut Vöslau sein Sohn Helmhardt geerbt hatte, und
des Besitzers von Merkenstein und Gainfahrn, Jonas von
Heißberg, nahm der Prediger von Vöslau sogar pfarrliche Verrichtungen
zu Gainfahrn vor. (Vgl. „Kirchl. Topogr.", IV, S. 113, 117.)

In Gumpoldskirchen drang ebenfalls die Reformation
durch. Ein dortiger Fleischhauer hatte sich „zum Prediger aufgeworfen und
maßte sich die Seelsorge an" — sagt die „Kirchl. Topogr." IV, S. 144;

---

[1] „Die Unterthanen von Rauhenstein, Weilersdorf, Vöslau und Rohr
waren größtentheils Protestanten." (Vgl. Leber, S. 137.)
    In Baden selbst muß sich der Protestantismus als wenigstens gleichbe-
rechtigt herrschend bis 1635 behauptet haben, denn in diesem Jahre erscheint (bis 1665)
als Stadtpfarrer Johann Bodner, und im Pfarr-„Kapular" von 1677—1683 heißt
es ausdrücklich: „Post Lutheranismum primus Parochus fuit Joannes Bodner,
Decanus."

und im Visitations-Berichte von 1544 heißt es: daß zu Gumpoldskirchen „ehevor neben dem Pfarrer ein Prädikant" war.

Ein Hauptsitz des Protestantismus in der Umgebung Baden's
war aber Tribuswinkel. Die „Kirchl. Topogr." berichtet hierüber im
IV. Bande, S. 307, daß „die Lehren Luther's hier sehr viele Anhänger
fanden, die sich auch hier am längsten erhielten, und besonders an
der Ortsbesitzerin Helena Föderlin um das Jahr 1600 eine eifrige
Beschützerin hatten... Erst im Jahre 1640 wurde wieder ein katholischer
Seelsorger hier angestellt."

Chronik der Gegenwart.

Baden's Jubiläums-Feier.

Die Feier des vierhundertjährigen Bestehens Baden's als
Stadt ist hier in folgender Weise begangen worden:

Morgens 5 Uhr: Tag-Reveille durch die Musik des Veteranen-
Vereines in den bunt beflaggten Straßen und Gassen, mit Ständchen vor
den Häusern einiger Honoratioren. Um 9 Uhr Vormittags: von der Stadtpfarre veranstaltetes Hochamt, welchem auch die Schuljugend beiwohnte.
Abends: festlich beleuchteter Stadtpark mit Musik und Feuerwerk, unter großer Theilnahme der Bevölkerung und der Kurgäste. Zugleich
theilweise Beleuchtung der Stadt, hauptsächlich nur im Mittelpunkt
derselben. [1]) Nachmittags waren vom Realgymnasium aus, unter Führung
des Direktors Emil Haueis, die höheren Klassen dieser Lehranstalt in's
Stadtarchiv zur anregenden Besichtigung desselben gezogen. Abends um

---

[1]) Am Rathhaus-Balkon war ein großes Transparent mit dem Stadtwappen
und mit der Jahreszahl 1480 angebracht. — Aus den zahlreichen Fenstern des Neubaues
der Bürger- und Volksschule glühten auf dunklem Grunde in eigenthümlich wirkungs-
voller Weise farbige Lampions, wie Geisteraugen der Burg des Geistes. — Auch die
volksthümliche Poesie wurde an einem Fenster laut, indem in der Wassergasse der
Buchbinder Diomas Angerauer einen selbstverfaßten Spruch auf Baden unter
Beleuchtung zeigte, der (mit einigen kleinen Aenderungen) gar nicht übel also lautet:

> Unser Baden, so lieb und werth,
> Von den Ungarn ward es verheert:
> Kamen der Türken wilde Horden,
> Um hier zu plündern und zu morden;
> Dann Pest-Gefahr und Feuers-Gewalt, —
> Doch aus der Asche erhob es bald,
> Einem Phönix gleich, verjüngt sich wieder,
> Der große „Krach" er warf's nicht nieder.
> Doch, weil wir auf Wein kein Geld mehr haben,
> Thun jetzt wir mit Hochquell-Wasser uns laben.
>   Noch durch viele hundert Jahr'
>   Blühe Baden — immerdar!

5 Uhr celebrirte der fürsterzbischöfliche geistl. Rath Anton Schlestl — als Sohn Baden's —, in schönem Herzensdrange, weihevoll und bewegt, in der Pfarrkirche den „Segen". —

Der in Baden's Geschichte so denkwürdige Tag ist, wie die vorstehenden kurzen Angaben bestätigen, von Seite der Stadtgemeinde — in Folge der Ablehnung sämmtlicher Anträge des Fest-Komité's (s. Seite 56 und 76) — vorhergesehen, durchaus nicht in der tiefer gehenden Weise gefeiert worden, wie es der Bedeutung desselben entsprochen hätte, so sehr man sich im letzten Augenblick auch besinnen mochte, die gemachten Fehler einigermaßen wieder gut zu machen. Das Schönste und Würdigste wäre — wie auch beantragt war — unzweifelhaft gewesen, wenn man eine öffentliche feierliche Sitzung des Gemeinde-Ausschusses im städtischen Redoutensaale abgehalten hätte; wenn man daselbst die Urkunde der Erhebung Baden's zur Stadt feierlich zur Vorlesung gebracht hätte, und wenn das Badener Stadtrecht — mit allen „Bestätigungen" desselben in Festausgabe abgedruckt —, nebst einer durch die Stadtgemeinde veranlaßten, monumentalen Denkmünze, an jeden der dreißig Gemeindevertreter, als bleibendes Andenken, übergeben worden wäre. Der Ueberschuß, der durch den Verkauf der Denkmünzen in verschiedenen Ausprägungen ohne Zweifel (besonders, wenn die Absicht ausgesprochen worden wäre) sicher zu erzielen gewesen sein mochte, hätte in erfreulich schöner Weise zur Vertheilung an die Stadtarmen verwendet werden können, die nun vollständig leer ausgiengen dabei, da man auch ein Parkfest mit Verwendung des Erträgnisses zu diesem Zweck abgelehnt hat. Das Alles hätte gewiß keine andere Gemeinde sich nehmen lassen, und alles das hätte nicht viel mehr Kosten gemacht, als nachträglich — ohne die Sache erheblich in's Richtige zu bringen — doch aufgewendet worden sind.

Aber keine andere Gemeinde hätte sich auch — es muß das nachgerade noch ausgesprochen werden — diese bedeutende Gelegenheit entgehen lassen, etwas zu thun, was bei derlei historischen Veranlassungen allgemein gebräuchlich ist. Eine Universität z. B. ernennt bei einer Jubiläums-Feier regelmäßig Ehrendoktoren, eine Gemeinde ernennt — Ehrenbürger. Es mag zugegeben werden, daß im vorliegenden Falle keine Auswahl unter Mehreren zu treffen war und daß es sich nur um eine einzige Persönlichkeit handeln konnte; aber diese eine Persönlichkeit, die — der Jubiläumsstadt Baden entsprossen — sowol durch ihre hohe Stellung (die höchste in der Vertretung Nieder-Oesterreichs), als durch ihr aufgeklärtes Streben und liebenswürdig-charaktervolles Wesen, sowie durch das Verdienst lokal-historischer Forschungen u. s. w., der indolenten Vaterstadt Baden seit Langem, vor den Augen aller Welt, nur seltene große Ehre und Nutzen und Freude gebracht hat, diese eine Persönlichkeit — deren Namen man nicht zu nennen braucht — durfte in keinem Fall übersehen werden bei diesem Feste. Die Stadtgemeinde Baden hätte darnach geizen müssen, sich selbst diese Ehre zu erweisen an dem bedeutungsvollen Tag.

Aber keinem der mit dem Mandat der Vertretung der Stadtbevölkerung Ausgestatteten ist das angeführte — doch so Natürliche und Naheliegende eingefallen, und speciell dem S t a d t v o r s t a n d e fehlte von vornherein gänzlich die I n i t i a t i v e in der ganzen Angelegenheit; und es bleibt nur noch die Hoffnung übrig, daß man dieß zuletzt Erwähnte früher oder später noch nachträglich gut zu machen suchen wird zu gelegener Zeit. [1]

Die ganz f a l s c h e und u n r i c h t i g e Auffassung hinsichtlich der Feier des 400jährigen Jubiläums der Stadt Baden hat aber auch der G e m e i n d e - v o r s t a n d s e l b s t durch eine, mehrere Tage vor der Feier ausgegebene gedruckte Ansprache an die „B e w o h n e r B a d e n ' s" officiell schwarz auf weiß v e r e w i g t, deren Fassung man — bezüglich des G e i s t e s derselben — n i c h t g l a u b e n würde, wenn man sie nicht gedruckt vor sich hätte in aller Wirklichkeit. Es heißt da — mit Ignorierung des Festkomité's — w ö r t l i c h: „Von mehreren Seiten (!) ist der Wunsch laut geworden, diesen .. Tag festlich zu begehen. Die Gemeindevertretung hat dieß auch in Erwägung gezogen ..", u. s. w. — Also, — auf den „W u n s c h v o n m e h r e r e n S e i t e n" hat die Gemeindevertretung die so bedeutende Angelegenheit „in Erwägung gezogen", und nicht aus e i g e n e m D r a n g und P f l i c h t g e f ü h l ?!

Kein Wunder, daß die ganze Feier — zur bleibenden Charakteristik des jetzt hier in der Gemeindevertretung herrschenden Wesens — dann eben auch ganz darnach war!

Badener Tages - Chronik.
Juli 1880.

Am 1. K u r k o m m i s s i o n s = S i t z u n g. — Als Mitglieder aus den S o m m e r g ä s t e n wurden statutsgemäß für die Saison 1880 gewählt: Herr F e r d i n a n d F ö r s t e r, Realitäten = Besitzer in Weilersdorf, aus Wien; Herr K a r l J. S c h w a r z, Dr. d. Med., aus Wien; Herr F. J. Ritter v. Singer, Eigenthümer des „Extrablatt", aus Wien.

— B r a n d in der Sodawasser = Fabrik (Waltersdorferstraße Nr. 8).

Am 3. Eröffnung der bis 11. Juli währenden „D r i t t e n B l u m e n =, O b s t =, G e m ü s e = und G a r t e n i n d u s t r i e = A u s s t e l l u n g" des „Gartenbau=Vereines in Baden", in der Trinkhalle des Stadtparkes, sowie in den an dieselbe anstoßenden Anlagen und im Saale des Theresienbades. — (Die — mit Aus=

---

[1] Unglaublicherweise hat man aber auch die inzwischen vorgekommene Gelegenheit des auf den 19. Juli d. J. gefallenen 70. G e b u r t s t a g e s des hochverdienten Land=marschalls von Nieder = Oesterreich, Abt O t h m a r H e l f e r s t o r f e r, versäumt, auf welchen festlichen Tag doch im Landtag in besonders bedeutsamer Weise aufmerksam gemacht worden war. Baden verharrt in seiner I n d o l e n z, die in einer solchen Weise wol selten vorkommen dürfte. Das wäre — wenn man nicht schon früher daran dachte — Veranlassung zu einer außerordentlichen A u s s c h u ß s i t z u n g gewesen! — (Alles oben und hier Ausgesprochene war bereits dem Setzkasten entstiegen, als Abt H e l f e r = storfer mit der S. 143 mitgetheilten W i d m u n g u n d S t i f t u n g freudig überraschte. Nun hat die Gemeindevertretung post festum endlich das Gebotene — nach der Formel von 2 mal 2 ist 4 — in dieser Angelegenheit gethan.) [S. Seite 143.]

nahme der kunterbunten, unverkleidet gebliebenen Planke — ganz trefflich veranstaltete Ausstellung hatte unerwartet nicht den entsprechenden Erfolg.)

Am 6. Stadtjubiläums-Feier. (S. Seite 139—141).

Am 7. Koncert der achtjährigen Pianistin Ilona Eibenschütz im
Saale des Hôtels „Stadt Wien", mit großem Beifall für die kleine, erstaunlich
gewandte Virtuosin, von Seite des nicht sehr zahlreichen Publikums.

Am 9. Theater-Vorstellung zum Vortheile des Badener Bürgerspitales. („Fatinitza".)

Am 11. Durch den „Badener Sport-Verein" veranstaltetes Pferde-
Rennen auf der Oyenhausener Haide. (1. Reiterclub-Steeple-chase;
2. Handicap-Steeple-chase; 3. Pony-Steeple-chase; 4. Große Oyenhausener
Steeple-chase; 5. Internationales Einspänner-Fahren.)

— Begräbniß der am 9. Juli zu Neunkirchen in ihrem 69. Lebensjahre verstorbenen Frau Amalie Kiefhaber im Badener Friedhofe. (Die Verewigte war eine Tochter des ehemaligen Besitzers des „Johannesbades" in Baden,
Rittmeister Neuerer, und lange Zeit hindurch selbst Besitzerin dieses Bades.)

Am 12. Schau- und Preisturnen der Turnschüler des Realgymnasiums, auf dem städtischen Sommer-Turnplatze.

Am 15. Eröffnung des k. k. militär-ärarischen rekonstruierten „Engelsbades."

— Koncert der Opernsängerin Frln. Josephine Pollak, unter sehr
geringem Zuspruch des Publikums, im Glassalon des Hôtels „zum goldenen Löwen."

— Produktion des „ersten österreichischen Gedächtniß-Künstlers" Wilhelm
Karl Schram, mit wenig Publikum, doch vielem Beifall.

Am 18. Abfahrt der Badener Schützen zum Wiener Schützenfestzug.

Am 21. Feierliches Begräbniß der am 19. d. M. hier, nach langem Leiden
in ihrem 66. Lebensjahre verstorbenen hochverdienten Ehrenbürgerin Baden's,
der Oberstens-Witwe Frau Franciska Rath, deren edler Wohlthätigkeitssinn
sich noch im Tode in munificentester Weise geltend machte. Sie bestimmte nämlich,
daß jenes der Stadtgemeinde Baden von ihr dargeliehene Kapital von
100.000 fl. zur Erbauung eines Spitales in Baden verwendet werde;
außerdem testierte die Verewigte — nebst 1300 fl. für den hiesigen Veteranen-
Verein — der Stadt ihr schönes, am Stadtpark in der Franzensstraße gelegenes
Haus zu dem Zwecke, daß von dem Erträgniß desselben jährlich ein Stipen-
pendium für einen Badener Gymnasial-Schüler zur Auszahlung
komme u. s. w., wobei jedoch gewisse Verpflichtungen für die Lebenszeit bestimmter
Personen festgestellt sind. — Ehre dem Andenken der edlen, reich mit Gütern
gesegnet gewesenen, aber unverdient schwer geprüften, in schmerzlicher Ergebenheit
dahingegangenen Dulderin!

Am 22. Sitzung des Bezirksschulrathes im Rathhaus-Saale.

— Nächtliche Ausfahrt der „Freiwilligen Feuerwehr" zur Löschung
eines Brandes in Gumpoldskirchen.

Am 23. Erste Aufführung von „Donna Juanita", komische Oper in
3 Akten von F. Zell und Richard Genée, Musik von Franz v. Suppé,
im Stadt-Theater, mit durchschlagendem Erfolg.

Am 24. Parkfest. Das bei demselben diesmal versuchte Ablenken des Publikums von den Haupt-Alleen ist, in dieser Weise, ganz unrichtig. Man wußte gar nicht, wohin man sich wenden soll. Es wurde sogar das Wort laut: Das Fest sei mehr für den seitwärts postierten Restaurateur, als für das Publikum veranstaltet. (Das unbezeichenbare Parkgitter war bei dieser Gelegenheit an einigen Stellen — kein Mensch weiß warum — mit rohen Brettern verschlagen. Man weiß wahrhaftig schon gar nicht, was man zu all' den Dingen sagen soll. Die Planke sind sie los, die Bretter sind geblieben.)

Am 25. Hauswiesenfest.

Am 28. Schlußfeier in der Volks- und Bürgerschule. — Begräbniß des gemeindlichen Vorspanns-Kommissärs Rudolph Baumgartner.

Am 29. Bezirks-Lehrerkonferenz in der städt. Turnhalle.

Am 30. Gemeindeausschuß-Sitzung. Hauptgegenstände der Tagesordnung: Mittheilung des Testaments der verewigten Frau Rath (s. S. 142) und der (hier unten näher bezeichneten) Widmungen des Abtes Othmar Helferstorfer. Ernennung des Letzteren zum Ehrenbürger. Berichterstattung des Rechnungsrevisions-Komité's, mit theilweise scharfer Kritik.

Am 31. Vom Badener „Vergnügungs-Verein" veranstaltetes „Tanzkränzchen" im Hôtel „Stadt Wien".

— Die „Kurliste" Nr. 68 weist 2850 Parteien mit 7405 Personen aus, gegen 2708 Parteien mit 7016 Personen im Vorjahr zur selben Zeit.

(Abt Helferstorfer's Badener Stadtjubiläums-Stiftung.) In hochherziger Weise hat der verehrte Abt und Landmarschall Othmar Helferstorfer, bei Gelegenheit der Stadtjubiläums-Feier und seines 70. Geburtstages, seiner Vaterstadt Baden eine Stiftung gewidmet, wodurch es nun für alle Zeit vermieden werden wird, daß die Jubiläums-Feier der Erhebung Baden's zur Stadt jemals wieder in solch' kläglicher Weise begangen wird, wie wir dieß unlängst erleben mußten. Nebst einer Widmung von 1200 fl. — mit der Bestimmung, in drei Theilen schon jetzt zu Wohlthätigkeitszwecken für Baden verwendet zu werden — hat der Hochsinnige 400 fl. als Jubiläums-Fond gestiftet, welcher bis zum Jahre 1980 durch Hinzuschlagung von Zinsen und Zinseszinsen aus diesem Betrage sich ergänzen und dann, neben Verwendung der Hauptsumme, auch wieder einen derartigen Fond von etwa 500 fl. von Jahrhundert zu Jahrhundert schaffen soll. Man kann berechnen, welche große Summe das geben wird, und man kann sich vorstellen, mit welch' bedeutender Gründung und Veranstaltung nun die fünfte Säkular-Feier, durch Abt Helferstorfer's großartig gedachte edle Fürsorge, verherrlicht werden wird. Freuet euch, Enkel unserer Enkel, die ihr begeistert rufen werdet: Es hat damals doch noch Einzelne gegeben, die sich erhoben haben über die im Gemeinwesen herrschende Flachheit jener in gewissen Dingen so armseligen Zeit!

(Zur Realgymnasiums-Angelegenheit.) Am 9. Juli d. J. kam das von Baden aus an den n.-ö. Landtag gerichtete Gesuch wegen Umwandlung des Badener Realgymnasiums in ein vollständiges Ober-Gymnasium in demselben zur Verhandlung und es wurde von der Landesvertretung beschlossen, Erhebungen über alles darauf Bezügliche durch den Landes-Ausschuß einleiten zu lassen und in der nächsten Session des Landtages darüber den betreffenden Bericht, eventuell Antrag, entgegenzunehmen. — Dabei wird jedenfalls der eine der vielen, zur Klarstellung bestimmten Punkte — nämlich, ob die Benützung der Räumlichkeiten auch für die Zukunft gesichert ist, die größte Schwierigkeit bieten. [1]

(Ein Patient Dr. Nélaton's in Baden.) Eines der ersten Wiener Blätter brachte am Tage nach dem Badener Stadtjubiläum vom 6. Juli d. J. einen Aufsatz, der — mit ungemeiner Hochstellung der Bedeutung Baden's als Kurort — in entschiedenster Weise über das Unterlassen einer würdigen und entsprechenden Jubelfeier und überhaupt über die hiesigen Zustände der Gegenwart den Stab bricht. Unter andern wird daselbst auch die folgende, wenn auch vielleicht etwas übertriebene, doch jedenfalls beherzigenswerthe kleine Geschichte mitgetheilt: „Der berühmte Pariser Arzt Dr. Nélaton — so erzählte uns kürzlich ein verläßlicher Gewährsmann — schickte vor einigen Jahren einen Kranken nach Baden, dessen Thermen ihm am geeignetsten für die Heilung des Patienten erschienen. Der Kranke miethete sich in Baden in einem Hôtel ein, und als er am ersten Abend ein Plumeau für sein Nachtlager begehrte, ertheilte man ihm die Antwort: „In Baden giebt es keine Plumeaux." Unzufrieden mit Kost, Bedienung und Pflege, schrieb der Kranke seinem Pariser Arzte, daß er lieber minder heilkräftige Thermen aufsuchen, aber nicht auf die ersten Bedingungen einer anständigen Unterkunft verzichten wolle — und er kehrte Baden den Rücken. Der eine Fall ist charakteristisch und überhebt uns der Aufzählung anderer." — „Längst hätte man schon in Baden ... den Bau eines großen Kurhôtels in Angriff nehmen ... sollen," u. s. w. — Der Aufsatz ist auch sonst ganz ernst und tüchtig geschrieben, nur hat er den Fehler, daß der Schreiber desselben in einer Beziehung die hiesigen Verhältnisse doch nicht kennt. Er wirft nämlich der jetzigen Stadtvertretung Baden's im Allgemeinen vor, daß sie „die Sparsamkeit als obersten Grundsatz ihrer kommunalen Verwaltung hinstellt." Gerade das Gegentheil ist aber das Richtige —: gespart wird durchaus nicht; wir haben in den letzten Jahren einen Schuldenstand von zwischen 300.000 und 400.000 fl. erreicht. Die Wahrheit ist jedoch, daß all' das viele Geld oft unnöthigerweise und unzweckmäßig verwendet wird; daß man z. B. einen Schulpalast baut, der um Zehntausende zu viel kostet und noch nicht einmal vollendet ist; daß man für den Umbau eines Bades — noch dazu bei Fehlern in der Ausführung — weit über 100.000 fl. ausgiebt, ohne alle Aussicht, diese enorme Investition in irgend einer Weise fruchtbar machen zu können; daß man für ein — wie es sich immer mehr herausstellt — gänzlich überflüssiges und ungehöriges Parkgitter mit Tausenden einsteht, u. s. w. — Da ist der Ausdruck „Sparsamkeit" gewiß nicht richtig gewählt!

---

[1] Der soeben ausgegebene 17. Jahres-Bericht des tüchtig geleiteten Realgymnasiums bringt eine fleißig durchgeführte Arbeit über die Anatomie und Physiologie der Insekten-Ordnung der Hautflügler (Hymenoptera), von Supplent Benedikt Just.

Chronik der Vergangenheit.

Chronologische Nachweisungen zur Geschichte Baden's.

XIV. Jahrhundert.

1343, 15. August, überlassen Dietrich von Ebenthal und seine Haus-frau der Abtei Heiligenkreuz tauschweise Gülten zu Weilers-dorf („Veichestorf") gegen Gülten bei Baden („pei paden").

> Vgl. J. R. Weis, II, 186, CLXXXIII.

1343 stirbt Ulricus de Pergau, welcher dem Stifte Heiligenkreuz ein Haus in Baden („unam curiam in Baden cum 30 marcis et 60 denariis argenti") vermacht hatte.

> Vgl. „Chronicon breve monasteriorum ordinis cistero." etc., Viennae MDCCCXXXIV, p. 36.

1345, am Pfintag (Donnerstag) nach der Lichtmesse befreit Herzog Albrecht II. den Gaminger „Berghof" zu Baden (vgl. 1338) von allen Lasten.

> Vgl.: Anton Steierer „Commentarii pro Historia Alberti II., Ducis Austriae, cogn. sapientis". Lips. 1725, pag. 53. — Desgl.: Schenk's „Taschen-buch" 1805, S. 47. (Die Urkunde findet sich auf Fol. 2½ des im Badener Stadt-archiv aufbewahrten Manuskript-Bandes der Gaminger Urkunden.)

1345, 25. Dec., erscheint auf einer Heiligenkreuzer-Urkunde Albert der Hutter „von Paden" als Zeuge.

> Vgl. J. R. R. Weis, II, 196. CXCI.

1347, 14. Febr., erscheint „Her Erwein, zu den zeiten Pharrer ze Paden" als Zeuge. (Vgl. S. 87—88 d. Bl.)

1349, 18. August, schenkt Dietrich der Stayner dem Augustiner-Konvent zu Baden 60 Pfennig „ewiges geltes" auf einen behausten Holden, auf einen Hof in dem Werb zu Baden, zur Stiftung einer Seelenmesse für ihn, seine Hausfrau und Eltern.

> Vgl.: Leber, a. a. O., S. 153, Nr. 21. (Das Original dieser Urkunde auf Pergament, mit dem zerbrochenen Wachssiegel des Ausstellers befindet sich im Badener Stadtarchiv.)

1356, 19. Juni, überläßt Hans der Turs von Rauhened die Papiermühle zu Leesdorf nächst Baden (die „Stancharts-Mühle" — (wahrscheinlich die älteste Papiermühle in Oesterreich —

jetzt Maschinenfabrik) dem Stifte Heiligenkreuz, mit jährlichen 80 Denar Einkünften, pfandweise.

> Vgl. „Kirchliche Topographie" IV, S. 97 und 170. — Desgl.: J. N. Weis, a. a. O., II, 228, CCXVII.

1356, 2. Juli, verkaufen Jans der Velber und Chunigund, seine Hausfrau, der Abtei Heiligenkreuz Gülten (gelegen „ze Paden in dem Marchte" und „in dem Werde" [Wörth]).

> Vgl. J. N. Weis, a. a. O., II, 230, CCXVIII.

1357, 9. März, bestätigt Albrecht II., Herzog von Oesterreich, zu Wien („ze Wienn") den Schiedsspruch in einer Streitigkeit zwischen der Abtei Heiligenkreuz einer- und den Augustinern und der Gemeinde zu Baden („Gemayn ze Paden") andrerseits, wegen der Wasserbauten an der Schwechat.

> Vgl. J. N. Weis, II. 231, CCXIX. — (Diese in mehrfacher Beziehung interessante Urkunde ist — jedoch nach einer sehr modernisierten Abschrift — auch mitgetheilt in Schenk's „Die Schwefelquellen von Baden" 1817, S. 7—8.)

1357, 21. März, verkauft Volkwein Pömer Herrn Heinrich, Herzogs Albrecht Kellerschreiber, ein Pfund Pfenning Gülten zu Baden („und daz zu den zeyten die Holden dienent: Haeugel in dem werd, die Leutlin in dem werd, und .. auf des Chlaubern Hof in der Grünechgazzen ze Paden").

> Vgl. J. N. Weis, a. a. O., II, 232, CCXX.

Das Geschlecht der Herren von Baden
und die ehemalige Burg Baden.

II.

Die Burg Baden.

An der westlichen Seite der Pfarrkirche zu Baden — gegenüber vom Hauptportal derselben —, zum Theil an der Stelle des heutigen Volks- und Bürgerschul-Gebäudes und der städtischen Redoute, stand in früheren Zeiten eine Veste, deren auch in der Urkunde des Kaisers Ferdinand I. vom 3. Juli 1543, mit welcher derselbe der Stadt Baden die Mauern dieses damals bereits öden Schlosses (zur Ausbesserung der Befestigungen) schenkte, in der Art Erwähnung geschieht, daß „.. nach gehabter Erkundigung dermaßen befunden, daß auch Unser Schloß und Kirchen daselbst vorhin ein Corpus gewest" ..[1]) — Noch auf dem 1798 von J. G. Kolbe aufgenommenen Grundriß der Stadt Baden ist die Stelle der Veste unter der Bezeichnung „Burg" genau angegeben, und die letzten Ueberreste dieser Burg — darunter besonders ein zur Aufbewahrung von Waffen und anderem alten Geräthe benützter Thurmrest wurden erst im Jahre 1800 bei Bau des Redouten- und dann des

---

[1]) Vgl. „Berichte und Mittheilungen des Alterthums-Vereines zu Wien": III. (1859), S. 64, wo der Wortlaut der Urkunde mitgetheilt ist.

Volksschul-Gebäudes abgetragen (vgl. Leber, a. a. O., S. 122), und ein Theil davon im rückwärtigen Gemäuer des damals neu an dieser Stelle aufgeführten — jetzt wieder einem großen Neubau gewichenen Volksschul-Gebäudes verbaut.

Erst durch Dreieder's bis vor Kurzem so viel wie unbekannt gewesene, hochinteressante Vogelperspektiv-Ansicht der Stadt Baden aus dem Jahre 1486 (f. Seite 112—116) erhielten wir ein Bild der längst gänzlich verschwundenen Burg. Darnach war das Ganze ein Komplex von mehreren Gebäuden. Gegenüber von der Pfarrkirche bis zur Ecke der jetzigen Pfarrgasse stand nach der Breite — jedoch weiter rückwärts, als das jetzige Schulgebäude — ein größerer einstöckiger Hauptbau mit zwei gegen Westen gehenden Seiten-Trakten und mit einem kleineren Thurme an der nordwestlichen Seite. Daneben westlich befand sich, gegen die jetzige Pfarrgasse zu, ein freistehendes ebenfalls einstöckiges Gebäude mit einem Erker an der östlichen Seitenwand (der jetzige „Hellhammer-hof"); daran schloß sich links ein vorstehendes kleines, doch gleichfalls einstöckiges Häuschen mit nur einem Fenster gegen die Gasse zu. Noch weiter westlich (wobei man aber auf Dreieder's Ansichtsbild jedenfalls eine gewisse Verschiebung durch die Vogelperspektive und durch die Absicht, alles möglichst deutlich hervorzustellen, annehmen muß) stand ein zweistöckiger Hauptbau mit einem mächtigen viereckigen Thurm, der im oberen mit Fenstern besetzten Theil vorspringt und der ein hohes Satteldach trägt. Dieser große starke Thurm, der in der Gegend des heutigen Theaterplatzes gestanden zu haben scheint, ist auch in hervorragender Weise auf allen alten Ansichten der wehrhaften, mit Mauern und Gräben umschlossenen Stadt zu sehen.

Ohne Zweifel war diese Burg „Paden" das Stammschloß der bis in das XIV. Jahrhundert urkundlich erscheinenden, sich nach dem Orte nennenden Familie der „Herren von Paden."[1]) Nach dem Aussterben dieses Geschlechtes gelangte die Veste in den wechselnden Besitz mehrerer adeligen Familien; so endlich an Niklas Sebeth von Sebenstein[2]), welcher am 9. März 1420 diese seine „bei der Kirche gelegene" Veste sammt dem Maierhof dabei und allen dazu gehörigen Gülten und Gütern, und namentlich dem Rechte, daß alle zur Veste gehörigen Leute jährlich am Sonntag nach Georgi zu dem Panteiding (Gerichtstag) kommen sollen, an Herzog Albrecht V. um 1470 Pfund Wiener Pfennige verkaufte.[3])

Seitdem blieb diese Veste landesfürstlich und wurden l. f. Pfleger daselbst bestellt.[4])

---

[1]) Siehe Seite 128—134: „Das Geschlecht der Herren von Baden".

[2]) Der Name Sebeth kommt unter den Besitzern der bei Wr.-Neustadt gelegenen Veste Seebenstein nicht vor. (Urkundlich findet sich „Niclas der Sebeth" wiederholt schon 1412. Vgl. Hueber, a. a. O., S. 98, Nr. 16, und S. 99, Nr. 23.)

[3]) Vgl. Lichnowsky, „Geschichte des Hauses Habsburg." Wien 1841. V. Theil, Reg. Nr. 1934, 1936, 1937. Desgl. VIII. Th. (1844), Reg. Nr. 1861 c.

[4]) Vgl. Denhard in „Berichte und Mittheilungen des Alterthums-Vereines zu Wien", Bd. III. (1859), S. 62.

Im Badener Stadtarchiv befindet sich eine alte vidimirte Abschrift der „Tafel über das Urbar Badnn, 1534." mit 42 ll. Fol.-Seiten, welche auf der letzten Seite die folgenden Zeilen weist:

Als Pfleger erscheinen zuerst: 1439 „der edle Wolfgang der Hasler" (vgl. Urkunde im Nied.-Oest. Landesarchiv vom 31. März 1439); nach diesem in den Jahren 1449 und 1450: Leupolt Welser. (Vgl. Hueber „Austria ex archivis Mellicensibus illustrata," pag. 121. — Desgl. Keiblinger, a. a. O., I, 560.)

Vielleicht waren schon damals das nahe gelegene „Herzogbad" und der „Herzoghof" mit dieser Burg — die auch „der Haag" (von „verhagt") genannt wurde — in unmittelbarer Verbindung gestanden, wie dieß aus späterer Zeit erwiesen ist. (Vgl.: Schenkung Ferdinand I. an den Rath Johann von der Aa, vom Jahre 1548 2c.)

Im Jahre 1463, zur Zeit des unglückseligen Bruderzwistes zwischen Kaiser Friedrich III. und Herzog Albrecht, bemächtigte sich der böhmische Rebell Franz von Haag, nebst der Veste Rauheneck, auch des Schlosses von Baden mit einer 400 Mann starken Bande, unter dem Vorgeben, daß man ihm jahrelang den Schutz-Zins schuldig sei, welchen er von der ganzen Gegend bekäme, die er nun durch die ärgsten Räubereien plagte, bis er im nächsten Jahre zu Waltersdorf gefangen und zu Baden auf dem vorderen Theil des „Hünerberges" (dann „Galgenberg", jetzt „Gaminger-berg" genannt) — auf dem „höchsten Galgen im Lande" (s. Seite 28) —, mit seinem Haupt-Spießgesellen, hingerichtet wurde.[1])

1466 war die seit 1463 durch die Räuberbande und dann durch die Bezwingung derselben arg zugerichtete Veste Baden bereits wieder soweit hergestellt, daß die Kaiserin Eleonora, Gattin Friedrich's III. — welcher sich schon am 22. April 1440 in Baden aufgehalten hatte (vgl. Chmel, Reg. Friedrich's III., I, 288) —, „als sie aus den kindlbetten was komen," schon ungehindert nach Baden gehen konnte, um „da zu bleiben bis sie genueg het gepadt." (Vgl. „Rerum Austr. historia 1454—69", edit. Rauch, 161. — Desgl. Boeheim, „Chronik von Wiener-Neustadt" (Wien 1863], I, 132.)

„Dise Abschrifft des Urbars Schloß Paden vergleicht sich mit dem Rechten gereformirten Original so auf der Niederösterreichischen Camer ligt von wordt zu wordt, zu urkhund ist durch mich Urban Steirer der Römischen K. K. M Puechhalter dise Abschrifft mit meinem Handzaichen bekhrefftigt und underschriben, Actum den funfften tag Monats Jannuarii MD Neunundvierzigisten Jars."

U. Steyrer m. p.
Puechhalter.

Desgl. „Urbarium über daß Herzogbaad Baaden, de Anno [577. In originali." — 30 Fol., gr. 4°. — Auf dem letzten Blatt: Deß zu urkhundt haben wir die Herrn Verordneten dises Urbars dem jetzigen Pfanndtinnhaber Oßwaldus Stainer mit Unsern Ambts Pedtschafften Verfertigten zugestellt. Actum: Wienn den Eylfften November Anno MD sibenundsibenzig.

Folgen fünf kleine Siegel-Abbrücke auf Papier über rothes Wachs.

[1]) Vgl. Ebendorfor, bei Pez „Scriptores rerum Austriacarum", II, wo es S. 970 heißt: ... Franz do Hag fartim surripit Hag, castrum in Baden." — Desgl. Leber, a. a O., S. 122 und 250.

1470, als sich Kaiser Friedrich III. — des böhmischen Erbes wegen — auf's Neue mit Mathias Corvinus entzweite, wurde das kaiserliche Kriegszeug aus der Burg Baden nach Wr.-Neustadt geführt (vgl. Schlager's „Wiener Skizzen" IV, 193, 200, 257, 259), und im Oktober desselben Jahres hatte Kaiser Friedrich III. zu Baden eine Zusammenkunft mit den König Mathias (vgl. Denhard, a. a. O., S. 62.)

1473 zog der Kaiser wiederum nach Baden zum Aufenthalt daselbst in seiner Burg. (Vgl. Denhard, a. a. O., S. 62.)

1476 hielt sich der Kaiser beiläufig eine Woche lang im Schloß zu Baden auf. (Vgl. Chmel, a. a. O., S. 506.)

1477, am 12. Juni, überrumpelte der König von Ungarn, Mathias Corvinus, den nothdürftig befestigten Ort Baden und seine Schaaren nahmen, nach Zerstörung der seit 1466 errichteten Schutzwerke, das Schloß Baden ein, welches aber nach dem Friedensschlusse (1. Dec. 1477), auf Befehl des Kaisers, durch den Pfleger zu Rauhened, Hans Rottinger wieder für den Kaiser übernommen und durch Befehl vom 1. Juni 1478 dem kaiserlichen Diener Bajazit Ottmann eingeantwortet wurde. (Vgl. Bonfin, „Historia Panonica", edit. Sambucus, pag. 431—32. — Desgl. „Monumenta Habsburgica", I. Abth., II., 588—89.)

Um 1480 war Konrad Auer von Herrenkirchen (s. Seite 152), dann 1492 Bernher Ehinger l. f. Pfleger, und noch 1527 war Gerwig Auer von Herrenkirchen (s. Seite 63) kaiserlicher Hauptmann des Schlosses zu Baden. (Vgl. Lichnowsky, a. a. O., VIII, Reg. Nr. 1809. — Desgl. Wißgrill, a. a. O., I, 217.)

1529 wurde die Burg Baden von den Türken zerstört (vgl. „Kirchl. Topogr." IV, 57.)

1537 erscheint als Pfleger der „Burg Baden" Hanns Preußer, welcher jedoch die Bedingungen rücksichtlich der Wiederherstellung derselben nicht erfüllte. (Vgl. „Kirchl. Topogr.", IV, S. 57. — Desgl. Leber, S. 122.)

1543, 3. Juli, schenkt Kaiser Ferdinand I. die Schloßmauern zu Baden der Stadt zur Ausführung neuer Befestigungen und zur Ausbesserung der alten. (Vgl. „Berichte und Mitth. d. Alterthumsvereines zu Wien", III. Bd. [1859], S. 64, wo die Urkunde mitgetheilt ist. — Desgl. „Kirchl. Topogr.", IV, 57, wo es heißt: „Die Mauern des öben Schlosses wurden dann abgetragen, auch die Steine und Ziegel aus dem Wassergraben, der das Schloß umgab, ausgehoben, und aus denselben zur Befestigung der Stadt neue Mauern um die Kirche und Stadt beim Wienerthore erbaut".)

1548, 24. März erscheint das „Prochen (gebrochene) Schloß" oder der „Burgstall" zu Baden, betreffs der dazu gehörigen Gülten, in der Schenkung des Kaisers Ferdinand I. an seinen Rath Johann von der Aa, als „Pfleg" mit dem „Herzogsbad" vereinigt. (Vgl. Denhard, „Das Herzogbad zu Baden" in „Berichte und Mittheilungen des Alterthumsvereines zu Wien", III. Bd. [1859], S. 64 u. 67.)

In diesem Umfang gieng das Ganze aus den Händen der verschiedenen Bestands- und Leibgedings-Inhaber in die Hände erblicher Besitzer über, bis die Stadt Baden im Jahre 1716 das Besitzthum vom Grafen Karl Joseph Lamberg erkaufte, nachdem dieselbe die „Mauern des öden Schlosses" schon seit 1543 besessen hatte. (Vgl. „Gedenckhbuch bey der Statt Baaden" [Manuskript-Band im Badener Stadtarchiv], Fol. 32.)

Auf dem Grunde der ehemaligen Burg Baden und des dazu gehörigen Maierhofes — von welchem das Wirthschaftsgebäude als „Hellhammerhof" noch heute besteht [1]) — wurde 1775 (an der Stelle des Wirthschafts-„Stadels") das Theater, 1800 das Redoutengebäude und 1801 das Volksschulgebäude aufgeführt. — In den 50er Jahren mußte der nordöstliche, die Ecke gegen die „Franzensstraße" bildende Theil des jetzigen Redoutengebäudes an seiner südlichen Seite in den Grund-festen restauriert werden, da sich der Bau dort gesenkt hatte, wobei sich zeigte, daß an dieser Stelle wahrscheinlich der mit dem Stadt- und Schloßgraben in Zusammenhang stehende Teich des Burg-Gartens bestanden habe.

Im Jahre 1872 wurde — mit Beseitigung der alten Stadtmauer, gegen den Stadtpark zu, und mit Durchschneidung des ehemals Stabler'schen dann Kiopeka'schen Gartens — die „Theatergasse" eröffnet, und 1877—78 das große Gebäude der Volks- und Bürgerschule, mit Demolierung des früheren Schulgebäudes, ausgeführt.

Der im Juli 1877 in Angriff genommene Bau des Volks- und Bürger-schulgebäudes auf der Stelle der ehemaligen Burg Baden am Pfarrplatz ließ einige unmittelbare Aufschlüsse über die Lage und Ausdehnung dieses längstverschwundenen mittelalterlichen Bauwerkes durch Auffindung der Grund-mauern u. s. w. erwarten. Die Erwartung wurde auch nicht ganz getäuscht. Vor Allem zeigte sich nach Beseitigung der Schupfen und Stallungen, welche an der Rückseite des 1801 neuerbauten nun ebenfalls demolierten, gegen den Pfarrplatz und die Pfarrgasse zu gelegen gewesenen Volksschulgebäudes sich ausbreiteten, daß ein starker haushoher und mehr als klafterdicker Mauerrest der alten Burg theilweise als Rückwand des Schulbaues benützt worden war. Es war das, wie sich durch die Konfiguration deutlich herausstellte, eine Seite des viereckigen, nord-östlich gelegenen Thurmes der ehemaligen Burg Baden, und es ist auch auf den älteren Plänen der Stadt Baden an dieser Stelle ein großes Viereck eingezeichnet. (Die Spuren des — nach Dreieder's hochinteressantem Ansichtsbild — nordwestlich gestandenen großen Thurmes der Burg scheinen bereits im vorigen Jahrhundert gänzlich verschwunden zu sein.) Sehr starke Mauergrundfesten zogen sich auch sowol gegen den Kirchenplatz als gegen die Pfarrgasse und gegen die Park- oder (wie sie jetzt in wenig bezeichnender Weise getauft ist) Franzens-

---

[1]) Der Name „Hellhammerhof" schreibt sich von einem Leibgedings-Inhaber dieses Komplexes, Georg Haulhammer (1658—1750) her, (Vgl. Denhard, a. a. O., S. 79), woraus sich die Bezeichnung umgebildet hat. — (Es wurde dieses Gebäude, welches noch einen Nebenbau mit einem Durchgang hatte, im vorigen Jahrhundert als Militärspital verwendet, wodurch sich Baden von der Einquartierung befreite, bis im Jahre 1796 Kaiser Franz das „Petersbad" zu diesem Zwecke einrichten ließ. Zeitweilig war das Gebäude seither in Privatbesitz, bis es wieder Eigenthum der Stadt geworden ist.)

straße zu. Eine starke, sorgfältig gearbeitete Quadermauer zeigte sich aber — mehr als eine Klafter tief unter dem Niveau — fast in gerader Fortsetzung der Rückwand des jetzigen „Hellhammerhofes" nach Osten, und davor ein mehrere Klafter breiter, noch stark mit Wasser durchsetzter Sumpf als Rest des bestandenen Wassergrabens der Burg, in welchem auch noch eine Anzahl alter Brunnröhren lag.

Innerhalb des ganzen Raumes gegenüber der Westseite der Pfarrkirche, bis zur starken — noch ein paar Klafter hinter der zuletzt gestandenen Umfassungsmauer gelaufenen Burgmauer, wurde eine große Menge von in Särgen befindlichen vermoderten Menschengerippen ausgegraben, wodurch sich erweist, daß der einstmalige, unsere ältesten Vorfahren in sich schließende Kirchenfriedhof, welcher um 1785 aufgelassen worden ist, in früherer Zeit bis an die ursprüngliche Burgmauer gieng. —

An Funden, die bei den im Jahre 1877 bewerkstelligten Aufgrabungen für den neuen Schulbau gemacht und in der Alterthümer-Sammlung der Gemeinde aufbewahrt wurden, sind folgende zu verzeichnen:

Eine Anzahl kleiner Kruzifixe aus Bronze von verschiedener, oft ganz schöner Form, augenscheinlich meist von den Deckeln der Gebetbücher, die man den Leichen mitzugeben pflegte.

Bruchstücke von alten Grabsteinen, darunter ein größeres von einer rothen Marmorplatte, mit Inschrift aus dem XV. Jahrhundert.

Zwei Steinkugeln, jedenfalls von der Belagerung der Burg Baden im XV. Jahrhundert.

Ein durchbrochen gearbeitetes steinernes Kreuzstück eines großen gothischen Kirchenfensters, ohne Zweifel von einem durch die Türken zerstörten Fenster der Pfarrkirche.

Zwei Thorschlußsteine, der größere mit der Jahreszahl 1756, der kleinere mit der Jahreszahl 1749; beide wahrscheinlich vom „Hell-hammerhof" herrührend.

Ein Stück eines alten Majolika-Ofenkachels mit ganz gut erhaltener figuraler Darstellung (ein nackter Knabe in einem Frucht-Gewinde).

Ein ziemlich großes, interessantes Wächterhorn aus einem Hirsch-geweih-Stück mit Tonlöchern; gegen zwei Klafter tief im Sumpfboden gefunden.

Einige größere Schalen von der Muschelart, die im Wasser des Burggrabens lebte.

Mehrere Wiener Pfennige aus früheren Jahrhunderten.

Ein paar Stücke geschmolzenes Glockenmetall, wahr-scheinlich vom Brand bei der Zerstörung der Burg.

Jetzt sind die unterirdischen Reste der uralten Burg Baden für immer verdeckt, doch in Dreieder's merkwürdigem Ansichtsbild (s. S. 116) besteht die verschwundene Veste für alle Zeit fort.

Die Badener Pfarrer seit dem XIII. Jahrhundert.
(Siehe Seite 71, 87 und 135.)

13. — 1410. **Wolfhard.** In seinen „Notaten zur Pfarre Baden" im
Möller Archiv bemerkt J. F. Keiblinger: in den Schriften zur
Pfarre Weikendorf (eine Pfarre des Stiftes Möll im Marchfeld)
erscheine im Jahre 1410 ein Wolfhardus rector parochialis ecclesiae in
Paden. Weiter hat sich über denselben bis jetzt nichts gefunden.

14. — 1432. **Johann Strenberger.** In einem Streite zwischen
Nikodemus, Bischof von Freisingen und seinem Domkapitel wird
von einem Schiedsgerichte unter dem Vorsitze Johann's, Abts zu den
Schotten in Wien, am 27. September 1432 zu Basel eine definitive
Entscheidung gefällt, und die hierüber ausgefertigte Urkunde unterzeichnen:
Magister Thomas Ebendorfer von Haselbach, dann der Pfarrer
von Zistersdorf, und Magister Joannes Strenberger, rector
parochialis ecclesiae in Paden.

Vgl. Meichelbeck „Historia Frisingensis." Augsburg 1724—29. II. 212.

15. — 1471. **Michael Pingartner.** Der Abt des Benediktiner-Stiftes
Klein-Mariazell, Johann IV., schenkt dem Pfarrer in Baden,
Michael Pingartner, und seinen Nachfolgern einen Weingarten
in Baden, gelegen am „Mitterberg", unter der Bedingung, daß sowol er
als seine Nachfolger durch acht Monate des Jahres in der im „Mariazellerhof" zu Baden befindlichen Kapelle S. Ursulae monatlich eine heilige
Messe lesen.

Vgl. Keiblinger's „Notaten" im Möller Archiv (Aus. Schyring
„Catalog. Abbat. Mar. Cell.)

16. — 1510. **Johann Auer von Herrenkirchen.** Nach J. E. Wiß-
grill's „Schauplatz des landsäßigen niederösterr. Adels" (Wien 1794—1804),
I, 216, war Johann Auer von Herrenkirchen im Jahre 1510
Pfarrer in Baden. (Er war der jüngste Sohn Konrad's Auer von
Herrenkirchen, welcher gegen Ende des XV. Jahrhunderts Eigenthümer des
Schlosses und der Herrschaft Leesdorf und Pfleger der landesfürstlichen
Burg in Baden war, [vgl. Keiblinger „Geschichte des Benediktiner-
Stiftes Mell" ꝛc., II. Bd., I. Abth., S. 45] und welcher — von 1481
bis 1493 — mit Anna, geb. Hansmann, vermählt gewesen ist.)

17. — 1517. **Vincenz Bauernfeind.** In der „Josephi-Kapelle" der
Badener Pfarrkirche befindet sich unter dem links vom Altar gelegenen,
mit herrlichem neuen Glasgemälde geschmückten Fenster der nördlichen Wand,
aufrecht eingemauert, eine Grabstein-Platte aus röthlichem Marmor, die
ursprünglich — dem Verderben ausgesetzt — im Fußboden des linken Seiten-
schiffes der Kirche vor dem „Ecce homo"-Altar eingelassen war, und erst
im Frühjahr 1878 dahin versetzt worden ist. [1]) Es ist der Grabstein des
Badener Pfarrers Vincenz Bauernfeind, dessen ganze Gestalt, den

---

[1]) Vgl. „Badener Bote" 1878, Nr. 18, S. 3.

Kelch segnend, in Flachrelief lebensgroß auf demselben abgebildet erscheint. Die Umschrift des gut gearbeiteten und noch ziemlich gut erhaltenen, hier in genauer Abbildung folgenden Grabsteines lautet: **Anno dmi 1517 die nono maj. obiit honorabilis vir dns vincent pauernfeindt olim huin eccl. rector hic sepultus cuin aia in deo vivat. †.**

Vgl. „Berichte und Mittheilungen des Alterthumsvereines zu Wien", 1860, III. Bd., 2. Abth., S. 313 und 314 (wo die neben mitgetheilte Abbildung dieses Grabsteines ursprünglich enthalten ist, welche durch freundliche Vermittlung des VereinsSekretärs, Dr. Karl Lind, für die vorliegenden Blätter zur Benützung überlassen wurde); desgl. XI. Bd., S. 168 und 173.) — Der nach obiger Umschrift am 9. Mai 1517 Verstorbene war Weltpriester, und die Angabe der „Kirchlichen Topogr." (Bd. IV, S. 83 und 84) daß es der Grabstein eines Mölker Professen sei, der 1545 hier als Pfarrer starb, ist in diesen Punkten zu berichtigen.

Die alten Ansichten und Pläne der Stadt Baden.

2. „Gemainer Statt Baaden Durchfridts Gemarckh", von 1652.

Das Original dieser zwar in dilettantischer Weise ausgeführten (35 ctm. hohen und 41·5. ctm. breiten) kolorierten Federzeichnung auf Papier, die jedoch eine in vieler Hinsicht ein nicht geringes Interesse bietende Darstellung Baden's und der Umgebung aus der Zeit um die Mitte des XVII. Jahrhunderts weist, befindet sich — unter Glas und Rahmen — im Badener Stadtarchiv.[1])

Den besten Begriff von der Darstellung giebt der darunter (auf einem Raum von 40 ctm. Höhe und 41·5 ctm. Breite) stehende, theilweise schon sehr verblaßte und verwischte, mit vieler Mühe vollständig entzifferte Text, der in seinem ganzen Umfang also lautet:

---

¹) Der Verfasser hat diese bildliche Darstellung 1876, noch vor Einrichtung des Stadtarchivs, durch einen glücklichen Zufall im Rathhaus aus dem Schutt gerettet, wohin sie — bei Gelegenheit einer Adaptierung daselbst — durch Herabfallen von einem Kasten gelangt und bereits vom gänzlichen Verschwinden bedroht war.

Gemainer Statt Baaden Purckhfridts gemarckh allermaßen selbige den 25. Septembris A° 1652 durch die in sachen Hochanseehentliche Acceptirte Herrn Commißarien ordentlich beritten und jedes Gemarckh allda mit Buchstaben Bezeichnet worden, wie volgt.

A. Daß Creuz in der ainödt gegen Pfaffstetten, an der Wiennerstraßen.

B. Die Rohrmühl, alwo dß Gemarckh des Umbcraiß durch den Stadel gehet.

C. Der Schüttbach beym Roßkopf, alda der Gesteig nach Tattendorf über die Wassergräbl an denen gmain Pamblen zusehen, daselbst die v. Baaden vor etliche Jahren nit allein ain Todte Weibs Persohn, sondern auch zwey erschlagene Polläckhen A° 1620 erhoben und begraben laßen.

D. Daß Hackhlein (Füschlein) Teucht, alda noch 10 Alberbäum stehen.

E. Das Trattenthall, alda ain dreyeggeter Marckhstain ligt, welcher des Closters Gaming Berggerechtigkeit, Item der Soßer und Vöslauer Jurisdiction entschaidet.

F. Der Puechgraben beym Purbächl. Worüber das Prüggl. so die v. Baaden machen laßen.

G. Daß Creuz in der obern ainödt, neben der straßen v. Baaden gegen Pfaffstetten, biß an ds erste Creuz von A. in der ebenainödt, alda sich der Circuitus des Purckhfridts Zusamben schließet.

Volgen hernach die Jenigen Orth, welche in erst angeregter circumferenz deß Baadnerischen Purckhfridts ligen und mit Ziffern Signirt sein.

N° 1. Die Statt Baaden und Pfarrkhürchen in Baaden.

2. Daß Wiennerthor.

3. Die Wiennerstraßen.

4. Zwen Stain durch welche der Fahrtweg biß auf die Rohrmühl gehet.

5. Der Mühlbach.

6. Die Mühl in Edlschachen.

7. Die Mühl bey Leestorff.

8. Die Papürmühl.

9. Die Veldmühl.

10. Die Mühl in undtern Wörth.

11. Gemainer Statt Baaden Mühl.

12. Das Fischerthor.

13. Daß Schloß und Dorff Leestorff.

14. Die grüeßen Weingt. von Leestorff gegen Baaden.

15. Stain bey welchem die v. Leestorff Jhre Malefiz Persohnen den v. Baaden überliefern.

16. Tribeswünckhler Weingart fäzen bey d Viechtrift, so in den Baadnerischen Purckhfridt ligen.

17. Marckhstain und Päum, welche die Tribeswinckhler und Leestorffer Gründt entschaiden.

18. Die Landtstraß v. Pottenstain und Leoberstorff durch gemainer Statt Baaden Purckhfridt.

19. Tribeswinckhel äusserlich des Purckhfridts.

20. Dß Hardtholz und Weingebürg herumb ligendt.

21. Dorff Braiten und Rohr.

22. Dorff Saaß.

23. Gemarckh aines Stains biß dahin die von Saß Ihre Malefiz Persohnen zu andtwortten verpflicht alda auch allernegst an.: 1648 die von Baaden ain Todte Mannsperfohn, in Beyfein zweyer Gerichts Geschworner von Saß erhoben und beym Creuz Ihres Zieglstadls begraben laffen.

24. Gemainer Statt Baaden Zieglstadl, und Richtstatt der Übeltheter.

25. Ein Todte Mannßperfohn Leonhardt Weger genandt, fo in der Froschau beym Hardtholz a: 1646 erhebt und begraben wordten.

26. Dß Creuz bey der Allentgaffen.

27. Die Stainerne Bruggen fo da gehet in die Allentgaffen, bey welcher die jenige Malefiz Perfohnen fo in der Rauchenstainerischen Herrschafft inckhomen am driten Tag dem Statt und Landtgßhrt Baaden Zuüberandtwortten.

28. Der Saurerhof.

29. Der lange Steeg über den Schwechatbach.

30. Daß Spittallthor.

31. Dß strittige Leuthgebhäufel, fo auf dß Burgerspittall Grund, wie die von Baaden berichten ligent fein folle, anierzo aber durch einen zum Posthoff gehörig Untterthann bewohnet, und aldahin zu dem Posthoff gezogen wordten will.

32. Der Posthoff.

33. Des Veit Prandtstetters Burgerhauß.

34. Der Mariae Zellerhoff und heilligen Creuzerhoff.

35. Daß Rehnthor.

36. Burgerliche Heüfer in der Rehngaffen und Pelzgaffen mit welchen der Posthoff allerdings umbfangen und eingeschloffen.

37. Die Burgerliche Pöckhenmühl auß welcher anno 1622 die von Baaden einen Mühljunger, um eines erschlagenen Judens Willen erhoben, und in die Statt gefenglich bringen laffen.

38. Der Herrn Augustiner drey Untterthann Heuffer auß deren einen a⁰ 1612 den Herrn Kienberger deffen eingeführte fremdte Wein die von Baaden, vermög ihrer Kayf. Freyheiten außziehen und ins Burgerspittall führen laffen.

39. Daß Schloß Weickherstorff.

40. Dß Creuz und Prüghl bey Weickherstorff, alda a⁰ 1615 die von Baaden auß dem Schloß Weickherstorf ein Malefiz Perfohn übernohmen.

41. S. Helena Kirchen, alda Herr v. Rauchenstain eine neue Taffern (Taverne?) aufrichten wollen.

42. Dß Schloß Rauchenstain.
43. Dß öede Schloß Rauchenegg.
44. Der Rauchstall Prunn.
45. Gämingischer Marckhstain, so das Gebürg entschaidet.
46. Marchbaum gegen: und hinderst deß öeden Schloß Rauchenegg, durch dß Wolfsthall hinein gegen den Puechgraben.
47. Weingebürg am Mitter: und Baadnerberg.
48. Gemainer Statt Baaden hochgericht.
49. Dß Herzog Baadl.

Aus diesen kurzgefaßten, gleichzeitig verzeichneten Angaben, die über gar manche örtliche Verhältnisse der damaligen Zeit Aufklärung geben, ist der Umfang der auf dem vergilbten großen Blatte gebrachten Darstellung ersichtlich, welche in — etwas kühn gedachter — Vogelperspektive übersichtlich vor's Auge tritt. Trotz der sehr unbeholfenen Ausführung ist das Ganze doch nicht ohne gewisse Bestimmtheit gemacht und jedenfalls von vielfacher Wichtigkeit. Vor allem ist — nebst der bildlichen Durchführung des „Burgfriedens" von Baden, wie derselbe mit dem Stadtrecht vom Jahre 1480 gegeben worden — von besonderer Bedeutung, daß die ganze Konfiguration der Stadtmauern mit allen Thürmen und Thoren in einer Art Projektion dargestellt ist, und zwar — in kleinem Kreise die alte, noch das „Satteldach" weisende Pfarrkirche, und in großem Kreise die ganze Stadt umschließend. Um diesen Zug der Stadtmauern recht deutlich zu machen, ist sogar die Einzeichnung der Häusergruppen innerhalb der Stadt vermieden, und sind nur die Haupt-Verkehrslinien der Gassen angegeben. — Was aber geradezu auffallend erscheint, das ist der Umstand, daß von allen Bädern nur das Herzogbad bezeichnet wird. Es scheint dieß Bad damals eben hauptsächlich in Gebrauch gewesen zu sein. Eigenthümlich ist auch, daß dem Vorkommnisse der erschlagen gefundenen und verunglückten Personen eine solche Wichtigkeit beigelegt wird, daß dieselben überall, wo sie — nach der Buchstaben-Bezeichnung auf dem Plane — erwähnt werden, auch wirklich (in ganzer Figur daliegend) eingezeichnet sind, während andere Ereignisse und Beziehungen von gewiß größerer Bedeutung keine Erwähnung finden. Es scheint, daß es sich bei dieser Darstellung eben hauptsächlich nur um den Burgfrieden und um die gerichtlichen Fälle und Verhältnisse der ersten Hälfte des XVII. Jahrhunderts handelte. [1]

Diese alte Planskizze ist aber jedenfalls — trotz der mangelhaften Form — in lokalgeschichtlicher Beziehung, besonders durch die beigegebenen, vielfache Anhaltspunkte gewährenden Nachweisungen, (mit welchen zusammen das Ganze eine Höhe von 75 ctm. hat), wie gesagt, von nicht geringem Interesse und von nicht zu unterschätzendem Belang.

---

[1] Ein mit dieser bildlichen Darstellung zusammenhängendes, weiteren Aufschluß gebendes „Referat" der Kommission an die Regierung, erstattet am 1. Februar 1653 über die am 25. September 1652 vorgenommene Umreitung des Burgfriedens der Stadt Baden, ist abgedruckt in „Berichte und Mittheilungen des Alterthumsvereines zu Wien", III (1859), S. 85—88.

Badener Memorabilien.

VII. Die Kaiserin Josepha 1766 in Baden.

Das „Gedenckhbuch bei der Statt Baaden de anno 1683", welcher chronikalische Manuskript-Band — nach der Vernichtung der meisten früheren Aufzeichnungen und Dokumente durch die Türken — erfreulicherweise angelegt, aber leider nicht entsprechend fortgesetzt worden ist, jedoch immer eine der Hauptquellen für die neuere Geschichte Baden's bildete, enthält unter andern einen verhältnißmäßig besonders ausführlichen Bericht über die Anwesenheit der zweiten Gemalin des Kaisers Joseph II., Maria Josepha, Prinzessin von Baiern, im Jahre 1766 zu Baden.

Die Schilderung dieses Aufenthaltes der kränklichen (schon im Jahre darauf gestorbenen) Kaiserin in unserer Heilquellenstadt, in welche dieselbe von der (im Jahre vorher Wittwe gewordenen) Kaiserin Maria Theresia begleitet und aus welcher sie von der Letzteren und mehreren Erzherzoginnen nach vollendeter Badekur abgeholt wurde, ist für das damalige Leben und die damaligen Zustände in Baden so bezeichnend und ist in vieler Beziehung so interessant, daß eine Mittheilung derselben geboten erscheint und gewiß auch allseits willkommen sein wird.

Die Beschreibung, die sich auf Fol. 70—73 des „Gedenckhbuchs" findet, hat die Ueberschrift: „Pro Memoria" und lautet, in der Schreibweise der damaligen Zeit, also:

„Demnach Ihro Kayf. Königl. Mayest. Josepha sich allergnädigst entschloffen, in dem dasigen Augustiner Closter einzulogiren und die Baadt Chur auf 4 Wochen in dem so benambsten Frauen Baadt zu gebrauchen, alß seynd zu diesem Ende allerhöchst gedacht Ihro Mayest. mittels begleytung der allergnädigst verwittibten Kayserin den 25. Juny 1766 abends um 7 uhr alhier angelanget, wobei nebst viel anwesenden Volckh hiesiger Magistrat unter dem Wienner Thor in Corpore aufgewarttet, und von der Burgerschafft unter Trompetten und Paukhen Schall Spallier gemacht worden, den darauf folgenden Tag alß den 26ten dieses Monaths Juny verfügten sich Ihre Mayest. über den eigens erbauten hölzernen gang, Morgens um 7 uhr in daß Frauen Baadt und blieben das erste mahl mit der Frau Hofmeisterin Gräfin von Linden nur eine Stundte darinnen, begaben sich Nachmittag mit der Erzherzogin Maria Anna Königl. Hochheit zu Fuß in den sogenant Kupferschmidtischen Garten, um die dortige Wasserkünsten zu sehen,[1] auf dem Weeg dahin kammen Ihro Mayest. die verwittibte Kayserin, welche von Carenburg herüber fuhren, ganz unverhofft auf dem Stadt Platz entgegen, und tratten daselbst auß dem Waagen.

---

[1] Der ehemalige, zum Kupferschmied Bayer'schen Hause (jetzt „Beethovenhaus") gehörig gewesene „Kupferschmied-Garten" — jetzt der Drescher'sche Garten, zwischen Allee- und Beethoven-Gasse — war im vorigen Jahrhundert durch die daselbst befindlich gewesenen „Moser'schen" Wasserkünste (die noch im Anfang unseres Jahrhunderts bestanden) eine Hauptsehenswürdigkeit Baden's. (Vgl. Widemann's „Malerische Streifzüge", II., Wien 1806, S. 56—58.)

Die Freude war sehr groß; Beede Mayest. empfingen einander auf offener
Straßen und verfügten sich in erwehnten Garten. Den 27ten begaben sich
Ihro Mayest. die Kayßerin Josepha zu Fuß in den außer Baaden
gelegenen schönen Reichmannischen Garten, [1] und wurden unter
Trompeten und Pauckhen Schalle von dem aigen-Thürner Herrn von
Reichmann empfangen, und unterhielten sich alda 2 Stunden. Den 28ten
haben Ihro Mayst. abends der Teutschen Comoedie beygewohnet, [2]
und den 29ten den Stadt Rath Vormittag um 11 uhr zum Handt Kuß
gelaßen. Den 30ten ließ gedachter Stadt Rath um 7 uhr frühe in der
St. Stephans Pfarrkirchen Ein Hochambt halten, wobey alle Schulkinder
um eine glückliche Baadt Chur für Ihro Mayest. zuerbitten erscheinen Mußten.
Währenden gottes Dienst kammen Ihro Mayest. die Kayßerin Königin nach
Baaden, und erwartteten auf den Baadt gang Ihro Mayest. die Kayßerin
Josepha, bis allerhöchste dieselbe heraus gingen. Beede Mayestn. erhoben
sich umb 10 Uhr in die Pfarrkirche und wohneten der Heyl: Seegen meße
bey. Den 1ten Heumonath begaben sich Ihro Mayest. in den großen
Doblhofischen garten bei dem Schloß Weicherstorff außer
Baaden und besuchten den 2ten in Begleitung der Erzherzogin Amalia
Königl: Hochheit das Herzog- und das St. Antoni Baadt, wie auch
Beede ursprünge, Ließen sich auch gefahlen, denen im Herzogs Baade
Baadenden gästen als sie ihre gewöhnlichen Baadt Lieder sangen, von
dem Freygange hinab zu zuhören. Ihro Mayest. Laßen überhaubt viel
Vergnügen und gegen Jedermann eine sonderbahre [3] Huldt spüren, ver-
statten auch allen und jeden den freyen zu-Tritt auf den Baadt gang
sowohl alß auch bey offentlicher Tafel in dem Augustiner Closter. Den 3ten
dieses beliebte es allerhöchst Ihro Kayß. Mayest. abends einem Teütschen
Schauspiel beyzuwohnen. Den 4ten begaben sich allerhöchst dieselbte in
begleitung der durchleüchtigsten Erzherzogin Elisabeth Königl. Hochheit
nacher Neuhauß, und nahmen die daselbstige Spiegel Fabrique in höchsten
augen-schein. Den 5ten besuchten Ihro Mayest. abermahl in gesellschafft der
durchleüchtigsten Erzherzogin Elisabeth Königl: Hochheit die gesambte
Bääder, und den 6ten hierauf verfügten sich höchst dieselbte Nachmittags
nacher Schönau in das daselbst gelegene Herrschafft: Schloß. Den 7ten gefiel
es offterwehnt Ihro K. Mayest. mit der Durchl. Erzherzogin Maria Josepha
Königl: Hochheit in dem (die?) von Hr. v. Doblhofen nechst Baaden
errichtete Samet und Taffet Fabrique zu besehen, [4] verfügten von
dannen sich wieder zurückh in das Augustiner Closter, woselbst von denen
dasigen geistlichen ein wohl abgefaßtes Teütsches Schauspiel aufgeführet wurde, und gerueheten abends um 6 uhr nacher Leestorff, ein
nahe bey Baaden gelegenes und dem Löbl: Stüft Mölckh gehöriges

---

[1] Gutenbrunner Schloßgarten.
[2] Aus dieser Mittheilung geht bestimmt hervor, daß schon vor 1770 (wie S. 29
angedeutet) hier in Baden theatralische Vorstellungen stattfanden.
[3] besondere.
[4] Auf der „Braiten" — jetzt Wirtshaus.

Dorff, zu fahren; alwo höchſtgedacht Jhro Kaiſ. Mayeſt. mit erwehnter durchleüchtigſten Erzherzogin Josepha Königl: Hoheit und einem gefolge von hohen Adl die daſelbſtige von gehliſche Pappier Mühle[1]) in in höchſten augenſchein Nahmen und dero gnädiges Wohlgefahlen ſowohl über die ſogleich aufgeführte zubereitung des Pappiers, alß über das ſelt-ſame, ganz von Stein aufgeführte Waſſergebäude, wie auch über die Natürliche angenehme Laage beſagter Mühle zuerkennen zu geben ſich aller-gnädigſt gefallen Laſſen; von da verfügten ſich Jhro Mayeſt. in daſiges Herrſchafft: Schloß und beluſtigen ſich daſelbſt eine Zeit Lang in dem gartten, alwo von Zeit zu Zeit ein Chor Trompeten und Pauckhen ſich hören Laſſen. Den 8ten begehrten (brehrten?) Jhro Mayeſt. das in Waldt gelegene ſchöne Stüft und Cloſter Heyl: Kreüz genant mit einen Beſuch. Den 9ten frühe um 7 uhr kammen Jhre Mayeſt: die Kayſerin Königin mit dem durchleüchtigſten Prinz Albert von Sachſen und beſuchten Jhre Kayſ: Mayeſt. in (im) Baade. Den 10ten erhoben ſich Jhre Mayeſt. nacher Pfaffſtetten, woſelbſt Hochdieſelbe in daſiger unter die Stadtpfarr Baaden gehörige Filial Kürche einer Heyligen Seegen Meß beywohnten, wornach der dortige geiſtliche S. Königl: Hoheit des Herzog Carl von Lothringen Capellan in höchſter gegenwarth Jhro Kayſ: Mayeſt: ein ſchon 56 volle Jahr in dem Eheſtand Lebendes Paar zum Zweytenmahl Prieſterlich einzuſeegnen, dieſes erlebte Paar aber ſelbſt Jhro Kaiſ: Mayeſt: die Handt zu küſſen die Ehre hatte. Von daaus begaben ſich Jhre Mayeſt: nach Lagenburg um daſelbſt wegen ein gefahlenen Nahmensfeſte der durch-leüchtigſten Erzherzogin Amalie Königl: Hoheit einen Beſuch abzuſtatten. Den 11ten verfügten ſich Jhre Mayeſt: die Kayſerin Josepha Nachmittag um 4 uhr von hier in die unweith Neüſtadt gelegene Neüe Meſſing-waaren Fabrique insgemein die Nadlburg genant, und kammen umb 8 uhr abendts wieder zuruckh. Den 12ten Lieſſen allerhöchſt dieſelbte das von der Stadt Churnermeiſterin dieſen Morgen zur Weldt gebrachte Zwil-lings Paar aus der Heyl: Taufe heben. Den 13ten ſind Jhre Mayeſt: in die Stadt Pfarrkürche, vor welcher ſie von dem zur aufwartung in Reyhen geſtelten Stadt Rath und Burgerſchafft empfangen wurden, gefahren, und haben den Gottes Dienſt beygewohnet; Nachmittag aber in das dem Hrn. von Frieß gehörige Schloß Seßlau erhoben und ſich einige Zeit in dem gartten unterhalten. Den 14ten kamen um 8 uhr Morgens Jhre Mayeſt. die Kayſerin Königin nach Baaden und beſuchten die Kayſ: Mayeſt: Josepha in Baadte, kehreten aber ſchon wieder nach 10 uhr nach Lagenburg zuruckh; Nachmittag machten Beyde Erzherzogen Ferdinandt und Maximilian Königl: Hoheit Jhrer Mayeſt: der Kayßerin einen Beſuch, welche dieſelben in den Kupferſchmidtiſchen Gartten umb die Waſſerſpiele und Künſten daſelbſt zu ſehen, und abendts zum Theater,

---

[1]) Dieſe ehemalige Leesdorfer Papiermühle (jetzt Maſchinen-Fabrik) kommt ſchon im Jahre 1356 vor und gehörte daher zu einer der älteſten in Oeſterreich. (Vgl. Seite 145.)

woselbst ein Teütsches Lustspiel aufgeführet wurde führeten, den
folgenden Tag Morgens die Baadt Chur endigten und von dem Stadt
Rath die aller Ehrnbiethigste glückwünsche hierüber annahmen, auch denen-
selben zum Handtkuß allergnädigst Liessen; um Mittag kammen Jhro
Mayest: die Kayserin Königin mit den vier durchleüchtigsten Erzherzoginen
Maria Amalia, Elisabetha, Amalia und Josepha von Laxenburg nach
Baaden und Nahmen mit der Kayş: Joseph Mayest. allein das
Mittagmahl ein, begaben sich sodann mit einander in die auf dem Frauen
Baadt Thorre vorgestellte Beurlaubungs Comedie, und giengen,
nachdem sie in den Augustiner Closter der Litaney beygewohnet hatten,
samentl: nacher Schönnbrunn ab."

Chronik der Gegenwart.

Die Badener Ehrenbürger-Diplome.

Man braucht nicht in Besorgniß zu sein, daß unter vorstehendem Titel
etwa eine Kritik der Verleihungen dieser höchsten Auszeichnung, die eine
Gemeinde zu vergeben hat, unternommen werden soll. Versuchung hiezu böte
wol allerdings mancher frühere Vorgang in dieser Beziehung, indem auch hier
in Baden Fälle vorgekommen sind, in welchen man — wie sich dies in der
Reaktionszeit anderwärts in ärgster Weise ereignete — die Bürgerkrone aus
„ersterbendem Unterthänigkeits-Gefühl" irgend einer hochgestellten Unbedeutend-
heit, oder, in Uebereilung, irgend einer gerade vorübergehend auf dem Schild ge-
hobenen Persönlichkeit, die sich um Baden und sein Wohl und Wehe in keiner
Hinsicht weiter bekümmerte, oder einer solchen Persönlichkeit verlieh, von der
man, in problematischer Voraussetzung, erst die Realisierung irgend eines
wirklichen größeren Verdienstes um die Gemeinde erwartete.

Davon soll aber hier nicht weiter die Rede sein.

Es handelt sich in diesen Zeilen bloß um die in den letzten Jahren in
Baden übliche Textierung der Ehrenbürger-Diplome.

Im Eingang des jetzt — oder wenigstens bis jetzt — gebräuchlichen
Textes derselben heißt es, grammatikalisch und sachlich ganz unrichtig:
„Der Bürgermeister und Gemeinde-Ausschuß hat in seiner Sitzung", u. s. w.
Also — der „Bürgermeister"... hat in „seiner" Sitzung...?! —
Selbstverständlich müßte es mindestens heißen: Der Bürgermeister und der
Gemeinde-Ausschuß haben in der Sitzung — u. s. w. Doch, abgesehen
davon, ist es auch durchaus nicht der Thatsache entsprechend, daß der Bürger-
meister das Ehrenbürgerrecht, nebst dem Ausschuß, verleiht. Der Bürger-
meister ernennt als solcher durchaus keine Ehrenbürger und verleiht keine Ehren-
bürger-Rechte, sondern nur als Mitglied der Gemeindevertretung. —
Korrekt sollte es heißen: Die Gemeindevertretung ernennt oder verleiht, und
der Gemeindevorstand fertigt die Verleihung aus, oder giebt dieselbe kund.

Will man aber schon — vielleicht der Solennität des Altes wegen — den Bürgermeister voranstellen, so kann es offenbar beiläufig nur so heißen:

Der Bürgermeister der Stadtgemeinde Baden in Niederösterreich giebt Namens des Stadtvorstandes durch dieses Diplom feierlich kund, daß die Gemeindevertretung in der Sitzung am ... dem (oder der) hochgeehrten N: N:, in Anerkennung der besonderen Verdienste u. s. w., das Ehrenbürgerrecht der Stadt Baden verliehen hat.

Das wäre ungefähr die richtige Fassung. —

Vielleicht wird nun der hier gegebenen — bereits früher vergebens versuchten Anregung zu einer Aenderung des Textes in diesem Sinne, künftighin Folge gegeben. ¹)

---

¹) Bei dieser Gelegenheit sei hier aber auch zugleich die Reihe der Ehrenbürger Baden's angeführt, wie dieselbe im „Bürgerbuch" der Stadtgemeinde — seit dem Jahre 1836 —, manche wahrhaft verdienstvolle Persönlichkeit und manchen illustren Namen weisend, verzeichnet erscheint, wobei die bereits verstorbenen hier mit einem Kreuz bezeichnet sind.

† 1836, 31. August: Stephan Graf Zichy, senior.

† „ „ Franz Graf Palffy, senior.

† „ 21. Oktober: Anton Bruno Graf Czály.

† „ „ Joseph Jädel, Oberbeamter des k. k. Zimentierungsamtes in Wien.

† 1841, 5. April: Friedrich Freiherr von Mylius, k. k. Oberstlieutenant, Militär-Badhaus- und Stations-Kommandant.

† 1845, 14. Oktober: Joh. Talatzko Freih. v. Gestietcz. k. k. n.-ö. Regierungspräsident.

† 1846, 7. Februar: Dr. der Medicin Benedikt Obersteiner, aus Wien.

† 1851, 19. November: Elisabeth Bolbrini, geb. von Martini.

† 1853, 10. April: Dr. der Medicin Franz Gabel, Stadt- und Badearzt.

† 1854, 1. Juni: Dr. jur. Joseph Wilhelm Eminger, Statthalter in Niederösterreich.

† 1856, 18. September: Franz Riebl Ritter von Riebenau, k. k. Hofrath.

† „ 20. September: Simon Freiherr von Sina, Gutsbesitzer.

† „ „ Louise Braun-Rabislowitsch, aus Wien.

1857: Georg Graf Appónhi, k. k. Kämmerer und geheimer Rath.

1862, 2. März: Anton Ritter von Schmerling.

† 1863, 9. April: Joseph Ritter von Raymond, k. k. Hofrath.

† „ 26. Mai: Dr. jur. Heinrich edler von Perger.

„ 17. Juni: Ignaz Kuranda.

„ 6. August: Alfred Ritter von Arneth.

† 1865, 18. Oktober: Franz Grillparzer.

† 1866, 28. März: Dr. u. Prof. der Medicin Johann Oppolzer, in Wien.

† 1867, 29. Mai: Dr. u. Prof. der Medicin Joseph Skoda, in Wien.

„ Dr. u. Prof. der Medicin Karl Sigmund von Ilanor, in Wien.

1868, Alois Graf Cerrini de Monte Barchi, k. k. Ministerialrath (bis dahin k. k. Bezirksvorsteher in Baden).

1876, 26. Juni: Wilhelm Germer (von 1866 bis 1875 Bürgermeister in Baden).

1877, 30. Oktober: Dr. u. Prof. Hofrath Franz Schneider, in Wien.

1878, 19. Januar: Anna edle von Lagusius.

† „ „ Franciska Rath, Oberstenswitwe.

1879, 8. Juli: Eduard Melkus, Ingenieur, aus Wien.

„ 31. Oktober: Adolph Ignaz Mautner Ritter von Markhof, Großindustrieller aus Wien.

1880, 30. Juli: Schottenabt Othmar Helferstorfer, Landmarschall von Niederösterreich.

Badener Tages-Chronik.

August 1880.

Am 1. Außerordentliche Haupt-Versammlung des „Vorschuß- und Kredit-Vereines in Baden." Ausschuß-Antrag auf Abänderung der Statuten behufs Umwandlung des Vereines in eine Genossenschaft.

Am 7. Stark besuchte Soirée amusante mit Tanz-Kränzchen im städt. Redoutensaale, zum Besten des „Spitals für skrophulöse Kinder" in Baden. (Der von Privatpersonen veranstaltete Abend soll — trotz bedeutender Einnahme — einen verhältnißmäßig geringen Betrag für den wohlthätigen Zweck gebracht haben.)

Am 11. General-Versammlung des „Verschönerungs-Vereines des Kurrayons Baden", im Rathhaus-Saale.

Am 12. Besuch des Fürsten und der Fürstin von Rumänien in der Villa des Erzherzogs Rainer. — (Es dürfte Viele interessieren, zu vernehmen, daß die durch manche Vorzüge ausgezeichnete Fürstin Elisabeth von Rumänien [geb. am 29. December 1843, als die Tochter des Fürsten von Wied] auch eine hochbegabte lyrische Dichterin ist. Die von Heinrich Penn herausgegebenen „Dichterstimmen aus Oesterreich-Ungarn", II. Jahrgang [1878] enthalten S. 19, unter andern kleinen Gedichten von der geistvollen Fürstin ein Lied „Du bist mein!", welche edelst-leidenschaftliche Dichtung zu den tiefst-gegriffenen, schönstempfundenen und — wie sie der trefflichen Uebersetzung aus dem Rumänischen von Mil Lumi in Triest erscheint — auch formvollendetsten unserer Tage gehört.)

Am 13. Anschwellen des Schwechatbaches durch nächtlichen Wolkenbruch im Gebirge zu einer seit Menschengedenken nicht erlebten Höhe, und viele arge Beschädigungen durch die bis zum Uferrand gestiegene reißende Fluth, die nach 11 Uhr Vormittags zum Glück wieder zu sinken begann.

Am 14. Wohlgelungenes Parkfest zur Vorfeier des 50. Geburtstages des Kaisers Franz Josef I.

Am 16. „Wohlthätigkeits-Akademie" zum Besten des neu-zuerbauenden Badener Spitales (welches — man weiß nicht, ob mit Ermächtigung — in der Ankündigung „Franz Joseph-Spital" genannt wurde), im städtischen Redoutensaale. [1])

Am 18. Feier des 50. Geburtstages des Kaisers, mit Tag-reveille der Veteranenkapelle, Pöllerschüssen, Tedeum (unter Theilnahme der Schuljugend), Beflaggung und Dekorierung des Kurorts, Festspiel in der Arena: „Oesterreichs schönster Tag" (mit einem Gruppenbilde sämmtlicher, auch der neuesten österreichischen Nationalitäten) von Josef Mayer, dann Operette und Feuerwerk; Abends allgemeine Illumination und Freikonzert der Kurmusik im festlich dekorierten und bengalisch beleuchteten, überfüllten Stadtpark, wo auch Erzherzog Rainer mit Gattin und Erzherzog Wilhelm erschienen. — Der

---

[1]) Man hörte klagen darüber, daß bei Veranstaltung solcher — mit dem Aushäng-schilde eines „Wohlthätigkeits-Zweckes" — von Privaten, die (wie man sich ausdrückte) gewiß nicht hauptsächlich den angegebenen Wohlthätigkeitszweck im Auge haben, unternommenen Konzerte, das Publikum manchmal mit förmlichen Pressionen behelligt wird.

Ehrenbürger Baden's Adolph Ignaz Mautner Ritter von Markhof, dessen Villa in der Bergstraße wahrhaft brillant beleuchtet war, spendete edelsinnig für die Armen der Stadt Baden 200 fl., die auch gleich am Festtage zur Vertheilung gekommen sind.

Am 19. Begräbniß der am 17. d. M. hier verstorbenen hiesigen Hausbesitzerin (Theaterplatz Nr. 2) Magistrats-Controlors-Witwe Frau Barbara Gruber, die bekanntlich seinerzeit Hof-Hebamme war.

Am 20. Erste Aufführung der einaktigen Burleske von Rudolph Hahn „Doktor Tanner, der Hungerleider", in der Arena.

Am 22. Hinscheiden des Hausbesitzers und Gemeindeausschusses von Weilersdorf Aron Isaak Elias, in seinem 58. Lebensjahre.

Am 24. Nächtliche Ausfahrt der freiwilligen Feuerwehr zur Löschung eines Brandes in Kottingbrunn.

Am 28. Strauß'sches Konzert im Stadtpark.

Am 29. Kostüm-Kränzchen des „Vergnügungs-Vereines" in den Saal-Lokalitäten der städtischen Redoute. (Der „Vergnügungs-Verein" hat in dieser Beziehung mit dem „Kasino-Verein", welchem die Lokalitäten zur Benützung übergeben sind, eine zweckmäßige Vereinbarung getroffen. — Leider wurde aber bei diesem sonst sehr gelungenen Kränzchen — geschmückt mit reizenden und lieblichen Menschenblumen — der wirklich schöne Redoutensaal, durch ganz unnöthiges Anbringen des Orchesters im Saal-Raume, in durchaus nicht zu rechtfertigender Weise verunstaltet und auch verkleinert zugleich.)

Am 30. Hinscheiden des Feldmarschall-Lieutenants a. D. Georg Freiherrn Kreß von Kreßenstein, Herr auf Kraftshof, Senior der Familie, im 98. Lebensjahre, in seinem Hause zu Weilersdorf. Der Verewigte, einer alten Nürnberger Patricier-Familie entstammend, war der älteste General der Armee, und hier in Baden seit vielen Jahrzehnten — früher in seiner Stellung bei Erzherzog Karl — als treuer Besucher des Kurorts bekannt, und war noch bis vor Kurzem ziemlich rüstig gewesen.

Am 31. Die „Kurliste" Nr. 89 weist 3523 Parteien mit 8713 Personen aus, gegen 3380 Parteien mit 8367 Personen im Vorjahr zur selben Zeit.

————

(Das Stadtarchiv und das städtische Museum) erhielten seit dem letzten Gabenausweise (S. 123) die nachfolgend verzeichneten Gegenstände:

Von Hrn. Oberst Dierzer in Baden: 2 St. französische Assignaten zu 100 Frcs., vom Jahre 1794; 1 St. Wiener Stadt-Bankozettel zu 1 fl., vom Jahre 1800. — Von Fr. Johanna Freiin von Fries: 2 lebensgroße heilige Figuren (Maria und Johannes), ausgeschnitten auf Holz gemalt, aus dem ehemaligen Augustiner-Kloster in Baden. — Von Frau Elisabeth Hecher: „Herrliche Tugend-Beyspihl." Augsburg 1739. — Von Hrn. Sektionsrath Höger aus Wien: 2 interessante kleine Geschütze auf alten Lafetten, vom Jahre 1514. — Von Hrn. Stadtingenieur Hofbauer: 1 römische Bronzemünze (Konstantin d. G.), vom vorigjährigen Schwechater Fund, und 2 kleine Silbermünzen. — Von Hrn. Karl Kurseß: 1 Trommel (von der Badener National-Garde des Jahres 1848); ein Gedicht in Goldrahmen (Abschied

an Franz Graf Palffy, am 11. September 1851); eine Glastafel mit
eingeritzten Versen, von 1796; 2 Druckschriften aus dem vorigen Jahrhundert;
3 kleine Silbermünzen. — Von Hrn. Schauspieler Joseph Mayer: eine
ungarische „Kossuth"-Note zu 5 fl. — Von Hrn. Juwelier Meisel: die zwei
Stempel der durch ihn für das Badener Stadt-Jubiläum von 1880 veranlaßten
kleinen Denkmünze; 20 Stücke verschiedene kleine Silbermünzen und ein
Thalerstück. — Von Hrn. Baumeister Schabner: den Grundriß des Badener
Rathhauses, vom Jahre 1817; eine fossile Schnecke. — Von Hrn. Johann
Schiestl: zwei zinnerne Kannen aus dem vorigen Jahrhundert; ein Aus-
schank-Krügl von 1808; ein Spinnrad von einer Brautausstattung aus dem
vorigen Jahrhundert; zwei alte Gewichte; einen Jeton vom Jahre 1816—1817;
mehrere Bücher, darunter Kalender aus früherer Zeit; eine größere Anzahl Photo-
graphien von bekannten Badener Persönlichkeiten und eine Zusammenstellung
von 6 Bildnissen der im Jahre 1866 hier in Baden einquartiert gewesenen
sächsischen Soldaten verschiedener Waffengattungen. — Von Frau Helene
von Steinbach: 20 Stücke verschiedene Münzen, darunter einige römische aus
Petronell. — Von Hrn. Sattlermeister Truhlarz: 3 kleine Silber- und
4 Kupfermünzen. — Von Sr. Hochwürden Hrn. Joseph Zehengruber,
inful. Prälaten und Domscholaster zu St. Pölten: einen Abdruck der von ihm
am Ostermontage 1880 in der Pfarrkirche zu Gainfahrn gehaltenen Predigt
bei der Sekundizfeier des Hochw. Hrn. Joseph Calasanz Lewisch, Ehren-
domherrn rc. und Beneficiat an der k. k. Hofkirche in Baden. — Von einem
Ungenannten: 5 St. Spitzkugel-Patronen aus der letzten Okkupation Bosniens
(3 österreichische und 2 von bosnischen Insurgenten). — Von Schülerinnen
der Badener Bürgerschule: 10 kleine Silber- und 7 Kupfer-
Münzen, darunter 4 römische.

(Baumfrevel.) Der nächtliche Sturm vom 27. Juli d. J. hat unter
Andern auch den bekannten, an der südöstlichen Seite des „Eichwald"-Hügels
bei Baden seit vielleicht 300 Jahren weithin sichtbar gestandenen großen Baum
(„Aschützen"-Baum oder Speierling, Sorbus domestica) mitten auseinander
gerissen, was aber wol noch lange nicht erfolgt wäre, wenn nicht die Roheit der
jugendlichen Hauerbevölkerung der Umgegend den Untergang dieses schönen, kräftig
dastehenden Baumriesen durch vor einigen Monaten frevelhaft geschehenes Anzünden
und Ausbrennen seines mächtigen Stammes veranlaßt und herbeigeführt hätte.
(So lange in den Schulen nicht in dieser und anderer Beziehung hauptsächlich
auch auf das Gemüth der Jugend eifrig und nachdrücklich eingewirkt
wird, nützt alles Weitere nicht viel, — auch wenn die Orthographie plausibler
wäre, als sie den Kindern in den meisten Schulen Niederösterreichs beigebracht wird,
und die Gesangs- und Vortragsstücke manchmal entsprechender und ge-
wählter erschienen, als man selbe bei irgend einer Schul-Schlußfeier zu hören be-
kommt.) — Haarsträubend ist es aber auch, daß die prächtigen, alten, hochragenden
Weidenbäume hier in der „Wörthgasse" — die mit ihren schönen großen
Formen diesen abgelegenen Theil der Stadt überraschend ländlich machten —
vor Kurzem (man sagt sogar — was übrigens doch kaum glaublich ist — durch
städtische Arbeiter) schmählich zusammengeschnitten worden sind.

Chronik der Vergangenheit.

Chronologische Nachweisungen zur Geschichte Baden's.

XIV. Jahrhundert.

1357 entstehen große Streitigkeiten zwischen den „Eremiten des heil. Augustin" in Baden und den „Mönchen zu Heiligenkreuz" wegen Einfuhr der Weine und Frucht, zu welcher Kaiser Friedrich III. den Ersteren die Bewilligung ertheilt hatte.

> Vgl. Leber, a. a. O., S. 108 — nach den Aufzeichnungen aus Schönfeld's „Urkunden-Kompilation." (Ueber die Letzteren s. Leber, S. IX und X.)

1357, 25. Oktober, verkauft Bruder Niclas der Fuchs und „lesmaister St. Augustin-Ordens" dem Konvente zu Baden 14 Schilling und 4 Pfennig „Gültes Wiener Münz", gelegen zu Baden „an der Neustifft" auf 4 behausten Holden.

> Vgl. Leber, a. a. O., S. 154, Nr. 24. — (Das Original dieser Urkunde auf Pergament — mit zerbrochenem geistlichen Siegel, und mit den Siegeln Friedrichs von Ehrensbach und Wernhart's von Techenstein's befindet sich im Badener Stadtarchiv.)

1358, 19. März, verkauft Albert der Hutter von Baden zu Wien („Wienne") der Abtei Heiligenkreuz Gülten auf verschiedenen Gütern zu Baden („gelegen ze Paden auf Weingarten an dem Griesze daselbens ze Paden in dem Markcht.")

> Vgl. J. R. Weis, II, 240, CCXXVI.

> Desgl. verpfändet Derselbe Herrn Heinrich, dem herzoglichen Kellerschreiber, für ein Darlehen von 180 Pfund Pfenning verschiedene Gülten zu Baden („gelegen daselbens ze Paden und umb Paden.")

> Vgl. J. R. Weis, II. 241, CCXXVII.

1359, 21. Mai, schlägt Herzog Rudolph IV. die 450 Pfund Wiener Pfennige, welche er Jansen dem Turs von Rauheneck schuldet, auf den Satz zu Weikersdorf. (K. k. geheim. Haus- und Hof-Archiv.)

> Vgl. Lichnowsky, „Geschichte des Hauses Habsburg," Bd. IV, (Wien 1839), Regest-Nr. 47.

1359, 30. Oktober, verkauft Heinrich, weiland des Herzogs Albrecht Kellerschreiber, zu Wien, Herrn Friedrich von Walsee 13 Pfund weniger 6 Pfennig Gülten zu Baden. — (J. R. Weis, a. a. O., II, 249, CCXXXIII. — Vgl. daselbst S. 232 und 241.)

1360 stirbt zu B a b e n der Oberstjägermeister von Oesterreich, F r i e d r i ch
    v o n T h r e u s b a ch, dessen Grabstein von rothen Marmor (nach
    L e b e r, a. a. O., S. 241, erst 70 Jahre später) in der Kirche des
    Augustiner = Klosters zu B a b e n aufgestellt worden ist.
        Vgl. L e b e r, a. a. O., S. 109 und S. 307. (T a f e l VII bringt eine
    A b b i l d u n g dieses schönen Grabsteines.) [1])

1360, 24. Ottober, verlaufen zu Wien („Wienne") Friedrich und
Heinrich von Walfee der Abtei Heiligenkreuz 13 Pfund und
12½ Pfenning jährliche Gülten von bestifteten Holden zu Baden.

> Vgl. J. R. Weis, a. a. O., II, 255—259, CCXXXVIII. — (Diese Urkunde
> gewährt — mit Anführung vieler Namen — einen besonders weiten Einblick in die
> damaligen Besitzverhältnisse zu Baden.)

1367, überläßt die Abtei Heiligenkreuz ihren Hof sammt Mühle
und Weingarten zu Baden (f. S. 62, 1268) an Elbelein dem
Bindschlegel und seine Hausfrau Anna zu Leibgeding, mit der
Verpflichtung: „die wür (Wehre) von der Mulbruche (Mühlbrücke)
unz hinab an unser vrowen steg, als ietzund get, pezzern."

> Vgl. J. R. Weis, II. 278, CCLIV.

1369, 29. April entsagt Jans der Velber gegen Zahlung von 10 Pfund
Pfenning allen seinen Ansprüchen „umb den Hof und umb der Mül
zu Paden" zu Gunsten der Abtei Heiligenkreuz.

> Vgl. J. R. Weis, II, 288, CCLXII.

1373, 30. November, schenkt Heinrich der Steiner („Heinrich
der Stayner") von Ebersdorf, mit Einverständniß seiner Hausfrau
„Kathreyn", dem Augustiner-Konvent zu Baden ½ Pfund
Wiener Pfenning von dem Gute in dem Wörth zu Baden zur
Stiftung eines Jahrtages für sich und seine Hausfrau „mit einer gesungen
vigily und des morgens dar nach mit ein gesungen sel mezz und mit
vier gesprochen. mezz und mit vier priuenden stechkirtzen."

> Vgl. Leber, a. a. O., S. 155, Nr. 29. — (Die Original-Urkunde
> auf Pergament — mit dem zerbrochenen Siegel des Ausstellers und mit dem
> Siegel des Zeugen „Haug (Hugo) der Goritzer" — befindet sich im Badener
> Stadtarchiv.)

1375, verkauft Friedrich von Walfee seine Besitzungen zu Baden an
den Abt Koloman I. von Heiligenkreuz.

> Vgl. „Kirchl. Topogr.", IV, S. 55.

1375, 29. September, schenkt „Christan der thechenstainer" dem
Augustiner-Konvent zu Baden „die weit in dem griezz",
damit sie für ihn und seine Vorfahren beten.

> Vgl. Leber, a. a. O., S. 156, Nr. 30. — (Das Original der Urkunde auf
> Pergament — mit einem unkenntlichen Siegel (ein zweites fehlt) — befindet sich
> im Badener Stadtarchiv).

Seiten von einem Ringe ausgehende Kettenglieder) trägt. Oberhalb zwei reichzimierte (zum
alten Kolbenturniere gehörige) Helme. „Die stark geschlitzten Helmbecken — sagt Leber,
a. a. O., S. 109. —, die neuere Form der Stoßtartschen, vor allem die schweren Kolben-
turnierehelme belehren den Kenner gar bald, daß dieser Grabstein nicht für gleichzeitig
gelten kann." — Die früher unrichtig gelesene Inschrift des (über sechs Fuß langen und
über drei Fuß breiten) Grabsteines lautet nach Leber (S. 241):

Anno doi (domini) m. ccc. lr. | Obiit. strenus (strenuus) ac | nobilis.
miles. dns (dominus) | Frideric⁹ (cus) crewspech | dict⁹. (tus) der.
latsar. (lantsarer) hic sep. (sepultus).

9*

1378, 20. Februar, verkauft Thoman (Jordans fun") von Leesdorf
   („Lestorf") der Abtei Heiligenkreuz einige Weingärten bei Leesdorf
   („unfer weingart fetz, die do haizzet der Raifal acker", u. f. w.)
   <small>Vgl. I. R. Weis, II, 319. CCLXXXV.</small>

1379, 20. Juli, verkaufen „Ulreich Rigelpekch und Anna, feine
   Hausfrau, und „Fridreich der Chekch" und Anna, feine Hausfrau, des vorgenanten Ulrich Schwester, dem Augustiner-Konvent
   zu Baden 4½ Joch, unter dem „Kirchbüchel" zu Baden gelegene
   Aecker, um 4 Pfund Wiener Pfennig.
   <small>Vgl. Leber, a. a. O., S. 156, Nr. 31. — (Das Original diefer Urkunde
   auf Pergament, — mit den Siegeln „Ulrici Rigelpe(ch). Fridrici Chech de Rar
   (Rohr?), und (Wo)lfkangi (Po)lnhai(mi) — befindet fich im Badener Stadtarchiv.)</small>

1384, 14. Mai, erscheint auf einer Heiligenkreuzer-Urkunde „Herr
   Eberhardt der Gundrestorfer die zeit pharrer ze
   Paden" als Zeuge. — (S. Seite 135).
   <small>Vgl. I. R. Weis, II, 186, CCCX.</small>

1385, 27. März, verkaufen „Chunrad der Heutling" zu Baden
   und Margaret, feine Hausfrau, dem Augustiner-Konvent zu
   Baden 6 Schilling gelegen auf feinem Hofe auf der Freiung
   und feinem Weingarten, um 6 Pfund Pfennig Wiener Münz.
   <small>Vgl. Leber, a. a. O., S. 157, Nr. 35. — (Das Original der Urkunde
   auf Pergament — mit dem zerbrochenen Siegel des Zeugen Hugo Goritzer
   — befindet fich im Badener Stadtarchiv.)</small>

1399, 17. Januar, stellen „Michel," der Richter zu Baden („ze Paden")
   und feine Hausfrau Agnes der Abtei Heiligenkreuz einen Revers aus
   in Betreff der von ihnen zu Burgrecht befeffenen, der letzteren dienstbaren
   Mühle zu Baden („gelegen ze Paden und haißt die Druckmühl").
   <small>Vgl. I. R. Weis, II, 396. CCCXXXVIII. — (S. auch Seite 63 d. Bl.)</small>

Die Badener Pfarrer feit dem XIII. Jahrhundert.
(Siehe Seite 71, 87, 135 und 152.)

18. — 1529—1544. Sigmund Steinhaufer. Nach der „Kirchl. Topogr."
IV, 83, foll Sigmund Steinhaufer schon 1529 Pfarrer von Baden
gewesen fein — zu welcher Zeit er fich vor den Türken (die Baden in
diesem Jahre das erste Mal heimsuchten und zerstörten) durch die Flucht
gerettet haben foll. Erst im Jahre 1537 aber wird feiner bestimmt erwähnt,
und zwar in einer (in Philibert Hueber's „Austria ex archivis Mellicensibus illustrata", pag. 170 angeführten) Urkunde, mit welcher zu Baden
am Tage S. Thomae des Apostels derselbe erklärt, er habe mit dem Möller
Abt ein Haus in Baden gegen ein anderes vertauscht, und „den Edlen und
Vessten Greweth (Gerwich) Auer von Herrnkirchen" gebeten,
„daß er fein Insigl auch hieran gehangen". (Letzteres Siegel ist daselbst
auf Tafel XXXIV, Nr. 1, abgebildet.) — Bezüglich jenes Haustausches
berichtet weitläufiger (aber nicht ganz klarstellend) Keiblinger, a. a. O.,

II. Bd., 1. Abth., S. 762. — (Zu dieser Zeit wurde auch, weil troß k. Befehl [Wien, 9. Junius 1530] an den Prälaten von Möll — als Patronatsherrn — : den Pfarrer zu Baden mit seinen Kirchendienern zu erhalten und die Kirche einzudecken, dieß immer verschoben und alles Erforderliche mit Hülfe der Güter der Zechen und Beneficien geleistet worden war, der Getreidezehent von Sooß sammt dem Getreidezehent von Baden, die vorher an Möll geleistet wurden, mit der Pfarre Baden inkorporiert. Auch ertheilte — mit „Willbrief" vom 4. Junius 1537 — der Offizial des Passauer Bisthums als Lehensherr dem Rath von Baden die Bewilligung, eine Anzahl verlassener Brandstätten, Aecker und Weingärten, sowie einige Beneficien zur Wiederherstellung der anderen zu verkaufen. Vgl. „Kirchl. Topogr., IV, 85"). — Am 6. Februar 1544 unterfertigte Pfarrer Steinhauser das Einlage- und Dienstbüchel der Pfarre Baden (vgl. Möller-Archiv zu Wien, scr. 56, Fasc. 6), wahrscheinlich behufs der Pfarr-Uebergabe an seinen Nachfolger; denn im Jahre 1544 kommt Steinhauser bereits als oberster Kaplan der St. Salvatorkirche in Wien vor. (Vgl. Bergenstamm's „Ursprung und Geschichte der Kirche St. Salvator". Wien 1812, S. 36.) Nach letzterer Quelle starb Steinhauser im Jahre 1559.

Zur Badener Familien-Chronik.

I. Die Familie Rollett. [1]

Die nachweisbar älteste der noch jetzt (und zwar in drei Zweigen des ursprünglich in Italien wurzelnden Stammes) hier ansäßigen, mehr hervorgetretenen Badener Familien ist die Familie Rollett. [2]) Bereits vor 1650 kam ein Träger dieses Namens, Anselm R., aus Savoyen nach Oesterreich, welcher — wie die Familien-Tradition berichtet — im Orient (wahrscheinlich als Handelsmann) gereist war und der, nachdem er sich im Weichbild Baden's ansäßig gemacht, zwei Söhne hinterließ: Anselm und (muthmaßlich) Sigismund. Der ältere dieser zwei Brüder (es erhielt früher der erste Sohn immer den

---

[1]) Das Voranstellen der Familie des Verfassers dieser Blätter hat selbstverständlich hier nur einen chronologischen Grund.

[2]) In früherer Zeit: Rollet. Das zweite t wurde, mit absichtlicher Festhaltung, erst später — besonders im Anfang unseres Jahrhunderts — durch den Vater des Verfassers, den vielbekannten Arzt Anton Franz R., dem Namen angefügt, welcher damit das französische Aussprechen des Namens verhindern wollte, was die den Badeort besuchenden Fremden häufig thaten. — (Die Familie und der Name derselben hängt vielleicht mit dem im Schweizer-Canton Waadt am Genfersee gelegenen Orte Rolle zusammen; wenigstens wäre das — nebst der Namens-Beziehung — auch ein guter Mittelpunkt für die Thatsache, daß Träger des Familien-Namens Rollet einerseits in Turin (ein Afrika-Reisender, um die Mitte unseres Jahrhunderts) und andererseits in Lothringen sich finden. (Der im Treffen bei Rohatin gebliebene kais. österr. Hauptmann Franz von Potier, geb. am 24. Febr. 1727 zu Lavigneville (Meuse, Canton de Vignelles) war der Sohn des Nicolas de Potier und seiner Gattin Elisabeth, geborenen de Rollet. — Ein Bailly du Rollet war um 1770 Attaché der königl. französ. Gesandtschaft zu Wien, welcher „ein feiner Musikkenner" war und für den berühmten Tonmeister

Taufnamen des Vaters: Anselm) blieb in Baden und wurde auf dem Hause in der Gutenbrunner Schloßgasse Nr. 4 (alt Nr. 29), welches jetzt noch sich im Besitz der Familie befindet, Rothgerber; der jüngere Sigismund (?), gieng nach Wien, wo er sich als Kaufmann niederließ.[1]

Der Rothgerber Anselm R. hatte zu Gutenbrunn einen wohl-bestellten Hausstand gegründet, fand aber daselbst — bei der Zerstörung und Verwüstung Baden's und der Umgebung durch die Türken im Jahre 1683 — ein tragisches Ende. Im Vertrauen auf seine, während früher als Jüngling mit seinem Vater im Orient gemachten Reisen erworbenen Kenntniß der türkischen Sprache, war er beim Eindringen der Osmanen in Baden — indeß die übrigen Familien-Glieder sich geflüchtet hatten — allein (nach einer andern Version mit einer Tochter, die sich von ihm nicht trennen wollte) zurückgeblieben. Als die Türken Miene machten, ihn trotz seiner Sprachkenntniß nicht zu schonen, vertheidigte er sich heldenhaft, hieb eine Anzahl am Thor nieder, erlag aber dann einer neu hinzugekommenen Schaar. Die nach dem Abzug der Türkenhorden Zurückgekehrten fanden ihn mit Wunden bedeckt, vor der Werkstätte liegen, wo er auch begraben worden ist. (Nach einer abweichenden Version der Familien-Tradition hat Anselm R. beim Herannahen der zweiten Schaar sich in einem — noch vorhandenen — finsteren kleinen Raum der Werkstätte verborgen, wo er aber durch das Bellen seines unglücklicherweise mit-hineingelaufenen treuen Hundes (der ebenfalls erschlagen gefunden wurde) ver-rathen und niedergemacht worden war, und woselbst er auch begraben worden ist. — Vgl.: Dr. Karl Rollett „Baden in Oesterreich", Wien 1838, S. 18. Daselbst ist auch angeführt, daß sich diese von Kind zu Kind fort-gepflanzte Familiensage vollkommen bestätigte, als man im Jahre 1803 bei einer Veränderung der Werkstätte die Knochenreste des hingeschlachteten Ahns vorfand, von welchen der vordere Theil des Schädels an Ort und Stelle eingemauert wurde.) — Sein Sohn Anselm R. ließ — zum Andenken an die traurige Begebenheit — im Jahre darauf (1684) auf eine kleine sechs-edige Glastafel, auf welche Blut des Ermordeten gespritzt war, mit

---

Gluck das Libretto der „Iphigenie en Aulide" (1774) schrieb. (Vgl. Wurzbach, „Biogr. Lexikon des Kaiserthums Oesterreich," Wien 1859, 5. Th., S. 223 und 226. — Desgl.: Augsb. „Allgem. Ztg.", 11. Oktober 1866, Beilage). — Auch soll in Paris in den 30er Jahren des laufenden Jahrh. ein französischer General, Namens Rollet, als Verfasser von militärischen Werken, gelebt haben; so und um die Mitte unseres Jahrhunderts lebte daselbst ein sehr geschickter Kupferstecher, Namens Rollet, von welchem mehrere große Stiche bekannt geworden sind; ebenso ein Arzt M. Rollet, welcher sich durch verschiedene medi-cinische Schriften, z. B. besonders über die Cholera, bekannt gemacht hat. — Nach diesen Anhaltspunkten dürften vielleicht, außer dem österreichisch=deutschen, ein italienisch= savoyisches und ein französisch=lothringisches Geschlecht der Familie Rollet anzunehmen sein.

[1] Ein Nachkomme desselben — den Namen Sigismund führend — erscheint, wie früher sein Vater, in den ersten Jahrzehnten des XVIII. Jahrh. wiederholt als Tauf-pathe im Stammhause zu Gutenbrunn bei Baden, mit der Bezeichnung „bürgl. Handelsmann in Wien." (Vgl. z. B.: Taufbuch der Pfarre Baden, 2. Febr. 1721.) Dieser Zweig der Familie ist aber bereits ausgestorben.

Benützung der Blutstelle einen t ü r k i s c h e n R e i t e r malen und dieselbe in ein Fenster seines großen Gassenzimmers einsetzen, von wo sie erst in den 20er Jahren unseres Jahrhunderts in's Museum des später anzuführenden Nachkommen: A n t o n F r a n z R's. kam, in welchem (jetzt durch Schenkung Eigenthum der Stadtgemeinde B a d e n) es sich noch gegenwärtig als denkwürdige F a m i l i e n - R e l i q u i e befindet.[1]

---

[1] Der Verfasser der vorliegenden Blätter hat das ganze Ereigniß bereits im Anfang der 40er Jahre, in poetischer Gestaltung, in Verse gebracht (vgl. „Ausgewählte Gedichte" von H e r m a n n R o l l e t t, Leipzig 1865, S. 334), die auch — zusammen mit der interessanten Glastafel — im städtischen M u s e u m z u B a d e n in Handschrift eingerahmt sind und also lauten:

Das blutige Fenster. 1683.

Die Türken lagen zum letztenmal
Vor W i e n im flammenden Streite,
Da streiften sie brausend durch Berg und Thal,
Durch grüne wogende Weite.

Flugs kam ein jagender Türkenschwarm
Nach B a d e n in's Städtlein gezogen,
Wo klingend dem Fels, wie liebewarm,
Entströmen des Heilquells Wogen.

Der Roßschweif wallte, die Fackel flog,
Geschleudert von raubenden Händen,
Und wo der Haufe durch's Städtlein zog,
Gab's Brennen und Morden und Schänden.

Wol floh vor den Frevlern das schönste Kind,
Das jetzt sie im Städtlein erblickten;
Mit frechem Gejauchz' doch, wie der Wind,
Viel Pfeile sie nach ihr schickten.

Das Mägdlein aber — es rettet sich noch,
Verbirgt sich im Vaterhause; —
Der Schwarm verfolgt sie; vor'm wilden Gepoch'
Bricht's Thor mit Gekrach' und Gesause.

Doch hinter dem brechenden Thor da steht
Mit scharfem, wuchtigem Schwerte
Des Mägdleins Vater beherzt und geht
Auf die Schaar, die wild sich wehrte.

Und sieh'! als ob's durch ein Wunder wär' —
Bald steht er inmitten von Leichen,
Und wieder sinkt Einer, getroffen schwer
Von seinen sausenden Streichen.

Nur Einer noch lebt; doch sieh' — der entweicht,
Indeß' sich der Held an der Pforte
Wol Blut und Schweiß aus dem Antlitz streicht,
Begrüßt von staunendem Worte.

Nicht lang' doch währt es — da jagt an's Haus,
Ein neuer Schwarm mit Gebrause, —
Da war's wol bald mit dem Helden aus,
Bald lag er erschlagen im Hause.

Des Hingemordeten Sohn, **A n s e l m R.**, war geboren im väterlichen Hause zu **G u t e n b r u n n** im Jahre 1646, wurde gleichfalls Rothgerber und war vermält mit einer **M a r i a S u s a n n a S a r a.** Im Jahre 1698 (vgl. Tauf-Protokoll der Pfarre Baden vom 25. Oktober 1698) und in den folgenden Jahren war er **R i c h t e r z u G u t e n b r u n n** [1]), und im Jahre 1702, am 11 Juni, wurde er begraben. (Vgl.: „Sterbbuch" ꝛc. der Pfarre Baden, aus welchem — sowie aus verschiedenen Familien-Aufzeichnungen — auch die folgenden Daten entnommen sind.)

Sie schnitten ihm ab das blutende Haupt —
Sein Kind wollt' schützend es wehren —,
Da lag auch des Mägdleins liebliches Haupt
Im Blute, trotz Bitten und Zähren.

Die Mörder zeigten die Häupter in Wuth
Durch's Fenster den wilden Genossen,
Und sieh'! von den Häuptern ist's warme Blut
An's Glas des Fensters geflossen.

Die Fensterscheibe die ward so roth
Vom niedertropfenden Blute;
Und also blieb es — der Todesnoth
Zum Denkmal und kühnem Muthe.

Ein türkischer Reiter ward gemalt
Auf die blutig schimmernde Scheibe,
Auf daß die Unthat der Frevel-Gewalt
In steter Erinnerung bleibe. —

Und wenn von dem Manne, voll Muth und Ehr',
Ihr mehr noch erfahren wollet —:
Er kam einst aus **S a v o y e n** daher,
Und nannte sich **A n s e l m R o l l e t.**

Das war ein Bürger mit wackerem Blut,
Seine Freud' war Schaffen und Singen,
Er trug im Herzen gar treuen Muth —
D'rum konnt' er auch das vollbringen.

Sein Sohn der hat's seinem Sohn erzählt,
Und der Sohn seinem Sohne wieder;
Das war **m e i n V a t e r**, der mir's erzählt, —
Ich schrieb es in Reimen nieder.

Ich hab' es mit Augen, von Thränen benetzt,
In diesem Liede gesungen, —
Die blutige Scheibe besteht noch jetzt —
Hat oft schon schmerzlich geklungen!

[1]) Vgl. „G e m e i n - B u c h d e r H e r r s c h a f t G u e t t e n b r u n n nechst der Landts-fürstlichen Statt Baaden in Viertl Unter Wienner Waldt gelegen, von Jahr 1700", Fol. 2. (Manuskript-Band im B a d e n e r S t a d t a r c h i v.)

Sein ältester Sohn **Anselm Joseph R.** wurde am 18. Sept. 1689 getauft. [1]) Er widmete sich ebenfalls dem Gewerbe des Vaters, und bereits im Jahr 1711 kommt er im Gutenbrunner „Gemein-Buch" (Fol. 7) als „Geschworener" vor. Am 6. Okt. 1715 vermälte er sich mit **Anna Maria**, der Tochter des angesehenen Badener Färbermeisters **Lorenz Stierbeck** (geb. 1695, gest. 1755). Im Jahre 1731, am 24. April, wurde er zum **Richter** von **Gutenbrunn** gewählt (s. „Gemein-Buch", Fol. 20, wo er selbst sich **Anselmo Joseph** schreibt), und am 12. Juli 1754 ist er gestorben. — (Derselbe war ein sehr angesehener, wohlhabender Mann, und das Stammhaus der Familie wurde durch ihn in den 30er Jahren des XVIII. Jahrhunderts — besonders auch in den Lokalitäten des Rothgerber-Gewerbes — in verhältnißmäßig großem Maßstabe erweitert und mit einem Stockwerk ganz hübsch hergestellt. Auch ließ er einen Trakt bauen, welcher den langen Hof in zwei Theile trennte, unten mit einer Durchfahrt und im ersten Stockwerk mit einem saalartigen großen Zimmer ausgestattet, welches heute noch besteht und am schön verzierten Plafond das in Stuckarbeit ausgeführte Monogramm seines Namens in großen Zügen zeigt. Heute noch erzählt man in der Familie, mit welcher Lust das Festmahl in diesem Saale nach Vollendung des Baues abgehalten wurde, bei welcher Feier alle Familienglieder versammelt waren. — Der Aufbau des Traktes gegen die Gutenbrunner Hauptstraße zu, mit dem Einfahrtsthor, welcher in früherer Zeit nur ein Erdgeschoß gewesen, erfolgte erst später. [2]) — Die Erben des **Anselm Joseph R.** machten an der Badener Pfarrkirche eine **Stiftung** von 130 fl., daß zum Andenken an ihre verstorbenen Eltern alle Quatember eine Seelenmesse auf ewig gelesen werde. (Vgl. „Gedenckbuch bey der Statt Baaden" ec., Fol. 60—61, d. d. 17. Sept. 1756.)

Anselm Joseph R. hinterließ, nebst mehreren Töchtern, drei Söhne: **Franz Joseph, Lorenz** und **Joseph Ferdinand**, und diese wurden die Begründer und Fortpflanzer der drei noch gegenwärtig hier in **Baden** bestehenden Zweige des Stammes, nämlich des **Rothgerber-Zweiges**, des **Müller-Zweiges** und des **ärztlich-wissenschaftlichen Zweiges**.

Franz Joseph R., der Fortpflanzer des **Rothgerber-Zweiges** der Familie war geboren am 12. Januar 1723; er übernahm das Geschäft seines Vaters und vermälte sich zuerst am 19. Mai 1755 mit **Anna**

---

[1]) Dieser war jedoch nur der älteste **lebende** Sohn; denn in einem „Kapular" der Pfarre Baden von 1677—1683 (der ältesten schriftlichen Nachweisung daselbst) heißt es in den nachträglich eingefügten, auf die Jahre 1683 (vom November an) bis 1685 bezüglichen Notizen, unterm 12. November 1684: „Baptizatus est Sigismundus Rol (soll jedenfalls **Rollet** heißen); parens: **Anselmus Rol(let)**; mater: **Sara Rollin**" (**Rolletin**).

[2]) Das **Stammhaus** der Familie **Rollett** in seiner ursprünglichen Gestalt zeigt sich auf dem Kupferstich in **Vischer's** „Topographie" vom Jahre 1672, welcher den alten „Posthof bey Baaden" (das später [1783] neugebaute **Schloß Gutenbrunn**) darstellt. Das schon im Gutenbrunner „Freibrief" von 1642 als **Lebererhaus** vorkommende Stammhaus der Familie R. ist auf diesem Bilde das niedere Doppelgebäude mit zwei Giebeln, ganz rechts am Rande.

Elisabetha Maurer aus Wien, und nach dem Tode derselben mit
Johanna Geyer (geb. 1737, gest. 1821). Im Jahre 1767 am 6. August
wurde er als Richter der Orts-Gemeinde Gutenbrunn gewählt. (Vgl.
„Gemein-Buch", Fol. 23). Am 13. Jänner 1774 ward derselbe — nachdem
im Jahre vorher die Herrschaft Gutenbrunn gerichtlich sequestriert
worden — durch das Landmarschall-Gericht zum Sequester bestimmt.
(Vgl. ebenda, Fol. 25.) Er war ein für seine Zeit sehr aufgeklärter Gewerbsmann und verdienstvoller Gemeindevorsteher, und er starb im Jahre 1790. —
Sein Sohn Franz, geboren 1776, übernahm das Geschäft im Jahre 1803,
vermälte sich zuerst mit Rosina Mechtler (geb. 1779, gest. 1810) und
dann mit Theresia Neidhart (geb. 1784, gest. 1868) und starb, nach
lebendiger Thätigkeit, im Jahre 1856. Sein und seiner Gattin Bildniß aus
früherer Zeit sind im Hause. — Der Nachfolger desselben im Besitze des
Stammhauses und Geschäftes war sein 1810 geborner Sohn Franz, welcher
viele Jahre hindurch Verwalter der später mit Baden vereinigten Katastralgemeinde Gutenbrunn und Mitglied des Ausschusses der Stadtgemeinde
Baden gewesen, und welcher noch gegenwärtig das Haus und das (1879 auf
10 Jahre von ihm verpachtete) Rothgerber-Gewerbe besitzt. Er ist jetzt der Aelteste
der Familie in allen ihren Zweigen. (Hoffentlich widmet sich einer seiner Söhne,
deren erster und dritter das durch zwei Jahrhunderte von der Familie betriebene
Gewerbe erlernte, noch einmal dem Geschäfte, damit das so lang und verdienstvoll von derselben Besessene, sammt den in Leid und Freud' wacker bestandenen
Stammhaus, nicht schon in berechenbarer Zeit in andere Hände gelangt.)
Lorenz N., der Begründer des Müller-Zweiges der Familie,
war geboren im Jahre 1725, er erlernte das Müller-Handwerk, erwarb die
noch jetzt als solche bestehende „Rollett-Mühle" in Leesdorf (jetzt zu Baden
gehörig), vermälte sich mit Maria Schilauf, Bürgerstochter aus Baden
(gest. 1790), und starb als wohlhabender Mann im Jahre 1778. Sein
Bildniß — ein größeres in Oel gemaltes Hüftbild — befindet sich, nebst
anderen Bildnissen von Gliedern dieses Zweiges, im Wohngebäude der Mühle.
— Der älteste Sohn desselben, Lorenz N, war geboren am 5. Juli 1751;
derselbe erlernte ebenfalls das Müllerhandwerk und folgte — während andere
Söhne und Nachkommen Müller in Altenmarkt, Waltersdorf,
Traiskirchen wurden, deren Familien aber bereits ausgestorben sind —
seinem Vater im Besitz der Mühle, vermälte sich mit Anna Kempf aus
Traiskirchen und er starb im Jahre 1811. An der Außenseite der Badener
Pfarrkirche ist sein Denkstein angebracht. — Desselben Sohn, Joseph N.,
der sich mit Anna Zeiner (geb. 1783) verheirathet hatte, besaß das Geschäft
nur ganz kurze Zeit, da er schon 1812 starb. — Sein Denkstein befindet sich
ebenfalls an der Außenseite der Pfarrkirche. — Der Sohn desselben Joseph N.,
geb. 1812, führte das Geschäft seit dem 1862 erfolgten Tode seines Stiefvaters
Huppmann, und übernahm es, sammt dem Hause und den Grundstücken, nach
dem Tode seiner Mutter im Jahre 1867. Derselbe führt das Geschäft — neuerlich
erweitert und als „Kunstmühle" eingerichtet — mit seinen Söhnen noch
gegenwärtig rührig fort.

Des alten **Lorenz R.** zweiter Sohn, **Franz Seraph R.** (später **Quodvultdeus**), war geboren am 12. September 1757 auf der Mühle zu **Leesdorf.** (Den **Taufschein** desselben, ausgestellt am 31. Oft. 1773, vom Badener Stadtpfarrer **Ignaz von Fröhlichsburg,** hat der Mittheiler dieser Nachweisungen — nebst anderen Familien-Dokumenten — dem Badener Stadtarchiv einverleibt.) Nach den biographischen Notizen einer Familien-Aufzeichnung über ihn, besuchte er die Schule zu **Baden,** und zusammen mit seinem älteren Bruder erlernte er von einem Pater **Kajetan,** der damals Organist im Badener Augustiner-Konvent war, die Anfangsgründe des Lateinischen. Im Jahre 1767 kamen die zwei Brüder nach **Wiener-Neustadt,** wo sie die ersten zwei Schulen studierten; dann kamen sie nach **Wien,** wo sie wiederum zwei Jahre zusammen studierten, worauf der Aeltere sich dem väterlichen Gewerbe zuwandte, der Jüngere aber fortstudierte und 1775 zu **Wien** in den **Augustiner-Orden** auf der **Landstraße** trat. Von da kam er sogleich in das Noviziat nach **Bruck an der Leitha,** und nach zurückgelegtem Probejahr nach **Graz,** wo er bis nach Vollendung seines 24sten Lebensjahres blieb. Sodann kam er in den Konvent nach **Baden,** wo er am 28. November 1781 sein erstes Meßopfer celebrirte. (Die Abschrift seines Testamentes, welches er nach den Ordensregeln bei dieser Gelegenheit machen mußte, ist im Manuskript-Band der Augustiner-Urkunden des Badener Stadtarchivs, S. 295, enthalten, sowie der bezügliche Stiftbrief auf S. 301.) Bald mußte aber der nun den Klosternamen Quodvultdeus führende in's Konventhaus nach **Wien** und ein halbes Jahr darauf nach **Lockenhaus** in Ungarn, sowie kurze Zeit darauf nach **Fürstenfeld** in Steiermark, woselbst er als Seelsorger und Katechet volle zehn Jahre blieb. Auf Ansuchen der Augustiner in **Baden** und auf dringenden Wunsch seiner Verwandten kam er im Jahre 1793 als Seelsorger an die Stadtpfarre zu **Baden,** wo er — unter drei Pfarrern —, einmal auch als **Administrator,** bis zu seinem am 20. August 1811 erfolgten Tode rühmlichst wirkte. In der bekannten, mehrere, zum Theil schon angeführte Denkmale der Familie **Rollett** weisenden Ecke neben dem Hauptportale der Badener Stadtpfarr-Kirche, rechts, befindet sich dieses würdigen Priesters **Grabdenkmal** mit dem wohlgetroffenen Brustbild desselben als vergoldetes **Basrelief-Medaillon;** und welcher Beliebtheit sich der Verewigte erfreute, beweist die Inschrift des ganz hübsch ausgeführten Denkmals:

> DEM RASTLOS THÄTIGEN PRIESTER,
> DEM UNVERGESSLICHEN FREUNDE,
> WEIHEN DANKBAR BÜRGER UND BRÜDER
> DIESES DENKMAL.

Joseph Ferdinand R., der jüngste Sohn des **Anselm Joseph R.,** war geboren im Jahre 1735. Es erlernte derselbe gleichfalls das von seinem Vater im Stammhause der Familie betriebene **Rothgerber-Handwerk** und ließ sich im Jahre 1759 in **Hainburg** an der Donau nieder, in welchem Jahre er sich auch mit **Barbara Tröls** (geb. 1740, gest. 1830) — Tochter des Besitzers der sogenannten „Lederer-Mühle" (jetzt „gemalte Mühle") in

Baden — vermälte. Später siedelte er, nach einem Aufenthalt in Preßburg, wieder nach Baden über, wo er seit 1780 mit seiner Gattin das
Haus Nr. 67 in der Neugasse (alt Nr. 559, „zur Flucht in Aegypten")
besaß, und wo er — nach manchen Schicksalsschlägen — im Jahre 1800 starb.
— Von seinen 13 Kindern war nur das jüngste am Leben geblieben:
Anton Franz R., geboren am 2. August 1778 zu Gutenbrunn, im
Familien-Stammhaus (im Zimmer des ersten Stockwerks am Gange, in
gerader Linie gegenüber vom Einfahrtsthor des Hauses), wo seine Eltern
damals zeitweilig wohnten. Durch diesen Sohn wurde Joseph Ferdinand R.
der Begründer des ärztlich-wissenschaftlichen Zweiges der Familie,
indem sich derselbe mit großem Eifer und Erfolg der ärztlichen und natur-
wissenschaftlichen Laufbahn widmete, die auch von Sohn und Enkel mit
Glück eingeschlagen worden ist. Das noch heute lebendige Andenken an denselben, der durch seine ausgebreitete ärztliche Praxis während eines Zeitraumes
von mehr als 40 Jahren als von Nah und Fern gesuchter, ausgezeichneter
Arzt und durch seine vielfältigen Beziehungen mit bedeutenden Personen, u. s. w.
nicht wenig zur Hebung des Kurorts beitrug, sowie sein noch
bestehendes, 1866—67 von den betreffenden Erben desselben der Stadtgemeinde
Baden geschenktes naturwissenschaftliches und technologisches Museum
sind Zeugen seiner hervorragenden, unvergeßlichen Wirksamkeit, die — viel zu
früh — durch seinen im Jahre 1842 erfolgten Tod beendet worden ist.
Sein Bildniß — ein lebensgroßes Brustbild und meisterhaftes Werk des
berühmten alten Lampi aus dem Jahre 1824 — befindet sich gegenwärtig im
Museum aufgestellt. Eine demselben im Jahre 1871 vom Badener Lehrer-
verein (nicht etwa von der Stadtgemeinde) in der Trinkhalle des
Stadtparks errichtete Gedenktafel bewahrt sein Andenken mit den Worten:

EHRENTAFEL

ZUM GEDÄCHTNISS AN DEN HOCHGESCHÄTZTEN ARZT,

EDLEN MENSCHENFREUND UND VERDIENSTVOLLEN

GRÜNDER DES MUSEUMS IN BADEN,

ANTON ROLLETT,

GEBOREN ZU BADEN AM 2. AUGUST 1778, GESTORBEN DASELBST

AM 19. MÄRZ 1842.

(Ueber des hochverdienten Arztes Anton Franz R. — er schrieb
sich später bloß Anton R. — Leben und Wirken vergl. hauptsächlich:
„Oesterreichische National-Encyklopädie". Wien 1835. IV, 406. — „Neuer
Nekrolog der Deutschen". Weimar 1842. I, 254. — „Blätter für nieder-
österreichische Landeskunde. 1865. S. 131 u. f. „Der alte Rollett". — „Biographisches Lexikon des Kaiserthums Oesterreich" von Dr. Const. v. Wurzbach. Wien 1874. XXVI. Theil, S. 303—305.)

Der älteste Sohn des hochverdienten Arztes Anton Franz R. aus
erster Ehe war der am 14. Juni 1805 geborene und am 9. Mai 1869
als verdienstvoller Badener Stadt- und Badearzt gestorbene Dr. med. Karl
Rollett, dessen Mutter Franziska, eine geborene Steinhauser aus

Baden war, die bereits 1815 starb. (Ueber denselben vgl. „Badener Bote" 1869, Nr. 20. Desgl. Wurzbach, a. a O., S. 308—310). — Von seinen Söhnen ist der älteste Dr. med. Alexander R. (geb. am 14. Juli 1834) Universitätsprofessor der Physiologie in Graz, der sich durch mehrfache wissenschaftliche Arbeiten in seinem Fache bedeutsam bekannt gemacht. (Vgl. Wurzbach, a. a. O., S. 301—303); und der zweite Dr. med. Emil R. (geb. am 11. Dec. 1835), ist renommierter praktischer Arzt und Universitäts-Dozent zu Wien, von welchem ebenfalls mehrere wissenschaftliche Abhandlungen erschienen. (Vgl. Wurzbach, a. a. O., S. 305—308.) —

Der älteste Sohn Anton Franz R's. aus zweiter Ehe — mit Josepha, geb. Anger aus Horn (geb. 1794, gest. 1874) — ist Dr. philos. Hermann R. (der am 20. August 1819 geborene Verfasser der vorliegenden Blätter), über dessen Leben und Streben in schriftstellerischer und politischer Beziehung die meisten Encyklopädien und Konversations-Lexika, u. s. w. entsprechende Auskunft geben: Al. Brockhaus, Meyer, Pierer, Spamer, von welchen biogr. Quellen hier nur noch die folgenden be-sonders genannt seien: O. L. B. Wolff's „Encyklopädie der deutschen National-Literatur" (Supplement-Band). Leipzig 1847. — Günther's „Zeitgenossen", Jena 1849. (Mit Bildniß.) — Meyer's „Bibliothek der deutschen Classiker". 277 Bändchen. — Schütze's „Deutschlands Dichter und Schriftsteller". Berlin 1862. — Kurz' „Geschichte der deutschen Literatur". Leipzig 1868, 4. Bd., S. 222—223. — Brümmer's „Deutsches Dichter-Lexikon". Eichstätt und Stuttgart 1877, 2. Bd., S. 222—224. — Wurzbach's „Biographisches Lexikon" ꝛc., XXVIII. Th., S. 370—372, Wien 1874 u. s. w. [1])

Eine umfassende Uebersicht der sämmtlichen Glieder der Badener Familie Rollett bis Anfang des XIX. Jahrhunderts giebt ein mit nicht geringem Fleiß von Anton Franz R. im Jahre 1800 ausgeführter, nachträglich theilweise ergänzter großer Stammbaum, welcher von demselben in zwei weiteren Exemplaren auch für die anderen Zweige der Familie angefertigt worden ist. Es weist dieser auch mit trefflichen Silhouetten ausgestattete Stammbaum zugleich das angebliche Wappen der Badener Familie R. („Arma Rollet cavata dalli veri libri antichi di Antonio Bonacina in Milano"): auf einfachem Schild ein hinter einem Baume schreitender Löwe.

Nach diesem, jetzt ebenfalls im „Städtischen Rollett-Museum" zu Baden befindlichen Stammbaum sei hier — mit Berichtigungen und Ergänzungen nach den Pfarrbüchern —, der Uebersichtlichkeit wegen, auch die folgende, nur die Hauptglieder weisende Stammtafel der in Baden ansäßigen Familie zusammengestellt.

---

[1]) Die Biographie in letzterem Werke ist jedoch nur ein kurzer Auszug aus der ursprünglichen, für das Lexikon geschriebenen ausführlichen, schon gedruckt gewesenen, aber durch eigenthümliche Umstände zuletzt zurückgezogenen Arbeit Wurzbach's. (Die eingehende Schilderung der betreffenden Umstände, sowie die vollständige Biographie selbst, mit ergänzenden Nachweisungen, enthält eine 1874 erschienene Publikation: „Her-mann Rollett. Biographische Skizze." X. und 16 S., 8°. Druck von Karl Fromme in Wien.)

Stammtafel der Familie Rollett.

(„Ex Italia".) — [1])

Anselm.
Vor 1650 aus Savoyen nach Baden gekommen.

Anselm.
Rothgerber in Gutenbrunn.
† 1683, ermordet von den Türken.

Sigismund. (?)
Kaufmann in Wien.

Sigismund.
Kaufmann in Wien.
gest. nach 1721.

Anselm.
Rothgerber in Gutenbrunn.
geb. 1646, gest. 1702.
Maria Susanna Sara.
gest. 1717.

Anselm Joseph.
Rothgerber in Gutenbrunn.
geb. 1689, gest. 1754.
Anna Maria Stierbed.
geb. 1696, gest. 1755.

Franz Joseph.
Rothgerber in Gutenbrunn,
geb. 1723, gest. 1790.
1. Anna Elisabeth Maurer, verm. 1755.
2. Johanna Geyer, geb. 1737, gest. 1821.

Lorenz.
Müller in Leesdorf,
geb. 1725, gest. 1778.
Maria Schilauf,
gest. 1790.

Joseph Ferdinand.
Rothgerber in Hainburg und Presburg,
geb. 1735, gest. 1800.
Barbara Tröls,
geb. 1740, gest. 1830.

Franz.
Rothgerber in Gutenbrunn,
geb. 1776, gest. 1856.
1. Rosina Mechler, geb. 1779, gest. 1810.
2. Theresia Reidhart, geb. 1784, gest. 1868.

Lorenz.
Müller in Leesdorf,
geb. 1751, † 1811.
Anna Kempf.

Franz.
Müller in Leesdorf,
geb. 1751, † 1812.
Anna Zeiner,
geb. 1783, † 1867.

Franz Seraph.
(Quodvultdeus.) Zuerst Augustiner-Mönch, dann Curat-Beneficiais d. Stadtpfarre zu Baden.
geb. 1757, † 1811.

Anton Franz.
Arzt in Gutenbrunn,
geb. 1778, gest. 1842.
1. Franciska Steinhauser, geb. 1782, gest. 1815.
2. Josepha Anger, geb. 1794, gest. 1874.

Franz.
Rothgerber in Gutenbrunn,
geb. 1810.

Joseph.
Müller in Leesdorf,
geb. 1812.

1. Karl.
Dr. med. in Baden,
geb. 1805, † 1869.
1. Marie Tillmet, geb. 1811, † 1839.
2. Josephine Trost, geb. 1816.

2. Hermann.
Dr. philos. in Baden,
geb. 1819.

---

1. Alexander.
Dr. med. u. Professor in Graz,
geb. 1834.

1. Emil.
Dr. med. u. Docent in Wien,
geb. 1835.

---

[1]) So steht es auf der Wurzel des im Jahre 1860 von Anton Franz Rollett angefertigten Stammbaumes.

Badener Memorabilien.

VIII. Baden's zweimalige Zerstörung durch die Türken.

1. Die Türken 1529 in Baden.

Die Osmanen rückten unter Sultan Soliman II. — welcher (von dem zum König von Ungarn gewählten siebenbürgischen Woiwoden Johann von Zapolya gegen Ferdinand I. aufgehetzt) am 10. April 1529 von Konstantinopel mit einem Heere von 300.000 Mann aufgebrochen war — in Eilmärschen durch Ungarn gegen Wien. Dem Heere voraus zogen beiläufig 30.000 Tartaren und andere Schaaren, die — während der Sultan Wien (bis zum Oktober) belagerte —, unter Anführung des Renegaten Michael Oglu, das flache Land Unterösterreichs verheerten. Eine dieser Schaaren warf sich, im September auch auf unser Baden, woselbst man die 1480, nach der Erhebung des Ortes zur Stadt, erweiterten und neuentstandenen Schutzwerke, durch einen inzwischen erduldeten zweiten Einbruch der wilden Schaaren des Ungarkönigs Mathias Corvinus im Jahre 1484, größtentheils bereits wieder eingebüßt hatte, und wo man sich eben erst nach und nach wieder zu erholen begann.

Ueber die Zerstörung Baden's während dieser ersten Türken-Invasion sind sehr wenige nähere Nachrichten vorhanden, da die Archivalien der Stadt bei den späteren Stürmen, die über Baden brausten, leider fast alle vernichtet worden sind.

Für die nähere Bestimmung des Zeitpunktes ist die Notiz von Wichtigkeit daß „dem Pächter des Schloßes Rauhenstein (welches damals „Christoph der alt Küttenfelder" besaß), Sebastian Vogel, am 7. September 1529 bei annahender Türkengefahr gestattet wird, 50 fl. zu verbauen". (Vgl. „Neues Archiv für Geschichte" ꝛc., S. 16.)

Die Stadt Baden — wie sie in dem hochinteressanten Ansichtsbilde Dreieder's vom Jahre 1482 (1486) erscheint (s. Seite 116) — wurde damals jedenfalls ganz verwüstet: das landesfürstliche Schloß, das Rathhaus, die Pfarrkirche, das Augustiner-Kloster, die Bäder und die meisten Häuser wurden zerstört. „Der Pfarrer Sigmund Steinhauser" — sagt die „Kirchl. Topogr." IV., S. 83 — „rettete sich durch die Flucht, und mußte bei seiner Rückkehr das Elend der durch den Brand zerstörten Gebäude mit ansehen." Die Kirche konnte — trotz Befehls von 1530 an das Patronat derselben — längere Zeit nicht hergestellt werden, weil der Patron, der Abt von Mölk, selbst äußerst bedrängt war." (Vgl. auch ebenda, S. 85.) — Im „Visitations-Berichte, welchen 1544 die vom Landesfürsten zur Untersuchung des Zustandes aller Pfarren angeordnete Kommission erstattete, heißt es S. 375 u. f.: „Der Rath von Baden machte die Vorstellung, daß viele Brandstätten noch unberührt, und viele Aecker und Weingärten öde und verlassen stünden," u. s. w. (Vgl. „Kirchl. Topogr.", IV, 85.)

Am 7. Februar 1531 erhielt die Stadt Baden die zwei „Wildbäder" — (das jetzige „Frauen- und Karolinen-Bad") von Kaiser Ferdinand I.

zum Geschenk, weil — wie der Wortlaut der Urkunde es ausspricht — „wir
gnädiglichen angesehen und bedacht haben den merklichen schaden Nachthail
und verderben so unnßer Statt Baden in Österreich und unsere Burger
daselbst gemainigklich im verschinnen 1529 Jahr vom Türcken alß er
unser Ertzhertzogthumb Österreich überzogen und die Stadt Wienn belegert hat, durch prunnßt und in andere weeg an Leib und Guettern erlitten."
(Vgl. „Das Frauen- und Karolinenbad zu Baden bei Wien nach der Neuherstellung 1876—1878." — Baden 1878, S. 6—7, wo der Wortlaut
der Urkunde mitgetheilt ist.)

Am 21. Juli 1533 verlieh Kaiser Ferdinand I. dem Badener
Augustiner-Konvent einen Konfirmationsbrief ihrer Privilegien, Freiheiten
und Rechte, nachdem „Prior und Konvent eine demüthige Vorstellung überreicht
hatten, wie ihnen der kaiserliche Schutz- und Schirmbrief vom genannten
Monarchen zu Wien am 24. März 1528 gnädiglich gegeben, von den Türken
bei der jüngst vorgefallenen Belagerung der Stadt Wien, wobei auch Baden
„ausgeprennt und verwüst" worden, als sie denselben Brief zu Handen
gebracht hätten, zerschnitten und vernichtet worden wäre, daher sie unter-
thäniglich um die Ausfertigung eines neuen bäten. (Vgl. Leber, a. a. O.,
S. 159. — Der Wortlaut des Konfirmationsbriefes [der im Original bei
der „Gaminger Berghofs-Verwaltung" vorhanden war, durch Entlehnen
jedoch leider verloren gegangen ist] findet sich im Manuskript-Band der
Augustiner-Urkunden des Badener Stadtarchivs: A, Fol. 1.)

In der Urkunde, vom 3. Juli 1543, mit welcher Ferdinand I. die
Burg Baden — die damals dem Hans Preusser als Pfleger übertragen
gewesen, der aber zur Wiederherstellung der Gebäude, so wie es bedungen
war, nichts unternahm — in ihrem Mauerwerk, dem Kammeramte der Stadt
Baden schenkte, (vgl. „Kirchl. Topogr.", IV, S. 57) heißt es „ . . . So
haben Wir gnädiglichen angesehen gemelter Unser Burgerschafft unterthänig
Anlangen und Bitten, und ihnen demnach aus erzählten und andern Ursachen,
sonderlich der gefährlichen Leuf, so sich des Türken halben, je länger je
beschwerlicher gegen Unseren Landen und Leutten auch ganzer gemainer
Christenhait erzaigen", u. s. w. (Vgl. „Berichte und Mittheilungen des
Alterthumsvereines zu Wien", III [1859]; S. 64.)

Ein interessantes Andenken an die traurige Zeit
der Türken-Invasion von 1529 ist uns für Baden
in dem S. 49 dieser Blätter beschriebenen Stadt-
Siegel (Nr. 2) bewahrt, von welchem auch im Stadtarchiv ein alter Abdruck vorhanden ist, und dessen getreue
Abbildung aus dem Besitz des Wiener „Alterthumsvereines" durch freundliche Vermittlung des verdienstvollen Vereins-Sekretärs Dr. Karl Lind hier, zum
Schluß dieser Daten über die Türken in Baden
im Jahre 1529, nachträglich mitgetheilt wird.

Chronik der Gegenwart.

Die Pensionsfrage der städtischen Beamten und Diener.

Aus Anlaß des speciellen Falles des bevorstehenden Zurücktretens eines städtischen Beamten, nämlich des kränklichen Kammeramts-Buchhalters Johann Mayer, welcher eine Reihe von Jahren hindurch in dieser Stellung — und, in seiner Art, mit Genauigkeit und Emsigkeit — thätig war, tritt die Frage der Pensionierung der städt. Beamten und Diener Baden's, und zwar eine feste und zweckmäßige Bestimmung verlangend, nachgerade entschieden auf.

Es soll im Augenblick bezüglich dieser nicht unwichtigen Angelegenheit im Gemeinde-Ausschusse der Antrag gestellt werden und Aussicht zur Annahme haben, den scheidenden ältlichen Beamten mit so und so viel hundert Gulden jährlich zu pensionieren, wodurch in folgenschwerer Weise das die Gemeinde arg belastende Princip der Pensionierung, als neue Einführung, vorläufig ausgesprochen werden würde. In der Stadtgemeinde Baden bestand eben bis jetzt für die städt. Beamten und Diener kein Pensions-Normale. Es wurden bisher nur Abfindungen, Remunerationen und Gnadengehalte oder Sustentations-Beiträge gewährt. Durch diesen Vorgang ist die Gemeinde allerdings nicht nur oft ganz unvorhergesehen belastet worden, sondern es war auch — ohne alle Regel — alles dem jedesmaligen Belieben und auch dem, manchmal mit einer einzigen Stimme entscheidenden Zufall der Abstimmungen anheimgegeben.

Schon vor bald einem Jahrzehent ist aber diese Frage auch ganz ernstlich, und vielleicht — nach den Verhältnissen der Gemeinde — in einzig richtiger Art, in's Auge gefaßt worden, wurde jedoch leider unverantwortlich verschleppt und endlich der Vergessenheit überliefert.

Ein kurzer Rückblick darauf wird die Thatsache erweisen.

In dem eingehenden, vom Komité zur Prüfung der Finanzlage u. s. w. der Stadtgemeinde Baden am 29. Juli 1872 erstatteten Bericht (s. „Badener Bote" 1872, Nr. 33) lautet der dritte der bei dieser Gelegenheit gestellten Anträge: „Es werde die Erhöhung der Besoldung und Löhnungen der städt. Beamten und Diener nach den in der Beilage F vorgeschlagenen Beträgen bewilligt, wobei für die Beamten eine 5percentige (20 Jahre für jeden Einzelnen geltende) Quinquennal-Zulage und eine aus den Bezügen der Beamten und Diener zu leistende Einzahlung in eine Pensions-Kasse in Aussicht zu nehmen ist, worüber eine besondere Beschlußfassung des Ausschusses vorbehalten bleibt."

Und dieser Standpunkt des damaligen Komité's (dessen Berichterstatter der Verfasser dieser Darlegung war) dürfte, nach den hier in der Gemeinde bestehenden Verhältnissen, wol auch heute noch der entsprechendste sein: Bedachtnahme auch auf die Zukunft der zurücktretenden städt. Beamten und Diener, jedoch ohne besondere neue Belastung der ohnedem so sehr in Anspruch genommenen Steuerträger.

Unbegreiflicherweise wurde aber — wie gesagt — dieser Punkt ganz aus dem Auge verloren und blieb, zum Nachtheil nach allen Seiten, vergessen und unausgeführt; ja, noch mehr: als der Verfasser des Vorliegenden bei Gelegenheit des gemeindlichen Rechnungs-Revisionsberichtes im Jahre 1875 (zu welcher Zeit derselbe noch, als Bürgermeister-Stellvertreter, der Gemeinde-Repräsentanz angehörte) den Versuch machen wollte, die Sache neuerdings anzuregen und — mit einem schriftlichen Antrag in der Hand — bereits im Begriffe war, sich in der Gemeindeausschuß-Sitzung zum Wort zu melden, wurde er noch im letzten Augenblick verhindert, es zu thun; und auch eine im Laufe der letzten Jahre (während welcher sogar neuerliche Gehaltserhöhungen stattfanden) an maßgebender Stelle mündlich versuchte Anregung in dieser Angelegenheit, blieb ohne Folge, so daß nun die gegenwärtige Situation vorhanden ist, die bei rechtzeitiger richtiger Beschlußfassung gänzlich vermieden worden wäre.

Hoffentlich wird nun diese Frage doch noch, nach reiflicher Erwägung, in der angeregten Weise zur Austragung gebracht werden.

Den städt. Beamten und Dienern wird freilich die Modalität der Pensionierung aus dem Gemeindesäckel, begreiflicherweise, lieber und willkommener sein; aber der unbefangene Standpunkt gebietet denselben, auch so gerecht zu sein, zuzugeben, daß in solchen Dingen keine einseitige Betrachtung stattfinden kann, daß man — mit Erreichung des gleichen Zieles — nicht bloß das Interesse Einzelner, sondern ebenso das der Gesammtheit unbedingt in's Auge zu fassen hat.

Das Aeußerste wäre, eine von nun an erfolgende Einzahlung in eine Pensions-Kasse — durch das städtische Kammeramt.

Badener Tages-Chronik.
September 1880.

Am 1. Begräbniß-Zug des am 30. v. M. hier verstorbenen Feldmarschall-Lieutenants Georg Freiherrn Kreß von Kressenstein (s. S. 163 d. Bl.) durch die Stadt, wobei — nebst den Veteranen — die hier anwesende Generalität sehr zahlreich vertreten war, jedoch auffallender Weise die Subaltern-Officiere gänzlich fehlten. Die Leiche wurde nach Krafthof bei Nürnberg überführt. (Vgl. Nekrolog in der „Wiener Zeitung" 1880, Nr. 204).

Am 4. Koncert des Klavier-Virtuosen Alfred Grünfeld, im Saale des Hôtel „Stadt Wien".

Am 5.—8. Freischießen der Badener Schützengesellschaft.

Am 7. Theater-Vorstellung zum Besten des Badener Spitalbau-Fondes: „Der Teufel auf Erden". Phantastisch-burleske Operette in 4 Akten von E. Juin und J. Hopp. Musik von Franz v. Suppé.

Am 8. Von der Section Baden des „Oesterr. Touristen-Club" abgehaltene Tombola auf dem Pfarrplatz, zum Besten des auf der „Albrechtshöhe" („Großer Lindkogel" „Eisernes Thor") zu erbauenden Schutzhauses. — Es war dieses lebhaft und erfolgreich durchgeführte Tombolaspiel das erste große öffentliche in Niederösterreich.

Am 15. Kurkommissions-Sitzung. (Es wurde dießmal auffallender Weise kein Bericht über diese Sitzung mitgetheilt.)

Am 16. Sitzung des Badener Bezirksschulrathes im Rathhaussaale.

Am 16.—17. Nächtliche Ausfahrt der freiw. Feuerwehr zu einem großen Brande in München dorf.

Am 17. Aufführung der Operette „Donna Juanita" im Stadt theater, zum Vortheile des Badener Armen-Institutes.

Am 18. Erste Aufführung der Posse mit Gesang in 4 Akten von Ludwig Held, Musik von Karl Millöcker: „Die Näherin", in der Arena.

Am 21. Sitzung des Gemeinde-Ausschusses. Haupt-Verhandlungs-Gegenstände: Beschluß, durch den städt. Ingenieur ein Projekt nebst Kostenüberschlag für Ueberdeckung des Mühlbachs am Josephsplatz und in der Neustift gasse ausarbeiten zu lassen. — Beschluß, der Kurkommission über deren Ansuchen die jährliche Zahlung von 200 fl. für das seinerzeit demolierte Park häuschen zu erlassen, wogegen der neben der Gärtnerwohnung im Stadtpark durch die Kurkommission erbaute Stall in's Gemeinde-Eigenthum überzugehen hat. — Beschluß, die weggeschwemmte Brücke bei der „Cholera-Kapelle" um den Betrag von 1000 fl. herstellen zu lassen. — Beschluß, die Ufermauer am Schwechat bach beim Blatternspital um den Betrag von 900 fl. wiederherstellen, sowie das Rathhausbach um den Betrag von 320 fl. umdecken zu lassen.

Am 29. Besuch des Königs von Griechenland mit Familie in der Weilburg. — Die „Kurliste" Nr. 99 weist 3746 Parteien mit 9089 Personen aus.

(**Das Stadtarchiv und das städtische Museum**) erhielten seit dem letzten Gabenausweise (S. 163) die nachfolgenden zahlreichen und werthvollen Gegenstände. Von Frau von **Braunendal** aus Wien: einen altgebundenen Manuskript-Band in Quartformat, von 378 S., „Recreations Mathematiques de Monseigneur l'archiduc Joseph", geschrieben vom Lehrer des nachmaligen Kaisers Joseph II. Brequin (Oberst im Genie-Corps, gest. 1785), und aus welchem der Erzherzog die mathematische Wissenschaft erlernte; einen Blumenstrauß von einem Sträfling zu Komorn künstlich aus Brod angefertigt; 7 Stück Silbermünzen, darunter ein Thalerstück von Erzherzog Leopold, aus dem Jahre 1632, ein Guldenstück von den sächsischen Fürsten Christian, Johann Georg und August, aus dem Jahre 1598, und ein böhmischer Groschen aus dem XV. Jahrhundert, von Wladislaw II.; ein fossiles Strahlthier. — Von Hrn. Hofrath Ladislaus von **Markovics**: Denkmünzen: Zu Ehren des ungarischen Gelehrten Kovacsics, vom Jahre 1813. Auf das 50jähr. Priester-Jubiläum des Erzbischofs Bartalovics von Kalocsa in Ungarn, vom J. 1865. Große Medaille zur Erinnerung an die Londoner Weltausstellung im Jahre 1862. Kleine Denkmünze auf die Schlacht Blücher's an der Katzbach, im Jahre 1813. — Verschiedene Münzen: 7 St. römische Kaisermünzen, aus Kupfer. 14 St. ältere türkische Silbermünzen. 10 St. verschiedene kleine Silbermünzen. 26 Stück verschiedene Kupfermünzen. — Von Hrn. Gustav **Perger**: Bücher: „Wegweiser durch Europa", von Levinus Hulsius. Zu Cöllen, Anno 1625. — „Die malerischen und romantischen Donau länder", von Eduard Duller. Leipzig 1840. Mit 60 Stahlstichen. — „Baden und seine Umgebungen", von Theodor Gettinger. Wien 1851. XII u. 265 S., m. 8.

Urkunden u. s. w.: Gedruckte und geschriebene Documente von Schwadorf und Fischamend, aus den Jahren 1563, 1566, 1576, 1595, 1597,
1659, 1663, 1670, 1720 und 1732, sämmtlich mit aufgedruckten Siegeln. —
Hofkriegsraths-Schreiben aus Wien vom 23. Dec. 1733, mit der eigenhändigen
Unterschrift des Prinzen Eugen von Savoyen, nebst Beilage. — 13 Original-
Briefe von Kindern der Kaiserin Maria Theresia, und zwar einer von
Erzherzog Leopold (nachmaligem Kaiser) vom 5. Mai 1752 — seinem
11. Geburtstag —, neun von Erzherzogin Maria Anna und drei von Erzherzogin Elisabeth, sämmtlich ganz eigenhändig, theils deutsch, theils französisch
und italienisch geschrieben. — 5 Plakate aus dem Jahre 1848. — Münzen:
15 Stücke (9 Silber- und 6 Kupfermünzen), darunter ein Thalerstück von der
Kaiserin Maria Theresia, ein Guldenstück vom Jahre 1787, ein Zwanziger
vom Jahre 1765 und ein solcher von 1815; ferner eine Kupfermünze von Kaiser
Konstantius aus dem Schwechater Münzenfunde vom vorigen Jahre. — Von Frln.
Leopoldine Slatin aus Wien: 4 geschmackvoll ausgestattete Tafeln mit kunstreich
ausgeführten Stücken für die Sammlung weiblicher Handarbeiten und
4 Tafeln für die technologische Mustersammlung des Museums. 1. Spitzen
und Seidenstoffe mit farbigen Stickereien; 2. Häkelarbeiten aus
dem Jahre 1880 (darunter Gabelarbeit, Kreuzhäkelstich, Tunesischer Stich u. s. w.);
3. Pointelaise-Arbeiten aus dem Jahre 1880 (Nadelpolster, Cravaten-
Muster, Sacktuch-Ecke u. s. w.); 4. Holbein-Technik, 1880; 5—8. Pariser-
Stoffe (meist von großer Pracht) aus dem Jahre 1880.

(Die „Braiten“) wurde jüngst, als mit der Ortsgemeinde Weikersdorf
vereinigte Kataster-Gemeinde, im neuesten Heft des II. Bandes der verdienstvollen,
mit großer Mühe gearbeiteten „Topographie von Niederösterreich“ des „Vereines
für Landeskunde“ zu Wien, in der alphabetischen Reihe (S. 187) geschichtlich und
topographisch kurz behandelt, und es wurden die dort gegebenen Nachweisungen auch
in Nr. 33 des (fortgesetzt umsichtig redigirten) „Amtsblatt der Bezirkshauptmannschaft in Baden“ in erwünschter Weise nachgedruckt. Wie aber — trotz aller Auf-
wendung von Mühe und Sorgfalt — eben nichts durchaus vollständig herzustellen
ist, so weisen auch jene Daten über diese kurörtlich und räumlich mit
Baden verbundene, (nicht „südwestlich“, sondern südlich von Baden
gelegene) Kataster-Gemeinde wesentliche Lücken. So wird z. B. dort — ver-
muthungsweise — gesagt: „Ein hohes Alter wird man ihm (dem Dorf) kaum
beimessen können.“ Es wäre aber doch hier anzuführen gewesen, daß schon in einer
Urkunde vom 25. Juli 1310 das „Gebrail“ bei Baden vorkommt (vgl.
P. J. N. Weis „Urkunden des Cistercienser-Stiftes Heiligenkreuz“, Wien 1856, II,
27—28, XXXI); ferner verlautet in der Urkunde, mit welcher Kaiser Friedrich III.
im Jahre 1480 Baden zur Stadt erhebt, von „Holden auf der Praiten“
(vgl. S. 111 d. Bl.) — Auch wäre noch anzuführen gewesen, daß im Dorfe Braiten
im vorigen Jahrhundert eine ziemlich beträchtliche Seidenfabrik bestand (vgl.
Weiskern, „Topographie von Niederösterreich“, Wien 1769, I, S. 88), welche aber
längst in ein herrschaftliches Wirtshaus umgewandelt wurde, und wo jetzt noch ein
von Baden aus häufig besuchtes Gasthaus besteht. (Vgl. auch S. 158 d. Bl.)

Chronik der Vergangenheit.

Chronologische Nachweisungen zur Geschichte Baden's.

XV. Jahrhundert.

1402, am Montag nach Pantaleon, besucht Herzog Albrecht IV. die Veste Rauheneck, wo er „den newen Baw" durchgieng, über fünf Stunden verweilte, und von da — gegen Abend — nach Heiligenkreuz zur Jagd ritt.

Vgl. Leber, a. a. O., S. 116 (nach Schönfeld).

1403 besitzt die Veste Rauheneck der Ritter Reinprecht von Walsee, ein Baier, „der hatt' es mit großer Arbeit gewonnen mit seinen Mannen". Er legte am Fuß des Berges das Dörflein Boint an (s. S. 68), und erbaute in der Nähe zwei Warthäuser, welche Tag und Nacht voll „Gewappener" waren. (Unter ihnen befand sich der geschickte Plattner Eusebi, ein italienischer Waffenschmied, der eine Menge von Waffen nach welschen Vorbildern arbeitete, die er aus Triest mitgebracht hatte. Er verstand, das Eisen zu gießen und aus Lehm ganze Formen zu machen. Er wußte so schöne Verzierungen auf das Eisen zu bringen, daß man kaum an arabischen Waffen ähnliche gewahrte, und mehrere seiner Arbeiten wurden lange Zeit im Stifte Heiligenkreuz als Seltenheiten aufbewahrt.")

Vgl. Leber, a. a. O., S. 116 (nach Schönfeld).

1404, 21. April schließen zu Baden die Herzoge Albrecht IV. und Leopold IV. ein Bündniß zu gegenseitiger Hülfe.

Vgl. Kurz, „Oesterreich unter Herzog Albrecht IV." Linz 1830. I. 236.

1406, am 6. Oktober, erläßt Herzog Leopold IV. an „die Burger und an die ganze Gemein zu Baden" den Befehl, ihre Zehentschuldigkeiten an das Kloster Möll ohne Widerrede zu leisten.

Vgl. Keiblinger, „Geschichte des Benediktinerstiftes Melk" 2c., zweite mit Nachträgen und Verbesserungen vermehrte Ausgabe. Wien 1867, S. 467 und 1120, wo es heißt: Da „die Burger und die ganze Gemein zu Baden" sich der Zehententrichtung und der ihnen besonders verhaßten Kellerbeschau zu entziehen suchten. . .

1407, 24. Oktober, erläßt Herzog Leopold IV. ein Dekret gegen „des Techenstainers Leute zu Baden", welche „dessen ungeachtet dieselbe

Widersetzlichkeit hinsichtlich der Zehentverpflichtung und Keller-beschau sich zu erlauben anfiengen"...[1]

Vgl. Keiblinger, a. a. O.; Nachtrag, S. 1120.

1408 wird die Veste Rauhenstein durch den Räuberhauptmann Johann Laun überfallen, der Burgvogt Kuno Tollers ermordet und die Veste fast rein ausgeplündert. („Der Laun trieb sein Wesen so arg, daß ihm Herzog Leopold die Herrschaft Pitten als Pfand übergab, damit er nur aufhöre mit seinem Rauben und Brennen! Das fruchtete aber nichts, „bis sich die Wiener mit einer großen Summe loskauften.")

Vgl. Leber, a. a. O., S. 117 (nach Schönfeld).

1409 wird Ritter Reinprecht von Walsee auf Rauheneck „in geheimer Verbindung mit Bayern betreten", weßhalb Herzog Leopold IV., mit dessen Gegnern es Walsee hielt, den Burggrafen von Mödling, Stickelberg (einen Raubritter) veranlaßte, die Veste Rauheneck zu er-obern, von wo aus derselbe die ganze Gegend in Schrecken setzte. Rauheneck scheint seitdem bis 1463 in landesherrlichem Besitz geblieben zu sein.[2]

Vgl. Leber, a. a. O., S. 117, nach Schönfeld und nach Thomas Ebendorfer's „Chron. Austr." bei Pez, „Script. rer. Austr." II, p. 837.)

1411 schenkt Katharin Puttenrammin, Witib zu Baden, dem Kloster Kl. Mariazell ihr Haus mit Zugehörung, „so gelegen hinter den Munichhof und zunächst dem Haus, welches Micheln, derzeit Richter zu Baden", gehörig gewesen.

Keiblinger's Aufschreibungen.

1412, 3. März, erhält „Christan der Tehenstainer" zu Wien vom Mölker-Abt Johann Wellebrunner „den Weinzehent und Getreidezehent — großen und kleinen — unter Rauheneck, an dem flachen Hort (Hart) zu Weikersdorf und im Dörflein (nächst Baden)" zu Lehen.

Vgl. Mölker „Lehen-Protokoll" aus dem XIV. und XV. Jahrhundert, im Archiv des Mölkerhofes zu Wien.

---

[1] Der Tehensteiner war ein zu Baden begüterter Ritter aus der Gegend von Wiener-Neustadt, von welchem der Weingarten: „der Tehenstainer" den Namen behielt (Vgl. S. 101 d. Bl.)

[2] In dieser Zeit der schrecklichen Wirniß durch die langen und blutigen Streitigkeiten und Kämpfe der Herzoge Ernst und Leopold (bezüglich der Vormundschaft über den Herzog Albrecht V.) — während welcher Zeit sich viele Räuberbanden bildeten — soll die schöne Tochter des als Anhänger des Herzogs Ernst ermordeten Friedrich von Walsee (dessen Bruder Reinprecht die Veste Rauheneck besaß) durch besonders muth-volles Benehmen hervorgetreten sein. — Vgl. „Das Räubermädchen von Baden in der Teufelsmühle am Wienerberge", in „Vaterländische Immortellen aus dem Gebiete der österreichischen Geschichte", verfaßt und herausgegeben von Anton Ziegler. Wien 1838, Nr. 190. Mit Abbildung. — (In Baden selbst galt eine — jetzt durch die Wasser-leitungsbauten nicht mehr zugängliche Höhle am Kalvarienberge, hinter dem Hause Nr. 10 (alt Nr. 200) in der „Bergstraße" als der Schauplatz eines Ereignisses mit dem „Räubermädchen von Baden", welches sich daselbst muthig vertheidigt habe, dann aber durch vor der Höhle angezündetes Holz umgekommen sei. Später will man daselbst ihre Gebeine und im Felsboden eine eiserne Thür gefunden haben. — An der Straßenseite des Hauses ist eine ganz hübsche neuere Steinfigur des „Räubermädchens" in einer Nische angebracht.)

Die Badener Pfarrer seit dem XIII. Jahrhundert.

(Siehe Seite 71, 87, 135, 152 und 168.)

19. — 1544—1546. **Innocenz Wunsam.** In Speier geboren und Profeß-Priester von Möll, übernahm Innocenz Wunsam die Pfarre Baden wahrscheinlich in der zweiten Hälfte des Jahres 1544. (In demselben Jahre wurde auch der „Kommissions-Bericht" über den Zustand der Pfarre Baden in Folge der Reformations-Bewegung aufgenommen, und nach demselben befand sich damals daselbst, nebst dem Pfarrer, ein [protestantischer] Prädikant.)

Vgl. „Kirchl. Topogr." IV., 81. — Wunsam wurde 1546 als Abt nach Klein-Mariazell und am 21. März 1552 als Abt nach Möll postuliert, wo er am 15. Nov. 1554 starb. (Vgl. Keiblinger, a. a. O., I, 759, und Möller Archiv zu Wien, ser. 56, Fasc. 2.)

20. — 1549?—1555. **Martin Gieringer.** Im Jahre 1548 ob. 1549 wahrscheinlich dürfte Martin Gieringer, ein Weltpriester, nach Baden gekommen und zuerst Prediger im Kloster (bei den Augustinern) gewesen sein, worauf er von der Stadt Baden als Pfarrer aufgenommen wurde. Am 12. Sept. 1555 fand unter ihm die von Ferdinand I. und dem Passauer Bischof angeordnete Pfarrvisitation statt. (Aufzeichnungen des Abtes Helferstorfer, A., S. 32 ff.)

21. — 1559. **Peter Rollmann.** Mit vorstehender Jahreszahl wird derselbe in der „Kirchl. Topogr." (IV, 86) als verheiratheter Pfarrer zu Baden angeführt, welcher daher der erste lutherische daselbst gewesen wäre, den man kennt. Sonst ist von ihm nirgends eine Erwähnung zu finden. (Vgl. S. 136 d. Bl.)

22. — Um 1570. **Melchior Schrecksmell.** Ist in der „Kirchl. Topogr." (IV, 86) als verheiratheter „Pastor der Badener Pfarre" angeführt, der im Jahre 1573 zu Leesdorf sich ein Haus kaufte, jedoch später wieder zum Katholicismus zurückgetreten zu sein scheint. (Vgl. S. 136 d. Bl.) — Raupach erwähnt in seinem „Protestantischen Oesterreich", II. Bd., Suppl. S. 71, eines Mag. Georg Schrecksmell als ersten aus Württemberg nach Oesterreich berufenen Pastor, und sagt: er sei im Jahre 1572 von dem Grafen Sigmund Hardegg auf eine diesem zugehörige Pfarre in der Nähe von Wien versetzt worden. Ob er mit dem Melchior identisch (vielleicht Melchior Georg Schr.) oder verwandt ist, bleibt bis jetzt unerwiesen. — Es scheint derselbe noch im Jahre 1579 gelebt zu haben; denn am 23. März 1579 empfiehlt Wolf Christoph, Herr von Enzersdorf im langen Thale, dem Schotten-Abt Johann Schrettl in Wien einen gewissen Mathias Kharner (gebürtig von Baden und daselbst durch 16 Jahre Caplan) als Pfarrer auf die Pfarre Eggendorf im Thale und beruft sich hiebei auf ein dem genannten Kharner von Melchior Schrecksmell, als ehemaligen Pfarrer zu Baden, ausgestelltes Zeugniß. (Vgl. Schotten-Archiv, Scr. 36, Fasc. 32.)

23. — 1573. **Ludwig Schaner,** Beneficiat und Prediger zu Baden; wahrscheinlich katholisch. Die „Kirchl. Topogr." (IV, 307) erwähnt

10*

seiner und sagt: „Laut kirchlichem Visitations-Buch vom Jahre 1544 ist er in diesem Jahre Pfarrer zu Tribuswinkel und Beneficiat zu Baden." (Wahrscheinlich beneficium Scti. Udalrici, denn laut „Berichte und Mitth. des Alterthumsvereines zu Wien", III. Bd., S. 70 u. f., erscheint er als Caplan zu St. Ulrich in der Pfarrkirche zu Baden (vgl. „Kirchl. Topogr." IV, S. 85) vor 1574 und besitzt als solcher 2 Joch Aecker „hinter den Pfaff Stadln" und dient davon jährlich 20 den. in den „Herzoghof". Ein altes Urbar des letzteren bezeichnet ihn als Prediger in Baden. Dieses muß geraume Zeit vor 1574 gewesen sein, da in diesem Jahre bei Anlage eines neuen Urbars der Besitzer der angeführten Grundstücke nicht mehr eruiert werden konnte. Als Caplan von St. Ulrich besaß er auch ein Haus, welches 28 Pfennige in den „Herzoghof" diente. (Vgl. „Berichte und Mittheilungen des Alterthumsvereines zu Wien", III. Bd., S. 70 u. f.)

Zur Badener Häuser-Chronik.[1]

I. Das Rathhaus.[2]

Das älteste Rathhaus Baden's scheint — nach dem erst in neuester Zeit uns durch Dreier's hochwichtiges Ansichtsbild der Stadt aus dem Jahre 1482 (1486) gewordenen Aufschluß (siehe S. 116 d. Bl.) — nicht an der Stelle des gegenwärtig bestehenden, sondern, wie jenes gewiß genau gezeichnete Bild augenscheinlich zeigt, etwas weiter nordwestlich — etwa an der Stelle, wo man in der jetzigen „Beethovengasse" zum Drescher'schen Durchhause kommt, gestanden zu sein. Es dürfte das Gebäude durch die Türken im Jahre 1529 bis auf den Grund zerstört worden sein, und merkwürdigerweise heißt — diese Annahme bekräftigend — noch heute der daselbst gelegene rückwärtige Gartentheil des Hauses in der Renngasse Nr. 7: „die Brandstatt".

Dieses älteste Badener Rathhaus, wie es auf Dreier's Ansichtsbild erscheint, war ein — an einem viereckigen Platz, mit Pranger in der Mitte, gelegener — länglich-viereckiger Bau, mit einem vorspringenden Mitteltheil an der gegen Süden gerichteten Haupt-Façade, mit einem stark erhöhten Erdgeschoß, zu welchem — an beiden Seiten des Risalits —

---

[1] Um eine vollständige „Häuser-Chronik" Baden's zusammenzustellen, bedarf es noch umständlicher specieller Vorarbeiten, die hauptsächlich in der Durchforschung alter Gewährbücher und Gewähr-Schriftstücke — soweit sie aus den Bränden und Zerstörungen der Jahrhunderte gerettet wurden — bestehen, da wenige andere Anhaltspunkte aus früheren Zeiten geboten sind. Vorläufig muß man sich hier auf einzelne Häuser und auf einzelne Daten über dieselben beschränken, wobei vorzüglich auch diejenigen Gebäude in Betracht gezogen werden sollen, die entweder ganz verschwunden sind, oder die eine gänzliche Umwandlung erfuhren.

[2] Das Badener Rathhaus — seit 1829: „Hauptplatz" Nr. 1 (früher 1798 „Platz", Nr. 47; 1805: „Stadtviertel", Nr. 49; 1812: „Stadtplatz", Nr. 49; 1816: „Platz", Nr. 1) diente im Jahre 1574 zum Herzoghof 4 ß den. (gehörte ehedem „gen Lehenstain".) — Im Jahre 1746 war es zum „Hellhammerhof" dienstpflichtig, bei welchem Grundbuch es verblieb.

gemauerte Freitreppen, mit Stufen rechts und links, emporführten, mit einem weiter schmucklosen Stockwerk, mit hohem Dach, und mit rechts aus dem letzteren in drei Absätzen aufsteigenden, in eine Spitze auslaufenden Thurm.

Nach 1529 wurde dann, aller Wahrscheinlichkeit nach, der Platz für das Rathhaus gewählt, auf welchem es sich gegenwärtig befindet. Der mit einem Eckthurm ausgestattet gewesene Bau jedoch, welcher bei dem großen Brande im Jahre 1812 zerstört worden ist, dürfte in den Haupttheilen aus dem ersten Viertel des XVIII. Jahrhunderts zu datieren sein, indem dieses Rathhaus sowol 1683 durch die Türken, als 1714 durch den bedeutenden Brand so großen Schaden gelitten hat, daß es zu jenen Zeiten jedesmal zum großen Theil auch im Mauerwerk neuhergestellt sein mußte. — Im Rathsprotokoll vom 26. Februar 1714 ist der Beschluß verzeichnet, daß die Wiederherstellung des Rathhauses in Angriff zu nehmen sei. — Am ärgsten scheint aber der Brand im Jahre 1812 gewüthet zu haben. In der „Darstellung des Brandes in Baden am 26. Juli 1812" (Wien 1812) heißt es S. 43 über das Rathhaus: „Hier sind bloß die vorderen Mauern erhalten; der Thurm stürzte ein".

Von dem Rathhausgebäude, wie es bis 1812 bestand, und von welchem es in Schent's „Taschenbuch" (1805) S. 45 heißt, daß es „ein sehr altes unregelmäßiges Gebäude" ist, findet sich sowol der Grundriß (Nr. 55 der Sammlung von alten Badener Plänen), als auch eine in Farben ausgeführte Ansicht (in einem ganz guten scheibenartig auf Holz gemalten, von der Badener „Schützengesellschaft" gespendeten größeren Bild mit dem Prospekt des Hauptplatzes aus dem Jahre 1806) im Stadtarchiv aufbewahrt. [1]

Der alle Theile des Gebäudes darstellende Grundriß (angefertigt im Anfang des Jahrhunderts vom Stadt-Baumeister Anton Hantl) zeigt im Erdgeschoß, an der Ecke gegen den Hauptplatz hin, das vorspringende halbe Viereck des im Quadrat angelegten Thurmes, an welchen sich ein größeres Eckzimmer und rechts — in der Hauptfronte — drei Gewölb-Räume, dann das Thor mit der zum nicht gar großen Hof führenden Einfahrt, und dann noch zwei Gewölbs-Räume (sämmtliche Verkaufs-Gewölbe als Vorbau) anreihen, während sich links gegen die Rathhaus-gasse eine Reihe von acht kleineren Gemächern an das Eckzimmer anschließt, mit einem niederen Seitentrakt rückwärts im Hof — gegenüber der Einfahrt, und mit einem kürzeren Erdgeschoß-Vorbau, außen von der Ecke aus, ebenfalls für Verkaufs-Gewölbe. Im ersten Stockwerk schließt sich an das Viereck des Eckthurmes der Saal an, — welcher eine bedeutend größere Ausdehnung hat, als das Eckzimmer zu ebener Erde und im Uebrigen vertheilen sich die Räume, mit wenigen Abweichungen, nach der Anlage des Erdgeschoßes. Sämmtliche Lokalitäten waren gewölbt.

Die Ansicht des einstöckig gewesenen Rathhauses von Außen zeigte sich, in der Art der Zeit dieses Baues, ziemlich stattlich. Der schlanke, einen

---

[1] Auch die Titelseite eines 1812 in Haslinger's Musikalien = Verlag zu Wien erschienenen Musikstückes: „Der Brand in Baden" (wovon sich ein Exemplar im Stadtarchiv befindet) zeigt die genaue Abbildung des früheren Rathhauses, und zwar während des Brandes.

kaif. Doppeladler auf der Spitze tragende T h u r m mit dem Weißblech-Helmdach und mit der Schlag-Uhr in der Höhe, dicht unterhalb des zweiten breiteren Dach-Absatzes, hatte zwar etwas kirchthurmartiges, doch gaben ihm die G i t t e r f e n s t e r im ersten Stock und im Erdgeschoß entschieden den entsprechenden Charakter. In der Fronte gegen den Platz zu befanden sich außerdem drei große Gitterfenster, von welchen das mittlere, ober dem Thor, ein noch größeres, erkermäßig vorgebautes D o p p e l f e n s t e r war. Zwischen dem ersten und zweiten Fenster neben dem Thurm an der Platzseite war in einem länglichen, die Größe der Fenster erreichenden Achteck auf grünem Grund ein kaif. D o p p e l a d l e r gemalt. — Im Erdgeschoß waren die Eingänge zu den fünf in niederem Vorbau gelegenen G e w ö l b e n bogenförmig, gleich dem Thoreingang. — Das Gebäude war gegen den Hauptplatz zu, mit einer breiteren Gesims-Abgrenzung, oben flach und dachlos; weiter rückwärts, gegen die Rathhausgasse zu, ragten aber zwei überquer nebeneinandergestellte G i e b e l-d ä ch e r , mit metallenen Knäufen an den Ecken, empor. Der ganz zierlich geformte Thurm stieg noch etwas höher in die Luft, als derselbe vom Erdboden bis zum Gesimse gieng.

In den Erdgeschoß-Vorbauten des Rathhauses waren — wie er-wähnt — Verkaufs-Läden angebracht, und zwar befanden sich — nach dem „Schematismus" von 1805 — in denselben die folgenden Gewerbsleute: der Kaufmann Anton Bosch, die Seifensieder Braumann und Herbrich, der Greisler David Höfer, der Kässtecher Johann Ott und die Krämerin Magdalena Bauer. An jedem F r e i t a g Vormittags war außerdem im Hof des Rathhauses ein Mehlverlag des Besitzers der alten „Rollett-Mühle" in Leesdorf, Lorenz Rollett, angeschlagen. [1])

Schon vor dem Brand von 1812 scheint man übrigens den Plan gehabt zu haben, d a s R a t h h a u s n e u z u b a u e n , denn in einem kreisämt-lichen Kommissions-Protokolle vom 28. März 1811 (in welchem überhaupt eine ganze Anzahl interessanter Daten über die damals in's Auge gefaßten „Verschönerungen" Baden's enthalten ist) heißt es: „Plan und Ueberschläge zum B a u d e s R a t h h a u s e s und der damit verbundenen C r i m i n a l- A r r e s t e sind bereits im December v. J. der hohen Landesregierung vor-gelegt worden."

Nach der Katastrophe von 1812 erfolgte — nach dem Plan des Wiener Architekten Joseph Kornhäusel — die Ausführung des jetzt bestehenden-zwei Stockwerke hohen, t h u r m l o s e n Neubaues, ausgestattet in der Haupt-Façade mit einem als Risalit vorspringenden von vier großen dorischen Säulen getragenen F r o n t i s p i c e , welches im ersten Stock einen umfänglichen B a l k o n bildet und oben im Dreieck des Giebels eine (seit 1873 allnächtlich beleuchtete) S ch l a g u h r hat.

Der Stadt-Baumeister Anton Hantl sagt, in seinen im Stadtarchiv aufbewahrten eigenhändigen Aufzeichnungen, über den R a t h h a u s-B a u:

[1]) Nach des Hofkammerraths Anton Graf Gaisruck „Beschreibung" und „Bericht" vom Jahre 1746 trug das Rathhaus 137 fl. Z i n s.

„1814 bis 1815 ist das Rathhaus von Grund aus neu von mir auf-
gebaut worden." [1]

Am 15. Juni 1815 legte der getreueste Freund Baden's, Erzherzog
Anton, den von Abt Nikolaus von Heiligenkreuz eingeweihten Grund-
stein zum Rathhausbau. [2]

In einer der Beschreibungen Baden's aus der Zeit vor der Mitte
unseres Jahrhunderts heißt es bezüglich des Rathhauses: „Nebst dem seiner
Bestimmung entsprechend geschmückten Magistrats-Sitzungssaale
(im ersten Stock), den Kanzleien u. s. w., enthält es die Wohnung des
Syndikus und einiger Gemeinde-Beamten, wie auch die Gefängnisse und die
Polizei-Wachstube." Während also früher die Gemeinde das Gebäude ganz
selbst benützte, sind seit 1848 die Lokalitäten für dieselbe fast einzig auf das
zweite Stockwerk beschränkt, da man zu dieser Zeit das erste Stockwerk
und einen Theil des Erdgeschoßes den k. k. Bezirksbehörden eingeräumt hat.

1873 wurde das kleine einstöckige, neben dem Rathhause in der Rathhausgasse gelegene Haus (mit der alten, in Stein gemeißelten Jahreszahl 1554
oder dem Thore) von der Gemeinde angekauft und als Gefängniß-Haus für
das in Miethe stehende k. k. Bezirksgericht adaptiert.

Seit 1876 wurden in der Eintheilung der Lokalitäten des zweiten Stock-
werkes im Rathhause mehrfache Veränderungen und auch sonst verschiedene Adap-
tierungen vorgenommen, und die innere Einrichtung der, bei der Ausdehnung
der Funktionen und Vermehrung des Amtspersonales, immer beschränkter werden-
den Räumlichkeiten ist jetzt eine sehr freundliche und möglichst zweckmäßige; nur
bleibt — nebst dem verwunderlichen Umstande, daß ein Theil des rechtsseitigen
Traktes im Hofe noch unausgebaut ist und nur ein erstes Stockwerk
hat — zu bedauern, daß der große Saal mit den Nebenlokalitäten nicht
ebenfalls, wie einstmals, in Verwendung der Gemeinde steht. [3]

---

[1] Die Hauptansicht des jetzigen Rathhauses befindet sich mehrfach in kolorierten
Federzeichnungen im Stadtarchiv.

[2] Vgl. „Gedicht bei Gelegenheit der feierlichen Grundsteinlegung des Rathhauses zu
Baden, am 15. Juni 1815." — Desgl. „Erzherzog Anton und Baden bei Wien." Erinnerungs-
blätter zur Säkularfeier der Geburt des Verewigten, am 31. August 1879. — (Vom Stadtarchivar
Dr. Herm. Rollett). Baden 1879. S. 29—30, wo das Festgedicht mitgetheilt ist.

[3] Betreffs des Badener Rathhauses enthielt die Nummer 41 des „Badener
Bote", vom 10. Oktober d. J., ein „Eingesendet", in welchem „ein alter Freund von
Baden" in Anregung bringt: „Die Außenseite des Gebäudes, ähnlich dem alten Original-
Baue" — wie der Herr Einsender meint — „durch Anbringung von Thürmchen, Erkern,
Spitzbogen-Fenstern u. s. f., etwas einem Rathhause ähnlicher zu gestalten." —
Der Vorschlag ist jedenfalls gut gemeint; doch, abgesehen von der Unwahrscheinlichkeit
daß sich in der Gemeindevertretung jemals eine Majorität für eine solche, immerhin nicht
unbeträchtliche Luxusausgabe finden würde, geht schon aus der oben mitgetheilten
kurzen Schilderung des Aussehens der ehemals hier bestandenen Rathhaus-Bauten (deren
Abbildungen nicht erst „aufzufinden", sondern bereits vorhanden und im Stadtarchiv
zu sehen sind) deutlich hervor, daß von einem solchen alterthümlichen Aufputz derselben keine
Rede sein kann. Einen Thurm hatten wol beide früheren Rathhäuser; — aber welche
tiefeingreifende Veränderung müßte (um nur dieß Eine in's Auge zu fassen) mit unserem
jetzigen Rathhause vorgenommen werden, wenn ein Thurm ermöglicht werden sollte.

Zur Badener Familien-Chronik. [1])

II. Die Familie Höffer.

Zu den ältesten der noch gegenwärtig hier ansäßigen Familien Baden's gehört — wie bereits S. 18 erwähnt — die aus Schwaben stammende Bäcker-Familie Höffer.

Schon um die Mitte des XVII. Jahrhunderts zog Johannes Höffer aus dem benachbarten Leobersdorf als Bäckermeister nach Baden, wo er in der „Wienergasse" (jetzt „Antonsgasse") im Hause, welches nach der neuen Numerierung die Nummer 8 hat und wo noch heute ein Bäckergeschäft besteht, sein Gewerbe auszuüben begann. Das im Stadtarchiv befindliche „Protokoll des Jahresschillings- und Mahlzeitgelts" der früheren Badener Bäcker-Innung (von 1649 bis 1799) nennt am 31. Mai 1657 zum ersten Mal den Bäckermeister „Hannß Höffer." Im Jahre 1688 kommt zum ersten Mal — neben demselben — sein Sohn „Ambros Höffer" (wahrscheinlich als Geschäftstheilnehmer) daselbst vor, bis der letztere vom Jahre 1698 an, allein verzeichnet erscheint.

Ambros Höffer wird bald darauf als „Zechmeister" der Innung angeführt. Zur Pestzeit 1713 versorgte er den benachbarten Ort Sooß mit Gebäck und von da an hatte die Bäckerfamilie Höffer vertragsmäßig von Baden aus für den Ort Sooß alles Gebäck zu liefern. Ambros H. hat bis 1746 gelebt und erreichte das hohe Alter von 82 Jahren. Seine Gattin Eva war 1736 gestorben, und es hatte dieselbe eine Messe in der Pfarrkirche für den Tag ihres Hinscheidens — welches am 27. Mai erfolgte — auf ewige Zeiten gestiftet. (Vgl. Badener „Gedenkbuch",

---

[1]) Siehe Seite 169—178 d. Bl.: „Die Familie Rollett." (Nachträglich sei hier — in voller Objektivität — noch Folgendes dazu mitgetheilt. Der geistvolle Hieronymus Lorm äußerte, am Schluß einer Reihe von Aufsätzen, betitelt „Baden bei Wien, Alte und neue Contouren und Figuren", im Wiener Journal „Presse", 1872, Beilage zu Nr. 243, indem er von der Badener Familie Rollett spricht: „Die edle und geniale George Sand hat in einem ihrer großartig concipierten Romane dargethan, wie wohlthätig es für die Erziehung des Menschengeschlechtes wäre, wenn es eine Adelsgeschichte der Bürgerlichen geben würde; das will sagen, wenn die bürgerlichen Familien der Städte ihre Stammbäume mit Genauigkeit festgehalten, die Geschichte ihrer Väter sorgsam aufgezeichnet hätten. Man kann in der That in vielen Städten Familien finden, die, ohne jemals von dem Firlefanz der Adels-Insignien behelligt worden zu sein, einen Anstrich edler Auszeichnung besitzen, und ihn bis zu ihren frühesten Vorfahren zurückleiten... — Anselm Rollett war der erste dieses Namens in Baden, also der Stammvater einer Familie, welche dieser Stadt, ja dem deutschen Oesterreich bis zum heutigen Tage eine Reihe ausgezeichneter Söhne schenkte, deren Verdienste zu erwähnen, wo nur immer geschichtliche Erinnerungen an Baden laut werden, unerläßlich ist.") Zugleich hier auch noch eine Richtigstellung. In der Stammtafel S. 178 ist ja zu berichtigen, daß — übereinstimmend mit dem Text S. 174 — der Vater des 1812 geb. Joseph R. ebenfalls Joseph hieß, und nicht Franz, wie der Setzer (beim Auswechseln der Schriftart) statt des schon richtig gesetzt gewesenen Namens fälschlich setzte.

Fol. 38). Auch Ambros H. stiftete zu seinem Seelenheile eine Messe in der Pfarrkirche. (Vgl. „Gedenckhbuch", Fol. 50.)

In dem „Prothokoll" der Badener Bäcker-Innung kommt derselbe schon seit dem Jahre 1726 nicht mehr vor, und an seiner Stelle sein Sohn Mathias H., welcher sich am 5. November 1726 mit Theresia Stocker, Rathstochter aus Wr. Neustadt verheirathete, und welcher „des Innern Raths Mitglied" und Stadtkämmerer war. Ein zweites Mal verheirathete er sich mit Eva Susanna Schelter, Kaufmannstochter von Baden. Er erscheint bis 1764 angeführt. In den Jahren 1753 und 1756 stiftete er — nach der damaligen Gepflogenheit — ebenfalls Messen in der Pfarrkirche. (Vgl. „Gedenckhbuch", Fol. 52 und 63.)

Darauf folgt Johannes Peter H. verzeichnet, welcher ebenfalls die Stelle eines Stadtkämmerers bekleidete. Er starb im Jahre 1807 und hinterließ zwei Söhne: Franz H., welcher das Geschäft in der „Wiener-gasse" fortführte und 1835 starb — worauf dies Geschäft in andere Hände übergieng, und Ignaz H., welcher ein eigenes Bäckergeschäft in einem alten Hause in der „Heiligenkreuzergasse" errichtet hatte, sich mit Juliana Gruber verheirathete und 1858 im Alter von 86 Jahren starb.

Dieser Letztere hinterließ ebenfalls zwei Söhne, Namens Ignaz und Franz, welche beide noch am Leben sind. Franz H. hatte das Geschäft seines Vaters übernommen und führte es bis in die 60er Jahre fort. Derselbe war auch lange Zeit Mitglied der Gemeindevertretung und mehrere Jahre Stadtkämmerer, sowie auch von 1846 bis 1868 Verwalter des dem „Vereine behauster Bürger" in Baden gehörigen Gutes „Gaminger Berghof und Frauenhof", und unter seiner verdienstvollen Führung wurde 1853 der dazu gehörig gewesene „Leopolds-hof" neu erbaut.

Es wird nichts Neues mitgetheilt, wenn hier an dieser Stelle zum bleibenden Andenken verzeichnet wird, daß der Letztere, — der noch ganz rüstig in unserer Mitte lebende Franz H. — durch eine besondere, mit Ernst gepflegte musikalische Begabung sich zum gediegenen und tüchtigen Violin-Spieler ausgebildet hat, dessen Talent und schätzbare Leistung viel zur Förderung des musikalischen Lebens in Baden, im Laufe der Jahrzehnte, beigetragen hat, und der noch jetzt im Greisenalter mit Lust und Liebe seine Kunst pflegt, die er überhaupt — sowie die hohen Meister der Tonkunst — mit wahrer Begeisterung verehrt. Er hat noch Beethoven hier in Baden gesehen, und mit vielen bekannten Musikern und anderen renommierten Persönlichkeiten kam er in Berührung, und mit Castelli z. B. stand er lange Zeit in freund-schaftlichem Verkehr.

Da seine Söhne leider gestorben sind, und da sein Bruder Ignaz H. kinderlos ist, so stirbt mit diesen Beiden der Name dieser — weit über 200 Jahre in Baden ansäßigen und oft fördernd thätig gewesenen Familie, die so viel Leid' und Freud' der Stadt gesehen, hier gänzlich aus.

Zur deutlicheren Uebersicht sei nachfolgende **Stammtafel** der Familie **Höffer** als Schluß hier beigegeben:

Johannes Höffer, aus Schwaben,
um 1657 als Bädermeister von Leobersdorf nach Baden gezogen,
gest. 1698.

Ambros,
Zechmeister der Badener Bäcker-Innung,
geb. 1664, gest. 24. März 1746.
Eva, gest. 1736.

Mathias,
Bäckermeister und Stadtkämmerer,
gest. 1764.
1. **Anna Theresia Sloder,**
geb. 1702, getraut 5. Nov. 1726, gest. 25. April 1749.
2. **Eva Susanna Schelter,**
getraut 27. Jänner 1750.

Johannes Peter,
Bäckermeister und Stadtkämmerer,
geb. 21. Mai 1727, gest. 1807.

Franz,	**Ignaz,**
Bäckermeister in der „Wienergasse."	Bäckermeister in der „Heiligenkreuzergasse",
gest. 1835.	geb. 1772, gest. 1858.
	Juliana Gruber,
	geb. 1776, gest. 1821.

Ignaz,	**Franz,**
geb. 1806.	gewes. Bäckermeister, Stadtkämmerer
	und Gutsverwalter,
	geb. 3. Dec. 1801.

Badener Memorabilien.

VIII. Baden's zweimalige Zerstörung durch die Türken.

2. Die Türken 1683 in Baden.

Als Verbündete mit den aufständischen Ungarn hatten die Türken gegen die Mitte des Jahres 1683 mit 250,000 Mann unter dem Großvezier Kara Mustapha Pascha Oesterreichs Grenze überschritten und rückten bis vor Wien, welches sie vom 14. Juni bis 12. September belagerten.

Das Herannahen der barbarischen Horden ist im Badener „Gedenkbuch" von 1683 (s. S. 157 d. Bl.), Fol. 1 — in einer interessanten Aufzeichnung: „Wienn wird belagert" — in folgender unheilverkündender Weise geschildert: „Indessen, da Ihre Kays. Mayest. (Leopold I.) sich gleich mit einer Jagte divertiren wollte, und alhie zu Baaden von der Jägerey darzu eingesagt worden, wurden die aller ohrten auffgehende feindtliche Feyrs Brunsten überhäuffig und erschröcklich gesehen."

Auch Baden wurde, gleich vielen Orten der ganzen Umgegend, auch dießmal wieder durch eine beträchtliche Türkenschaar auf's Grausamste heimgesucht und gräulich zerstört.

„Es erschien eine Abtheilung derselben auch" — heißt es in der „Kirch-lichen Topographie" IV, S. 60 — „am 12. Julius unvermuthet vor Baden, welches, mit festen Mauern und Wassergräben umgeben, vor einem Ueberfall gesichert und zu einigem Widerstande geeignet war. Die Türken forderten die Bewohner Baden's auf Gnade und Ungnade zur Uebergabe auf, verfuhren aber dann mit ihnen auf das Grausamste. Auf die zugestandene Bedingniß eines freien Abzuges zogen sie insgesammt durch das „Rennthor" über den Mitterberg, und wollten sich in die nahen Wälder begeben; sie wurden aber alle, 843 an der Zahl, sammt dem Besitzer von Gutenbrunn, De Beci[1]) von den Türken umzingelt und theils getödtet, theils in die Gefangenschaft fortgeschleppt. Der Pfarrer Georg Hamann, sammt dem Kaplane und dem Schullehrer, wurden von der Kirche gejagt und konnten sich kaum noch retten[2]). Der Syndikus (soll heißen Stadtschreiber) Bartholomäus Schwarz der pflichtgetreu eben auf dem Rathhause mit dem Zusammenpacken der Ur-kunden beschäftigt war, wurde niedergesäbelt und das Rathhaus angezündet, wobei auch das Archiv und alle Urkunden verbrannten.[3]) Alle Häuser sammt den Kirchen wurden ein Raub der Flammen, und die Raubsucht der Türken gieng so weit, daß sogar die Leichname aus den Gräbern gerissen und der Kleidungsstücke beraubt wurden."

Im Anschluß an die erwähnte Aufzeichnung über die Belagerung Wien's bringt das Badener „Gedenckhbuch" von 1683 einen specificierten Bericht über den Verlust an Menschen und Gebäuden, welchen Baden damals durch die Türken erlitten. Es lautet derselbe — ergänzt durch eine ebenfalls im Badener Stadtarchiv aufbewahrte, gleich-zeitige Separat-Aufzeichnung —, wie folgt:

„Devastation der Statt Baden."

„Gleichwie daß gantze Landt dißeiths der Donau also auch ist die Statt Baaden. Item deren Kürchen, Closter, Bääder, Spitall, Mühlen und Häußer, in Grundt verbrent, ruinirt, die Canzley aber dem Herren Stattschreiber Bartholome Schwarz anbefohlen, und (er daselbst) nieder-gehauen worden.

Negst deme seint verlustig gangen:

Specification

der Jenigen Persohnen, welche bey disem gegenwerttigen Türckhen Khrieg, im Monat July a° 1683 von der Burgerschafft alhir zur Baaden,

---

[1]) Desgl. Anselm Rollett, Rothgerbermeister in Gutenbrunn, (s. S. 170 d. Bl.)

[2]) Pfarrer Hamann wurde auf der Flucht von den Türken im Gebirge (bei Raumberg) getödtet.

[3]) Ueber die Vernichtung der Original-Ausfertigung des Badener Stadtrechts durch die Türken, siehe S. 101 d. Bl. — Andere Urkunden wurden durch diese thierischen Scheusale besudelt (vgl. S. 67 und 83 d. Bl.) — Eine der im Stadtarchiv auf-bewahrten Original-Urkunden (die Bestätigung des Badener Stadtrechts durch Kaiser Leopold I., vom Jahre 1659) weist Blutspuren, die ohne Zweifel vom niedergemachten Stadtschreiber Bartholomäus Schwarz herrühren.

durch die Tarttarn (layder) nidergehaut, und in die Ewige Dienstbarkeit, gefänglichen Hinwegkh geführt worden. Als hernach volgt.

Wirckhliche Burger . . . . 70 Persohnen.
Burgers Weiber . . . . 86 Persohnen.
Burgers Khinder . . . . 228.
Dienstpotten . . . . 105 Persohnen.
Inleuth in burgl. Häußern . . . . 257 Persohnen.
Inleuth in Gemainer Statt Häußern und Freuthoff. 102 Persohnen.
                                                           848 Persohnen.

NB. Was im Augustiner Closter, Herzogbaadt und andern Freyhäussern abgehet und nidergemacht worden, ist nit beschrieben worden.

Verhandtene Persohnen.

Nach Entsezung der Statt Wienn haben sich alhir zu Baaden widerumb eingefunden, darvon aber noch täglich Sterben.

38 Pahr Eheleuth, Id est . . . . 76 Persohnen.
Verwittibte Burger, welche Ihre Weiber verlohrn,
    befinden sich . . . . 27 Persohnen.
Verwittibte Burgerinnen, deren Männer nidergehaut
    worden . . . . 16 Persohnen.
Verhandtene und Verwaiste Khlaine Khinder, deren
    Eltern in Ewigkheit nit mehr vorkhommen . 129.
Dienstbothen seindt noch Verhandten . . . . . 80.
                                                       328 Persohnen.

Der lähren Prandtstetten, worinnen die besten und vermöglichisten Burger gewessen, seindt verhandten . 70 Hauß."

„Schauerlich und höchst betrübt war" — berichtet die „Kirchliche Topographie", IV, S. 61, — „nach dem Abzuge der Türken der Anblick der zerstörten Ortschaften, und es brauchte lange Zeit, bis dieselben durch neue Ansiedler wieder erbaut und bevölkert wurden. Baden hatte in seinen Heilquellen eine reichliche Hülfsquelle zu seinem Wiederaufleben "

Von weiteren auf Baden bezüglichen Nachrichten aus jener Schreckenszeit mit ihren Nachwehen sind folgende zu verzeichnen:

Das Badener Rathsprotokoll vom 28. März 1684 sagt (Bd. I, Fol. 7): „Auf einlangung Paul Fuzen Schulmeistern alhier seindt ihme auß dem Kirchamt wegen des urrichten und Türckengeleutt 2 Emer wein zugeben verwilligt worden."

Desgl. vom 12. Jannar 1686 (Bd. I, Fol. 75): „Landtags-Postulat. Der Kayf. Landtag hat den 9. January seinen Vortgang erreicht und Relationirt Hr. Stattrichter, daß Ihr Kayf. Maystt. begehren: 1. Die doppelte Gült oder steyer; 2. zu Verpflegung der Soldateska 350.000 fl; 3. zu bestreitung der Magazinen 500 Muth Haber; 4. zu freyer disposition 100.000 fl; 5. zu dem Wassergebeu 15.000 fl., und 6. die türckensteyr 75.000 fl."

Vom Jahre 1693 heißt es im Badener „Gedenckhbuch", Fol. 3, bezüglich des „Frauenbades" —: „Nachdeme das Frauen Baad durch den Erbfeundt dergestalten ruinirt worden, daß es dise Jahr herdurch in 7 und 8 stundten nicht angeloffen, und ganz niderig gebliben, also zwar daß es an deme gewesen das Neubad (jetzt Karolinenbad) zu vertilgen. Eß haben sich aber die Herren beambte und Stbl. Stattrath des Werkhs dergestalten Eyfferig angenohmen auch weder Mühe noch Kossten gesparet, daß es Endtlichen in solche perfection gebracht worden, daß Eß der Zeit in 3 stundten und noch eheunter anlauffet." (Auch das durch die Türken verwüstete Augustiner-Kloster wurde zu dieser Zeit neuhergestellt und mit dem vorderen, an der Frauengasse gelegenen Kirchen-Theil ergänzt, womit man jedoch erst um 1700 fertig geworden ist.)

Bezüglich des 1697 erfolgten Neuaufbaues des Badener Pfarr-Kirchthurmes berichtet das „Gedenckhbuch", Fol. 3: „Anno Salutis a partu virgineo 1683, imperante imperatore Leopoldo pio felici Augusto Austriaco, ist die Statt Wienn von den Türkhen vergeblich belagert: daß Landt Oessterreich, und mithin die Statt Baaden sambt der Kirchen devastirt, benachmahls aber aͦ. 1697 der St. Stephani Kirchthurm zu Gottes und St. Stephani Ehren erbaut worden." [1])

Vom Jahre 1699 bewahrt das Badener Stadtarchiv eine Original-Urkunde, betreffend die Auswechslung der türkischen Gefangenen, die noch vorhanden gewesen.

Manche christliche Gefangene wurden später losgekauft und kehrten wieder zurück. Ein Verzeichniß der Losgekauften und Zurückgekehrten aus Wien's Umgebung enthält ein Kodex der kais. Hofbibliothek (Nr. 7638). In demselben wird unter Andern angeführt: 1714 kommt zurück Mathias Ranffl, Austriacus Badensis, um 166 Thaler ex Tartaria losgekauft, alt 42 Jahre; ferner Johann Ottinger, aus Leesdorf bei Baden, alt 52 Jahre, losgekauft um 81 Thaler.

Auch in den alten Tauf- und Sterb-Protokollen der Pfarre Baden finden sich manche, mit der trübsalvollen letzten Türken-Invasion zusammenhängende, theilweise nicht uninteressante Einschreibungen, z. B.:

1688, 20. Ottober, „ist getaufft worden Simon. Der Vatter ein Thartar, Muetter Susanna, welche erst vor einem halben Jahr von der gefangenschafft auß der Tharterrey khomen."

1691, 9. April. „Ein türckhisch Kindt, nahmens Eva Rosina. Pater: ein Bassa zu Temeswar. Mater: ein Christin Eva Rosina Behmin, gebürtig aus Raab."

—, 4. Juni, „ist ein Türckh getaufft worden."

—, 30. September, „ist eine Türckhin getaufft worden, nahmens Antonia."

[1]) Am obersten Mauergesimse unter dem Thurmhelme steht — gerade oberhalb des östlichen Fensters — in den Mörtel groß eingegraben: 1697 · G. H.

1707, 6. August, „ist im äußern Gottesacker begraben worden ein armes Weib, welches nebst Weichherstorff in einem Graben todter gefunden worden. Der namen ware unbekandt, ihr Zustand ware gewesen der fressende Krebs. Das Zeichen, daß sie Catholische gewesen, ware ein betten und anhabentes Scapulir wie mans pflegt denen auß der türkhischen gefangenschafft erlösten Christen zu geben mit einem rothen und blauen Creuz."

1712, 3. April, ist begraben worden „hauß Michael Mustapha ein getauffter Türckh und gewester Pfründler in dem Burgerspital allhier."

Ebenso enthält ein im Stadtarchiv aufbewahrtes altes Badener Gültenbuch eine große Anzahl von Belegen über durch die Türken zerstörte und verlassene Häuser und Grundstücke.

Nach der Erzählung des „alten Literaten" (im „Badener Bote" 1878, Nr. 3) hätte auch während der zweiten Türkischen Belagerung Wien's im Jahre 1683 der Bäcker Wendler — welcher daselbst in der Grünangergasse den türkischen Halbmond in einer besonderen Art von Gebäck persiflirte, — nachdem dieses Gebäck sehr beliebt geworden, auch hier in Baden eine seiner Filialen für Kipfel-Bäckerei errichtet, welcher Gewerbszweig später in Baden so bedeutenden Ruf erlangt hat.

Eine für Baden nicht wenig interessante Nachweisung ist über den Aufenthalt des Großveziers Kara Mustapha in der Heilquellenstadt vorhanden. Johann Konstantin Feigius, der in seinem Werke: „Adlerskraft, oder Europäischer Heldenkern, die wahrhafte und ausführliche Beschreibung der hohen Tapferkeit, welche christliche Helden, Ritter und Soldaten erwiesen, als Wien von den Türken belagert ward, und was sonsten dabey sich zugetragen hat," Wien 1685, eine Darstellung in Versen giebt, sagt S. 151 (zum 20. August 1683) bezüglich dieses Punktes:

> „Von den Gefangnen hat man dieses auch vernommen,
> Die zu uns wieder sind nachmahlen eben kommen,
> Daß da zu Baaden hat gebadt der Groß-Vezier,
> Und hat gebracht mit sich vier Damen allzeit schier;
> Mit gulden Stucken sind bekleydet sie gewesen,
> Dabei gewesen ist ein Arbeit auserlesen.
> Sie badten allzugleich dort mit dem Groß-Vezier,
> Und waren Christen wohl auch eben alle Vier."

Die Erinnerung an die schreckliche Türkenzeit war in der Bevölkerung Baden's, durch von Kind auf Kindeskind fortgepflanzte Tradition, noch vor einigen Jahrzehnten ziemlich lebendig, ist aber gegenwärtig fast ganz verschwunden — gleichwie die zwei türkischen Fahnen längst gänzlich verschwunden sind, die Kaiser Karl VI. im Jahre 1716 nach dem Sieg bei Peterwardein, von den vielen dort eroberten, an alle Gemeinden Niederösterreichs vertheilen ließ, welche früher durch die Türken Schaden gelitten, und die hier in der Pfarrkirche „gegen den Hoch-Altar aufgemacht" wurden (wie das Badener „Gedenckhbuch", Fol. 24, sagt).

Von noch gegenwärtig vorhandenen Andenken an die unheilvolle Türkenzeit sind hauptsächlich nur mehr folgende zu verzeichnen:

In der kleinen St. Helena-Kirche befindet sich, am „Frauen-altar" rechts, noch ein gutes, die italienische Schule zeigendes Madonnen-bild, mit der Ueberschrift: „Dieses Bild ist in dem Türkenkrieg von den Caritaren zerhauet, aber nicht vertilget worden. Anno 1683."

Ferner die bereits S. 170 d. Bl. angeführte Reliquie der Familie Rollett aus der Zeit der Türkengräuel in Baden: die kleine, jetzt im städtischen Museum befindliche blutige Fensterscheibe aus dem Rollett'-schen Stammhaus mit dem gleichzeitig darauf gemalten türkischen Reiter, die in getreuer Nachbildung (von der Hand Emil Hütter's aus Wien) zum Schluß hier folgt.

Chronik der Gegenwart.

Der Spitalbau in Baden.

Unser von der Natur so reich gesegnetes Baden hat, nebenbei noch, ein sich immer mehr zeigendes außerordentliches Glück. Viele behaupten, die Badener verdienen es gar nicht. Es ist das ein hartes Wort. Zum Glück braucht man darüber nicht zu streiten. Wenn es auch die Badener nicht verdienten, auf jeden Fall verdient es Baden. Darüber sind Alle einig.

Die von großherzigen Wohlthätern und Wohlthäterinnen unserem, in mehr als einem Sinne einen anziehenden Mittelpunkt bildenden Kurorte im Laufe der letzteren Jahre nacheinander in hocherfreulicher Weise zugewendeten Summen gehen gleich in die Zehntausende, ja, in die Hunderttausende. Und dazu kommt noch — abgesehen von verschiedenen Stiftungen — ein Haus nach dem andern! Die Namen Straßern, Daninger, Rath u. s. w., sind und bleiben wirklich, im wahren Sinne des Wortes, mit goldenen Lettern im Gedenkbuch Baden's für alle Zeiten verzeichnet.

Die unlängst, nach unsäglichen unverdienten Leiden dahingegangene edle Frau Rath hat bekanntlich — nebst ihrem schönen Hause — auch das der Stadtgemeinde von ihr dargeliehene Kapital von 100.000 fl., zum Zweck der Erbauung eines Spitales in Baden, der Gemeinde testiert. Es wird, mit Hinzuziehung des bereits vorhandenen Spitalbau-Fondes, durch diesen neuen Glücksfall endlich Etwas ermöglicht, was längst entschiedenes großes Bedürfniß für Baden war, was aber jedenfalls — ohne diese großartige Widmung und Schenkung — noch lange nicht zur Aus-führung gekommen wäre. [1]

Jetzt handelt es sich aber darum, die Ausführung der wichtigen Sache so bald und so zweckmäßig, als möglich, einzuleiten und festzustellen. Es wird dabei große Umsicht in jeder Beziehung nothwendig sein. Leider ist — nach Einigem, was man bis jetzt davon hörte — wieder Unheil zu besorgen.

Vor allem kommt die Platzfrage in Betracht.

Schon im Beginn des Jahrzehents wurde von Seite der damaligen Gemeindevertretung ein größerer Grundkomplex — auf der Braiten, am rechten Schwechatbach-Ufer, unweit der Waltersdorfer-Brücke angekauft, den man für einen künftigen Spitalbau in Aussicht nahm. Man mag der Ansicht zustimmen, daß dieser Platz mehr für ein — ebenfalls sehr noth-

---

[1] Das Verdienst, welches bezüglich der Zuwendung dieser so bedeutenden Widmung der (von der Verewigten auch zum zweiten Testaments-Exekutor bestimmte) frühere Badener Bürgermeister Wilhelm Germer hat, geht aus einer Erklärung desselben im „Badener Bote" vom 3. Oktober d. J. hervor; — und der Schreiber dieser Zeilen kann unparteiisch dieses Verdienst insofern bestätigen, als er persönlich aus dem Munde der Dahingeschiedenen vernahm, wie sehr dieselbe nachträglich über die Stadtgemeinde — besonders wegen der „Unwirthschaft" in der Herstellung gewisser Objekte — aufgebracht war, so daß sie in der That schon bestimmt hatte, für Baden nichts weiter zu thun.

wendiges und früher oder später unbedingt auszuführendes Schlachthaus geeignet sei, und man mag mit einigem Recht, bezüglich eines Spitales, gänzlich von diesem Platz absehen. — Im Suchen nach einem passenden Punkte fiel man nun — es ist das nicht eine unbestimmte Sage, sondern leibhaftige Thatsache — auf die unglaubliche Idee, das ehemalig „Ossolinski'sche Sommerpalais (jetzt gewöhnlich, nach dem Namen eines der nachmaligen Besitzer, „Wertheimer'sches Haus" genannt), in der „Braitner" früher „Alland-Alleegasse", zu einem Spital zu adaptieren (!) und es hat auch thatsächlich bereits eine dießbezügliche kommissionelle Besichtigung des Gebäudes stattgefunden. Ohne den letzteren Umstand möchte man fast noch immer glauben, einen schlechten Witz, oder die Gedanken-Ausgeburt eines Unzurechnungsfähigen zu vernehmen; denn — mögen Platz und Garten daselbst auch noch so geeignet erscheinen, nimmer kann vernünftigerweise daran gedacht werden, zum Zweck der Herstellung eines Spitales — wie es für Baden nothwendig ist, und wie es nun endlich durch einen hocherwünschten Glücksfall ermöglicht wird — einen Adaptierungs-Bau, notabene aus einem Sommerpalais vorzunehmen. Das könnte höchstens für ein Nothspital gelten, aber ein ordentliches, den unumgänglich zu stellenden Anforderungen entsprechendes Spital für den Kurort und die Stadtgemeinde Baden, muß (das wird jedes Kind nicht anders wissen) dazu besonders geplant und gebaut sein. Oder will man die ganze große Villa demolieren? Zu solchem Luxus ist der Fond gewiß nicht bestimmt, und dazu reichte auch alles zusammen lange nicht aus.

Für einen Spitalbau sind, ohne viel Kopfzerbrechen, noch mehrere Plätze hier in Baden's nächster Umgebung ausfindig zu machen, und ein ganz besonders geeigneter Platz dürfte gewiß der — dem Vernehmen nach — auch schon von einer betheiligten Seite in Betracht gezogene sein, welcher in einiger Entfernung von der Waltersdorfer-Brücke, am linksseitigen Ufer des Schwechat-Baches, gegen Leesdorf-Baden zu, auf etwas erhöhtem Terrain breit ausgedehnt liegt, welcher Punkt freie Lage, Luft und Licht hat, und welcher auch zur beliebigen Erweiterung des Bau's für die Zukunft geeignet erscheint, u. s. w. — Das Stift Mölk, welches Besitzer des Grundstückes ist, wird voraussichtlich, in Betracht des allgemeinen Zweckes, in jeder Hinsicht entgegenkommend die Hand bieten.

Dieser Platz dürfte, ohne Zweifel, verhältnißmäßig wol der am meisten geeignete sein.

Caveant consules ..... Man nehme sich in Acht, daß nicht neuerdings ein — „Bock geschossen" wird!

***

Badener Tages-Chronik.
October 1880.

Am 3. Wählerversammlung im städt. Redoutensaale, bei welcher der Reichsraths-Abgeordnete Prof. Dr. W. Lustkandl, unter Beifall seinen Rechenschaftsbericht über die abgelaufene Reichsraths-Session erstattet.

Am 3. Hauptübung der Badener „Freiwilligen Feuerwehr" — unter Betheiligung der Feuerwehren von Baden-Leesdorf und von Weilersdorf — auf dem Hauptplatz.

— Unterhaltungs-Schießen der Badener Schützengesellschaft.

Am 10. Ausflug von Schülern der Badener gewerblichen Fort-bildungsschule zur Gewerbe-Ausstellung in Wien.

Am 12. Erste Aufführung von: „Saure Trauben", Schwank in 4 Aufzügen von Julius Rosen, im Stadt-Theater. (Erste Vorstellung der Winter-Saison.)

Am 14. Sitzung des Bezirksschulrathes im Rathhaus-Saale.

Am 15. Begräbniß des am 13. d. M. hier verstorbenen Jaris Dr. Heinrich edlen von Hönigsberg, emeritierter k. k. Notar. (Der Verewigte, der seit Jahren hier in Baden wohnte und behaust gewesen, war bekanntlich ein ganz geistvoller Feuilletonist, und — trotz mancher Marotten — wozu auch seine extremen Thierschutz-Schwärmereien u. s. w. gehörten — ein ganz liebenswürdiger Mensch, dem gar Mancher ein wahrhaft freundliches Andenken bewahren wird.)

Am 22. Gemeindeausschuß-Sitzung. Haupt-Verhandlungsgegen-stände: Zusicherungen und Bewilligungen der Aufnahme in den Gemeindeverband. — Beendigung des Berichtes des Rechnungsrevisions-Komite's und Beschluß, die Durchführung einer Reform der städtischen Buchhaltung einzuleiten. — Beschluß, den „Invalidenfond" von 1859 zu refundieren.

Am 30. Vorstellung im Stadt-Theater von Bernard's großem mechanischen Theater „Les Fantoches" (komische Scenen, Inter-mezzo's, Akrobatik, Gymnastik, sowie ganze Pantomimen im englischen Style.)

Am 31. General-Versammlung des Badener „Studenten-Unter-stützungs-Vereines", im Konferenz-Zimmer des Landes-Realgymnasiums.

— Die letzte „Kurliste" der dießjährigen Sommer-Saison (Nr. 101) weist im Ganzen 3.780 Parteien mit 10 639 Personen aus, also um 114 Parteien und 462 Personen mehr, als im vorigen Jahre.

Abt Helferstorfer's Schenkung an das Badener Stadtarchiv. [1]

Der hochwürdige Abt des Schottenstiftes zu Wien und Landmarschall von Niederösterreich, Othmar Helferstorfer, hat mit liebenswürdig freundlicher, vom 9. Oktober 1880 aus seiner Krankenstube an den Stadtarchivar

---

[1] Die nachfolgenden Mittheilungen waren bereits der Druckerei übergeben, als die tiefschmerzlich überraschende Nachricht von dem am 25. Oktober Morgens plötzlich erfolgten Hinscheiden des Hoch- und Innigverehrten eintraf, und Alles in wahres Leid versetzte. Der Verewigte war nicht bloß als Priester und in seinen hohen öffent-lichen Stellungen von ganz seltener Vortrefflichkeit, er war auch — fort und fort — der lebendig strebsamste Geist und zugleich der wahrhaft liebenswürdigste Mensch. Wer das Glück und die unvergeßliche Freude hatte, dem illustren Sohn Baden's so nahe gestanden zu sein, wie der Verfasser dieser Zeilen in den letzten Jahren und besonders in der letzteren Zeit, der wird den Verlust, den sein Tod gebracht, auch per-sönlich wol nur schwer verschmerzen. (Die Stadtgemeinde Baden hatte — bis zum Begräbnißtage dieses ihres zuletzt ernannten Ehrenbürgers am Rath-hause, und gleichfalls das Realgymnasium, große Trauerfahnen ausgesteckt.)

gerichteter Zuschrift, seiner Vaterstadt B a d e n eine neuerliche unschätzbare Schenkung gewidmet. Bereits seit dem Anfang der 40er Jahre war sein Auge mit lebendigem Interesse auf die G e s c h i c h t e B a d e n ' s und besonders auch auf die des ehemals hier bestandenen A u g u s t i n e r = K l o s t e r s gerichtet. Man kann sich denken, welchen bedeutenden Erfolg dieß hocherfreuliche Streben bei seinem scharfblickenden Geiste und bei den reichen Quellen, die ihm zu Gebote standen, hatte. Eine ungemein große Menge von N o t a t e n, A b s c h r i f t e n, B e l e g e n u. s. w. kam da zusammen, sowie eine Reihe der seltensten Stücke der L i t e r a t u r ü b e r B a d e n. Und diesen ganzen Schatz — den die Zuschrift des großherzigen Spenders zwar selbst als ein „furchtbare Arbeit machendes C h a o s" bezeichnet — hat der Hochverehrte der S t a d t g e m e i n d e B a d e n für das A r c h i v, zu ersprießlicher Verwendung, zum G e s c h e n k gemacht. Es ist für diese große Gabe nicht genug des Dankes auszusprechen, und es bildet dieselbe eine ungeahnte Ergänzung der jahrzehntelangen, auf ein gleiches Ziel gerichteten Forschungen und Aufzeichnungen des S t a d t a r c h i v a r s. In der That wird es aber viele Zeit und Mühe kosten, den S c h a t z zu heben. Möge es, wenn nicht dem jetzigen, doch einem kommenden Stadtarchivar vergönnt sein, das Ziel nach Möglichkeit zu erreichen.

Das ganze Material theilt sich in S c h r i f t s t ü c k e, in e i g e n h ä n d i g e M a n u s k r i p t e und in D r u c k w e r k e, nebst einigen b i l d l i c h e n D a r s t e l l u n g e n.

Schriftstücke.

O r i g i n a l = U r k u n d e aus dem Jahre 1605 (Aeußerung des Badener Stadtmagistrates an die Landstände wegen rückständigen Rüstgeldes. Mit dem sehr gut erhaltenen, selten vorkommenden ältesten B a d e n e r S t a d t s i e g e l vom Jahre 1520 [vgl. S. 49 d. Bl., Nr. 1].)

F r a n z ö s i s c h e s M a n u s k r i p t einer Abhandlung über die Badener B ä d e r, datiert: „Baaden en Autriche le 16. Juin 1723." — VI und 81 Seiten 4°; alt in farbigem, halbsteifem Umschlag brochiert. (Handschrift des ungenannten Verfassers.)

A n t o n G r a f G a i s r u d's „Beschreibung waß bey der landtsfürstl. Statt B a a d e n biß Ende 1745 ein Jedesmahliger Vorgeher, der innere und äußere Rath, Statt-Cammerer, auch alle andere in besolding gestandene Statt-officianten an ordinari Besoldungen ꝛc. genoßen haben, und führohin von Ersten Jenner Anno 1746 an zu genießen haben sollen." — 17 Seiten in Folio. (Gleichzeitiges Manuskript.)

Eigenhändige Manuskripte.

T r e i Q u a r t = B ä n d e, mit systematisch eingetragenen, zahlreichen Notaten über die G e s c h i c h t e B a d e n ' s und der umliegenden Ortschaften. — A. K i r c h l i c h e s: Pfarre, Kirchen und Kapellen, Spitäler und Schulen ꝛc.; Augustiner = Kloster. — B. S t ä d t i s c h e s: Topographie; Statistik; Geschichte. — C. U m g e b u n g e n: Ortschaften, die wegen ihrer Nähe entweder eine ähnliche Geschichte haben, oder welche die Geschichte der Stadt beleuchten können.

A l p h a b e t i s c h e s Verzeichniß der L i t e r a t u r ü b e r B a d e n. (Quartheft.)

C h r o n o l o g i s c h e s Verzeichniß der bis jetzt nachgewiesenen B a d e n e r P f a r r e r, mit biographischen und geschichtlichen Notizen. (Zusammen: 55.) — [1])

N a c h w e i s u n g e n über aus B a d e n g e b ü r t i g e P r i e s t e r. (Zusammen: 19.)

U r k u n d e n = A b s c h r i f t e n, A u s z ü g e u. s. w. (Zusammen 20 Stücke.)

G e n e r a l = I n d e x über alles hier handschriftlich über B a d e n verzeichnete. (Groß = 8° = Heft.)

---

[1]) Zum großen Theil schon für diese Blätter benützt. (Vgl. S. 71.)

Umfassende Nachweisungen über den ehemaligen Badener Augustiner-Konvent. — Chronologische Notizen über die Geschichte des Konvents (217 zusammen, von 1285—1821). — Die Prioren des Augustiner-Konvents zu Baden, soweit sie aus Dokumenten aufgefunden werden konnten. (Zusammen 56). — Abschriften und Excerpte bezüglich des Badener Augustiner-Konvents. (14 Stücke). — Chronik des Augustiner-Konventes zu Baden (Von 1285—1375: 52 Blätter). — Beiträge zu einer Geschichte der kaiserl. Hoftirche zu Baden. Theils aus handschriftlichen, theils aus gedruckten Quellen zusammengetragen. (7 Blätter in 4°.)

Druckwerke.

Eine größere Anzahl (theilweise zusammengebundener) Druckschriften über Baden, von welchen hier nur diejenigen angeführt seien, welche im Gesammt-Verzeichniß der Monographien über Baden (S. 89—92 d. Bl.) als noch nicht im Badener Stadtarchiv vorhanden angeführt sind, die also eine nicht wenig erwünschte Ergänzung dieser nun bis auf wenige Stücke vollständigen Sammlung des Archivs — welche (bereits 60 Nummern zählend), ohne allen Zweifel, ein bibliothekarisches Unikum ist — durch Abt Helferstorfer's Fürsorge bieten. —

Monquentin, „Thermologia Badavino-Austriaca...., in Teutsche Sprach verfertigt und gestellt,“ 2c. — (Zweite Auflage des zuerst 1651 zu Regensburg erschienenen Werkes) Wien, 1686. — 9 Bl. und 84 Seiten, kl. 8°.

De Mare, „Chemischer Versuch des Nieder-Oesterreichischen Bandener-Baades,“ 2c. — Wien, 1763. — 80 S., 8°.

Joh. Seraph. Volta, „Saggio sulle acque termali e montagne di Baaden.“ Vienna, 1791. — 36 S., 8°.

Karl Freiherr v. Meidinger, „Chemisch-mineralogischer Versuch über die Bäder und Gebirge von Baaden.“ Aus dem Italienischen des J. S. (Canonicus) Volta übersetzt. — Wien, 1792. — X und 43 S., 8°.

Schenk (N.-Oe. Landschafts-Physikus), „Kurze Beschreibung der warmen Quellen und Bäder der k. f. Stadt Baden in N.-Oe.“ — Wien, 1794. — 64 S., 8°.

Schenk, „Abhandlung über die warmen Quellen und Bäder der k. f. Stadt Baden in N.-Oe.“ — Wien, 1799. — 146 S., kl. 8°.

„Beschreibung der k. f. Stadt Baaden und ihrer heilsamen Bäder, in N.-Oe, B.-M.-W.-W.“ — Wien und Baden, 1801. — 54 S., kl. 8°.

Beck (Stadt- und Bade-Arzt), „Chronik der Heilquellen von Baden in Oesterreich.“ — Wien, 1828. (Zweiter Jahrgang). — 35 S., 8°.

Rollett Carolus, „Dissertatio inauguralis medica de thermis Badensibus Austriacis.“ — Vindobonae, 1831. — 40 S., 8°.

Landesmann, Dr. Max, „Das Leben der Thermen mit besonderer Beziehung auf die warmen Schwefelquellen Badens.“ — Wien, 1836. — 104 S., 8°.

Weidmann, „Baden's Heilquellen in ihrer Anwendung bei der neuerbauten Mineral-Schwimm- und Bade-Anstalt.“ — Wien, 1851. — 26 S., 8°.

Sevegnani, Dr. Remigius, „Die neue Mineral-Schwimm- und Bade-Anstalt zu Baden nächst Wien,“ 2c. — Wien, 1853. (Zweite verm. Aufl.) — 29 S., 8°.

Abbildungen.

Grundriß des Badener Augustiner-Klosters, von 1735. (Genaue Kopie nach einem interessanten alten Originale, auf geglänzter Leinwand, in Groß-Doppel-Fol.)

Fünfundzwanzig kleine lithographisch ausgeführte Ansichten aus Baden und Umgebung. (Angefertigt in den Zwanziger Jahren.)

Der Altar in der Mariahilf-Kapelle im Helenenthal bei Baden. (Gez. von L. Ernst. Stahlstich von J. Hyrtl.) — Kl. 4°.

Bildniß Andreas Gattereber's, Pfarrer zu Abgersdorf, gest. 1848, (aufgebahrt). Bleistiftzeichnung von Fridrich. — (Gattereber war ein geborner Badener.)

Chronik der Vergangenheit.

Chronologische Nachweisungen zur Geschichte Baden's.

XV. Jahrhundert.

1413, 31. Juli, verkauft **Friedrich Eckhart von Leesdorf** mit **Peter Cholmans zu Baden Hand** — des Bergmeisters der geistl. Herrn zu **Gaming** — seinen Weingarten, gelegen in der **Engenaynod** an dem Satl und heißt „in dem Pluemstingl", dem Wagner **Michael zu Baden**.

Vgl. **Keiblinger**, a. a. O., II. 1. S. 447.

1414, am „Mitichen vor dem Heyl. Prechen Tag" beurkundet der Abt **Johannes zu Möll**, daß „der Edel Herr Herr Gorig der Stuchs von Trautmanstorff ... uns aufgesandt rc. Litterae feudales propter decimas quasdam in Paden. Und bath uns mit Vleis, das wir die vorgenanten zehent, dienst rc. verlihen dem Edlen Seyfriden dem Rizendorffer, und seinen Erben." rc.

Vgl. **Queber**, a. a. O., S. 100.

1415, 10. Jannar, verkauft **Hainrich Starckh von Sparbach** seines Herzog-lichen Lehens eine Gülte von 60 Pfenningen auf einem Hause zu „Paden", „zenechst **Perichtolts des Tesner** haws an ainem tail und zenechst **Chuenczen des Grundlein** haws an dem andern tail", dem **Stephann von Hohenberg** um 18 Pfund Wiener Pfenninge.

Vgl. „Blätter des Vereines für Landeskunde von Nieder-Oesterreich", 1869, S. 2.

1416, 19. Jannar, spricht **Albrecht V.**, Herzog zu Oesterreich, auf **Wilhelms des „Kreuspelhen"** Fürsprache, dessen früheres Lehengut, einen Weingarten, genannt „der unbeschaiden" (vgl. S. 101 d. Bl.) dem Augustiner-Kloster zu Baden als Allod zu.

Vgl. **Leber**, a. a. O., S. 154, Nr. 34. (Die Original-Urkunde auf Perga-ment, mit dem [zerbrochenen] Siegel des Herzogs befindet sich im **Badener Stadtarchiv**.)

1417 verkauft **Michael Wagner** „Burger zu Baaden" einen Wein-garten daselbst: „venditur quaedam vinea in Paden religioso viro **Aegidio Schrukenreiter**, custodi in monasterio Melli-censi". — „Versigelt mit des Ehrwürdigen geistlichen Herrn, Herrn **Lienhart's** dieczeit Prior ze Gemnikh anhangenden Insigl" rc.

Vgl. **Queber**, a. a. O., S. 102.

1420, 9. März, kauft Herzog Albrecht V. die Veste zu Baden (Burg „Haag"), sammt Maierhof, Gülten und Gütern, von Niklas Sebekh von Sebenstein, um 1470 Pfund Wr. Pfennige.

    Vgl. Lichnowsky, „Geschichte des Hauses Habsburg", Wien 1841, V. Th., Reg.-Nr. 1934 rc. — Desgl. „Berichte und Mitth. des Alterthumsvereines zu Wien." III. 61—62. — Vgl. auch S. 117 d. Bl.)

1428, 11. März, datiert Herzog Friedrich der Aeltere, „mit der leeren Tasche" (Tiroler Linie) eine Urkunde aus Baden.

    Vgl. Lichnowsky, a. a. O., V, Regest. 2626.

1433 verkaufen die Brüder Willibald und Weickard von Polhaim und Wartenberg an den Herzog Wilhelm von Oesterreich die Veste Rohr bei Baden (s. Seite 23 d. Bl.), sammt dem Orte um 1300 Pfund Pfennige.

    Vgl. Hohened, „Die löbl. Herrenstände des Erzherzogthums ob der Enns". Passau 1727—17. II, 127.

Des Kurfürsten von Sachsen Friedrich August, des Starken, Uebertritt zum Katholicismus.

Ein weithin bekanntes, zu Baden bei Wien vorgekommenes Ereigniß ist die im Jahre 1697 erfolgte Konversion des Kurfürsten von Sachsen Friedrich August I., welche ihm die Krone von Polen einbrachte. [1]

---

[1] Der ehrgeizige Fürst war besonders aus Letzterem Grunde — auf Antrieb der Jesuiten (vgl. des Jesuiten Ferdinand Huber „Flores", München 1747) — zur römisch-kath. Kirche übergetreten und hatte außerdem die Summe von 10 Millionen Thalern an die Wähler bezahlt. — (Friedrich August I., genannt der Starke, [als König von Polen: August II.] war der zweite Sohn des Kurfürsten von Sachsen Johann Georg III. und der dänischen Prinzessin Anna Sophia, und war geboren am 12. Mai 1670 zu Dresden. Frühzeitig entwickelten sich bei ihm — heißt es von demselben — die kraftvolle Bildung seines Körpers, die Kühnheit und Fassungsgabe seines Geistes. In ritterlichen Künsten und den Kriegswissenschaften unterrichtet, die er sich eben so leicht zu eigen machte, als alles Dasjenige, was zum Hofleben gehörte, ward er der Liebling seiner Eltern und des Hofes, ohne für die ernsten Aufgaben des Fürstenlebens vorbereitet zu werden. Von 1687 an nach der damaligen Sitte auf Reisen, um fremde Länder und auswärtige Höfe, vor allen denjenigen Ludwig's XIV. zu Paris und Versailles und den dort herrschenden Glanz despotischen Uebermuthes kennen zu lernen, besuchte er Holland, England, Spanien, Portugal, Ober-Italien und Ungarn, jedoch nur, um nach zwei Jahren eine verstärkte Genußsucht und Neigung zu einer großartigen und verschwenderischen Lebensweise in sein Stammland zurückzubringen. Nach dem Tode seines Vaters (1691) gieng er nach Wien und knüpfte hier mit dem römischen König Joseph einen, seine spätere Politik wesentlich beeinflußenden Freundschaftsbund. Das wenig brüderliche Verhältniß zu seinem regierenden Bruder Johann Georg IV. ließ ihn den Aufenthalt im Auslande vorziehen. Vermählt am 10. Januar 1693 mit Christine Eberhardine von Brandenburg-Kulmbach, trat er am 24. April 1694, nach seines Bruders unerwartetem Tode, die Regierung an und begab sich im Juni 1695 mit 8000 Mann Hilfstruppen nach Ungarn an die Spitze einer dort gegen die Türken aufgestellten kaiserl. Armee; er legte indeß nach dem Siege bei Olasch (27. August 1696)

Die authentischen näheren Einzelnheiten dieses Uebertrittes scheinen aber in weiteren Kreisen noch nicht vollständig bekannt zu sein. Ein paar der **Special-Schriften** über **Baden** brachten zwar das interessante **Badener Rathsprotokoll** darüber vom 8. August 1697, aber zwei andere wichtige Belege über die ganze Angelegenheit, die sich ebenfalls im **Badener Stadtarchiv** befinden, dürften noch nicht veröffentlicht und soviel als unbekannt sein. Es sind das erstens: ein lateinisch geschriebener gleichzeitiger **Bericht** über das geschichtliche Ereigniß, von geistlicher Hand, und Zweitens: die officiell über die erfolgte Konversion ausgestellte „Attestatio" der Bischöfe von **Raab** und von **Passau**. Beide Belege finden sich im **Urkunden-Manuskriptband des Badener Augustiner-Konvents** (s. Seite 81 d. Bl.) und es folgen dieselben hier im ganzen Wortlaut, mit beigesetzter Uebertragung in's Deutsche.

Vorausgeschickt sei jedoch der vollständige Wortlaut der Aufzeichnung des Badener Rathsprotokolles (Bd. V, Fol. 330) vom 8. August 1697:

„Demnach Ihre Churfürstlich Durchleucht **Friderich August** Churfürst zu Saxen, sich in die 3 Wochen lang alhir ser frölich divertiret, und unter andern sich auch zu weillen des Baads bedienet, und nachdem Er von hir hinweeg, ist erschollen, daß Er alhir durch seinen **Vötter Bischoffen zu Raab** alß auch **Herzogen zu Saxen** von dem Luterismo

---

ben Oberbefehl nieder und gieng nach **Wien**, wo er in die Reihe der acht oder neun Bewerber um die durch **Johann Sobieski's** Tod erledigte **Krone Polen's** trat. Durch ungeheuer hohe, an den polnischen Adel vertheilte, (mit Verpfändung von Theilen seines Erblandes aufgebrachte) Summen gelang es ihm, seine Nebenbuhler zu verdrängen, und nachdem er am 1. Juni 1697 zu **Baden** bei **Wien** zur katholischen Kirche übergetreten war, wurde er am 27. Juni von der stärkeren Partei auf dem polnischen Reichstage zum König gewählt, und vom Bischof von Cujavien am 15. September in **Krakau** gekrönt. — Im Bunde mit **Dänemark** und **Peter d. Gr.** von **Rußland** focht er unglücklich gegen **Karl XII.** von **Schweden**, wurde am 14. Februar 1704 vom polnischen Reichstag der Krone verlustig erklärt und mußte im Frieden von **Altranstädt** (24. September 1706) zu Gunsten des Woiwoden **Stanislaus Leszczynski** auf dieselbe verzichten. Nach **Karl's XII.** Niederlage bei **Poltawa** suchte er im Bunde mit dem Zaren die verlorene Krone durch die Waffen wieder zu gewinnen, erlangte aber erst nach **Karl's XII.** Tode (1718) durch einen Waffenstillstand mit Schweden dieselbe wieder und mußte die Nation durch den Reiz einer glänzenden, üppigen (sittenverderbenden und verschwenderischen) Hofhaltung, welche dem immer mehr ausgesogenen Kurlande schwere Opfer kostete, sich geneigt zu machen. Allerdings förderte er dadurch zugleich die Belebung der Kunst und Wissenschaft, für die ihn sein Streben nach höherem Lebensgenuß, sein feiner Geschmack und seine Prunksucht ein regeres Interesse gewinnen ließen. Namentlich verdankt ihm **Dresden** (wo er auch ein **Monument** hat) einen Theil seiner Kunstschätze und schönen Bauten. Des Königs Prachtliebe verleitete die Polen zur Nachahmung, und nun wurde Verschwendung herrschend und beschleunigte den Untergang Polen's. — Er starb am 1. Februar 1733 zu **Warschau** und hinterließ, außer **August III.**, der ihm folgte, eine große Anzahl außerehelicher Kinder (man sagt, nicht weniger als 352), darunter den Grafen **Moriz von Sachsen** (von der Gräfin **Königsmark**) und den Grafen **Rutowski** (von der Gräfin **Cosel**). Weltbekannt war **Friderich August's**, des **Starken**, außerordentliche Leibeskraft. Er zerbrach Hufeisen, drehte starke Eisenstangen wie Draht zusammen, bog Thalerstücke und hielt einen Trompeter, auf seiner flachen Hand sitzend, zum Fenster hinaus.)

absolvirt und Catholisch worden ist, welches in dem Spitall Gartten beschehen, wovon sonderlich Lorenz Paugger bürgl. Stattgarttner, alß dises Spitall Garttens bestandt Inhaber, und sein Garttner Gesöll Andreas Weichinger, einige wissenschafft haben. Alß werden Sye beede von der sachen beschaffenheit befraget.

Welche sagen, Es seye der Churfürst und der Bischoff etlichmall Frue umb: und vor 3 Uhr in ihren Spitall Gartten, ohne einzig bey sich habende Menschen gekhommen, spaziren gangen, und starkh miteinander geredet, nicht wissent daß wer im Gartten seye. Endlich am heil. Dreyfaltigkeit Sontag nach 3 Uhr Fruhe, khommen Sye widerumb, einzig und allein dahin, da der Paugger gesehen, daß der Churfürst vor dem Bischoff im Lusthauß herunten gekniet, und das Hochwürdige Gutt empfangen habe. Nach disem waren Sye noch etwas länger beisamben, und sodan wollen auß dem Gartten gehen, da Er den Paucker ersehen, und gefragt, wer Er seye, der geantwortt Ihre Churfürstl. Drchl. ich bin der Garttner, darauff der Churfürst gesagt, wan du von dem, was du etwan gesehen, etwas sagest, so ist mein Faust dein Todt; und gehet forth; der Gesöll habe gehört und gesehen, daß als der Churfürst am Freytag zuvor auß dem Gartten gehen wollen, seye Er wider zuruckhe gangen und gesagt, ich muß noch was beichten.

Besagten heil. Dreifaltigkeit Sontag hat Er in Ersagten Gartten gespeiset und sich sehr frölich bezeuget, anderten tags darauff ist Er zum Kayßer nach Lazenburg in Einer Kalleße gefahren. Der große Gott seegne weitter disen Potentaten, Allermaßen Er unverhofft mit Jedermäniglichs Verwunderung Nachgehents zum König von Pollen erwölt worden ist." [1]

(Auch das Badener „Gedenckhbuch" von 1683 sagt Folio 4: „Anno 1697. Nachdem der Churfürst von Sazen, dem römischen Kayßer gutte Dienste Wider den Türckhen durch 2 Jahr hero praestiret, [2] Ist Er allhir zu Baaden Catholisch: und darauff zum König in Pollen erwöhlt und Fridericus Augustus Secundus genent worden;

Eß ware auch neben disem König der Prinz Conti auß Franckhreich zum König in Pollen eligiret, und desstwegen in selbigen Königreich große Unainigkeit, Sazen aber hat die sach behauptet.)

Der im Urkunden-Manuskripte des Badener Augustiner Konvents (Lib. A. pag. 192) enthaltene Bericht — welcher Manches im oben mitgetheilten Rathsprotokoll Enthaltene auch zugleich berichtigt und ergänzt — lautet:

---

[1] Noch im Anfang der 30er Jahre war das oben erwähnte Lusthaus im Garten des Bürgerspitales (jetzt Perger'scher Garten) vorhanden, und es hieng darin — in schlechter alter Malerei — das Bildniß des Kurfürsten, welches der Verf. d. Blätter als Knabe oft gesehen.

[2] Vgl. Arneth, „Bericht des Churfürsten Friedrich August von Sachsen an Kaiser Leopold I. über den Feldzug des Jahres 1696 gegen die Türken." (Im „Archiv für Kunde österreichischer Geschichtsquellen," von der kaiserl. Akademie der Wissenschaften zu Wien. Bd. XII.)

„Dessidentibus Poloniae Proceribus de eligendo Rege, Baadam se contulit Serenissimus Fridericus Augustus Dei gratia Princeps Elector et Dux Saxoniae, ac frequentavit tum thermas Marianas, tum thermarum ducalium Scaturiginem.

„Hunc visitavit, et de fide Catholica ardentius cogitantem convenit saepius Serenissimus et Reverendissimus Christianus Augustus, Dei gratia Episcopus Jaurinensis et Dux Saxoniae. Colloquebantur ambo soli saepius in Conventu nostro, in hortis, in via ascendentes per montem ad sacellum, in quo Christus Crucifixus, medius inter latrones, exstat, ubi Princeps Elector perspectam Lutheri haeresin relinquere atque fidem Catholicam amplecti, in ea pro eaque mori decrevit. Mox confessionem ex tunc inceptam, in descensu, in horto Hospitalis lacrymans spectante sub arboribus hortulano continuavit. Interim Episcopus ingenti perfusus laetitia primo Junii in sacello nostro Lauretano pro felici successu piissimi negotii Sacrosanctum Missae Sacrificium peregit. Postero die, id est in festo Sanctissimae Trinitatis, summo mane in Domo Domini Joannis Stainer, quae fuit ipsius Episcopi residentia,[1] poenitens Dux ab haeresi ac ab omni peccato absolutus, nec non e manibus Episcopi Sacra Communione refectus fuit. Itaque, quemadmodum primus in Saxonia lutheranae pestis fautor Dux Fridericus fuit, ita qui rursus hanc haeresim abjuraret atque ad fidem Catholicam rediret, Clementissimus

„Während die Stände Polen's bezüglich der Wahl eines Königs uneins waren, begab sich der durchlauchtigste Herr Friedrich August, von Gottes Gnaden Churfürst u. Herzog von Sachsen nach Baden, und gebrauchte theils das Marien-(Frauen-)Bad, theils die Quelle der Herzogbäder.

„Ihn besuchte der durchlauchtigste Hochwürdigste Herr Christian August, von Gottes Gnaden Bischof von Raab und Herzog von Sachsen, und kam mit ihm öfter zusammen, da er bereits über den katholischen Glauben eindringlicher nachdachte. Beide besprachen sich öfter allein in unserem Konvente, in den Gärten und auch indem sie auf dem Wege über den Berg zur Kapelle hinaufstiegen, wo sich Christus der Gekreuzigte mitten zwischen den Schächern befindet; und dort faßte der Churfürst den Entschluß, die als Ketzerei erkannte Lehre Luther's zu verlassen, den katholischen Glauben anzunehmen und in demselben und für denselben zu sterben. Diesen daselbst gefaßten Entschluß wiederholte er dann, nachdem er herab gestiegen war, unter Thränen im Spitalgarten, während der Gärtner zwischen den Bäumen zusah. Inzwischen brachte der Bischof, von ungeheurer Freude erfüllt, am 1. Juni in unserer lauretanischen Kapelle für den glücklichen Erfolg dieses so frommen Werkes das hochheilige Meßopfer dar. Tags darauf, nämlich am Feste der heiligsten Dreifaltigkeit, am frühesten Morgen, wurde im Hause des Herrn Johann Stainer,[1] welches die Wohnung des Bischofs war, der reuevolle Herzog von der Ketzerei und allen Sünden losgesprochen und aus der Hand des Bischofs mit der heiligen Kom-

---

[1] Johann Stainer war von 1681 bis 1687 Stadtrichter in Baden.

Deus alium Fridericum e Ducibus Saxoniae sibi elegit.

„Hoc peracto Dux Fridericus novus in Ecclesia militante commilito Laxenburgum ad Caesaream Majestatem pergens, conversionem intimavit, atque mentem circa Coronam et regiam Poloniae dignitatem aperuit. Episcopus vero pro tam potenti opere manus Divinae, debitas gratias acturus ad Ecclesiam nostram claustralem se contulit, atque spectante Viennensis nobilitatis multitudine, cantantibus in choro Religiosis litanias lauretanas, ingenti populi aedificatione, Zelosa pietate ac exhilarante spiritus ardore celebravit.“

munion gestärkt. Und somit, wie der erste Schützer des lutherischen Unheils in Sachsen ein Herzog Friedrich war, so war es jetzt wieder aus den sächsischen Herzogen ein anderer Friedrich, den sich der barmherzige Gott auserwählte, daß er diese Ketzerei abschwöre und zum katholischen Glauben zurückkehre.

„Nachdem dies geschehen war, begab sich der Herzog Friedrich, der neue Kämpfer in der streitenden Kirche, nach Laxenburg zu Sr. Majestät dem Kaiser, zeigte seinen Religions-Uebertritt an und eröffnete seine Gesinnung hinsichtlich der Krone und Königswürde von Polen. Der Bischof aber, um für dieses so hochwichtige Werk der Hand des Herrn den gebührenden Dank darzubringen, verfügte sich in unsere Klosterkirche, und in Gegenwart einer Menge des Adels aus Wien hielt er, unter dem Gesange der Mönche auf dem Chore, zur großen Erbauung des Volkes mit begeistertem Eifer und glühender Freude des Herzens feierlich die lauretanische Litanei.“

Die ebenda pag. 193 eingezeichnete „Attestatio“ der Bischöfe von Raab und von Passau lautet:

„Attestatio.“

„Quam dedit Christianus Augustus Episcopus Jaurinensis, et Joannes Philippus Episcopus Passaviensis pro tunc Caesareus Ablegatus in Poloniam, intuitu congregandorum votorum ex Caesareo mandato pro Friderico Augusto, Duce et Electore Saxoniae, monstravit Nuntio Apostolico, atque aliis Poloniae Magnatibus.“

„Omnibus et singulis praesentes hasce litteras nostras visuris seu legi audituris notum facimus et attestamur, quod Sere-

„Erklärung,

welche Christian August, Bischof von Raab und Johann Philipp, Bischof von Passau, damals kaiserlicher Ablegat für Polen ausstellte, um dem kaiserlichen Befehle gemäß die Stimmen auf Friedrich August, Herzog und Churfürst von Sachsen, zu vereinigen; auch wurde sie dem apostolischen Nuntius und anderen polnischen Magnaten vorgewiesen.

„Allen und Jeglichen, welche diesen unseren Brief sehen werden oder lesen hören, thun wir kund und bezeugen, daß der durchlauchtigste Herr

nissimus Priuceps, Dominus F r i -
d e r i c u s A u g u s t u s Elector
Saxoniae etc. Dominus Cognatus
noster dilectissimus et honora-
tissimus, hodie, scilicet in festo
Sanctissimae Trinitatis secundo
die mensis Junii 1697 ab omni
haeresi et peccato, Apostolica
nobis concessa facultate a nobis
absolutus, et juxta Concilii Tri-
dentini decretum, abjurato Lu-
theranismo, in manibusque nostris professione fidei emissa, Ro-
manam, Catholicam, unam Salvi-
facamque Religiouem amplexus
fuerit, Sacramque Communionem
secundum Ecclesiae Catholicae
praescriptum morem debita cum
magna reverentia et devotione
ex manibus nostris sumpserit,
in quorum fidem praesentes propria mauu subscriptas sigillo nostro communivimus.

„Datum B a a d a e i n A u s t r i a,
anno et die ut supra.“

„Christianus Augustus,
Episcopus Jaurinensis Dux Saxoniae.

„Praesens attestatum esse genu-
inum et authenticum manu ipsiusmet
Serenissimi Principis C h r i s t i a n i
A u g u s t i Episcopi Jaurinensis mihi
probe nota conscriptum, manuque
propria et sigillo proprio confirmo.“

„Ego I. A.,
Arch. Thebarum, Nuntius Aposto-
licus Poloniae.“

F r i e d r i ch A u g u ſt, Churfürſt
von Sachſen ꝛc., unſer vielgeliebter
und ſehr geehrter Herr Verwandter,
heute, nämlich am Feſte der heilig=
ſten Dreifaltigkeit, den zweiten Tag
des Monats Juni 1697, Kraft der
uns verliehenen apoſtoliſchen Voll=
macht, von uns von aller Ketzerei
und Sünde abſolvirt worden und
daß er gemäß dem Dekrete des
Koncils von Trient nach Abſchwö=
rung des Lutherthums und nachdem
er in unſere Hände das Glaubens=
bekenntniß ablegte, den römiſch=
katholiſchen allein ſelig machenden
Glauben annahm und daß er die
heil. Kommunion nach der in der
katholiſchen Kirche vorgeſchriebenen
Weiſe mit gebührender Andacht und
großer Demuth aus unſeren Hän=
den empfangen habe. Urkund deſſen
haben wir Gegenwärtiges mit un=
ſerer eigenen Hand unterfertigt und
mit unſerem Siegel bekräftigt.

Gegeben zu B a d e n in Oeſter=
r e i ch, Jahr und Tag wie oben.

Chriſtian Auguſt,
Biſchof von Raab, Herzog von Sachſen.

Daß gegenwärtige Erklärung echt
und authentiſch und von des durch=
lauchtigſten Fürſten C h r i ſt i a n A u=
g u ſt, Biſchofs von Raab eigener Hand=
ſchrift, die ich genau kenne, geſchrieben
worden ſei, beſtätige ich durch meine
eigenhändige Unterſchrift u. mein eige=
nes Siegel.

„Ich I. A.,
Erzbiſchof von Theben,
apoſtoliſcher Nuntius von Polen.“

(Schluß folgt.)

Die Urkunden des Badener Stadtarchivs.

VII.
Außlieferung der Tyrkhen betreffendt. 1699.

Die Auswechslung der während des Türkenkrieges im Jahre 1683 — bei welchem auch Baden so arg in Mitleidenschaft gezogen worden — beiderseits gemachten Gefangenen hatte noch zu Ende des XVII. Jahrhunderts nicht ihr Ende erreicht. Das Badener Stadtarchiv bewahrt die nachfolgende (schon S. 197 erwähnte) interessante Original = Urkunde darüber, nämlich ein an den Magistrat der Stadt Baden gerichtetes kaiserliches Schreiben.

Leopold von Gottes gnaden Erwöhlter Röm: Kayßer, zu Hungarn und Bohaimb König, Erzherzog zu Österreich etc.

Getreüe Liebe: Demnach man im Werkh begriffen ist, die bey denen Türkhen gefangene Christen gegen die Türkhen, so bey denen Christen sich gefangen befinden, außwechslen zulaßen, und dahero Wür gnädigist befohlen, daß sothanne gefangene Türkhen, welche sowohl in Vöstungen, alß bey unterschidlichen particularen in Dero Erb Königreich und Landen sich befindten, conscribiert und, waß conditions sie seyen, aufgezaignet, sodann aber dise conscription, damit die außwechßlung secundum numerum et qualitatem veranstaltet werden Khönne, eingegeben werden solle;

Alß befehlen Wür Euch hiemit gnädigist, und wollen, daß Jhr dises alda unverlengt publiciren, von denen Jnwohnern ein specification der bey Jhnen etwa verhandtenen Türkhischen Mann und Weibs Persohnen, so den Christl: glauben nicht angenohmen, sondern noch Türkhisch: und waß conditions dieselbe seyen, alsogleich abfordern: und solche Unserer N: Ö: Regierung ganz fürderfamb einschikhen sollet. Andeme vollziehet Jhr Unsern gnädigisten Willen und Mainung.

Geben in Unserer Stadt Wienn den achtund zweinzigisten Januarii im Sechzehenhundert Neün und Neünzigisten, Unserer Reiche deß Röm: im ain und Vierzigisten, deß Hungar: im Vier und Vierzigisten, und deß Böhaimb: im Drey und Vierzigisten Jahr.

Ferdinandt Karl Gf. u. H. v. Welz m. p.,
als Stadthalderamts Verwalter.

                               Commissio Domini Elect. Imperatoris
                                         in Consilio:

Maz v. Salla m. p.,
Canzler.

                                 Ferdinandt Joseph Mägerl
                                     von Wegleitten m. p.

                                  Georg Frid. Schickh Dr. m. p.

Lit. claus. — Kl.=Folio=Papierbogen mit Wasserzeichen. Mittleres kaiserl. Siegel auf rothem Wachs über Papier und schmalen Pergament=Streifen. — Adreß=Aufschrift: Unserm Getreuen Lieben N. Richter und Rath Unserer Statt Baaden. — Ex offo. — Darunter (von der Hand des Stadtschreibers): Praes. 12. Febr. 1699. Außlifferung der Tyrkhen betreffendt. — Nr. 78.

Badener Memorabilien.

IX. Die Pest in Baden und Umgebung. 1713.

Die maffenmörderifche Peft hatte fich in Baden fchon in den Jahren 1562 (zu welcher Zeit die Gefchichte mit dem „Reichenfämann" [Böheim, „Chronik von Wr. Neuftadt" (Wien 1863) I, 199] fich ereignete, dann 1613, 1644 und 1691 (vielleicht auch fchon 1349) gezeigt. Im Jahre 1713 war fie von Wien her eingefchleppt, wo die fchreckliche Krankheit fchon 1712 durch eine arme Schwäbin, die aus Totis in Ungarn kam, in entfetzlicher Weife aus-gebrochen war. (Vgl. Gräffer, „Wiener Dofenftücke" [Wien 1852], I, 248).

Das „Sterbbuch" der Pfarre Baden enthält (Bd. II) die folgenden ausführlichen Nachweifungen über den Verluft, welchen Baden und die Umgebung der Stadt damals erlitten.

Notandum,

daß in diefem Jahr (1713), ohne die oben specificirte, von dem 16. April biß zu End Octobris an der Laydigen Contagion ge-ftorben feint folgende.

Alß:

In urbe. 1. Herr Leonard Haller deß Innern Rath, und Handelß Mann, alt 57 Jahr.

In suburbio. 2. Paul Fritz, burgl. Kürfchnermeifter, alt 46 J. — 3. Elifabetha, fein Eheweib, alt 44 J. — 3.(a) Eva Maria, feine Tochter, alt 19 J. — 4. Juliana, feine Tochter, alt 8 J. — 5. Mathias, fein Sohn, alt 6 J. — 6. Jacob, fein Sohn, alt 4 J. In Johann Kohlftauben, burgl. Schneidermeifters Haus: 7. Der Haus Patron, alt 46 J. — 8. Anna Barbara, fein Weib, alt 36 J. — 9. Maria Anna, feine Tochter, alt 7 J. — 10. Elifabetha, feine Tochter, alt 3 J. — 11. Johann Cafpar, fein Söhnlein, alt 3 Wochen. — 12. Ein Weib fo ihnen gewart, nahmens Maria. — 13. Item noch eine Wartherin Urfula. — 14. Hans Dorn, ein Innman, alt 34 J. — 15. Margaretha, fein Weib, alt 32 J. — 16. Ein Sohn diefes Dorn, Jofeph, alt 4 J. — 17. Item ein Töchterl Maria, alt 2 J. — 18. Ein abgedanckhter Soldat, deffen nahm und alter unwiffent. — 19 . . . — 20. Helena Schüßlin (Schieftl), burgl. Färberin, alt 46 J. (Vgl. S. 219 d. Bl.) — 21. Barbara, ihre Tochter, alt 21 J.

Aus deß Michael Wiemer, burgl. Leygeb feinem Haus bey der Schiefhütten: 22. Elifabetha Hölzerin, eine Landgutfcherin, alt 43 J. — 23. Elifabetha, ihre Tochter, alt 16 J. — 24. Maria Anna, ihre Tochter, alt 7 J. — 25. Johann Georg, ein Sohn, alt 4 J. — 26. Johanna, eine Tochter, alt 2 J. — 27. Maria, ein Töchterl, alt 6 Tág. — 28. Ibidem ein Innweib, Catharina Pefendorfferin, 48 J. alt. — 29. Mathiaß Göttl, burgl. Bindermeifter, alt 28 J. — 30. Ulrich Althaufer, ein burgl. Schuhemacher, alt 49 J. — 31. Paulus fein Sohn, alt 7 J. — 32. Ein Wartherin, d. Nahme unbekandt, bey 51 J.

Aus des Caspar Pürckhart Haus: 33. Elisabetha Zäntschin eines Landgutschers Weib, alt 40 J. — 34. Justina, ihr Tochter, alt 12 J. — 35. Elisabetha auch ihr Tochter, alt 9 J. — 36. Ibidem ein Innweib Maria, alt 40 J. — 37. Item ein Innweib Agneß, alt 38 J. —

Aus deß Hanß Stocker Haus: 38. Maria Rigelbäurin, alt 50 J. — 39. Anna, Ihre Tochter, alt 17 J. — 40. Maria Schäfferin ein Dienstmensch bey dem Andre Kohler, burgl. Landgutscher, alt 20 J.

Aus deß Frantz Neüberger, burgl. Riemermeisters Haus bey dem Bach: 41. Maria Schöpflin seine Stieftochter, alt 18 J. — 42. Catharina Ferbein, ein Innweib, alt 52 J. — 42.(a) Magdalena deren Tochter, alt 20 J. —

Aus deß Mathiaß Becken Haus: 43. Er selbst, alt 46 J. — 44. Catharina, sein Weib, alt 50 J. — 45. Paulus, sein Sohn, alt 12 J. — 46. Hanß Winckhler, alt 17 J., und 47. Sebastian Winckhler, alt 24 J., beide Stiefsöhn. — 48. Frantz Gässler, ein armer Innmann, alt 65 J. — 49. Catharina, sein Weib, alt 58 J. — 50. Friderich Haintzl ein Burger, alt 59 J. — 51. Magdalena seine Tochter, alt 17 J. — 52. Maria seine Tochter, alt 14 J. —

In urbe: 53. Georg Paternoster. — 54. Stephan Klamminger burgl. Landgutscher, alt 48 J. — 54.(a) Frantz, sein Sohn, alt 18 J. —

Aus Mathiaß Rampel, ein burgl. Hauer, seinem Haus: 55. Mathiaß Rampel, alt 47 J. — 56. Margaretha, sein Weib, alt 52 J. — 57. Anna Maria, eine Tochter, alt 20 J. — 58. Barbara ein Tochter, alt 5 J. — 59. Anna Maria, ein Dienstmensch, alt 24 J. — 60. Apolonia Pachmayrin ein Innweib, alt 59 J. — 61. Catharina Ihre Tochter, alt 25 J. — 62. Ein armer Innmann, dessen Nahmen und Alter unbekannt. —

In urbe: 63. Juliana Ganglin, eine burgl. Binders Tochter, alt 24 J. — 64. Item Ihre Schwester, alt 26 J. — 65. Deß Ferdinand Wagner, burgl. Klampferer seine Stiefftochter, alt 15 J. — 66. Mathiaß Uchinger ein Zieh-Kindt bey Hrn. Johann Frantz Gruner Stattschreiber, alt 8 J. — 67. Bey Mathias Wagnerburg ist ein Knäblein von Wien, N. N., gestorben, alt 8 J. —

Von denen Lazareth bedienten seint gestorben, in dem untern Lazareth: 68. Hanß Fuhrmann, ein Siech-Knecht, alt 40 J. — 69. Magdalena, sein Weib, alt 36 J. — 70. Catharina Warterin, des Simon Warter, eines Siech-Knechts sein Weib, alt 42 J. — 71. Deß Georg Prillinger, eines Zutrager sein Weib, Catharina, alt 54 J. —

In dem obern Lazareth, wo die Geistlich und Arzt gewohnt, ist gestorben: 72. der Wohlehrw. geistl. und wohlgelehrte Herr Michael Scheltz, welcher, da er kaum 14 Tag ist exponirt gewesen, victima charitatis worden.

In dem Contumaß-Hauß seint noch zur Letzt gestorben beyde berühmbte und wohlmeritirte Männer: 73. A. R. D. Wolffgang Joseph Knöpff, welcher aus Bayrn kommend sich freywillig exponirt gehabt. 74. Und Hr. Franz Daniel Wilßka von Turban aus Böhmen gebürtig, und ein solcher arzt, daß er denen mehresten mit seinem großen Fleiß und guther medicin aufgeholffen, und gleichwohl zu Letzt den schluß machen müssen.

Summa (mit Einrechnung der Doppelzahlen) 77 Personen.

In denen angehörigen Dörffern, alß Rohr und Praitten (Quarientische). [1])

1. Catharina deß Urban Lehner, eines nachbarn, sein Weib, alt 40 J. — 2. Mathias sein Sohn, alt 22 J. — 3. Johannes, auch sein Sohn, alt 14 J. — 4. Catharina, deß Mathias Lehner sein Weib, alt 19 J. — 5. sambt ihrem Kindt, alt 3 Tag. —

Aus deß Georg Will, eines nachbar, seinem Hauß: 6. Elisabetha, filia, alt 17 J. — 7. Maria Eva, ein Tochter, alt 12 J. — 8. Anna Maria, ein Tochter, alt 9 J. — 9. Franz, ein Sohn, alt 2 J. — 10. Barbara, ein Dienstmensch, alt 20 J. — 11. Maria Apoldin, eine Nachbarin und Witib, alt 45 J. — 12. Maria, Ihre Tochter, alt 19 J. — 13. Simon Mayr, ein Innmann dieses Hauses, alt, 48 J. — 14. Maria, sein Weib, alt 40 J. — 15. Margaretha, seine Tochter, alt 19 J.

16. Jakob Peltzhofer, ein Nachbar, alt 45 J. — 17. Eva, sein Weib, alt 40 J. — 18. Christian, sein Sohn, alt 17 J. — 19. Maria, ein Tochter, alt 14 J. — 20. Eva, ein Tochter, alt 9 Jahr.

21. Eva, deß Jacob Huether Tochter, alt 16 J. — 22. Anna, auch ein Tochter, alt 10 J.

23. Alla, deß Leonhart Gallbrunner, eines Nachbarn Kindt, alt 6 J. —

Zu Rauchenstain.

24. Maria, ein Dienstmensch bey Hans Freytag, einem Hauer, alt 18 J. — 25. Aus deß Hans Gunhold Hauß ein Dienstmensch Barbara, alt 14 J. — 26. Aus deß Blasy Pernstaller Haus ein Dienst Mädl, alt 13 J. — 27. Aus deß Martin Lehner seinem Haus: Maria, ein Tochter, alt 14 J. — 28. Joannes, ein Sohn, alt 8 J. — Aus des Michael Lehner Haus: 29. Der Hauswirth zum Ersten, alt 40 J. — 30. Sein Weib, alt 34 J. — 31. Ein Sohn, alt 12 J. — 32. Item ein Sohn, alt 7 Tag. — 33. Item ein Tochter, alt 4 J.

In dem alten Schloß Rauchenstain.

34. Ein Innmann, welcher Zieh-Knecht gewesen, alt 50 J. — 35. Sein Weib, alt 48 J. — 36. Sein Tochter, alt 9 J. — 37. Sein Sohn, alt 7 J. — 38. Ibidem: Ein abgedanchter Soldat, alt 70 J. — 39. Die

---

[1]) Franz Anton Coler von Cuarient und Raal, k. k. Hofrath, war damals Besitzer der vereinigten Herrschaften Rauhenstein, Rauhenec, Weilersdorf, Beßten Rohr und Sauerhof.

halterin, alt 36 J. — 40. Ein Sohn, alt 4 J. — 41. Item ein Töchterl, alt 2 J. — 42. Ein Innweib bey Michael Lehner, alt 42 J. — 43. Dero Söhnl, alt 7 J. — 44. Item ein Töchterl, alt 4 J.

Auf dem Anger. [1])

45. Des Nachtwachters Sohn, alt 10 J. — 46. Deß Michael Pilzinger Tochter, alt 10 J. — 47. Item auch der Vater, alt 40 J. — 48. Des Wirths im Sauerhof sein Dienstmensch, alt 14 J.

In dem Posthof. [2])

49. Caspar Kolb ein Tischler, alt 47 J. — 50. Barbara, sein Weib, alt 36 J. — 51. Jacob, sein Sohn, alt 14 J. — 52. Catharina, ein Tochter, alt 10 J.

In der Filial Pfaffstötten seint folgende an der Contagion gestorben:

Von dem 25. May biß 18. Septembris.

42 Personen (die mit Namen angeführt erscheinen): 18 Männer und Buben (darunter zwei Todtengräber) und 24 Frauen und Jungfrauen, (im Ganzen darunter 13 Kinder.)

In der Filial Soß.

seint in allem gestorben 3 Personen,

Summa Pfaffstötten und Soß: 45 Personen.

Summa Summarum, deren so in der Pfarr Baden an der Pest-Kranckhheith gestorben:

161 (wie das Pfarrbuch sagt, eigentlich aber, nach genauer Zählung 174) Personen.

(Ueber das mit der Pest in Baden zusammenhängende Gutensteiner Votivbild wird später in diesen Blättern das Nähere mitgetheilt; über die Denkmünze auf die Grundsteinlegung zur Dreifaltigkeitssäule [Pestsäule] auf dem Hauptplatz, vgl. S. 117 d. Bl.)

Zur Badener Familien-Chronik.

III. Die Familie Schiestl.

Eine der älteren mehr hervorgetretenen Badener Familien ist auch die Färber-Familie Schiestl.

Der im Jahre 1680 zu Sterzing in Tirol — wo sein Vater, Johann Schiestl, Färbermeister gewesen — geborene Leopold Sch. war gegen Ende des XVII. Jahrhunderts nach Baden gekommen, woselbst er am 24. Januar 1700 die Witwe des angesehenen Badener Färbermeisters

---

[1]) In der Gemeinde Weikersdorf, wo das „Helfer"-Wirthshaus (gegenwärtig Urban) steht.

[2]) Gutenbrunn. (Wurde früher auch der „Posthof" genannt, weil von 1609—81 die Herrschaft der kais. Postmeister Freiherr von Boljogen zu Neuhaus besaß.)

Lorenz Stierbeck heirathete und zugleich das Geschäft — in demselben Hause an der Ecke der Antons- und Annagasse, wo es sich noch heute befindet — übernahm. Seine Gattin Helene (geb. 1667) starb aber bereits 1713 an der Pest. In demselben Jahre machte Leopold Sch., am 9. Juli, bei der Pfarrkirche zu Baden eine Stiftung von 300 fl., laut welcher von den Interessen dieser Summe — für sich und seine Freundschaft — jährlich am 26. März und 18. August eine Messe gelesen, und am 8. Juli und 16. November ein Seelenamt abgehalten werden soll. (Vgl. Badener „Gedenkbuch" ꝛc., Fol. 51.) — Schon am 23. Januar 1714 gieng derselbe eine zweite Ehe ein, indem er sich mit Barbara, Tochter des Badener Glasermeisters und Rathes Melchior Püchler vermählte, welche zweite Gattin (geb. 1687) am 24. Oktober 1752 starb. Leopold Sch. starb am 21. September 1738 und hinterließ 5 Söhne und 4 Töchter.

Des Letzteren zweites Kind, Joseph Sch., (geb. 26. Februar 1718) erlernte des Vaters Gewerbe und führte das Färbergeschäft in gedeihlicher Weise fort. Derselbe war ebenfalls zweimal vermählt, und er hatte mit der ersten Frau, Anna Maria, (geb. 1727, gest. 1752), zwei Söhne und eine Tochter, mit der zweiten Frau, Ursula, vier Söhne und acht Töchter. Er starb am 28. Juli 1784.

Das eilfte Kind der Letzteren, Johann Michael Sch., (geb. am 23. August 1767), widmete sich dem Geschäfte des Vaters und vermählte sich mit Barbara, der (am 8. November 1768 geborenen) Tochter des Badener Schmiedmeisters Trenbl, welche am 26. August 1849 starb und mit welcher er vier Söhne und fünf Töchter hatte. [1]) Der Färbermeister Johann Michael Sch., erwarb sich Verdienste um das Gemeinwesen (er war 1807 von der Landesregierung zum „Vogteykommissär bei der l. f. Pfarre zu Baden" und 1816 vom Magistrat der Stadt Baden zum Kommissär des Leinweber-Handwerks ernannt worden) und wurde zuerst zum Ausschuß und später zum Magistratsrath gewählt. Er starb am 10. April 1851.

Der älteste von Johann Michael Sch.'s vier Söhnen, Joseph, geb. 3. Ott. 1794, der 1816—1817 auf der Wanderschaft Oesterreich und Deutschland durchzogen hatte, führte nach dem Tode seines Vaters gemeinschaftlich mit dem dritten Sohne, Karl, geb. 1804 das väterliche Geschäft — bis zur Zurücklegung desselben 1869 — rührig fort. Beide starben unverheirathet, der Erstere (der von 1841—1853 auch städtischer Feuerkommissär gewesen) am 26. Juli 1876, und Letzterer am 4. Januar 1880. Der Letztere bestimmte in seinem Testamente für das Badener Armen-Institut, ferner für das Bürgerspital, sowie für das Spital für strophulöse Kinder und für die Kleinkinder-Bewahranstalt je 100 fl. als Legat.

Der zweite Sohn Johann Michael Sch.'s, der am 30. Nov. 1795 geborene Michael Sch., welcher ebenfalls das Färberhandwerk erlernt hatte, wurde — nach einer Wanderschaft durch Oesterreich und Deutschland in den Jahren 1818 und 1819 — Färbermeister in Fischamend, und vermählte

---

[1]) Die alte Frau war in ihren letzten Lebensjahren erblindet, ist aber dabei so thätig geblieben, daß sie noch drei „Stück" Leinwand gesponnen hat — wie eine Familien-Aufzeichnung berichtet und wie noch vorhandene Theile ihrer Arbeit beweisen.

sich mit Anna, der Tochter des Badener Müllermeisters Mugitsch (von der „Annamühle"), welche aber — nachdem sie ihm drei Söhne geboren — starb, worauf er sich mit Theresia Seidl aus Schwechat verheirathete, mit welcher er drei Söhne und eine Tochter hatte. Derselbe starb, im Alter von 52 Jahren, zu Fischamend am 21. September 1847.

Sein am 27. Februar 1838 zu Fischamend geborener Sohn Johann, der sich ebenfalls dem Färberhandwerk zugewendet hatte, war in das altrenommierte Geschäft der Brüder seines Vaters nach Baden gekommen, welches er (bei den veränderten Geschäftsverhältnissen) als Muster-Vordruckerei strebsam fortführt. Derselbe ist mit Marie Rücker, geb. am 21. Sept. 1844 zu Freiwalde in Preußisch-Schlesien, vermählt und hat mit derselben zwei Söhne und eine Tochter.

Der vierte Sohn Johann Michael Sch.'s, der am 1. Mai 1808 geborene Anton Sch., (s. Seite 13 und 140 d. Bl.) widmete sich den Studien und dem geistlichen Stande. Nachdem er die Schule in Baden und im Jahre 1819 die dritte Klasse der Normal-Hauptschule bei St. Anna in Wien, als Vorbereitungsklasse zum Eintritt in's Gymnasium, besucht und die zwei Jahrgänge der Philosophie absolviert hatte, vollendete er als Zögling des fürsterzbischöflichen Alumnates in Wien die vier Jahre der theologischen Studien an der Wiener Hochschule, mit bestem Erfolg. Am 17. Juli 1831 wurde Anton Sch. vom Erzbischof Graf Firmian zum Priester geweiht und seit dieser Zeit ist derselbe ununterbrochen in der Seelsorge angestellt. Vom August 1831 bis November 1833 war er Kooperator zu Pernitz bei Gutenstein — einer äußerst beschwerlichen Station, wo er oft bei Versehgängen einen Weg von 3½ Stunden über steile Berge zurücklegen mußte; desgleichen vom November 1833 bis December 1836 zu Penzing nächst Wien. Von da an bis März 1849 — also durch 12 Jahre und einige Monate fungierte er als Cooperator in der Patronats-Pfarre zu St. Joseph in der Wiener Vorstadt Margarethen — lauter Stationen, in welchen die Seelsorge sehr beschwerlich und anstrengend ist; und endlich — seit dieser Zeit bis jetzt, also gegen 32 Jahre — ist derselbe als Kurat-Beneficiat bei St. Peter in Wien angestellt. Anton Sch., welcher für seine in wahrem Sinne pflichtgetreue und verdienstliche Berufsthätigkeit, mit dem Titel und der Würde eines fürsterzbischöflichen geistlichen Rathes ausgezeichnet worden ist, wird also — noch in voller Rüstigkeit — die Freude haben, am 17. Juli 1881 sein 50jähriges Priester-Jubiläum zu feiern. — Aber auch außer seinem eifrigst, doch fern von allem Zelotismus ausgeübten geistlichen Berufe bethätigte er seinen auf alles Hohe und Edle lebendig gerichteten Sinn. Eine Sammlung von ganz guten alten Gemälden, sowie von vielen hunderten vortrefflicher stereoskopischer Ansichtsbilder aus der ganzen Welt, und besonders auch eine werthvolle Sammlung von musikalischen Instrumenten sind sprechendes Zeugniß dafür. Längere Zeit beschäftigte er sich auch in ernst-wissenschaftlicher Weise mit dem Studium der Astronomie, wozu er sich einen kostbaren großen Tubus anschaffte, welchen er später der Wiener Universität zum Geschenk gemacht. Auch einige bedeutende Herstellungen wurden durch ihn und auf seine Kosten veranlaßt, so die transparente Uhr an der Kirche bei St. Peter zu Wien, und ebenso im Jahre 1870 das große eiserne Kruzifix im Mittelpunkt des neuen städtischen Friedhofs in seiner Vaterstadt Baden. Sein Geburtsort soll aber — wie bestimmt verlautet — auch noch eine andere bleibende Zierde durch ihn zu erwarten haben; es sollen nämlich die gegen Süden zu gelegenen Fenster der Pfarrkirche durch ihn den Schmuck von Glasgemälden erhalten, wie ihn die Fenster des Presbyteriums seit diesem Frühlinge bereits haben. Hoffentlich wird der würdige Priester das Fest seines 50jährigen Priester-Jubiläums im nächsten Jahre, bereits umstrahlt von dem durch ihn geschaffenen, ihn herrlichst verewigenden Schmuck, begehen — in demselben Gottestempel seiner von ihm so sehr geliebten Vaterstadt, in welchem er am 24. Juli 1831 seine Primiz gefeiert.

Folgende Stammtafel der Familie Schiestl mag zur deutlicheren Uebersicht dienen:

Johann Schiestl,
um 1680 Färbermeister zu Sterzing in Tirol.

Leopold Schiestl,
geb. 1680 zu Sterzing in Tirol, gest. 21. Sept. 1738 als Färbermeister zu Baden.

1. Helena Stierbeck,
geb. 1667 zu Baden, vermählt 24. Jan. 1700, gest. 1713, an der Pest. (Vgl. S. 213 d. Bl.)

2. Barbara Plüchler,
geb. 1687 zu Baden, vermählt 23. Jan. 1714, gest. 24. Okt. 1752.

2.	2.
Joseph,	und noch 4 Söhne und 4 Töchter.
Färbermeister zu Baden,	
geb. 26. Febr. 1718, gest. 28. Juli 1784.	
1. Anna Maria, geb. 1727, gest. 1752.	
2. Ursula.	

1.	2.
2 Söhne und 1 Tochter.	**Johann Michael,** und noch 3 Söhne u. 8 Töchter.
	Färbermeister und Magistratsrath zu Baden,
	geb. 23. Aug. 1767, gest. 10. April 1851.
	Barbara Trendl,
	geb. 8. Nov. 1768 zu Baden, gest. 26. Aug. 1819.

Joseph,	**Michael,**	**Karl,**	**Anton,** [1]
Färbermeister zu Baden,	Färbermeister zu Fischamend,	Färbermeister zu Baden,	fürsterzbisch. geistl. Rath und Kurat-Beneficiat zu
geb. 3. Okt. 1794,	geb. 30. Nov. 1795,	geb. 1804,	St. Peter in Wien,
gest. 26. Juli 1876.	gest. 21. Sept. 1817.	gest. 4. Jan. 1880.	geb. 1. Mai 1808.
	1. Anna Mugitsch,		
	geb. zu Baden, gest. zu Fischamend.		
	2. Theresia Zeidl,		
	geb. zu Schwechat.		

1.	2.
3 Söhne.	**Johann,** und noch 2 Söhne und 1 Tochter.
	Muster-Vordrucker zu Baden,
	geb. 27. Febr. 1838 zu Fischamend.

---

[1] Und noch 5 Töchter Johann Michael's.

Chronik der Gegenwart.

Die Badener Kurhaus-Frage.

Wenn gewisse Wiener Journale und etliche Badeblätter, sowie gewisse stets Malkontente aus gewissen Gründen über unsere lebendige Quellenstadt losziehen wollen, da wird regelmäßig der schon recht zu Schanden gejagte Gaul der Kurhaus-Frage vorgeritten. Es soll damit nicht gesagt sein, daß es keine Badener Kurhaus-Frage giebt, oder daß man sie ungestellt lassen soll; aber das darf dabei wenigstens gefordert werden, daß man bevor man darüber spricht — sich ein wenig über die Angelegenheit informiert, und daß man nicht so bloß in's Blaue hinein schimpft und thut, als ob man der Erfinder der Sache wäre, und als ob hier von den betreffenden Instanzen noch gar nichts erwogen und gethan worden wäre in diesem jedenfalls nicht unwichtigen Punkt

Für diese Nichtwisser diene die folgende Aneinanderreihung der verschiedenen Phasen, welche während der ersten Hälfte des letzten Jahrzehents die bezügliche Frage bereits durchgemacht hat; und auch für viele Badener sei dieß hier zur Erinnerung und für Manche wol sogar als etwas Neues mitgetheilt.

Der erste bestimmte Antrag betreffs dieser Frage wurde bereits in der Kurkommissions-Sitzung vom 30. Juli 1869 gestellt und es wurde in derselben Sitzung beschlossen, ein Komité zu wählen, welches die Angelegenheit eines in Baden zu errichtenden Kur- oder Konversationshauses zu erörtern und entsprechende Anträge zu stellen habe.

In der Sitzung der Kurkommission am 30. April 1870 erfolgte der Bericht dieses Komité's und in der Sitzung am 1. August dess. J. wurde auf Antrag des Komité's beschlossen, daß die Herstellung eines Konversationshauses in Baden geboten sei, und es wurde ein Specialkomité gewählt, welches bezüglich des Platzes Erhebung zu pflegen und einen Antrag zu stellen habe, worauf dann die weiteren Beschlüsse über Anfertigung von Plänen und Kostenüberschlägen, sowie über die Mittel zur Bedeckung der Kosten erfolgen würden.

In der Kurkommissions-Sitzung am 11. August 1871 wurde der Antrag dieses Specialkomité's: das Konversationshaus im Stadtpark an der Parkstraße vor der Trinkhalle zu erbauen, zum Beschluß erhoben, und es wurden die vom Komité vorgelegten, durch den begabten Wiener Architekten Raschka angefertigten Planskizzen mit vielem Beifall in Augenschein genommen. Zugleich wurde der Vorsitzende beauftragt, die Verhandlung wegen des Platzes mit der Stadtgemeinde einzuleiten.

Der Gemeindeausschuß beschloß in seiner Sitzung am 29. August 1871, den Antrag der Kurkommission betreffs des Baues eines Konversationshauses im Stadtpark einer eigenen Kommission zuzuweisen, welche letztere in der Gemeindeausschuß-Sitzung vom 28. September 1871 die bezüglichen Anträge stellte; und es wurde beschlossen, daß die Gemeindevertretung im Principe mit der Erbauung eines Konversationshauses im Stadtpark einverstanden sei, jedoch die definitive Beschlußfassung über die von der Kurkommission vorzulegenden Baupläne und Kostenüberschläge sich vorbehält.

In der am 14. December 1871 abgehaltenen Kurkommissions-Sitzung wurde das Referat des Specialkomité's zur Verfassung eines Prospektes vorgelegt und es wurde beschlossen, daß der Bau nicht bloß als Konversationshaus, sondern auch als Hôtel herzustellen sei, daß der geeignetste Platz der dem Redouten-Gebäude gegenüber gelegene Theil des Parkes sei, und daß sich die Kurkommission zur Erlangung von Planskizzen und Kostenüberschlägen an die Baumeister und Architekten Breyer und Zimmermann in Baden und an den Architekten Raschka in Wien zu wenden habe.

Nach einiger Zeit trat aber die ganze Angelegenheit in eine neue Phase. Die Zeit des Aufschwungs und der Gründungen kam, und damit bekanntlich auch die verheißungsvolle Badener „Hôtel- und Bädergesellschaft." In dem Vertrage, welchen letztere mit der Stadtgemeinde abgeschlossen hatte, war auch die Verpflichtung zur baldigsten Herstellung eines großartigen Kurhauses enthalten, womit auch alle bisherigen Einleitungen von Seite der Kurkommission und der Gemeinde in dieser Sache beseitigt waren. Das Schicksal dieses Vertrages ist bekannt. Er wurde im Verlauf der allgemeinen finanziellen Katastrophe gelöst. Damit war auch die Konversationshaus-Angelegenheit wieder in die Luft gehoben.

Aus diesen Nachweisungen geht jedoch genugsam hervor, daß die Frage nicht bloß ernstlich in Betracht gezogen, sondern auch bis zu einem definitiven Stadium der faktischen Ausführung getreten war. Unberechenbare Verhältnisse und Zwischenfälle haben hauptsächlich die wirkliche Ausführung verhindert. Und nachdem nun die Stadtgemeinde Baden im Laufe der letzten Jahre eine Anzahl von mehreren (durch Anlehen aufgebrachten) Hunderttausenden in großen Herstellungen investirte (es sei hier nicht weiter untersucht, in welcher Weise), so ist auf längere Zeit hin nicht daran zu denken, daß der Neubau eines Konversationshauses in Betracht gezogen werden kann. Es ist aber die Herstellung eines solchen — wenn sie nicht durch gegebene Verhältnisse ermöglicht werden kann — in dieser Form, endlich auch gar nicht absolut nothwendig.

Betrachten wir die Sache einmal ganz unbefangen.

Was in Baden in dieser Beziehung fehlt, ist — vor allem — eine Vorkehrung im Stadtpark, daß man auch bei ungünstiger Witterung, oder bei plötzlich eintretendem Unwetter, promeniren und die Musik hören kann; und weiters fehlt ein entsprechend eingerichteter öffentlicher Raum für einen Mittelpunkt der Geselligkeit. In ersterer Beziehung hat die Gemeinde schon vor langer Zeit den großen

Fehler begangen, daß man — um 1850 — den alten, diesem Zweck dienenden „Kiosk", einfach beseitigte, ohne etwas neues Größeres und Zweckmäßigeres an derselben Stelle aufzurichten; und das wäre wol unzweifelhaft, beiläufig, eine leicht und elegant ausgeführte G l a s h a l l e v o n E i s e n k o n s t r u k - t i o n auf dem Platz, vom Kaffee-Pavillon an bis zum Querweg, der zum Mittelpunkt des Dampfbades führt — wie schon S. 96 d. Bl. erwähnt worden ist. (Die vor einiger Zeit aufgetauchte Idee einer E r w e i t e r u n g d e r T r i n k h a l l e zu diesem Zweck, wäre gewiß aus mehrfachen Gründen n i c h t zu empfehlen, deren wesentlichste sind, daß dieser Platz vom Mittelpunkt des Parkes zu e n t l e g e n ist, und ferner besonders der Umstand, daß in einem geschlossenen Raum die dort ausströmende „Ursprungs"-Schwefeltherme immer D u n s t und G e r u c h verbreiten würde, was diesen Gedanken von vorn- herein ausschließt). — In der zweiten Hinsicht ist ein solcher Raum bereits v o r h a n d e n, nämlich der herrliche städtische R e d o u t e n s a a l, zu welchem — nebst der Lösung der Beheizungs- und Beleuchtungsfrage — nur noch die nöthigen N e b e n l o k a l i t ä t e n geschaffen zu werden brauchen, und welcher (der im letzten Jahre von einer P r i v a t g e s e l l s c h a f t [!] — dem „Kasino-Verein" — nothdürftig dem allgemeinen geselligen Zwecke zugeführt wurde) nur bezüglich des Z u g a n g e s, u. s. w., p r a k t i k a b e l gemacht zu werden braucht, und das K o n v e r s a t i o n s h a u s — wie es für B a d e n, wo so viele Villenbesitzer als Sommergäste hausen, die an derlei Dingen in der Regel gar nicht theilnehmen, hinlänglich ausreichen könnte — ist f e r t i g. — Und notabene: man braucht da nur in den P r o t o k o l l e n d e s G e m e i n d e a u s s c h u s s e s nachzuschauen, und es wird sich im Berichte über die Sitzung vom 30. Juni 1875 die Thatsache finden, daß der A n t r a g d e s G e m e i n d e r a t h e s auf den Anbau eines S p e i s e s a a l e s an der Seite des R e d o u t e n s a a l e s gegen das Kaffeehaus-Gärtchen zu (woran sich der Aufbau einer doppelten Freitreppe mit Terrasse schließen müßte) zum Beschluß erhoben und dem damaligen „Baukomité" zugewiesen worden ist!

Inzwischen kam aber die n e u e A e r a unserer Gemeindevertretung und die wichtige Angelegenheit fiel in den Abgrund der V e r g e s s e n h e i t.

Badener Tages-Chronik.

November 1880.

Am 5. Erste Aufführung von: „D e r Z u g v o g e l", Schwank in 4 Akten von G. v. M o s e r und Franz v. S c h ö n t h a n, im Stadt-Theater.

Am 7. V e r s a m m l u n g d e r L a n d t a g s w ä h l e r im städtischen Redoutensaale, bei welcher der Landtags-Abgeordnete J o s e p h S c h ö f f e l Bericht erstattet über die letzte Session.

Am 11. Erste Aufführung von: „D e r G r a f v o n G l e i c h e n u n d s e i n e b e i d e n F r a u e n." Komische Operette in 3 Akten von J. J u s t. Musik von J o s e p h H e l l m e s b e r g e r jun., im Stadt-Theater.

Am 12. Amtstag der Bezirkshauptmannschaft Baden im städtischen Redoutensaale, mit Vornahme einer Probe=Volkszählung.

Am 19. Erste Aufführung von: „Neue Männer", Schwank in 4 Alten von Julius Rosen, im Stadt=Theater (Bei festlicher Beleuchtung des äußeren Schauplatzes, zur Feier des Namensfestes der Kaiserin Elisabeth.)

Am 25. Gemeindeausschuß=Sitzung. Haupt=Verhandlungs= gegenstände: Verkauf des Gemeinde=Weingartens in Baden=Lees= dorf. — Referat über die städt. Bäder und Vorlegung der Jahresschluß= Rechnung. — Die Erweiterung der Bahn= und Neugasse am Bahnpark. — Verleihung des Stadt=Theater=Pachtes auf weitere drei Jahre an den bisherigen Direktor Alfred Schreiber, ohne Konkurrenz=Ausschreibung. — Sitzung des Bezirksschulrathes im Rathhaussaale.

Am 27. Dilettanten=Abend zur Vorfeier des 100jährigen Gedenktages des Regierungs=Antrittes Kaiser Joseph's II., in den städt. Redoutensälen. — Ouverture zur Operette „Liebeszauber" von Ad. Müller. — Fest=Prolog, gesprochen von Hrn. Smrsch. — „Der Hasenschrecker", Posse mit Gesang in 1 Alt von O. F. Berg. Musik von J. Brandl. — Koncert von C. M. v. Weber, opus XI. Am Klavier vorgetragen von Leopold Spitzer, mit Orchester=Begleitung. — „Franz Schubert". Original=Singspiel in 1 Alt von Hans Max. Musik mit Benützung Schubert'scher Motive von Franz v. Suppé. — Nach Schluß der Vorstellung: Kränzchen.

Am 28. Im Stadt=Theater: Zur Feier des 100jährigen Gedenktages des Regierungs=Antrittes Kaiser Joseph's II., bei festlicher Beleuchtung des äußeren Schauplatzes: „Kaiser Joseph als Arzt." Genrebild in 2 Abtheilungen von Anton Langer. — „Der Gevatter von der Straße." Genrebild in 1 Alt von Anton Langer. — Epilog, gesprochen von Frl. Anna Werner.

— General=Versammlung der Badener Schützen=Gesellschaft im Hôtel „Zur Stadt Wien." Neuwahl des Vorstandes.

Am 29. Festabend zur Feier des 100jährigen Gedenk= tages des Regierungs=Antrittes Kaiser Joseph's II., ver= anstaltet von dem Männergesang=Vereine und dem Badener Turn= Vereine, in den Sälen des Hôtels „Stadt Wien." (Vormittags hatte aus dem= selben Anlasse die Gemeindevertretung einem feierlichen Gottes= dienste in der Pfarrkirche beigewohnt.)

Am 30. Feierliche Ansprache im festlich dekorierten, mit der Büste des Kaisers Joseph II. geschmückten Zeichnungssaale des Realgymnasiums, in welcher Direktor Hauer den versammelten Schülern die Bedeutung des ver= ewigten Kaisers und seine unvergänglichen Verdienste darlegte.

(Zur Analyse der Schwefel-Thermen von Baden.) Die bedeutsame, im Jahre 1877 durch den gelehrten Fachmann Hofrath Prof. Dr. J. E. Schneider ausgeführte Analyse der Schwefel=Thermen Baden's hat einen noth= wendigen Nachtrag durch die Analyse der damals von demselben nicht in Betracht gezogen gewesenen Quellen der hiesigen militär=ärarischen Bäder erhalten.

Derselbe ließ vor Kurzem ein kleines strengwissenschaftliches Elaborat darüber an die Stadtgemeinde gelangen, welches den Titel führt: „Ergebnisse der chemischen Analyse der Quellen des Sauerhof-, Engels- und Petersbades zu Baden bei Wien. Ausgeführt von Dr. F. C. Schneider. 1880." — Von Seite der Gemeinde wurde diese wichtige Ergänzung in Druck gelegt und als „Nachtrag" dem betreffenden Separat=Abdruck aus den „Sitzungsberichten der kais. Akademie der Wissenschaften" angeheftet. — (Es bleibt nur zu bedauern, daß — aus Versehen — die Quelle des hiesigen „Franzensbades" leider in die jetzt sonst vollständig durchgeführte Analyse der Badener Schwefel=Thermen nicht einbezogen wurde, und daher allein noch einer neuen exakten chemischen Analyse entbehrt.)

(**Renommierte Wintergäste in Baden.**) Während in früheren Jahren Baden, permanent, bekannte schriftstellerische Kräfte in seinen Mauern beherbergte — Dr. Märzroth, Hieronymus Lorm, Heinrich Börnstein u. s. w. —, schien heuer, nach Dr. von Königsberg's Tod, diese geistige Specialität von Bewohnern und Gästen des Kurorts fast gänzlich aufgehört zu haben. Die Heilkraft unserer Thermen hat aber wieder ein paar rühmlich bekannte Namen, auch für den Winter, in unsere Mauern geführt. Der Eine derselben ist Karl Wilhelm Ritter von Martini, welcher in den 40er Jahren Professor der Mathematik in einer Kadetenschule war, dann — auch an der 48er Bewegung in Ungarn betheiligt gewesen — später, nach einem Aufenthalt in Italien, zu Wien (wo er sich mit der Schwester des bekannten Orientalisten Wickerhauser verheirathete) und zu Prag schriftstellerisch sehr fruchtbar thätig lebte („Bilder aus dem Honved=Leben" u. s. w.), und von 1854—1866 zu Graz als Redakteur der amtlichen Zeitung daselbst fungierte, als welcher er auch 1863 in den steiermärkischen Landtag gewählt wurde, und die gemeinnützigen Interessen in jeder Beziehung förderte. 1867 wurde er nach Wien in das Preßbureau des Staatsministeriums berufen; doch erkrankte er vor mehreren Jahren, und seit längerer Zeit leidet der in vielen Richtungen verdienstvolle Veteran der geistigen Garde an einer argen Lähmung seiner sonst so rüstig gewesenen Glieder, so daß sein Körper in beklagenswerther Weise gänzlich gefesselt ist, während sein reicher Geist fortgesetzt lebendig schafft. — Der andere renommierte Winter=Gast Baden's ist der hochwürdige Konventual und Stifts=Archivar der Cisterzienser=Abtei Zwettl, P. Leopold Janauschek, der gelehrte Verfasser des Werkes: „Originum Cisterciensium" etc. Tomus I., Vindobonae MDCCCLXXVII. Leider ist sein sonst frisch=kräftiger Körper ebenfalls arg gelähmt; doch macht sich die Heilkraft unserer Thermen schon erfreulich geltend, so daß seine Leidensstube im „Herzoghof", den er bezog, bereits zur gelehrten Arbeitsstube geworden ist, in welcher sein hochgebildeter heiter=thätiger Geist die Fortsetzung seines großen Werkes lebendig fördert. — (Für Viele dürfte es auch neu sein, daß in unserer Stadt seit Jahren eine eben so bescheidene, als begabte Schriftstellerin lebt, deren einzelne bis jetzt — in Provinzialblättern — gedruckte Arbeiten ein feingeistiges Erzählungs= und Schilderungs=Talent zeigen, — nämlich Fräulein Gabriele Marel, von welcher der nächstens erscheinende zehnte Jahrgang der „Dioskuren" [des literarischen Jahrbuches des österreichisch=ungarischen Beamten=Vereines] eine sehr hübsche kleine Erzählung „Das Christkind" bringen wird.)

Chronik der Vergangenheit.

Chronologische Nachweisungen zur Geschichte Baden's.

XV. Jahrhundert.

1435 verkauft **Wolfgang der Hasler**, Pfleger zu **Baden**, dem Stifte Kl. **Mariazell** zwei Weingärten zu **Baden** im „Mitterberg;" der eine heißt „der Praun", der andere „der König", zunächst des Pfarrers Weingarten.

> **Keiblinger's** Aufschreibungen.

1435, 11. **Mai**, kauft Abt **Paul** des Cistercienser-Stiftes **Neuberg** in Steiermark von **Stephan Mynnimtau** zu **Baden** einen Weingarten, genannt „in dem Hezmannszagel" — gelegen zu **Baden** in dem Hart — um 32 Pfund Wiener Pfennige. („Mit ambptmans handn dez erbern **Wolfgangen des Hasler**, Herz. Albrecht von Oesterreich phleger zu **Padn**..." — Orig.-Urkunde, im geh. Hof-Archiv, mit zwei Siegeln: des Pflegers und des „ebern **Cirinus Gaellenroder**, d. Z. gesessen ob **Padn** under **Rauheneck** auf der Leytn.")

> Vgl. **Chmel**, „Friedrich IV.", 330, I.

1435, am **Freitag** nach St. Paulstag conversionis, verkauft Herzog **Albrecht** an „**Micheln den Pruckgner** zu **Paden**" einen Weingarten, den „Pul (Bühl, Bühel, Biegel) am Padnerberg", der an die Geistlichen zu **Gaming** dient.

> Vgl. **Schenk**, (1817), S. 32—33, wo der Wortlaut des Kaufbriefes abgedruckt ist.

1440, 22. **April**, verweilt Kaiser **Friedrich IV.** (der am 2. Februar d. J. zum Kaiser gewählt worden, die Würde aber erst am 23. April annahm) zu **Baden**.

> Vgl. **Chmel**, „Regest.", I, 268.

1442, 29. **Mai**, datiert aus **Baden** die Kaiserin **Elisabeth** (Mutter des **Ladislaus Posthumus**) ein Schreiben an die Stadt **Presburg**.

> Vgl. **Lichnowsky**, a. a. O, VI, Regest. 334.

1414 verweilt Kaiser Friedrich IV. in Baden; und am 7. Juli besucht König Ladislaus den Ort.

>Vgl. Lichnowsky, a. a. O., VI, Regest. 780, 81, 82. Desgl. VI, 2225.

1446 verweilt hier zum Badegebrauch Mathilde (Mechtild), Tochter des Pfalzgrafen Ludwig IV., — in zweiter Ehe vermählt mit Herzog Albrecht VI., dem Bruder und Gegner des Kaisers Friedrich IV.

>Vgl. Hormayr's „Archiv“ 1811, S. 565, und die sonstigen Quellen über Albrecht VI.

1446, gegen Ende des Jahres, verwüstet der Statthalter von Ungarn Johann Hunyady Niederösterreich von der Leitha und den Semmering an bis Mobaun und an den Wienerberg, mit Ausnahme weniger Orte die Brandschatzung bezahlten, wie Baden und Mödling.

>Vgl. Pez. a. a. O., II. 449—50. — Desgl. Chmel, „Geschichte Kaiser Friedrich's IV. II. 567 u. f. — (Vgl. „Blätter des Vereines für Landeskunde von Nieder=Oesterreich“, 1875, S. 233.)

1449 bestätigen Leupoldt Welser, „die zeit Pfleger zu Baaden“, und Margret, seine Hausfrau, den Tausch eines Hauses in Baden (das Stift Möll erhält das der Pfarrkirche gegenüber gelegene und zur landesfürstl. Burg daselbst dienstbare Haus gegen den vor dem Wiener-thor gelegenen Hof des Stiftes.) „Darzue haben wir fleissiglich gebetten die Edlen Vessten Jörgen Hager, Christoff Koss, Pfleger zu Costorff…“

>Vgl. Hueber, a. a. O., S. 121. — Desgl. Keiblinger, a. a. O., I. 560 und II, 1, 761.

Die Urkunden des Badener Stadtarchivs.

VIII.

Khaysers Leopoldi Confirmation für die Statt Baaden über Ihre althabende Freyheiten und Privilegien.

Dat. Wienn, 23. July 1659.[1]

Wir Leopold, von Gottesgnaden, Erwöhlter Römischer Kaißer, zu allen Zeiten Mehrer des Reichs, in Germanien, zu Hungarn, Böhaimb, Dalmatien, Croatien und Sclavonien ꝛc. König, Ertzherzog zu Österreich Hertzog zu Burgund, Steyr, Kärnten, Crain und Württemberg, Graff zu Tyrol und Görtz ꝛc.

---

[1] Obschon diese Urkunde mit dem Text der Bestätigung des Badener Stadtrechts durch Kaiser Ferdinand I. vom Jahre 1534 (s. S. 127—28) in der Hauptsache ziemlich gleichlautend erscheint, so wird dieselbe — welche auch durch die am Schluß der Mittheilung angegebenen Merkmale von traurig denkwürdiger Bedeutung ist — hier doch vollständig zum Abdruck gebracht, besonders weil sie nicht nur die einzige noch im Original vorhandene Bestätigung der Rechte Baden's aus dem XVII. Jahrhundert ist, sondern auch weil sie die oft sehr verschiedene Schreibart und Ausdrucksform der zwei aneinanderfolgenden Jahrhunderte in nicht uninteressanter Weise vor's Auge bringt.

Bekennen offentlich mit disem Brieff und thuen kundt allermeniglich, Demnach Unß Unsere getreue Liebe N: Richter und Rath Unserer Statt Baaden in Unserm Ertzhertzogthumb Österreich unter der Enns gelegen, allergehorsambist zu vernemmen gegeben, Waßgestalt der Allerdurchleuchtigist, Großmechtigiste Fürst Herr Ferdinand der dritte, Römischer Kaiser, Unser Freundlich geliebter Herr und Vatter, Gottseeligister gedechtnus, all und iegliche Ihre Gnad, Freyheiten, und Privilegia, Recht, Gerechtigkheit, alt Herkommen, und guete gewohnheiten, so Sie von weyland Unsern Vorfahren, Fürsten von Österreich, Löblich: und seeligisten angedenckens, er worben und hergebracht, unnder dato Wienn, den Zwelfften Novembris, des verwichenen Sechzehenhundert Sibenunddreyßigisten Jahrs gnedigist Confirmirt und bestättet: Und Unß darauff underthenigist gebetten, daß Wir alß ietzt Regierender Herr und Landesfürst Ihnen dieselben gleichfals zu Confirmiren, und zu bestätten gnediglich geruehen wolten; Alß haben Wir angesehen Ihr deren von Baaden demüettig fleißige bitt, auch die under-thenigisten willigen Dienst, so Sie Unsern Löblichen Vorfahren in vill weeg erzaigt, und bewisen, dessen auch nit weniger gegen Unß zu thuen, erbiettig sein, Und darumb mit wolbedachtem Mueth, guetem Rath, und rechtem wissen, auch von sondern gnaden wegen, denselben Unsern Burgern den benenten Unsers Freundlich geliebten Herrn Vatters, Confirmationbrieff, wie auch sonsten alle Ihre darunter begriffene Landtsfürstliche Brieff, Privilegia Recht, gerechtigkeiten, Gnad, Freyheit, alt herkommen und guet ge-wohnheiten sovill sie deren in yeblichen gebrauch, und Possess seind, gnediglich Verneuert, Confirmiert, und bestättet: Verneuern, Confirmieren, und bestätten auch dies alß Regierender Herr und Landsfürst hiemit wissentlich in Crafft dis Brieffs, waß Wir Ihnen zu recht und von Gnaden wegen daran bestätten sollen, und mögen, und mainen, setzen und wöllen, daß die-selben mit allen Ihren Inhaltungen, mainungen, und begreiffungen, alß ob solche alle und iede besonder von Worth zu worthen hierin geschriben weren, nun hinführo Crefftig sein, und die genandten Unsere Burger zu Baaden, sich derselben gebrauchen und genüessen sollen, und mögen, von allermenniglich Unverhindert, doch Unß an Unsern Obrigkeiten Unvergriffen und Unschädlich. — Und Gebietten darauf N: allen und ieden Unsern nachgesetzten Obrigkeiten ietzig und khünfftigen Statthaltern, Landmarschalchen, Landshaubtleuthen, Haubtleuthen, Graven, Freyen, Herrn, Rittern, Knechten, Verwesern, Vitzdomben, Pflegern, Burggraven, Landrichtern, Burgermaistern, Richtern, Räthen, Burgern, Gemaindten, und sonst allen andern Unsern Ambtleuthen, Underthanen, und Getreuen, Ernstlich mit disem Brieff, und wöllen, daß Sie obbenente Unsere Burger von Baaden, bey den vorbe-rürten Ihren Gnaden, Freyheiten, Privilegien, Rechten, alt Herkommen und gewohnheiten, und diser Unserer Confirmation, wie vorstehet, ruheiglich, und ohne Irrnng bleiben, deren gebrauchen, und genüessen lassen, sye dabey von Unsertwegen schützen, und handhaben, darwider nit beschwären, noch das Jemands andern zu thuen gestatten bey vermeidung Unserer schwären Ungnad, und Straff. —

12*

Mit Urkundt diß Brieffs, besiglet mit Unserem Kaiserlichen anhangenden Insigl, der Geben ist in Unserer Statt Wienn, den Dreyundzwainzigisten Monathstag July, Nach Christi Unsers Lieben Herrn und Seeligmachers gnadenreichen Geburth im Sechzenhundert Neün und Funfftzigisten: Unserer Reiche des Römischen im Ersten, des Hungarischen im Vierten, und des Böheimbischen im Dritten Jahre.

Ad Mandatum Sacrae Caesareae
Maiestatis proprium

Leopold m. p.

L. Kirchmaier m. p.

J. S. W. Sinzendorff m. p.

(Original-Urkunde auf Pergament, in groß Quer-Folio. — Am unteren Rande, in der Mitte: Confirmation für die Statt Baaden über Ihre alt-habende Freyheiten und Privilegien, Rechts, in der Ecke: Coll.. — Außen: Baaden. Khaysers Leopoldi Confirmation. Dat. Wienn, 23. July 1659. — Darunter mit späterer Schrift: Nr. 8. — Das kaiserliche Siegel fehlt. — [Die mit vorzüglich schöner Fraktur geschriebene Urkunde ist im Ganzen gut erhalten, nur ist sie von Außen stark mit Schmutz überzogen und ist voll von rothbraunen größeren und kleineren Flecken, womit sie in trauriger Weise unverkennbar die Blut=spuren des Stadtschreibers Bartholomäus Schwarz trägt, der im Jahre 1683 — bei Bergung der Haupturkunden der Stadt — von den bar-barischen Türken im brennenden Rathhaus niedergesäbelt worden ist.]) [1]

Die Badener Pfarrer seit dem XIII. Jahrhundert.
(Siehe Seite 71, 87, 135, 152, 168 und 187.)

24. — 1575—1580? Georg Khreultzen. Raupach erwähnt seiner in „Evangelisches Oesterreich", II. Bd., 2. Abth., S. 77, und sagt: er sei von einem katholischen Bischof als Meßpriester zu Baden ordiniert worden, aber im Jahre 1570 zum Protestantismus übergetreten. Im Jahre 1580 habe ihn Gabriel Freiherr von Strein auf die Pfarre Haselbach berufen, doch habe Khreultzen dieselbe nicht angetreten, da er sich vor dem Abte von Zwettl zu erscheinen fürchtete, und habe somit auch seine Stelle in Baden verloren, so daß er sich mit Weib und Kindern nicht mehr erhalten konnte. Strein berichtet dieß alles an Lukas Backmeister zu Feldsberg (Schreiben v. 6. Sept. 1580, Hierspach), und nennt ihn hier einen „Kirchen-diener zu Baden".

25. — 1581—1583. Valentin Pirner (Pierner). In Sachsen zu Neustadt an der Orla geboren, machte derselbe im Jahre 1575 zu Mölk Profeß und wurde daselbst Prior. (Vgl. Keiblinger, „Geschichte des Bene-diktiner-Stiftes M.", I, 791 und II, 2. Abth., S. 191). Im Jahre 1579

---

[1] Das Bildniß des unglücklichen Bartholomäus Schwarz — eine gleich-zeitig ganz gut in Oelfarben ausgeführte lebensgroße Halbfigur — befindet sich im Rath-haus=Saale.

kam er als Pfarrer nach Weickendorf im Marchfeld, wo er bis zum September 1581 blieb, worauf er vom n.-öftr. Klofterrathe zum Adminiftrator des Frauenklofters St. Bernhard bei Horn ord. cist. beftimmt wurde. Erzherzog Ernst beauftragte im Jahre 1581 den Mölker-Abt Urban, den Valentin Pirner wenigftens auf ein Jahr und auf Probe auf die unbefetzte Pfarre zu Baden zu verfetzen und ihn dafelbft in eigener Perfon zu inftituieren. So kam er im November 1581 als Pfarrer nach Baden. Am 12. December deffelben Jahres fchrieb er an den Abt über den damaligen elenden Zuftand diefer Pfarre: er habe kein Geld, die Leute gäben ihm nichts auf Borg; er könne auch für die Bearbeitung der Weingärten nichts thun; der Abt wolle ihm daher Geld dazu fchicken oder diefelben auf Stiftskoften bearbeiten laffen. Wenn ihn der Abt nicht helfen könne, fo bitte er, wieder in's Stift zurückkehren zu dürfen. (Vgl. Mölker-Archiv zu Wien, Scr. 56, Fsc. 2.) — Im Jahre 1583 kam er von Baden weg oder er ftarb. — Aber im Jahre 1583 wollte Abt Urban von Möll den P. Laurenz Rais — wieder einen Profeffen von Möll — in Baden anftellen. P. Laurenz kam zwar nach Baden, konnte jedoch fein Amt nicht antreten, indem das Paffauer Offizialat in Wien feine Präfentation nicht genehmigte. (Vgl. Mölker-Archiv zu Wien, Scr. 13, Fasc. 2.)

26. — 1583. **Johann Kernichen.** War Weltpriefter, wurde 1576 Pfarrer zu Grillenberg und blieb dafelbft bis 1583. In diefem Jahre kam er als Pfarrer und Dechant nach Baden. (Vgl. Keiblinger, a. a. O., II, 1. Abth., S. 692). Weiteres ift von ihm nicht bekannt.

27. — 1583—1585. **Georg Hochenreiter.** Am 15. Juli 1585, in die divisionis Apostolorum, trat Georg Reuter, bisher vicarius zu Pfafftetten, ab und es ward das (Pfarr-?) Inventarium aufgenommen, in Gegenwart mehrerer anderer Geiftlichen und auch des Herrn Görgen Hochenreiter's, vicarius zu Baden. (Vgl. Mölker-Archiv zu Wien, Scr. 55.) — (Vicarius fcheint hier nicht einen bloßen Caplan zu bedeuten, fondern Pfarrverwefer; denn beide Geiftliche zu Pfafftetten und Baden führen den Tittel Vicarius; nun kann aber vicarius quoad Pfafftetten nicht einen bloßen Kooperator oder Aushilfspriefter bedeuten, denn ein folcher beftand nie in Pfafftetten, und es ift kein Grund, ein Inventar aufzunehmen, wenn ein Kooperator abtritt.)

Hochenreiter beftätigte als Provifor von Baden dem Paffauer Official Kiefel (dem nachmaligen Kardinal) in einem Schreiben vom 10. November 1583, daß er die neuen Kalendarien (Gregorianifcher Kalender) und das beigefügte Mandat wegen Bekanntmachung und Einführung diefes Kalenders empfangen habe.

28. — 1588. **Mathias Michael Rofenblum.** Die in St. Pölten erfcheinende theologifche Zeitfchrift „Hippolytus" (Vierter Jahrgang 1861, 3. Abth., S. 43—49) enthält aus dem St. Pöltener Konfiftorial-Archive, wo die Original-Urkunde vorhanden ift, die Alten einer im Jahre 1588 zu Gumpoldskirchen abgehaltenen Dekanats-Synode. Diefe Synodal-Alten

wurden unterschrieben von: Michael Pynder, Pfarrer zu Gumpoldskirchen und Dechant; von Mathias Michael Rosenblum, Pfarrer
in Baden; desgleichen von den Pfarrern zu Alland (zugleich Prior in
Heiligenkreuz), zu Pottenstein, zu Leobersdorf, zu Grillenberg, zu Pfaffstetten zu Ober-Waltersdorf, zu Münchendorf,
zu Guntramsdorf, zu Enzersfeld, zu Traiskirchen und zu Pernitz.

Die alten Ansichten und Pläne der Stadt Baden.

3. Baden mit dem Burgfrieden der Stadt und mit Umgebung, von 1670 beiläufig.

Es ist diese, um das Jahr 1670 ganz gut ausgeführte kolorierte
Federzeichnung, sammt dem darunter stehenden Text, 44.8 ctm. hoch und
58.3 ctm. breit. Dieselbe befand sich früher im Besitz der Herrschaft Weikersdorf und wurde durch Heinrich Freiherrn von Doblhoff in dankens-
werther Weise dem Badener Stadtarchiv einverleibt. Mit dieser ganz
trefflichen Darstellung scheint es dasselbe Bewandtniß, wie mit der schon
(S. 153—156 d. Bl.) zur Besprechung gekommenen vom Jahre 1652 zu
haben. Es hatte nämlich das Blatt — wie aus dem beigefügten Text ganz
deutlich hervorgeht — ebenfalls hauptsächlich einen gerichtlichen Zweck.

Die von lichten Mauern mit rotheingedachten Thürmen und Thoren
umgebene Stadt bietet, in ziemlich netter Ausführung einen ganz freundlichen
Anblick. Sämmtliche Kirchen — Pfarrkirche, Augustiner-Klosterkirche
und Frauenkirche — sind auch ziemlich genau dargestellt; [1]) ebenso das Rathhaus mit zierlichem Blechthurm, wie alle übrigen Häuser. — Auf dem Hauptplatz vor dem Rathhause erblickt man (an der Stelle der jetzigen Dreifaltigkeits-
Säule) die damals dortgestandene Schandsäule, an welcher die Verbrecher

---

[1]) Besonders gut ersichtlich ist auf dieser Abbildung auch der Vorbau des Haupt-
Portales der Pfarrkirche, der sogenannte „abgeschossene Thurm." — (Eine ganz
treffliche Abbildung dieses noch in den 20er Jahren so benannten, und erst um die
Mitte des Jahrhunderts veränderten und mit einem Satteldach bedeckten „abgeschossenen
Thurmes" — wie ihn der Verfasser d. Bl. noch als Knabe gesehen —, ist uns [nebst
anderen bildlichen Darstellungen aus Baden] in der ungemein reichen und interessanten,
noch wenig für die Oeffentlichkeit benützten Mappe von vorzüglichen, mit großer Geschick-
lichkeit und Sorgfalt, hauptsächlich in den 20er Jahren selbstangefertigten Handzeich-
nungen des hochverdienstvollen Joseph edlen von Scheiger aufbewahrt, dem
Verfasser der vielbekannten 1837 zu Wien erschienenen, bis heute unübertroffenen Monographie: „Die Burgen und Schlösser Oesterreichs unter der Enns." — Es
wird die Leser d. Bl. interessiren, zu erfahren, daß Scheiger — der das Verdienst hat,
zuerst in Oesterreich der Topographie das archäologische Feld eröffnet zu haben,
und der mit unserem Baden insofern verbunden ist, als derselbe in seiner Jugendzeit viele
Jahre hindurch jeden Sommer hier verlebte —, daß der vortreffliche Scheiger noch heute
zu Graz [wo er Postdirektor war], als noch geistig frischer 80jähriger Greis, umgeben von liebevollen und von lieblich erblühenden Familien-Gliedern, und noch wärmst
an allen Strebungen theilnehmend, lebt.)

ausgesetzt wurden — den P r a n g e r. An der Wienerstraße — außerhalb der Häuser — ist ein niederes V o r w e r k der Stadtbefestigung zu sehen. Interessant sind die Schlösser von W e i t e r s d o r f und von L e e s d o r f, sowie der „Posthof": das Schloß G u t e n b r u n n, der S a u e r h o f, die Ruine R a u h e n e c k und die im Burgfrieden B a d e n's gelegene Ortschaft S o o ß. Am Galgen des Hochgerichtes hinter dem Kalvarienberg hängt ein Gerichteter, und die Richtstätte an der V ö s l a u e r s t r a ß e (wo heute noch — bei der ehemals städtischen Ziegelei — die „Martersäule" [s. S. 68 d. Bl.] steht) ist mit Rad und brennendem Holzstoß bezeichnet. — Am unteren Rande der — von Norden nach Süden aufgenommenen Ansicht steht das noch vorhandene „Rothe Kreuz" am Weg nach G a b e n an der Höhe des „Hünerberges", und weiter unten, gegen Norden, erscheint S i e g e n f e l d. — Gegen O s t e n begrenzen den Umfang der Umgegend: P f a f f s t e t t e n und T r i b u s w i n k e l; gegen S ü d e n: O b e r - W a l t e r s d o r f, T a t t e n d o r f, G i n s e l s d o r f, S c h ö n a u, V ö s l a u, K o t t i n g b r u n n, D o r n a u und L e o b e r s d o r f, welche Ortschaften alle im Umriß ganz genau angedeutet sind.

Im unteren Theil des Groß-Quer-Folio-Blattes stehen, durch einen Strich abgetrennt, die folgenden B e z e i c h n u n g e n geschrieben:

A. Die Statt Baaden.

B. Der Schwecheter Pach.

C. Das erste im Privilegio einkombende Burgfridt oder Landtgericht gemörckh, das Creuz in der ainsedl genannt.

   (Vgl. S. 68 d. Bl.)

D. Das ander gemörckh in der Kornmühl.

E. Der Schüttbach und Prünnl ins gemain der Roßkopf genannt, ist das dritte gemörckh.

F. Das vierte gemörckh: Häcklins Teicht genannt.

G. Das Traitten Thall, ist das fünfft gemörckh.

H. Puechgraben und Prüchl über das Purbächel, ist das sechste gemörckh.

J. Das Siebende gemörckh die obere ainsed genannt, beym Rothen Creuz.

K. Leestorff.

L. Posthoff.

M. Maria Zellerhoff.

N. Das Schloß Weickherstorff in welchem die Thätterin gefangen ligt.

O. Das Württsheüßl in deme der X Khüe halber erschossen worden.

P. Das Prüchl und Creuz bey welchem Anno 1611 ein Mayr auß dem Schloß Weickherstorff denen von Baaden überlifert worden.

Q. Das Baadnerische Hochgericht.

R. Das öde Schloß Rauchenegg.

S. Der Berg auf welchem Anno 1664 ein Apotheckher von Raadkherspurg erschossen von den damalig Rauchenstainerischen Hauß Pfleger denen von Baaden erhöbt und in der St. Stephans Pfarrkürchen begraben worden.

**

T. Der Saurerhoff und Johanes und Betler Badt.

V. Die Thurngassen.

W. Die Allensgassen.

X. Das Creutz vor der Allentgassen, der Statt Baaden gehörig.

> (Vgl. S. 69 d. Bl.)

Y. Der Baadnerische Zieglstadl und Creuz bey welchem die von Baaden Ihre Maleficanten verbrennen, mit dem Schwerdt und Radt hinrichten lassen.

> (Vgl. S. 68–69 d. Bl.)

Z. Etliche in der Herrschafft Rauchenstain vermaintlichen landtgericht, und außer dem Baadnerischen Burgfrid und Landtgericht gelegene orther.

N⁰ 1 Sooß.

N⁰ 2 Praiten und Kor.

N⁰ 3 Rauchenstain.

Zur Badener Häuser-Chronik.

II. Das ehemalige k. k. Forsthaus.

Im Gebiete der Stadt Baden befand sich in früherer Zeit ein — schon längst aus der Erinnerung geschwundenes — k. k. Forsthaus, welches unter dem obersten Hof- und Jägermeister-Amte zu Wien stand, und unter welches 16 Forstdienste gehörten. (Vgl. Schenk's „Taschenbuch" 1805, S. 60.)

Das Haus besteht heute noch, und zwar seit den letzten zwei Jahrhunderten beiläufig — in den Hauptmauern ziemlich unverändert, als sogenanntes, jetzt der Stadtgemeinde gehöriges „Straßernhaus," und es hat dasselbe, nach der neuen Numerierung von 1873, die Nummer 4 in der „Straßerngasse," zwischen der „Neustift-" und „Bahngasse." — In Kolbe's „Grundriß der l. f. Stadt Baaden" vom Jahre 1798 ist das frei, aber versteckt stehende Gebäude ausdrücklich als „Forsthaus" bezeichnet, mit der Nummer 28, welche das Haus auch im „Schematismus" von 1805 (S. 42) hat. — Mit derselben Nummer erscheint das Haus in der „Darstellung des Brandes in Baden" (Wien, 1812), wo es S. 52 heißt: „Fischerviertel, 28. Das kaiserl. königl. Forsthaus: Ruinen." — Nach der Neunumerierung von 1816 erhielt das Haus die Nummer 332. (Vgl. Anton Rollett's „Hygieia," Baden 1816, S. 62; desgl. M. J. Mayer's „Miszellen" I, Baden 1819, S. 40), zu welcher Zeit es jedoch bereits als Privathaus, im Besitz Anton's von Straßern, erscheint. — Später erhielt das Haus die Nummer 370, und im „Häuser-Schema von 1869 hat es die Nummer 455. — Im letzteren Jahre gieng es durch das großartige Vermächtniß des wahrhaft edlen Freundes der Stadt Baden, Anton Ritter von Straßern, welcher die Stadtgemeinde zur Universal-Erbin einsetzte, an diese über, und gegenwärtig wird das Haus noch von der gewesenen Wirthschafterin des Verewigten bewohnt, die — nebst einer Rente — auf Lebenszeit das Benützungsrecht des Hauses mit Garten hat.

Schon in frühester Zeit — vielleicht schon unter den Babenbergern — scheint an dieser Stelle ein Forsthaus gestanden zu haben, denn bereits auf Dreieck's Ansicht Baden's aus dem Jahre 1482 (1486) ist ein ganz einzeln stehendes Gehöfte daselbst zu sehen, welches, aller Wahrscheinlichkeit nach, schon damals diese Bestimmung gehabt haben dürfte. —

An diese Nachweisungen über das alte Forst-Haus zu Baden mögen sich hier noch die folgenden, damit zusammenhängenden Notizen reihen, die theilweise auch das ehemalige Badener Forst-Ambt betreffen.

Um 1722 kaufte sich der kaiserl. Forstmeister zu Baden, zu seiner Wohnung, ein Haus in der Stadt (wahrscheinlich das vor einigen Jahren umgebaute auf dem Hauptplatz, jetzt Nr. 15, welches noch in unserem Jahrhundert das „Forstmeisterhaus" genannt wurde), und es wurde dasselbe am 8. Januar 1722 von bestimmten Lasten befreit. (Vgl. Badener „Gedenckbuch", Fol. 26—28.)

Das Badener „Gedenckbuch" enthält (Fol. 29) auch die folgende Aufschreibung: „Hrn. Forstmeisters Ab- und Umzug betreffendt. Alß den 13. July 1723 Herr Wilhelmb Grueber, Kays. Forstmeister alhier, von dar nacher Woldsterstorff gezogen, haben selbige Unterthans-Züg seine mobilien dorthin abgeführt. Der auß dem Prater von Wienn Neü dargegen anhero Kommene Hr. Forstmeister (Otto Ferdinand) Herzog hat zwar auch von hiesigen Landgutschern einige Fuhren angesucht, man hat aber in Ansehung seiner ybertragenten Haußbefreyung solches recusiret, jedoch auf sein weiteres Ansuchen, demselben ohne einig weitere Consequentz, in seine Wagen vorzuspannen, einige pferd zugeben bewilliget, so pro Memoria alba angemerkt wird."

In der Gaisruck'schen „Beschreibung" von 1745 wird angeführt: „Forstmaister." — Hr. Georg Ott, k. k. Forstmeister, hatte bishero wegen Einiger Sublevation der Bürgerschaft Jährlich von der Statt an Geld 18 fl., 3 Emer heürigen Wein à 2 fl.: 6 fl.

(Außer den bereits oben genannten kaiserlichen Forstmeistern zu Baden sind noch die folgenden nachzuweisen. Um 1690: Franz Karl Schmidt (vgl. Pfarr-Taufbuch, I, 25. Mai 1691); 1694: Johann Friedrich Kertenkalch (vgl. Pfarr-Trauungsbuch, 21. Juni 1694); bis 1696: Matthias Felix Mausch (vgl. Pfarr-Sterbbuch, II, 18. Aug. 1696); um 1757: Jacob Stainer (vgl. Pfarr-Taufbuch, 17. Ott. 1757.)

Des Kurfürsten von Sachsen Friedrich August, des Starken, Uebertritt zum Katholicismus.

(Schluß.)

Das Badener Stadtarchiv bewahrt aber auch noch mehrere Koncepte und Abschriften von bisher unbeachteten, mit der Konversion des Kurfürsten zusammenhängenden Dokumenten, aus der Zeit nach derselben. Von diesen, in Bezug auf Form und Inhalt nicht wenig inter-

essanten, bei den Rathhausbränden arg beschädigten Schriftstücken, (die sogar
Jahre lang in Privathänden waren — vgl. Archivs-Gabenausweis
im „Badener Bote" 1879, Nr. 44) sind bis jetzt die folgenden, aus den
Jahren 1697, 1699 und 1700 herrührenden, fast im vollständigen Wortlaut
zu entziffern gewesen:

An dem allerdurchleüchtigist: Großmächtigist: und Unüber-
windligsten Fürsten und Herrn Herrn Fridericum Augustum 2^{dum}
König in Pohlen und Churfürsten zu Saxen
aller unterthänigst fusffallendt

bitten,

N: Richter und Rath der Kays. landsfürstl. Statt
Baaden wie auch gesambter Burgerschafft alda P(uncto?)
die anschaffung (ad perpetu)am rei memoriam (einer
glockhen) in dasiger (St. Stephans Pfarrkhürchen).

Allerdurchleüch)tigist: Groß Mächtigist und Unyberwind-
ligster König in Pohlen auch Churfürst zu Saxen
Aller gnedigster König Churfürst und Herr Herr.

Vor Eur: Königl. Maytt. höchstem Gnaden Thron haben wür der
magistrat und gesambte Burgerschafft der Kays. landsfürstl. Statt Baaden
deß Ertzhertzogthumbs Österich under der Enß, aller Underthänigist und
fueßfallent zu erinderen waß maßen A°. 1697: da Er. Königl: Maytt:
mit dero Starckhen Armada und sigreichen waffen, auch Exponierung
dero höchsten person, dem Christlichen Erbfeint und bluet-begierigen
Türckhen allergroßmütigst und glorreichist zu bestreitten Cooperiert, auch
alßban daß hailsambe weltbaad allhier zu brauchen beliebet und eben
damahls von gott der warheit zu unserer Catholischen Religion in diser
obbenenten Statt inflamiert worden, worauf die Königl. Pollnische Elek-
tion erfolget, wür selbigmahl in betrachtung diser Begebenheiten aller-
undterthänigl. suplicieret haben, umb ein denckh-zeichen, welches zu der
Ehre gottes und zur Ewigen gedächtnus Er: Königl. Maytt. dienen solte.
Unser absehen wahre damahls eingerichtet auf ein neue glockhen, weillen
die vorige von getacht: türckhischen bluet-Engl zur Zeit der belagerung
Wienn A°. 1683 verbrennet wie auch die gantze Statt und gröste theill
der Burgerschafft ruiniert worden, vorgetachte unsere Supplication ist von
Jhro durchl. Eminenz Cardinalen Saxen-Zeitn recomandiret bißhero
aber wegen eingefahlener verwirrten Kriegs Zeiten und anderen schwären
troublen, von unß zu sollicitieren anstehent gelassen worden,

Weillen dan Erst gedachte troublen und schwäre Zeiten sich nun zu
limitirn beginnen, mithin post nubila Phoebus und die glückhs Sohne
als König der Blaneten den horizont deß Königreichs Pohlen, zu bescheinen
sich empor gehoben, folgents durch die hell-Klingente Fama außgebraittet
worden, daß Eur: Königl. Maytt. dero von Gott vorgesehen: und zue ge-
aigneten Königl. Thron nun würckhlich in posses genohmben, und glor-

reichist bestigen haben, welches ein allgemeine Freude und Frolocken ver-
ursachet und billich währe dise Geschicht und seltenheiten in Ertzt oder
harten marmor einzuprägen umb der Künfftigen nachwelt zur Verwunderung,
mit goltenen Puchstaben vorzustellen, und der Ewigkheit einzuverleiben,

Alß haben Eur: Königl: Mayst. wür hiemit in tieffester Underthän-
nigkheit zu aggratuliern, und ein aller glückhseeligste neue Regierung anwüntschen wollen, und sollen. Gott mit seinem Starckhen macht-Armb
wolle die Kräfften Eur. Königl: Mayst: understützen, derselben allerhöchsten
Person ein gesundtes langes leben verleyhen, mit bestentigen Glückhs
schückhungen erfreuen, dero Königreich und Landen in vollkhomenes wachs-
thumb gerathen lassen, Dero Feinde Stürtzen und zu boden werffen, auch
in erwünschter Ruhe und Friden dero Königl: und Churfürstl: successions-
Zweiglein mit himlischen Seegen erhalten und vermehren,

Hierauf wür mit gepogenen Knyeen unser allbereit eingeraicht und
von höchst getacht aller hochwürdigster hant recomendierte suplication
repetieren aller unterthänigist bittend Eur: Königl: Mayst: geruhen ad
perpetuam rei memoriam eine glockhen in hiesigen St. Stephans pfarthurn allergnädigist zu verschaffen, welche mit ihrem Klange,
sambt beygefügten unsern getreuen anwüntschen, die wolckhen durchtringen
und dem himblischen Seegen auf Eur: Königl: Mayst.: allerhöchste person
auf Dero Königl: Succession und auf Dero Königreich und landen herab
zutauen effectuiern wird, zu allerhöchsten Königl: gnaden und allergnä-
digister resolution unß aller underthänigist gehorsambist empfehlen

Eur Königl: Mayst:

aller undterthänigste gehorsambste:

N. Richter und Rath, wie auch gesambte
Burgerschafft zu Baaden, deß Ertzherzog-
thumb Östereich under der Ennß.

(An den Bischof von Raab.)

Hochfürstlich durchleuchtigister ....
Gnädigister fürst und Herr Herr!

Eur Hochfürstl: Drchl: geruhen sich gnädigist zu erindern, welcher
massen wir noch a° 1697 und 1698 bey Jhro Königl: Mayst: zu Pollen etc.
umb eine Gloggen, pro perpetua rei memoria, in Unseren Kürchen-
thurn alhir zu Baaden allerunderthänigist angelanget: und weithläuffig
sovill nachricht erhalten haben, alß ob bey Eur Hochfürstl: Drchl: die
allergnädigiste Königl: resolution sich befinden möchte; massen die sach an
Jhro Hochfürstl: Drchl: von Jhro fürstlichen Gnaden Bischoffen zu Passau
bestens recommendirt worden ist; Im fahl nun solche allergnädigiste
resolution bey Eur hochfürstl: Drchl: wär, bätten wir underthänigist,
unnß mit selbiger genädigist zuerfreyen; Im widerigen aber,

Langt an Eur Hochfürstl: Drchl: unnser ferner underthänigistes bitten,
Sy geruhen Gott und dem heiligen Stephano zu ehren, disen beyschluß

dergeſtalten genädigiſt zu patrociniren, damit wir ad effectum gelangen
mögen, zu welchen höchſten Genaden Unnß underthänigiſt empfehlende:

Eurer Hochfürſtl: Drchl:

Underthänigiſt gehorſambiſte

(N: Richter) und Raht der Statt B a a d e n.

d. 19. 9ᵇʳ· 1699.

Concept

an Herrn von M o r a u, Hochfürſtl. Paſſauer'ſchen Raht etc.

In p. der Pollniſchen Gloggen.

De dato 7. febr. Aᵒ (1)700.

. . . .

H o c h g e e h r ſ t e r   H e r r   u n d   P a t r o n etc.

Eß ruhet noch in guttem gedenckhen, welcher maſſen an die Königl:
Mayſt: zu Pollen, wir wegen dero alhie beſchehener bekherung, in rei
memoriam umb eine G l o g g e n in unſerer St. Stephani Kirchenthurm
underthänigiſt ſupplicirt, und ſolch' unſere libelli ſupplices von beeden
Hochfürſtlich: Biſchöfflichen Durchleuchtigkeiten und gnaden, P a ſ ſ a u und
R a a b, gnädigiſt patrocinirt worden,

Allermaſſen unſer hochgeehrtiſter Herr in ſachen ſchon ſelbſt bemühet
geweſen und beſtens wiſſen wirdet, ob die damahls gdgſt. vertröſtete
ſchreiben, von beeden hochfürſtl: Durchl: und gnaden, an ihre Königl:
Mayſt: Spedirt worden oder nicht. Sovill unß vom Jhrer Drchl: Herrn
Hauß Verwalter in W i e n gemeldet worden, ſo glaube Er, dß ſelbige
ſchreiben abgelaſſen ſeyen,

Dieweillen wir aber Niemandten haben, der es am Pollniſchen Hoff
ſollicitiret, Alß haben Jhre Hochwürden der Paſſaueriſche Herr Notarius
Ozenätski, unß eingerathen, unſeren hochgeehrtiſten Herrn zuerbitten,
weillen derſelbe ohne deme am Pollniſchen Hoff Correſpondenze habe,
und in ſachen beſtens informiret iſt, dß Er ſich dieſes Werckhs annehmen möchte,

Zu folge . . . wir unß erkeckhen und . . . .

In wahrer Verſicherung, daß nicht allein gegen unſeren hochgeehrtiſten
Herrn und Patron, ſondern auch, wo es am Polniſchen Hoff nöthig, wir
dergeſtalten danckhbar ſein werden, dß man gar woll befridiget ſein ſolle;

Und weillen diſe Pfahr in Jhrer Hochfürſl: Gnaden Diecoes iſt,
auch wir biß dato mit gutten Vertröſtungen erfreyet worden, Alß hoffen
wir durch unſers hochgeehrtiſten Herrs mögende interpoſition zum wirckh-
lichen Erfolg zu gelangen; deme wir unß beſtens empfehlen und verbleiben

Unſers hochgeehrtiſten Herrn und Patrons obligirt ſchuldigiſt

N: Richter und Raht der Kayſ: und landtsfürſl:

Statt B a a d e n.

Dn. 7. febr. Aᵒ 1700.

Ueber die Denkmünze, welche der Enkel Friedrich August's, des Starken, Herzog Albert von Sachsen-Teschen, auf den zu Baden erfolgten Uebertritt seines Großvaters zum Katholicismus prägen ließ, und von welcher derselbe ein Exemplar in Gold im Jahre 1803 der Stadt Baden, wo er damals eine glückliche Badekur vollendet hatte, übergab, vgl. S. 117 d. Bl.

Badener Memorabilien.

X. Der Brand zu Baden im Jahre 1714.

Außer den Verwüstungen, die Baden wiederholt durch die barbarischen Horden der Ungarn und der Türken erlebte, ist der schicksalreiche Heilquellenort bekanntlich auch zweimal durch große Feuersbrünste zerstört worden. Der erste dieser zwei großen Brände ereignete sich im Jahre 1714 und der zweite im Jahre 1812. Ueber den letzteren ist eine eigene umfassende Monographie vorhanden, während über den ersteren — durch welchen ebenfalls der größte Theil der Stadt in Flammen aufgieng — noch nichts Ausführliches publiciert ist. Das Badener Stadtarchiv bewahrt darüber die in Nachfolgendem mitgetheilte eingehende Aufschreibung, die in mannigfacher Beziehung interessant erscheint, und besonders auch dadurch von Werth ist, daß darin zugleich ein vollständiges Verzeichniß der damaligen Häuser und Hausbesitzer enthalten ist, nebst der Eintheilung der Stadt mit den Vorstadt-Theilen zu jener Zeit.

Specification

derjenigen Häuser So Verbrunnen und Erhalten worden, wie selbe Jhro Excellenz Hr. Statthalter übergeben worden.

(Praes. in senatu den 7. Martio 1714.)

Demnach den 24. Febr. 1714 zwischen 4 und 5 Uhr Abents in des Mathias Händler und Johann Franz Khueffner zu Baaden Behausung [1] ein Entsötzlich unnd beym anhaltenen großen Sturmbwindt, erschröckliche Feyrs Brunst entstandten, ist nach genauer Untersuchung befunden worden, wie daß das Fewr rukhwärths gegen den Gartten in zweyen zusamben gebauten alten Ställen, und negst daran gelegenen Rebenbürtl Hauffen aufgangen seye, wie — oder auf was weis aber daß Fewr dahin komen, hat man nach Vill angewendter Müehe auf den rechten Grund nit komen können. Es haben zwahr ainige spargiret, alß ob sich ein Knab mit Schiessen diviriret mit hin daß übl causiret hätte, so hat sich aber in contrarium gezaiget, daß Ersagter Knab sich in der Kürchen auf dem Chor befundten hat, [2] dahero nichts anders kan gemuethmasset

---

[1] Das Haus des Barbiers (Wundarztes) und damaligen Stadtkämmerers Küffner war das auf dem Hauptplatz an der Ecke der Rathhausgasse, gegenüber vom Rathhaus, gelegene.

[2] Das Badener Rathsprotokoll vom 8. März 1714 (aufgenommen „in domo“ — wie es dort heißt) sagt darüber: „Wegen des entstandenen Feüer ist der Zeuge Gamperl Maurergesöll über etliche interrogatoria verhört worden, welche particularitet zu ersehen; hat sich offeriret ein jurament abzulegen daß Er Keinen Schuss gehöret, und daß das Feüer bey Hrn. Matthias Handler in stall seye auskommen.“

werden, alß daß befagtes Fewr durch Schlime Leuth mueß geleget worden
fein, allermaffen an difem Orth beym hellen Tag kein liecht vonnöthen,
auch die Dienftbotten umb dife Zeit nit zu Hauß gewefen, fondern ihrer
Andacht nach, auf den berg Calvaria gangen feint. Alfo nachfolgente
Häufer abgebrunnen.

In der Statt, in frauen Viertl.

Mathias Händler, Handlßmann. — Franz Khueffner, Barbierer.
— Jofeph Zimmermann, Schuechmacher. — Georg Jörg, Statt-Koch.
— Hannß Georg Kropf. — Jacob Festa, Dräxler. — Georg Rein-
wald, Stattrichter. — Mathias Rieder, Dräxler. — Leopold Andorffer,
Schuechmacher. — Häringin, Wittib. — Chriftian Procop, Gardtner.
— Melchior Weikhart, Schloffer. — Jofeph Aberer, Kupferfchmidt.
— Georg Aumann, Vaßziehmaifter. — Ferdinant Wagner, Klampferer.
— Gemainer Statt Rathhauß. — Johann Wilhehmb Manndt,
Apodeckher. — Adam Wahinger, Handtfchuchmacher. — Michael Fux.
— Jacob Höffenftolch, Landtkutfcher. — Maria Göttlin, Wittib.

Burger Viertl in der Statt.

Adam Weiffengrüeber, Böckh. — Eva Rathin, Wittib. —
Hannß Ortiner, Nadtler. — Joh: Adam Piller, Glafer. — Maria
Wolffingerin, Wittib, Käßftecherin. — Hannß König, Landtkutfcher.
— Ferdinant Kärner, Eifenhandler. — Franz Lendl, Poßthauß. —
Franz Fenzl, Weißgärber. — Simon Promberger. — Adam Martin
Refch. — Vorfchneiderin, Wittib. — Franz Stephan, Lebzelter. —
Thomas Kainer, Pfaidtler. — Wefenofskhin, Sattlerin. — Gemainer
Stadt Würthshauß „zum goldenen Hirfchen".

Kürch Viertl in der Statt.

Chriftoph Gföller, Sailler. — Jacob Reutter, Fleifchhakher. —
Hannß Maurhoffer, Tuchmacher. — Mölkher hoff. — Jofeph
Rottenftainer, Hueffschmidt. — Leindlin, Wittib, Glaferin. —
Schuellhauß. — 2 Beneficiaten Häufer. — Pfahrhoff. —
Auguftiner Clofter fambt der Kürchen.

Summa der abgebrennbten in der Statt: 47.

Folgen die häufer welche vor der Statt abgebrunen.
Alß im Burger Viertl.

Michael Leuttner, Gürtler. — Michael Wimber, Vaßzieher. —
Paul Rottenftainer, Hueffschmidt. — Franz Neyberger, Riemer. —
Hannß Reichl, Hauer. — Phillipp Pappanuth, Leinweber. — Martin
Rämpl, Hauer. — Andres Carlhofer, Hauer. — Göttlin, Wittib,
Pindterin. — Hannß Wolff, Hauer. — Friderich Töpfl, Tuechmacher.
— Behrnhart Ifl, Hauer. — Hrn. Wezftain Haus. — Michael
Fleifchhakher, Baader. — Jacob Ertl, Weißgärber. — Hannß
Mößner, Lederer. — Franz Gruner, Stattfchreiber. — Marx Zitreffer,
Zimmermaifter. — Jonas Schelter, Handelsmann. — Jacob Wurzer,

Kürschner. — Caspar Schneble, Dischler. — Mathias Bogner, Müllner. — Carl Wiest, Lederer. — Hannß Georg Stewette, Seifensieder. — Andere Knoll, Wagner. — Mathias Schöllauf, Böth.

Im Kürch Viertl vor der Stadt.

Leopold Schiestl, Färber. — Thomas Pogenrieder, Breymaister. — Peter Hämpl, Saifensieder. — Pfeiffer, Leinwath Handler in Wien. — Kürchen Hauß Sambt Keller. — Ambroß Höffer, Böth. — Georg Leizl, Pindter. — Niclas Hoffer, Feld Postmaister. — Georg Reinwald, Stattrichter. — Caspar Wagner, Weber. — Tobias Manny, Kürschner. — Michael Kärneß, Riemer. — Pürkhhartin, Wittib, Hauerin. — Georg Kramer, Hauer. — Peter Hinnumb, Schuech-macher. — Stumpfin, Wittib, Leygebin. — Georg Grindl, Buech-bindter. — Adam Martin Resch. — Melchior Weikhart, Schlosser. — Maria Klamingerin, Landtgutscherin. — Caspar Pürkhhart. — Hannß Orttner, Nadler. — Gemainer Statt Mühl mit 4 Gäng. — Spitall Keller sambt Hauß. — Joseph Zeller, Hueterer. —

Summa der Häuser welche vor der Statt abgebrunen: 53.

Summa summarum
deren abgebrändten Häuser in und vor der Statt: 100.

Hierauf folgt Wievill Häuser in der Statt vor dem Feür noch Er-halten worden.

In Frauen Viertl.

Cäcillia Hillmärin, Käßstecherin. — Andere Fleischhakher, Pilthaur. — Hannß Carl, Landtgutscher. — Andere Knoll, Wagner. — Gämniger Hoff.

Kirch Viertl.

Michael Ganser, Pixenmacher. — Mathias Plaß, Wagner. — Franz Schelter, Handlsmann. — Heillhammer Hoff. — Pfahr Kürchen sambt Mösner Hauß.

Renn Viertl.[1]

Hannß Carl Gottlieb. — Balthauser Wallner, Statt Koch. — Peter Zinnerhäkhl, Peth. — Hr. Docter Fäber. — Michael Kurz, Landtgutscher. — Peter Mennhoffer, Fleischhakher. — Franz Kraicher, Kauffmann. — Mathias Gängl, Pindter. — Hannß Panni, Zimmer-maister. — Paul Häderer, Hauer. — Leopold Zehetner, Hueffschmit. — Andere Zünfmaister, Wagner. — Nicolaus Donner, Brobladner. — Hallerin, Maurermaisterin. — Herzogbaadt. — Sigmunt Kolpp, Sattler. — Johan Baptista Fux. — Conrad Schneider, Fleischhakher. — Michael Wizler, Rauchfangkhörer. — Eva Halderin.

Summa deren Häusern in der Stadt, welche nit abgebrend worden: 30.

---

[1] Im Rennviertel sind nur 4 Häuser in Asche gelegt worden, weil dort die Dächer noch zeitlich abgebrochen wurden.

Folgente Häuser seint vor der Statt von fewr Erhalten worden:

In frauen Viertl.

Thoma Pogenrieder, Preymaister. — Benedict Pertold, Tischler. — Adam Schwab, Pekh. — Martin Echtler, Statt Fischer. — Spittall sambt Mühl und Preyhauß. — Gemainer Statt Baaden Schwarz Pokh Würthshauß.

Kürch Viertl.

Hannß Kapp, Landtgutscher. — Hr. Raith-Rath von Widterholt. — Martin Widtman, Hafner. — Johann Pauffler, Weißgärber. — Johann Georg Kropf. — Balthauser Behmb, Schuechmacher. — Christoph Salomon, Riemer. — Andere Koller, Landtgutscher. — Phillipp Heellhoffer, Landtgutscher. — Contumaz und Lasareth Hauß. — Ernst Mayr, Haur. — Hannß Kerschbaumb, Haur. — Hammerin, Wittib. — Hannß Stokher, Haur. Lorenz Grueber, Haur. — Thoma Forstner, Haur. — Michael Koch, Haur. — Hannß Schrepfer, Haur. — Joseph Kropf, Haur. — Mathias Fischer, Haur. — Georg Mayrhoffer, Haur. — Adam Kropf, Haur. — Hannß Undterhauser, Haur. — Hannß Weindögl, Haur. — Hannß Paur, Müllner. — Georg Sporkh, Haur. — Hannß Stöger, Haur. — Michael Schuester, Haur. — Veith Sennes, Pilthaur. — Joseph Mayr, Haur. — Michael Kätteß, Schuechmacher. — Martin Scheuchl. — Hannß Rebhann, Urmacher. — Peter Stainmez, Leygeb.

Renn Viertl vor der Statt.

Dorinn, Wittib und Haffnerin. — Lorenz Göz, Landtgutscher. — Lissekhin, Wittib, Schneiderin. — Michael Mörkher, Weber. — Jacob Döbler, Schneider. — Pökhin, Wittib, Hauerin. — Hainzlin, Wittib, Hauerin. — Maria Zellerhoff. — Math: Hänkhl, Schneiter. — Georg Freindtsperger, Maurer. — Georg Ziegler, Pindter.

Summa deren Häuser, welche vor der Statt vom fewr errettet worden: 52.

Summa summarum

aller Häuser sambt Pfarr Kürch und andern Freyhöffen welche nit abgebrunen in und vor der Statt: 82.

Die vorstehenden Nachweisungen, welche auch einen interessanten Einblick in den damaligen Bestand der Gewerbe, u. s. w. gewähren, sind auf zwei Bogen kl. Folio Schreibpapier verzeichnet, die jedoch sehr schlecht erhalten sind, indem selbe durch Wasser — wahrscheinlich bei Löschung des Rathhausbrandes im Jahre 1812 — stark gelitten haben. Noch schlechter erhalten ist aber eine auf den Brand von 1714 bezügliche Urkunde, von welcher nur mehr ein Vierteltheil vorhanden ist. Aus diesem Rest ist zu entnehmen, daß damit — noch in demselben Jahre — die kaiserliche Bewilligung zur Aufnahme eines Anlehens von 6000 fl. für die Stadt Baden erfolgte, um zur Wiederherstellung des durch den Brand zerstörten Rathhauses, u. s. w. schreiten zu können.

Chronik der Gegenwart.

Ein Gemeindestatut für Baden.

Wie ein Traum ist es, daß hier in der Stadtgemeinde Baden vor etwas mehr als einem Jahrzehent eine lebendige Bewegung für die Erringung eines selbständigen Gemeindestatutes stattgefunden hat, und daß diese ehrenvolle Bestrebung bereits bis zu einem gewissen Ziele gebracht worden war. Ein frischer Zug gieng zu jener Zeit durch die Gemeindevertretung, gehoben durch den damals erfreulich-rührig hier bestandenen — nun längst entschlafenen „Politischen Verein." Wie ist das alles anders geworden! Mit dem Herabkommen in den materiellen Verhältnissen ist auch der kaum erwachte ernsthafte Sinn für die öffentlichen Angelegenheiten und die Antheilnahme an denselben erbärmlich herabgekommen. Man ist so indifferent — um kein ärgeres Wort auszusprechen — geworden, daß man die Gemeinde-Autonomie mit dem übertragenen Wirkungskreis beinahe lästig findet und wol gar verwünscht; und der Gedanke an eine freiheitliche Erweiterung des übertragenen Wirkungskreises — und das wäre ein selbständiges Gemeindestatut im Wesentlichen — würde geradezu als ein Attentat auf alle Diejenigen betrachtet werden, die nichts wissen wollen von all' den „Geschichten", und die höchstens noch eine — „Hetz" haben wollen (wie der saubere Ausdruck dafür bezeichnend lautet), aber ja kein ernsthaftes und konsequentes — oder gar mühe- und opfervolles, auf ein würdig freiheitliches Ziel gehendes Trachten und Streben. — Freilich haben die staatlichen Zustände viel Schuld daran. Die in Oesterreich nun einmal gegebenen staatsrechtlich-nationalen Fragen haben durch die unverantwortlichen Fehler der — wenn auch sonst noch so begabten, doch politisch ganz unfähigen und zum großen Theil entweder nur egoistisch oder doktrinär thätig gewesenen, Hauptvertreter der blaß-zahmen „deutsch-liberalen Verfassungspartei" (durch welche jetzt in die Minorität gekommenen blind-herrschsüchtigen Besiegten — sie mögen machen, was sie wollen — alles für lange Zeit hinaus verloren ist) —, diese staatsrechtlich-nationalen Fragen haben sich in einer so verhängnißvollen Weise geltend gemacht, daß die freiheitlichen, wie die volkswirthschaftlichen Angelegenheiten ganz in den Hintergrund gedrängt sind, und wobei zugleich auch das Deutschthum mehr gefährdet erscheint, als es durch eine rationelle, die gegebenen Verhältnisse unverblendet beachtende Auffassung und Thätigkeit jemals möglich geworden wäre.

Aber das alles ist nur ein Erklärungs-Grund für die Kläglichkeit der Gegenwart, doch durchaus keine Entschuldigung. Ein gesunder, tüchtiger Sinn hält, unter allen Umständen, fest an einem einmal in's Auge gefaßten richtigen Ziel. —

Vielen wird es wie eine Fabel klingen, wenn sie die folgenden, bezüglich der Erringung eines selbständigen Gemeindestatutes hier in Baden vorgekommenen Thatsachen in kurzem Umriß an dieser Stelle lesen.

Am 6. November 1868 wurde in der Sitzung des B a d e n e r G e-
m e i n d e - A u s s c h u s s e s eine aus 7 Mitgliedern bestehende Kommission
zur P r ü f u n g d e r Z w e c k m ä ß i g k e i t e i n e s s e l b s t ä n d i g e n G e-
m e i n d e s t a t u t e s f ü r B a d e n gewählt.

In der Nummer des „Badener Bote" vom 7. März 1869 ist die Mittheilung enthalten: „Die von der G e m e i n d e v e r t r e t u n g gewählte
K o m m i s s i o n zur Berathung über die Frage eines s e l b s t ä n d i g e n
G e m e i d e s t a t u t e s f ü r B a d e n hat sich für die Erstrebung eines solchen
ausgesprochen, und ist bereits in voller Thätigkeit, eine bezügliche S t a t u t s-
v o r l a g e zu verfassen."

Die Nummer vom 28. März 1869 berichtet: „Die S t a t u t s - K o m-
m i s s i o n unserer Gemeindevertretung hat sich nicht nur einstimmig für die
Erstrebung eines s e l b s t ä n d i g e n G e m e i n d e s t a t u t s f ü r B a d e n
ausgesprochen und einen E n t w u r f eines solchen mit aller Umsicht verfaßt,
sondern sie hat in letzterem auch zugleich eine T h a t w a h r e n F r e i s i n n s
manifestiert, indem der Entwurf d e n W e g f a l l d e r d r e i W a h l k ö r p e r
— durch welche die Wählerschaft in unzukömmlich sich gegenüberstehende Theile
zerrissen wird — in sich schließt." [1]

In der am 13. Mai 1869 abgehaltenen Versammlung des „Politi-
schen Fortschrittsvereines in Baden" wurde, unter zahlreicher und lebhafter
Betheiligung der Mitglieder, folgender Ausschußantrag angenommen: „Der
Verein möge seine Ueberzeugung dahin aussprechen, daß zur Erringung einer
vollständigen Gemeinde-Autonomie die Anstrebung eines s e l b s t ä n d i g e n
G e m e i n d e s t a t u t s im entschiedenen Interesse der S t a d t B a d e n ge-
legen sei, und er möge seine vollständige Zustimmung erklären, daß in diesem
Statute eine Aenderung der bestehenden Wahlordnung durch W e g f a l l d e r
Theilung der Wahlberechtigten in d r e i W a h l k ö r p e r angestrebt werde."
Zugleich wurde auch beschlossen, eine dießbezügliche motivierte Z u s c h r i f t
a n d i e G e m e i n d e v e r t r e t u n g B a d e n's zu richten. (Vgl. „Badener
Bote" 1869, Nr. 16 und 20.)

Der „Bericht über die Gemeinde-Ausschußsitzung vom 1. Juni 1869",
im „Badener Bote" Nr. 23, enthält endlich Folgendes: „In der G e m e i n d e-
s t a t u t s - A n g e l e g e n h e i t wird, nach Vorlesung einer dießbezüglichen Zuschrift

---

[1] Bezüglich des letzteren Punktes brachte der „B a d e n e r B o t e" vom 11. April 1869,
als Beweis, „welchen wirkungsvollen Impuls die Gemeindestatuts-Kommission unserer Kom-
munal-Vertretung durch ihre betreffenden erfreulichen Anträge gegeben", das folgende aus
K l a g e n f u r t datierte Schreiben des kärntnerischen Landesausschuß-Beisitzers Herrn
A. G i r o n c o l i an das Mitglied dieser Kommission, Dr. H e r m a n n R o l l e t t:

„G e e h r t e s t e r H e r r D o c t o r! Mit wahrer Befriedigung entnehme ich einer
Badener Korrespondenz in Nr. 1644 der „Neuen Freien Presse", daß die ad hoc über
Ihren Antrag von der Badener Gemeinde-Repräsentanz zusammengesetzte Kommission ein
G e m e i n d e s t a t u t für die S t a d t B a d e n ausgearbeitet habe, welches das allen
österreichischen Städte-Statuten anklebende Kainsmal der D r e i t h e i l u n g d e r W ä h l e r
i n K l a s s e n n i c h t anhaftet, und das somit einen großen und wesentlichen Fortschritt im
hochwichtigen Gebiete der Wahlreform in Oesterreich bezeichnet. Indem ich Sie und Ihre
Gemeinde ob dieser wahrhaft liberalen That beglückwünsche" — 2c.

des „Politischen Fortschrittsvereines in Baden" und nach lebhafter Vertretung der Kommissions-Anträge für Erstrebung eines selbständigen Gemeindestatuts nach dem vorgelegten Entwurfe[1]) beschlossen: die Frage bis nach der nächsten Landtags-Session zu vertagen, da man erst bezüglich der Bezirksvertretungen (die damals vom Landtag geplant waren), sowie rücksichtlich der in Aussicht stehenden imperativen Zusammenlegung der Gemeinden im Klaren sein wolle."

Dieser letztere Vertagungs-Antrag (man kennt den Zweck und die Folgen eines solchen) wurde freilich von den versteckten Gegnern der ganzen Sache durchgesetzt, deren es schon damals — von Wenigen beeinflußt — hinreichend viele gab. Die damalige beeinflussende Gegnerschaft konnte hauptsächlich wol nur daher kommen, daß gewisse Persönlichkeiten sich der Sache nicht gewachsen fühlten; denn allerdings stellt ein selbständiges Statut auch bedeutendere Anforderungen in jeder Beziehung an die betreffenden Funktionäre, als es innerhalb der allgemeinen Gemeinde-Ordnung der Fall ist. Ein anderer Grund der Gegnerschaft bestand wol in den damals jedenfalls damit verbundenen vermehrten Auslagen für die Administration. Nun, dieser letztere Punkt des Widerstandes dürfte gegenwärtig gewiß gänzlich in Wegfall kommen, denn die Auslagen für die jetzige Gemeinde-Administration sind so groß, wie man sich zu jener Zeit selbe für Baden mit einem selbständigen Statut gar nicht zu denken getraute!

Der einzige vernünftige Grund für den vorläufigen Aufschub der Angelegenheit bestand wol, und besteht heute noch, in dem Umstande, daß die Vereinigung Weilersdorf's mit Baden zu einer Großgemeinde noch immer nicht stattgefunden hat. Dieser Grund läßt sich hören. Aber in diesem Sinne ist das Erstreben eines selbständigen Statutes für Baden und damit das Erreichen einer — nach der Bedeutung Baden's und auch in freiheitlicher Beziehung so entsprechenden und wünschenswerthen größeren Selbständigkeit der Stadtgemeinde — welche dadurch die Ehre einer ganz anderen Stellung hätte — nur eine Frage der Zeit; denn das wissen selbst die Gegner der Vereinigung, die heute noch in Weilersdorf vorhanden sind, daß die zur höchsten Hebung des für ganz Oesterreich bedeutungsvollen Kurortes unbedingt nothwendige Vereinigung der beiden Gemeinden des Kurrayons bestimmt nur eine Frage der Zeit ist[2]).

---

[1]) Der Entwurf war, über Beschluß, in Druck gelegt worden, und es bildet derselbe jetzt eine interessante Reliquie einer lebendig strebsamen Zeit und eine gewiß willkommene Vorlage für die Zukunft, mit folgendem Titel: „Gemeindestatut und Wahlordnung für die Stadtgemeinde Baden in Niederösterreich." Kommissions-Entwurf. 1869. Baden. Druck von Jakob Grätz, Hauptplatz Nr. 14. Herausgegeben vom Stadtvorstande. 8°. 39 S.

[2]) Neuestens will man — was bei dieser Gelegenheit kurz erwähnt sei — den Versuch machen, von einem Kurort „Baden und Weilersdorf" zu sprechen. So gleichgiltig dieß im Allgemeinen ist, so ist diese Bezeichnung doch durchaus unrichtig, denn im jetzt noch giltigen, von der Statthalterei gegebenen „Kurstatut" vom 14. Okt. 1868 ist (im §. 1) nur von einem „Kurort Baden" die Rede, der „aus den Gebieten der Stadtgemeinde Baden und der Ortsgemeinde Weilersdorf" besteht.

Badener Tages-Chronik.

December 1880.

Am 2. Generalversammlung des „Gaminger-Berghof-Vereines", in Kerschbaum's Gasthaus „zum goldenen Kreuz." Neuwahl des Vereins-Ausschusses. (Wiederwahl des als Inspektor verdienstvoll thätigen Hrn. Ignaz Hauer.)

Am 4. Gottesdienst mit Festpredigt im Tempel der israelitischen Kultusgemeinde, zur Feier des 100jährigen Gedenktages der Thronbesteigung Kaiser Joseph's II.

Am 7. Erste Aufführung von: „Die Gypsfigur", Posse mit Gesang in 3 Akten von Theodor Taube, Musik von Louis Roth, im Stadt-Theater.

Am 8. Erste Aufführung von: „Die Tochter des Herrn Fabricius", Schauspiel in 3 Aufzügen von Adolph Wilbrandt, im Stadt-Theater.

Am 10. Frühmorgens schwache Erderschütterung.

Am 11. Plenarversammlung der Section Baden des „Touristen-Club", im Hôtel „Stadt Wien." Jahresbericht-Erstattung. Neuwahl des Vorstandes.

Am 12. Hauptversammlung des Badener „Arbeiter-Bildungsvereines" im Gasthaus „zum König von Ungarn." Neuwahl des Vorstandes.

Am 21. Gemeindeausschuß-Sitzung. Haupt-Verhandlungsgegenstände: Mittheilung über die Legate des am 13. Okt. d. J. hier verstorbenen Dr. Heinrich edlen von Hönigsberg (s. Seite 202 d. Bl.), welcher der hiesigen freiwilligen Feuerwehr 250 fl., den Ortsarmen 100 fl., dem Vereine gegen Verarmung und Bettelei in Baden 150 fl., den bedürftigen Mitgliedern des hiesigen Orchesters 150 fl. und dem Badener Spital-Fonde 200 fl. testirte. — Mittheilung über den Ankauf des Sperl'schen Hauses, um den Preis von 3000 fl. — Vortrag über das Gemeinde-Präliminare für 1881: Einnahmen: 66.088 fl. 75 kr., Ausgaben: 91.095 fl. 74 kr., sohin Abgang: 25.006 fl. 99 kr., wodurch eine Umlage von 28% auf die direkten und von 14% auf die indirekten Steuern bedingt erscheint. [1]

---

[1] Endlich ein einheitliches Präliminare für die drei, die Ortsgemeinde Stadt Baden bildenden Kataster-Gemeinden: Baden, Leesdorf und Gutenbrunn. Der Präliminar-Antrag und die Nachweisungen dazu sind diesmal auch sehr sauber und übersichtlich in Druck gelegt worden. Es fehlt hier an Raum, in die Betrachtung der einzelnen Posten näher einzugehen; aber in formeller Beziehung sei erwähnt, daß bezüglich der Einzelnheiten der Nachweisungs-Rubriken jedenfalls eine größere Deutlichkeit und eine rationellere Fassung zu wünschen wäre. Z. B.: In der Nachweisungs-Rubrik „Aktiv-Interessen" sollte neben den Namen der Interessen-Zahlenden auch die Bezeichnung der Verpflichtung, z. B. Liebl (Bockwirthshaus) angegeben sein. Dergleichen sollte bei den „Zinsungen" der Bezeichnung des Objektes in einer Klammer kurz angeführt sein. Bei den „Besoldungen" rc. sollte neben dem Namen der Betreffenden, oder anstatt des Namens der Personen, richtiger die Bezeichnung der Stellung angegeben erscheinen, denn diese ist das Bleibende, u. s. w. — Hoffentlich wird auch bald ein umfassendes Gemeinde-Inventar in Druck gelegt werden, mit genauen Nachweisungen des jetzigen Standes der Dinge, und in welchem z. B. bei den Werthpapieren auch die Nummern derselben angegeben sind.

Am 22. Christbescheerung des Badener Militär-Veteranen-Vereines, im kleinen Saale des Hôtels „Stadt Wien."

Am 23. Einmaliges Gastspiel des k. k. Hofschauspielers Herrn L. Hartmann in: „Ein Erfolg", Original-Lustspiel in 4 Akten von Paul Lindau, im Stadt-Theater.

Am 28. Erste Aufführung von: „Die Teufelsfelsen," Schwank in 4 Akten von Oskar Blumenthal, im Stadt-Theater.

Am 30. Preisturnen im Turnsaale des Schulgebäudes.

— Begräbniß des am 28. in der Weilburg verstorbenen erzherzogl. Garteninspektors Johann Nowotny, unter zahlreicher Betheiligung von Mitgliedern des Badener „Gartenbau-Vereines" und der Badener „Schützengesellschaft."

Am 31. Sylvester-Liedertafel des „Männergesang-Vereines in Baden", in den Sälen des Hôtels „Stadt Wien". — Nach der Produktion: Tanz-Kränzchen.

(Das Stadtarchiv und das städtische Museum) erhielten seit dem letzten Gaben-Ausweise (S. 183) die nachfolgend verzeichneten Gegenstände.

Von Hrn. Ulrich Dangel: ein württembergisches ½ Gulden-Stück, vom Jahre 1840. — Von Hrn. Moriz Deixler: einen trefflich ausgestopften See-Adler, im Flug. — Von Hrn. Ingenieur-Assistenten Joseph Franz: ein großes Exemplar eines See-Sternes, aus Triest. — Von Hrn. J. F: das zweibändige, Erzählungen und Skizzen enthaltende Werk „Zeichnungen" von Karl Raimund Frühauf. Wien 1847. Verlag von Ignaz Klang.[1]) — Von Hrn. Höfer jun: drei bei der „Löwenbrücke" ausgegrabene Münzen. 1. Nürnbergischer Silberpfennig, von 1632. — 2. Silberpfennig des Grafen Ernst von Montfort, aus dem Jahre 1754. (Vgl. Appel's „Repertorium", III. Bd., S. 636, Nr. 2254). — 3. Messingmünze: REGIS BOEM. INSIGNIA; beiläufig um 1800. — Von Herrn Emil Hütter, Beamteten des Wiener Magistrats (dem bekannten verdienstvollen Zeichner alter Bauten u. s. w.), welchem das Badener Stadtarchiv schon manche Gabe verdankt: die drei ältesten Ansichten der Stadt Baden — von Dreieck, 1482 (1486), von circa 1670, und nach Vischer's „Topographie", von 1672, von seiner Hand

---

[1]) Der begabte Verfasser dieser „Zeichnungen" war bekanntlich ein Badener Kind. Als Sohn des erzherzogl. Inspektors Georg Frühauf am 7. Juni 1817 geboren, besuchte er die hiesigen Schul-Klassen, studierte dann in Wien, und trat in das Noviziat des Stiftes Heiligenkreuz. Nachdem er dasselbe jedoch wieder verlassen, erlangte er nach einiger Zeit eine Officialstelle bei einem der Hilfsämter in der Hofkammer. Unzufriedenheit in seinem, den aufstrebenden, tiefangelegten Geist niederdrückenden Amte und der Verlust seiner Frau versetzten ihn bald in arge Melancholie, und er verfiel zuletzt in eine Krankheit, der er am 3. Februar 1858 zu Wien erlag. — Seine Arbeiten verrathen ein ursprüngliches, reiches Talent, dessen volle Entwicklung die Verhältnisse verhindert haben. — Von seinen selbstständig erschienenen Schriften ist, außer dem oben angeführten Werke, noch zu verzeichnen: „Rückkehr in Gott und Natur." Graz, 1854. — Viele seiner Arbeiten sind in Journalen zerstreut. (Vgl. Wurzbach, „Biographisches Lexikon des Kaiserthums Oesterreich." Wien, 1858. Vierter Band, S. 386—87.)

reproduciert und in alter Manier koloriert. — Von Hrn. Heinrich **Kastl**: eine kleine Kupfermünze der Königin Viktoria, von Ceylon; 1870. — Von Hrn. Buchhändler **Kubasta** in Wien: eine kolorierte Ansicht der Stadt Baden, um 1820. — Von Frau Anna von **Lagusius**: 1 Kronenthaler-Stück von Kaiser Joseph II., 1786. — 1 Silbergulden-Stück von Kaiser Franz I., 1824. — 1 Zwei Lire-Stück von König Viktor Emanuel, 1863. — 1 großes Silberstück der Königin Viktoria, 1846. — 1 mittelgroßes Silberstück der Königin Viktoria, 1873. — 1 Zehn Reales-(Silber-)Stück der Königin Isabella von Spanien, 1864. — 1 kleines Silberstück von König Philipp V. von Spanien, 1739. — 1 großes Silberstück der mexikanischen Republik, 1875. — 2 Fünfzig Cent Silberstücke des mexikanischen Kaiserthums (Maximilian's), 1866. — 1 großes Sol Silberstück der Peruanischen Republik, 1870. — 1 mittelgroßes Silberstück der Vereinigten Staaten von Columbia, 1869. — 3 kleine Silberstücke des Kaisers von Mexiko, Augustin I., 1822 und 1823. — Von Frau Elise **Mayer**: Denkmünze aus Bronze auf Heinrich Laube's 70 Geburtstag, 1876. — Von Herrn Baron **Reinlein** sen.: eine große Bronze-Denkmünze auf Anton Ritter von Schmerling, 1879. — Von Hrn. Bezirksschulinspektor Dr. **Schuberth**: einen Silbergroschen von Kaiser Ferdinand II. 1626. — Von Herrn Hausbesitzer **Swoboda**: eine silberne Vaterlands-Vertheidigungs-Denkmünze, von Kaiser Franz II. 1797. — Von Hrn. **Bruno Uhlich**: die vidimierte neuere Kopie eines Adelsbriefes für Konrad Dietz von Weydenberg, vom Jahre 1585 (mit Wappenabbildung); — ein „Circular an die k. k. Hofschauspieler-Gesellschaft" vom Vice-Direktor Peter Freiherrn von Braun; Wien, den 7. Februar 1804, (mit den Original-Unterschriften aller damaligen Mitglieder des Hofburgtheaters). — Mehrere alte Theaterzettel aus Nürnberg, Prag, Eger und Karlsbad.

(**Neue Badener Publikationen.**) Am 24. December wurde die Probenummer eines neuen Badener Wochenblattes ausgegeben, welches unter dem Titel „**Badener Bezirks-Blatt**" von dem hier neu etablierten Buchdrucker H. **Haase** unternommen wird. Ein Lokalblatt, welches sich in unabhängiger Weise auch wirklich hauptsächlich mit lokalen Angelegenheiten in ernstem Sinne beschäftigt, wäre gewiß sehr wünschenswerth. Es wird sich zeigen, ob die entsprechenden Kräfte ausreichend dazu vorhanden sind. — Aus derselben Druckerei gieng soeben auch ein erwähnenswerthes topographisches Schriftchen hervor. Der sonst literarischen Dingen fernstehende Badener Geschäftsmann Herr F. I. **Stöckl** hat nämlich die ganz verdienstliche Idee gehabt, — nach den vorhandenen Behelfen — eine kurze übersichtliche Darstellung seines Geburtsortes, des benachbarten Tribuswinkel, zu verfassen und der dortigen Schuljugend zu widmen. Möchte dieß lobenswerthe Streben nach Verbreitung ortsgeschichtlicher Kenntniß anderwärts Nachahmung finden. Die Lehrer in den verschiedenen Ortschaften sollten sich an diesem schlichten Bürger ein Beispiel nehmen. — „Wege-Bezeichnungen und Ausflüge in Baden's Umgebung" betitelt sich ein von Hans Lutter zusammengestelltes, und von der „Sektion Baden des Oesterreichischen Touristen-Club's" herausgegebenes Blatt von dreifach zusammengelegtem steifen Papier, welches in sehr praktischer Art dem angeführten Zwecke dient. — Der hochwürdige Beneficiat an der k. k. Hofkirche in B a d e n Kanonikus J o s e p h C a l a s a n z L e w i s c h, hat seine am Feste der Kreuzerhöhung 1880 in der Stiftskirche zu H e i l i g e n k r e u z gehaltene Predigt: „Im Glauben an das Licht sind die Verehrer der Reliquien Kinder des Lichtes", im Verlag von Mayer & Comp. in Wien, unlängst in Druck erscheinen lassen. Ein jeder Satz darin giebt Zeugniß von dem hochgebildeten und formgewandten Geist des kirchlichen Redners. Die schwungvoll und warm aus dem Herzen zum Herzen gehende Predigt ist zugleich — abgesehen von einigen etwas argen Ausdrücken bezüglich der in unerschrockener Konsequenz vorgehenden exakten N a t u r f o r s c h u n g — von hohem Freisinn getragen, und das Ganze ist in Konception und Durchführung ein Muster edelster kirchlicher Beredsamkeit.

(Neujahrsgratulations-Angelegenheit.) Der B a d e n e r S t a d t v o r s t a n d hat die folgende lobenswerthe K u n d m a c h u n g erlassen: „Die aus Anlaß des J a h r e s w e c h s e l s üblichen gegenseitigen B e g l ü c k w ü n s c h u n g e n sind für jeden Einzelnen mit einem beträchtlichen Aufwande von Zeit, Mühe und auch Kosten verbunden, welcher für das allgemeine Wohl ohne allen Nutzen ist. Von dem Bestreben geleitet, diesen Aufwand in eine nützlichere Bahn zu lenken, richtet der Stadtvorstand an die sämmtlichen B e w o h n e r B a d e n's das Ersuchen, die üblichen Beglückwünschungen aus Anlaß des Jahreswechsels gänzlich zu u n t e r l a s s e n und sich dagegen z u m B e s t e n d e r A r m e n an der Lösung von E n t h e b u n g s k a r t e n zu betheiligen."

Badener Stadtsiegel, von 1566.
(Vgl. S. 50 d. Bl.)

Voranzeige

betreffs der Fortsetzung der „Beiträge zur Chronik der Stadt Baden bei Wien".

Im December 1881 wird erscheinen:

Badener Neujahrsblätter.

Beiträge zur Chronik der Stadt Baden bei Wien.

Mit Kalendarium für 1882.

Die für das Jahr 1880 in Monatslieferungen erschienenen, hiermit in dieser Form vorläufig abgeschlossenen „Beiträge zur Chronik der Stadt Baden" haben zwar — vielgelesen — in weitestem Kreise entschiedenes Interesse erregt, doch nicht die entsprechende Verbreitung durch Pränumeration gefunden, so daß knapp nur die Herstellungskosten gedeckt worden sind und der Verfasser — der (dabei vollständig auf seine eigene Kraft angewiesen) nicht geringe Mühe aufgewendet und auch noch mehr geboten hat, als angekündigt war — ganz umsonst (hoffentlich nicht in jeder Beziehung umsonst) arbeiten mußte.

Derselbe wird nun — in der Absicht, für ein noch größeres Publikum fortgesetzt die Kenntniß der Vergangenheit Baden's zu verbreiten und eine umfassende Grundlage für die Geschichte Baden's zu schaffen, sowie ferners zur Förderung der gemeindlichen Zustände der Gegenwart möglichst beizutragen — das Unternehmen in einfacherer, dem allgemeinen Bedürfnisse und den Verhältnissen vielleicht mehr angepaßter Erscheinungs-Weise, mit dem Titel „Neujahrsblätter", in Form eines Kalenders, und zwar zum Preise von beiläufig nur 1 fl. öst. Währ., bestens weiterzuführen suchen.

Die „Neujahrsblätter" zur Chronik der Stadt Baden werden, nebst einem Kalendarium für das Jahr 1882 und allen in Kalendern gebräuchlichen Rubriken, und nebst einem „Badener Führer" und Nachweisungen über alles Wissenswerthe in lokaler Beziehung, auch die Abtheilungen der bisherigen „Beiträge zur Chronik der Stadt Baden bei Wien" enthalten, nämlich:

Chronik der Vergangenheit.

Chronologische Nachweisungen zur Geschichte der Stadt Baden.

Badener Urkunden.

Badener Memorabilien, u. s. w.

Chronik der Gegenwart.

Uebersicht der Zustände Baden's im Jahre 1881.

Badener Tages-Chronik, u. s. w., u. s. w.

Es wird damit der bisher verfolgte Zweck in bequem übersichtlicher und zugleich auch in praktisch brauchbarer und für einen weiteren Kreis der Bevölkerung leicht zugänglicher Weise angestrebt und nach Möglichkeit erreicht werden. Wenigstens mag der Versuch gemacht sein in dieser Form.